베르크만스 수녀의 생애
유배, 영광으로 끝나다
Exile, Ends in Glory

교회 출판자의 검열 증명: M. 가브리엘 오코넬 O.C.S.O.
M. 안소니 카사인 O.C.S.O.
출판허가: M. 도미니크 노궤, O.C.S.O. 총장

교회 출판자 검열 증명. 존 A. 슐리엔, S.T.D. 출판 검열관
출판 허가: 모이세 E. 킬리, 아취피스코퍼스 밀오키엔시스
1947년 11월 4일

저작권 ⓒ1948 Abbey of Gethsemani
This edition is published with the permission of The Abbey of Gethsemani and The Trustees of the Thomas Merton Legacy Trust
(본 판은 겟세마니 수도원과 토마스 머튼 유산 연합회의 허가를 받고 출판하는 것입니다.)

베르크만스 수녀의 생애

유배, 영광으로 끝나다
Exile, Ends in Glory

Thomas Merton 지음
번역 **박현정**(요나탄) 수녀
일러스트 **노성자**(쥴리아나) 수녀

그리스도의 사랑 안에서
본 책자는 미국 트라피스트회 선구자들과 저자의 형제들,
1944년 죠지아 주, 홀리 스피리트(고스트) 성모 수도원의 창립자들과,
1947년 유타 주, 지극히 복되신 삼위일체 성모 수도원의 창립자들과
하느님께서 이 땅에
최초로 트라피스트 수녀원을 세우도록 정하신
트라피스트회 수녀들에게 바칩니다.

목차

그리스도의 마음에 머물기까지: 토마스 머튼의 생애
박재찬(안셀모) 신부 …… 6

유배 영광으로 끝나다 (Exile, Ends in Glory)

머리말 …… 37
1 구속(Redemption) 수도원 …… 44
2 리옹에서 보낸 시절 …… 58
3 라발(Laval) 수녀원 …… 69
4 수련자 …… 95
5 떠나라는 선고 …… 113
6 여정 …… 132
7 또 다른 고아원 …… 145
8 하느님 집안의 일터 …… 171
9 닭장 …… 190
10 새로운 정주(定住) …… 224
11 더 깊은 내면의 성소 …… 242
12 마리아의 자녀 …… 267
13 문간에서 …… 280
14 감사의 찬미 …… 292
15 수련장 …… 332
16 십자가의 길(VIA CRUCIS) …… 359
17 (계속되는) "십자가의 길(VIA CRUCIS)" …… 381
18 골고타(CALVARY) …… 415
맺음말 …… 447

그리스도의 마음에 머물기까지:
토마스 머튼의 생애

박재찬(안셀모) 신부

1948년, 토마스 머튼(Thomas Merton, 1915-1868)의 자서전 『칠층산』이 출판되던 해에 그는 마리아 베르크만스 수녀(M. Berchmans, 1876-1915)의 전기 『유배, 영광으로 끝나다』(Exile, Ends in Glory)를 펴냈다. 그는 이 책에서 베르크만스 수녀의 수도 여정에서 그녀가 한 정주(Stability) 서원[1]에 대한 새로운 해석을 한다. 프랑스 트라피스트 수녀원에서 파견되어 일본 북해도에 트라피스트 수녀원을 설립하게 되는 과정에서 그는 마치 그것이 정주 서원을 한 수도승에게 유배(Exile)와도 같은 의미를 지닌다고 생각한 것이다. 그는 이 저서의 머리말에서 이렇게 묘사하고 있다.

"유배(exile)는 정주(stability) 서원을 발하는 모든 시토 회원들에게 매우 특별한 날카로운 아픔을 바치도록 요구하는 어떤 것임을 설명할 필요가 있습니다. 한 수도원에만 몸붙여 살며 결코 그곳을 떠나지 않겠다는 생각으로 그 땅에 뿌리박는 것이 우리에게는 하나의 덕행입니다. 참

---

[1] 트라피스트회 수도승들은 "수도승답게 살 것, 순종 그리고 정주 서원"을 한다. 정주 서원은 서원한 수도원을 떠나지 않고 일생을 머물며 정진할 것을 하느님과 형제들 앞에 서원하는 것이다.

으로 훌륭한 트라피스트라는 표지 중 하나는 자신이 서원한 공동체를 오롯한 마음으로 사랑하는 것입니다. …… 공동체 안에 노동과 침묵 기도의 전체적인 삶의 주류가 아주 강하게 유기체처럼 결합되어 있기에, 실상 우리에게 이로부터의 분리란 수족을 절단하는 것이나 다름없습니다."[2]

그러나 그녀는 "하느님의 알려지지 않음(모호함obscurity), 가난, 노동, 유배(exile)라는 이 특별한 오솔길"을 걸어갔으며, 하느님의 오묘한 섭리와 인도에 따라 자신을 맡김으로써 그분께 영광을 드리는 삶으로 들어가게 되었다. 새로운 정주의 장소를 마련한 것이다. 그것은 바로 눈에 보이는 수도원이라는 공간을 넘어 "그리스도 안의 정주"였다. 그리스도의 사랑 안에 머물기 위해 그녀는 자신을 잃어 버리는 유배의 기간을 거친 것이다.

이러한 정주에 대한 개념 확장은 토마스 머튼의 생애에서도 분명히 드러난다. 생애 초기에 그에게는 "그리스도 안에 정주한다"는 개념조차 없었다. 그는 무신론자였다. 자신에 대한 생각만으로 가득했던 그가 어떻게 교회 안에 자리잡게 되고, 겟세마니 트라피스트 수도원에서 정주 서원을 하게 되었을까? 더욱이 정주 서원을 한 그가 수도 생활 후반부에는 왜 겟세마니 수도원은 더 이상 자기 집이 아니라고 말했을까? 그리고 공동체 생활을 강조하는 트라피스트 수도원에서 그는 공동체 내의 정주를 떠나 왜 홀로 은둔처에 머물게 되었을까? 생애의 마지막에 아시아 여행길에 오르면서 왜 그는 자기 집으로 가고 있다고 말했을까? 이런 질문에 대한 답을 찾기 위해 머튼의 생애를 정주의 관점에서 바

---

[2] 토마스 머튼, 『유배, 영광으로 끝나다(Exile Ends in Glory)』-머리말 38p (불휘미디어).

라보는 것도 우리가 그의 생애 속에 숨겨진 새로운 영성을 발견하는데 도움이 될 것이다. 사실 머튼의 생애에 관한 연대기적 고찰은 쉽게 자료를 찾아 볼 수 있어 독자들에게 큰 도움이 되지 못할 수 있다. 그러나 정주라는 관점을 통해 머튼의 생애를 바라볼 때 그가 긴 생애의 여정에서 결국 머물고자 했던 곳이 어디였는지를 깨닫게 해 줄 것이다. 또한 그 과정 속에서 그가 겪었던 여러 가지 방황과 길 잃고 헤매던 시간들을 통해 지금 우리가 머물고 있는 곳의 의미와 어떻게 그것을 넘어 더 큰 자유에로 나아갈 수 있는지에 대한 방향을 찾게 만들어 줄 것이다.

그리 길게 머물지 못했던 어머니의 품

마리아 베르크만스 수녀가 하느님 품으로 돌아간 해, 1915년 1월 31일, 토마스 머튼은 프랑스 프라데에서 뉴질랜드 출신 화가인 아버지 오웬 머튼(Owen Merton)과 미국 오하이 주 출신 화가인 어머니 루쓰 젠킨스(Ruth Jenkins)의 장남으로 태어났다. 톰(머튼의 유년시절 애칭)은 어머니의 자궁에서 머물던 때부터 첫 아기로 부모님의 사랑을 한껏 받았다. 자녀 교육에 신경을 많이 썼던 어머니는 늘 정확하고 부지런했으며 자녀들에게 따뜻한 사랑을 베풀고자 했다. 어머니가 계시면 집안에는 늘 쾌활하고 명랑한 이야기와 웃음소리가 끊이지 않았다고 머튼은 어린 시절을 회상한다.

그러나 톰이 처음 머물렀던 어머니의 따사로운 품은 그리 오래 가지 못했다. 1921년 10월 3일, 머튼이 여섯 살이 되던 해 어머니 루쓰가 그만 위암으로 세상을 떠나고 말았기 때문이다. 『칠층산』에 그때 당시 어머니의 죽음이 자신에게 얼마나 큰 좌절과 슬픔을 가져다 주었는지를 상세하게 묘사하고 있다. "슬픔과 좌절의 엄청난 무게가 저를 짓눌렀습니다. 이것은 어린아이의 슬픔이 아니라 성인의 무거운 당혹감과 침울한 비탄이었으며, 어떤 면에서 자연스럽지 않았기 때문에 더 견디기 힘든 무거운 짐이었습니다."[3)]

머물 집도 없고 아버지도 없고 하느님도 없고 …

어머니의 죽음 후 톰은 화가인 아버지가 전시회와 관련해 세계 여러 곳을 여행하는 동안 때로는 외조부모와, 때로는 가족과 떨어져 학교 기숙사에서 홀로 지내야 했다. 그는 당시 자신의 어린 시절을 이렇게 회고하고 있다. "저의 어린 시절에 거의 매달 우리의 삶과 계획이 지속적으로 바뀌었기 때문에 지속적인 재정돈을 한다는 것은 거의 불가능했습니다. …… 때로 저는 아버지와 함께 살았고, 때로 낯선 이들과 살았으며, 가끔 아버지를 만났습니다. 사람들은 우리의 삶 안으로 들어왔다가 밖으로 사라져 버렸습니다. 우리는 친구들을 사귀었다가, 또다시 다른 친구들을 만나야 했습니다. 모든 것이 항상 변하고 있었습니다."[4)]

1930년, 톰이 영국의 오캄 학교에 다니던 시절 아버지의 병환 소식을 들었다. 그리고 1931년 1월, 16살 생일을 며칠 앞두고, 아버지 오웬 머튼은 악성 뇌종양으로 세상을 떠나고 만다. 아버지의 죽음 후 이것이 그에게 얼마나 절망을 가져왔는지를 이렇게 묘사하고 있다. "저는 집 없이, 가족도 없이, 나라도 없이, 아버지도 없이, 확실한 친구들도 없이, 어

---

3) Thomas Merton, The Seven Storey Mountain (New York: Harcourt Brace, 1998, Fiftieth Anniversary Edition),16 (여기서부터 SSM로 축약).
4) 앞의 책, 20-21.

떤 내면의 평화나 확신 혹은 빛이나 저 자신에 대한 이해조차 없이 그리고 하느님도 없이, 천국도 없이, 은총이나 다른 어떤 것도 없는 사방이 저의 외로움을 에워싸고 있는 이루 셀 수 없는 이런 모든 요소와 함께 어둡고 불행한 방에 앉아 있었습니다."[5] 사춘기 시절을 보내고 있었던 머튼에게 아버지의 죽음은 하늘이 무너질 만큼의 충격과 절망이었다. 그는 모든 것을 잃은 듯 좌절에 빠졌고 좀처럼 헤어나오지 못했다. 그의 마음이 머물 곳은 없었다. 자신을 이 지경으로 만든 하느님을 부정했다.

아버지의 이른 죽음은 심리적, 감정적, 종교적 공허함을 가져다 주었다. 칼 융의 심리학 관점에 따르자면 그의 어머니의 죽음은 '의식의 중심인 에고(ego)와 무의식의 중심인 자아(self) 사이'의 여성적 중개자로서의 역할을 하는 여성적 아니마(anima)의 특별한 기능을 상실하게 하는 원인이 되었을 수 있다.[6] 아버지의 죽음은 무의식 안에 고독을 찾고 세상을 거부하는 그림자의 원형(the shadow archetype)을 형성하게 했을 수도 있다.[7] 어머니의 품과 같은 안정적인 곳에 대한 갈망과 세상으로부터 물러나 은둔하고자 하는 두 가지 갈망이 한 곳으로 모아진 것이 바로 머튼에게는 훗날 트라피스트 수도원이 되었을 것이다. 머물고자 하는 갈망과 떠나고자 하는 갈망은 머튼의 일생에 걸쳐 지속되었으며 이는 영적인 변화와 성장의 원동력이 되었다. 즉 한 곳에 안주하지 않고 더 깊은 고독을 향한 갈망은 결국 아버지요 어머니이신 하느님의 품을 향한 갈망이었기 때문이다.

---

5) 앞의 책, 79.
6) 앞의 책, 79.
7) 참조: Waldron, 17-20. Anne Hunsaker Hawkins, Archetypes of Conversion: The Autobiographies of Augustine, Bunyan, and Merton (Lewisburg: Bucknell University Press, 1985), 130-138.

머물 곳 없이 홀로 바다를 표류한 지적인 반항아

아버지의 죽음 후 톰은 절망적이고 외로운 어린 시절을 보냈고, 이는 그의 사춘기와 청년 시절 전체에 지속적인 문제를 일으키게 했다. 그는 그 어느 곳에도 머물 곳을 찾지 못했던 것이다. 그는 자포자기에 빠졌으며 '지적인 반항아'와 무절제한 사람이 되었다. 그는 '영적으로 죽은 이'였으며, 여기에는 하느님이나 종교를 위한 어떤 자리도 없었다. 머튼 학자인 윌리엄 샤논은 당시의 머튼을 이렇게 묘사한다. "그의 동시대인들과 마찬가지로 그는 목표도 없고 도덕적 관념도 없으며 믿음이 부족한 바다를 표류하고 있었다."[8] 톰은 학창 시절 동안 깊은 외로움을 체험하였다. 학급 동료들에게 외설적인 말로 조롱을 당했을 때, "저는 삶에서 처음으로 적막함과 공허감과 버려짐의 고통을 알게 되었습니다."[9] 라고 고백하고 있다. 그러나 방탕한 삶을 통해 오히려 더 깊은 하느님 체험을 한 머튼은 자신의 변화를 회고하며 이렇게 기록하고 있다. "(우리의) 부족함과 결점에 대한 이해 안에서 우리 자신을 잃어 버리는 것을 배우는 것은 우리가 진정한 관상가가 될 수 있도록 도울 수 있다."[10]

요컨대 안정된 가정이 없었던 어린 시절과 부모를 여의고 외로움과 절망 속에 지낸 방탕한 삶이 오히려 머튼에게 수도원이라는 안정된 집을 찾게 하고, 더 깊은 고독 속에서 속죄와 보속의 삶을 택하게 하는데 영향을 미쳤을 것이다.

---

8) SSM, 108.
9) 앞의 책, 54.
10) Thomas Merton, New Seeds of Contemplation (New York: New Directions Book, 2007, First published in 1962), 191. Monica Furlong, Merton: A Biography (New York: Harper & Row, 1980), xiv-xv.

좋은 사람들 안에 머물다.

비록 어머니도 아버지도 없는 고아 톰이었지만, 대부에 의한 미국으로의 이주는 그의 방탕한 삶을 변화시키게 한 "신(神)의 한 수"였다. 1933년 10월 영국 케임브리지의 클레어 대학에 입학한 그는 학업에 힘쓰기보다는 방탕하고 무책임한 생활을 하였는데 담배와 술, 이성 교제에 몰두하였다. 급기야 사생아까지 생기게 되어 큰 문제가 발생하자, 그의 대부였던 톰 베네트는 격노하여 그를 외조부모가 있는 미국으로 보내 버렸다.

미국 컬럼비아 대학에 입학한 머튼이 만난 '좋은 사람들'과 '좋은 서적들'은 그의 회개에 영향을 주었다. 아무 곳에도 머물 곳이 없었던 그가 새로운 자리를 찾은 것이다. 어린 시절 어머니와 아버지의 죽음으로 세상과 사람들을 부정적으로 바라보던 머튼에게 좋은 사람들과 좋은 서적들은 삶을 긍정적으로 바라보도록 도왔다. 외로운 그에게 친근한 관계는 그의 내면에 있는 반항아적 기질을 누그러뜨렸으며, 책을 좋아하는 그의 타고난 습성은 자신과 교회와 세상을 새로운 눈으로 바라보게 하여 그의 회심과 새로운 의식에 매우 중요한 역할을 하게 된다.

그가 만난 좋은 사람들 가운데 특히 미국 컬럼비아 대학에서 만난 교수들과 친구들은 그의 인생에서 결정적인 역할을 한다. 예를 들어 머튼의 지적인 성소를 격려하였던 마크 반 도렌 교수의 품위와 도덕적 진실성에 그는 큰 감명을 받았다. 힌두교 수도승이었던 마하남브라타 브라마카리에게서는 그리스도교 신비주의 전통을 소개받았고, 아우구스티노 성인의『고백록』과 토마스 아 켐피스의『준주 성범』을 읽을 것을 권고 받았다. 댄 월쉬 교수는 머튼이 사제 성소와 트라피스트 수도 생활의 방향을 정하고, 토미즘의 사변적인 방법보다는 좀 더 영적이고 신비적이며 경험적인 방법으로 사고하도록 하는데 중요한 역할을 하였다.

컬럼비아 대학 시절, 머튼의 세 친구 로버트 랙스, 에드워드 라이스, 로버트 지브니 역시 머튼의 삶에 긍정적인 영향을 미쳤다. 특히 랙스는 머튼에게 조건 없는 사랑과 신뢰를 주었고, 그에게 성인(聖人)과 작가, 평화 운동가가 되도록 격려하였으며 머튼이 트라피스트 수도원에 입회한 후에도 지속적으로 친밀한 관계를 유지하였고 여러 가지 도움을 주었다. 이 친밀한 우정 관계는 그가 어린 시절에 개발하기 어려웠던, 다른 사람들과의 관계를 형성하는 데에 영향을 끼쳤다. 사람들과의 따뜻한 관계 안에서 자기 마음 안에 누군가 머물고, 다른 이들 안에 자신이 머물 수 있도록 조금씩 조금씩 마음의 문이 열리기 시작한 것이다.

좋은 책 속에 머물다.

머튼이 컬럼비아 대학 시절 읽었던 책 역시 그의 영적인 변화와 성장에 큰 영향을 주었다. 독서를 좋아한 머튼이었기 때문에 하느님께서 많은 책들 속에서 당신 말씀을 건네 주신 듯하다. 우선 그는 에티엔 질송의 『중세 철학의 정신』을 읽음으로써 하느님에 대해 전반적인 새로운 개념을 갖게 되었다. 이 책이 머튼에게 지적인 면에서 하느님에 대해 새로운 개념을 발견하도록 도왔으나, 그의 내면은 여전히 하느님께 개인적인 응답을 할 필요를 느끼지 못했다. 그러던 중 금욕주의와 신비주의에 관한 동양의 원천들에 관한 올더스 헉슬리의 사상을 접하게 되었고 그의 마음은 서서히 움직여 영적인 눈이 열리게 되었다. 헉슬리의 책 『목적과 수단』은 신비주의에 대한 머튼의 열정에 불을 지폈고, 동방의 신비주의와 금욕주의에 관해 기록된 도서관의 책들을 샅샅이 뒤져 읽게 했다. 그 당시 아시아 텍스트들에 대한 독서는 그다지 쉬운 일이 아니었지만, 독서를 통해 축적된 그의 생각들은 신비적 체험을 향한 갈망을 증진시켰다.

머튼은 그의 영혼에 믿음과 사랑을 확고하게 해 준 윌리엄 블레이크에 관한 석사 논문을 작성하였다. 그는 "윌리엄 블레이크를 향한 저의 사랑은 하느님의 은총과 같았다고 생각합니다. …… 블레이크를 통해 저는 어느 날 유일한 참된 교회와 아들 예수 그리스도를 통하여 하나이신 살아 계신 하느님을 간접적으로 만나게 되었습니다." 라고 언급했다.[11] 블레이크의 신비적 은총들과 심미적 감각의 종합은 머튼에게 합리성을 초월하고 신비를 직관하게 하는 데 영향을 미쳤다. 블레이크처럼 머튼 역시 시인이고 예언자이자 신비가였다.

그리스도께서 머무시려 먼저 찾아 오시다.

머튼은 일생 동안 내적 신비 체험들을 선물로 받았는데 이는 그가 새로운 지평을 여는데 깊은 영감을 주었다. 그가 회심하고 수도 성소를 갖게 된 다양한 원인 중 하나도 하느님께서 먼저 그의 삶 속에 신비롭게 다가오셨다는 것이다. 그의 내면에 머무시려고 찾아오셨으나 모든 신비로운 하느님의 다가오심에 머튼이 충실히 응답했던 것은 아니었다.

첫 번째 예수님의 다가오심인 그의 로마 체험이 그러했다. 이 신비 체험은 아버지의 죽음 후 1년이 조금 지난 1933년, 로마 성지 순례를 하던 중에 일어났다. 그는 성 코스마와 다미아노 대성전을 방문하였고, 그 성전 중앙 제단 위에 비잔틴 모자이크로 묘사된 예수님의 모습에 심취했다. 이루 말로 표현할 수 없는 모자이크의 신비로움과 진솔함과 단순성에 강렬하게 매료되었다. 그는 이 순간을 이렇게 묘사하고 있다. "저는

---

11) SSM, 94, 97.

갑자기 경외감에 사로잡혔고 그로 인해 제가 인식하고 이해한 어떤 것을 이곳에서 찾았다는 것에 놀랐습니다. 그것은 제가 그동안 찾아왔던 바로 그것이었습니다."[12] 이 신비로운 체험 후, 그는 "사람들이 그리스도라고 부르는 이 사람에 대해 어떤 것을 찾기 시작했고"[13] 복음을 읽고 하느님께 기도하기 시작했다.

이러한 통찰력 있는 체험에도 불구하고 청년 머튼은 자신이 여전히 회심과는 거리가 멀다고 여겼다. 나중에 이러한 신비 체험을 회고하면서, 그는 케임브리지의 클래어 대학 시절 로마에서의 영적 체험을 따르지 않은 것을 후회했다. "만약 제가 그 경험들을 따랐다면 저의 삶은 매우 달라졌을 것이며, 그 시절을 비참하게 보내지도 않았을 것입니다."[14] 실제로 로마에서의 두 신비 체험은 모두 오래가지 못해 머튼은 클래어 대학 시절에 영적, 도덕적, 학문적으로 그의 삶에서 최악의 순간을 맞게 되었다. 그는 일종의 병적인 쾌락주의에 빠졌으며, 사생아의 아버지가 되었고, 결국 케임브리지를 떠나게 되었다.

로마에서 비잔틴 벽화를 통한 신비로운 체험이 머튼에게 예수 그리스도에 대해 처음으로 관심을 갖게 했다면, 뉴욕에서의 두 번째 영적 체험은 가톨릭 미사에 처음으로 참여하게 만들었다. 첫 번째 로마에서의 체험에서는 은총을 거부했다면, 이번 체험에서는 은총을 받아들였다. 예수님께서 그 안에 머물고자 찾아 오심을 서서히 깨닫기 시작한 것이다.

1938년 8월 어느 날, 머튼의 내면에서는 가톨릭 성당에서 거행되는

---

12) Thomas Merton, The Labyrinth [unpublished manuscript] (Louisville, Ky.: Thomas Merton Studies Center, Bellarmine University), 178, 181.
13) SSM, 120.
14) 위의 책.

미사에 참여하라고 초대하는 신비로운 목소리가 들렸다. "나는 드디어 오래전부터 나에게 작용한 은총의 충동에 순응하게 되었습니다. …… 마침내 강한 충동은 제가 어떻게 저항할 수 없이 너무도 강하게 되었습니다. …… 저는 그날의 느낌을 결코 잊을 수 없을 것입니다. 우선 너무도 달콤하고, 강하고, 온화하고, 분명한 충동이 제 안에서 이렇게 말하고 있었습니다. '미사에 가라! 미사에 가라!'"[15] 이 체험을 묘사하면서, 그는 자신이 설명할 수 없는 어떤 목소리를 들었다고 말하고 있다. 그런데 이것은 새롭고 낯선 것이었으며, 그가 행동을 실행하게 하는 데 있어 내적인 확신을 심어 주었다. 그래서 그는 여자 친구와 시외에서의 주말 약속을 취소하고, 그리스도의 몸 성당에서 미사에 참여했다. 그는 미사 중에 다른 사람의 눈치를 보지 않고 순수한 마음으로 기도하던 소녀의 모습에 아주 깊은 인상을 받았다고 고백하고 있다. 이 미사 참여의 체험은 머튼에게 기쁨과 평화의 열매 그리고 은혜로운 내적 위안을 가져다 주었으며, 이를 통해 지금까지 자신이 살아왔던 삶의 방식을 넘어 새로운 관점을 갖기 시작했다.

이 새로운 관점의 삶은 바로 '은총에 의한 삶'이었으며 '하느님 중심의 삶'이었다. 그는 "어느 누구도 자기가 이것을 원한다고 해서 믿을 수는 없다. 은총을 받지 않는 한, 하느님으로부터 지성과 의지를 움직이는 빛을 받지 않는 한, 산 신앙 행위를 할 수 없다. 우리에게 신앙을 주시는 분은 하느님이시다."[16] 라는 것을 깨닫게 된 것이다. 사실 하느님께서 우리를 이끌어 주시지 않으면 아무도 그리스도께 다가가지 못한다. 신앙의

---

15) 앞의 책, 225, 226.
16) 앞의 책, 229.

선물을 받은 이들은 주어진 자신의 모든 삶이 하느님의 은총임을 깨닫게 되고 그 은총의 힘에 의지하며 살게 된다. 이것은 세상의 삶의 방식을 초월하는 것이다.

그 후, 머튼은 예수회 신부인 제럴드 맨리 홉킨스의 전기를 읽으면서 또 다른 은총을 입었다. 그는 이렇게 회고하고 있다. "갑자기 무엇인가가 제 마음을 휘젓기 시작했고, 저를 밀어붙이고 어떤 결정을 하도록 이끌기 시작했습니다. 그것은 '너는 무엇을 망설이고 있느냐?', '왜 너는 여기에 앉아 있느냐?', '너는 네가 무엇을 해야 하는지 알고 있지 않느냐?'라는 목소리로 들려왔으며, 저를 움직이게 했습니다."[17]

그는 내면의 목소리를 더 이상 마음속에 품고 있을 수 없음을 깨닫고 가랑비를 맞으며 그리스도의 몸 성당으로 달려갔다. 본당 신부인 그레고리오 포드 신부를 만나기 위해서였다. 그리고 포드 신부에게 이렇게 말했다. "신부님, 드릴 말씀이 있습니다. 저는 가톨릭 신자가 되기를 원합니다."[18] 머튼은 포드 신부로부터 교리 교육을 받았고, 마침내 1938년 11월 16일에 '토마스'라는 이름으로 가톨릭 세례를 받았다.

세례와 수도원 입회 사이 기간에 머튼은 또 다른 특별한 종교적 체험을 하였다. 이것은 그가 코브레의 자비의 성모 성지를 순례한 1940년, 쿠바의 아바나에 있는 성 프란치스코 성당에서 미사에 참여하던 중에 일어났다. "사도신경이었습니다. '창조주를 믿나이다!'라는 갑작스러운 우렁찬 승리의 고함, 쿠바의 어린이들이 목청껏 외치는 환희의 신앙 고

---

17) 앞의 책, 236.
18) 앞의 책, 237.

백이었습니다. …… 그러자 제가 하느님께 속하게 하는 길인 성체 축복의 말씀이 갑작스러운 외침처럼 그리고 너무도 정확하게 그리고 천 배는 더 밝은 어떤 것이 내 마음 안에 깨어남과 이해와 깨달음을 가져오게 했습니다. …… 이것은 한순간에 극도로 명백하게 된 깊은 믿음의 빛이었습니다."[19] 그의 저서 『세속의 여정』에서 머튼은 자신의 이 체험을 다른 방식으로 묘사하고 있다. "하늘이 정확히 제 앞에 흔들리지 않는 확실성을 주고, 분명하고 즉각적인 지식이 마치 천둥처럼 저를 내려치는 듯했고, 마치 번갯불처럼 저를 지나가는 듯했으며, 지상을 벗어나 저를 높이 들어 올리는 것 같았습니다. …… 천국, 천국이 바로 제 앞에 있습니다."[20] 이 체험을 통해 머튼은 교회 안에서 하느님 현존을 마주하게 되었고, '사제가 되겠다'는 그리고 '그의 첫 미사를 성모님께 봉헌하겠다'는 두 가지 서약을 하게 되었다.

겟세마니 수도원에 입회하기 전, 또 다른 종교적 체험이 수도 성소를 식별하도록 이끌었다. 쿠바 여행 후 성 프란치스코 수도회에 입회하기 위해 신청을 했으나 그의 과거(케임브리지에서)의 삶 때문에 신청을 거절당하게 되었다. 이후 그는 뉴욕 할렘에 있는 '우정의 집'에서의 체험을 통해, 가난한 이들을 위한 사목에 관심을 갖게 되었다. 동시에 켄터키 주에 있는 관상 수도원인 겟세마니 수도원 역시 그에게 매력을 주었다. 성 보나벤투라 대학에 돌아와 작은 경당에서 '우정의 집'과 '겟세마니 수도원' 사이에서 어디로 가야할지 식별을 위한 기도를 하는 동안 그는 돌연 종소리를 듣게 되었다. "갑작스럽게 상상 속에 저는 밤중에 겟세마니

---

19) 앞의 책, 311.
20) Thomas Merton, The Secular Journal of Thomas Merton (New York: Farrar, Straus & Cudahy, 1959), 76-77.

수도원의 커다란 종소리를 듣게 되었습니다. …… 그 느낌은 저를 숨조차 쉴 수 없게 만들었습니다. …… 그 종소리는 마치 제가 어디에 속해야 하는지를 말해 주고 있는 듯했습니다."[21] 이러한 체험은 그가 아무런 주저함이나 의심 없이 트라피스트 수도원 입회를 결정하도록 인도했다. 그리고 마침내 1941년 12월 10일 머튼은 겟세마니 수도원에서 침묵과 고독의 수도 생활을 통해 하느님께 자기 전 생애를 봉헌하기 위해 입회하게 되었다.

수도원 안에 머물다.

토마스 머튼의 수도 생활은 초기(1941~1950년 초반)와 과도기(1950년대 중반~1958년), 그리고 후기(1958~1968년)로 나눌 수 있다. 정주라는 관점에서 본다면 초기는 공간적인 관점에서 겟세마니 수도원 안에 정주하던 시기였으며, 과도기는 지리적 관점의 정주를 넘어가기 위해 고래 뱃속에 머물던 요나와 같은 시기, 후기는 그리스도 안에 머물며 초월적 정주의 개념이 자리한 시기라고도 볼 수 있을 것이다. 이 시기에 그의 수도원 봉쇄 구역은 사라지고 온 세상이 그의 수도원이 되었다.

트라피스트 수도원 입회 전부터 머튼은 수도원에 머무는 것은 곧 천국에 머무는 것이라 생각했다. "'하느님의 가난한 형제들'은 독방에 숨겨진 만나, 하느님의 현존이라는 무한한 양식과 힘, 은밀한 영광을 마음속으로 맛본다. 그들은 하느님에 대한 두려움이라는 감미로운 환희를 맛보는데 이는 하느님의 실존과 첫 번째 내밀한 접촉, 곧 이 세상에서

---

21) SSM, 400.

체험되는 천국의 시작이다."[22] 그는 다른 사람이 하지 않는 고행과 엄격한 삶을 산다는 것에 대해 영웅적인 우월감에 젖어 있었다. 그는 세상으로부터 물러나 보속과 대속의 삶을 살아가는 것이 너무도 행복했다. 그래서 그는 전통적인 수도승적 수행에 따라 하느님과의 친밀한 관계를 추구하기 위해 노력했으며 수도원의 규율을 엄격히 준수했다. 수도원 울타리 안에서, 일상의 영적 훈련은 하느님에 대한 관상적인 깨어남을 조성해 주었다. 그는 수도 생활이 초자연적인 신적 은총을 얻기 위한 완벽한 길을 제공할 것이라는 믿음으로 수도 생활을 찬양하였다. 그러나 그의 이러한 생각은 하느님과의 내적 만남이 깊어지면 깊어질수록 점점 변화되어 간다. 하늘에서 땅으로 내려오는 데는 시간이 필요한 것이다.

고래 뱃속에 머물다.
  이러한 신혼 시절과 같은 시기가 지난 다음, 1940년대 후반부터 머튼의 이상주의는 그것에 대한 자기 한계점들과 자신이 자연과 초자연적 은총 사이의 괴리에 갇혀 있다는 것을 자각하면서 점점 담금질되기 시작했다. 예를 들어, 1940년대 후반에 머튼은 자신의 우울함에 대해 다음과 같이 회고한다. "내일이면 내가 겟세마니 수도원에 입회한 지 8년이 되는 해이다. 내가 예전(8년 전)에 한 명의 세속 시민으로서의 정체성을 버렸다고 생각했을 때보다 지금 나의 정체성은 더 모호해진 느낌이 든다."[23]
  이 시기 특별히 두 가지 정체성의 충돌이 머튼에게 상당한 좌절과 우울과 불행한 감정을 갖게 했다.

---

22) 앞의 책, 347.
23) See Thomas Merton, Entering the Silence: Becoming a Monk & Writer (San Francisco: HarperSanFrancisco, 1995), 376.

1) 작가와 관상가(세속적 세상과 수도원) 사이에서 정체성의 충돌.
2) 카르투시오회 수도승과 시토회 수도승(독수도자적 삶과 공동체적 삶) 사이에서 자기 정체성의 충돌.

역설적으로 이러한 문제들을 해결하기 위한 분투가 오히려 그가 관상적 영성의 새로운 비전을 얻을 수 있도록 자극을 주었다. 결정적으로 그의 관상적 체험은 이러한 두 가지 선택들을 뛰어넘는 새로운 영적 의식이 그의 내면에서 깨어나도록 도왔다.

머튼은 1950년대 초반까지 작가와 관상가 사이에서 많은 고민을 하였다. 『칠층산』에 대한 엄청난 관심으로 이어진 판매는 그를 매우 혼란스럽게 했다. 세속에서 물러나 있는 이가 어떻게 성공적인 작가가 된다는 것과 부합할 수 있는가? 그의 딜레마는 세속과 수도원이 상반된다는 이원론적인 견해에 뿌리 박혀 있었다. "나는 수도원 안으로 나와 함께 작가로서의 모든 본능을 가지고 왔다. …… 작가라는 이중적인 그림자가 봉쇄 구역 안까지 나를 따라 들어 왔다."고 그는 언급하고 있다.[24] 이러한 고착 상태를 극복하기 위해 그는 우선 그의 장상들에게 책임을 전가하려고 한다. 그러나 순종 서원에 대한 그의 엄격한 해석은 이 딜레마를 완벽하게 해결할 수 없었다. 그런데 오히려 이러한 지속적인 분투는 그의 삶의 목적이 관상가가 되거나 심미적인 직관으로 작가가 되는 것에 있는 것이 아니라 하느님과의 일치에 있고, 관상은 인간의 활동들과 분리될 수 없다는 것을 깨닫도록 해 주었다.

이러한 자신의 깨달음에 대해『요나의 표징』에서 이렇게 기록하고 있다. "중요한 것은 관상을 위해 사는 것이 아니라 하느님을 위해 사는 것

---

24) SSM, 428, 448.

입니다."[25)]

또한 "저의 글 쓰는 소임에 관한 회의는 실로 한심한 일이었습니다." 라고 부연 설명을 하고 있다.[26)]

사실 글쓰기는 참된 침묵과 고독, 기도에 접근하도록 그를 도왔다. 이것을 깨닫게 되었을 때, 네 개의 벽으로 둘러싸인 봉쇄 구역 안에서 머튼의 세상은 점점 열리기 시작했다. 1950년대 후반이 되었을 때, 머튼은 수도원과 세속, 수도승들과 평신도들, 관상과 활동에 관한 이원론적인 생각을 극복하고 있었다.

1940년대 후반에서 1950년대 중반에 토마스 머튼은 수도 성소의 형태에 관해 고민하였다. 위대한 고독을 향한 간절한 열망 때문에 그는 독수도승의 삶을 살아가는 카르투시오회나 카말돌리회 수도승이 되기를 바랐다. "저는 진정한 고독과 진정한 관상적 삶의 필요성을 어느 때보다 더 확신하고 있었습니다." 라고 고백했다.[27)] 실제로 그는 카말돌리 수도회로 옮겨 가려고 적극적인 시도를 하였지만, 그의 요구는 동 가브리엘 소르테 총장의 결정으로 거절되었다. 이미 겟세마니 수도원에서 종신서원을 한 머튼은 트라피스트 수도승으로 남아 있어야만 했다. 그는 '완벽한 수도원'을 찾는 것을 중단했지만 '완벽한 고독'에 도달하기 위한 노력은 계속했다. "고독을 위한 완벽한 장소는 없다. 다만 완벽한 고독이 있을 뿐이다." 지리적인 공간을 넘어 진정한 고독을 향한 갈망은 날이 갈수록 더 깊어져 갔다.

---

25) Thomas Merton, The Sign of Jonas (NY: Doubleday/Image Books, 1956), 30.
26) 앞의 책, 207.
27) Thomas Merton, The School of Charity: The Letters of Thomas Merton on Religious Renewal and Spiritual Direction, ed. Patrick Hart (New York: Farrar, Straus, Giroux, 1990), 63.

사람들 안에 머물다.

1958년 3월 18일, 머튼은 루이빌 도시 거리의 모퉁이에서 예수님께 큰 은총의 선물을 받았다. "루이빌에서 …… 저는 (거리에 지나가는 사람들을 보면서) 순간 갑자기 무엇인가 저를 압도하는 듯했고, 제가 이 모든 사람들을 사랑해야 하며 그들은 저의 것이고 저는 그들의 것이며, 비록 서로가 낯선 사람들이지만 우리는 서로 이질적인 사람일 수 없다는 것을 깊이 깨닫게 되었습니다."[28] 그는 이 거리에서 주변의 일상적인 낯선 행인들 모두에게서 강한 영적인 연결점을 깨달았다. 그는 사람들 안에 머무시는 예수님을 만난 것이다. 그리고 우월주의를 벗어나 한 명의 평범한 인간이 되어 그 사람들을 사랑해야 한다는 소명을 깨닫게 된다. 이것이 유명한 머튼의 '루이빌 깨달음'(Louisville Epiphany)이다. 이 체험은 그에게 봉쇄 구역의 담장을 넘어 새로운 전망과 고독과 세속에 대한 새로운 이해를 하게 하는데 중요한 역할을 하였다.

이 체험에 의해 1960년대에 이르러 그의 영성은 더욱 무르익었다. 그는 이때를 이렇게 묘사하고 있다. "아마도 저는 (지금) 영적인 삶의 전환점에 있는 듯합니다. 어쩌면 두려움을 잊어가고 성숙의 지점과 의심의 해결을 향해 서서히 가고 있는 듯합니다."[29] 게다가 그의 수도 성소 관점 역시 변화되었다. "저의 수도 성소가 무엇이든지 간에 결코 의심을 갖지 않습니다. …… 저는 어떤 면에서 어디에나 있습니다. 저의 수도원은 저의 집이 아닙니다."[30] 그의 수도 생활에 관한 새로운 관점은 더 황량한 환경과 더 깊은 고독을 향한 갈망으로 자양분을 얻었으며, 그의 삶

---

[28] Thomas Merton, Conjectures of a Guilty Bystander (New York: Image Books, 2014), 153-154.
[29] Thomas Merton, Turning Toward the World: The Pivotal Years, ed. Victor A. Kramer (San Francisco, CA: HarperSanFrancisco, 1997), 172 (여기서부터TTW로 축약).
[30] Thomas Merton, Introductions East & West: The Foreign Prefaces of Thomas Merton, ed. Robert E. Daggy (Greensboro, N.C.: Unicorn Press, 1981), 45.

의 마지막 시기에 영적인 방향을 더 굳건하게 만들었다. 성소에 대한 확신 속에, 그는 수도원이라는 울타리를 넘어 세상의 모든 곳이 하느님이 계신 곳이요, 세상의 모든 곳에서 하느님의 일, 즉 하느님의 사랑을 나누어야 한다는 것을 깨닫게 된다. 1960년 10월 그는 "저는 과거에 항상 플라톤주의자였습니다."[31] 라고 시인하고, 저 위에 있는 이상적인 관념에서 아래로 내려와, 세상 사람들을 위해 자신의 비평적인 사회적 견해들을 자신감을 가지고 왕성하게 드러내기 시작했다. 이제 그는 사람들 안에 정주하게 된 것이다.

세상을 버린 이가 다시 세상 안에 머물다.

토마스 머튼의 삶은 1960년대에 활짝 꽃피었다. 수도원 안에서 관상 기도와 개인적 분투로 보낸 1950년대까지의 세월은 이 시기에 그를 세상에 대한 개방과 사랑과 자비로 가득 차게 했다. 그는 자신의 내적 체험을 바탕으로 관상과 활동의 통합을 이루어 갔으며, 외적 활동에서도 예전보다 더 자유로움을 가졌다. 이 시기에 관상적 수도승인 머튼은 세상의 평화를 건설하는 중재자(a peace maker)가 되었으며, 다양한 종교들, 특히 불교와 수도승간, 그리고 종교간 대화의 개척자요 선구자가 되었다.

머튼의 성숙한 평화 건설의 여정은 깨달음을 가진 이의 책임감이었다. 그는 "관상가로서 저는 고독 안으로 저 자신을 가둬 두는 것이 이제 필요하지 않습니다. 오히려 이 가난한 세상이 제가 고독 안에 있어야 할 올바른 장소입니다. 저는 이 세상에서 정치적, 지적, 미적, 그리고 사회 운동에 대한 관상적 이해를 통해 사고하게 되었습니다." 라고

---
31) 앞의 책, 59.

고백했다.[32] 이러한 변화된 의식을 실현하기 위해 그는 현대 사회의 문제들에 관한 글을 본격적으로 쓰기 시작한다. 이러한 영역에는 비폭력을 통하여 평화를 추구하는 이들에게 직면한 소외, 폭력, 인종 차별주의, 핵 전쟁, 세상의 부조리와 문제점들이 포함되었다. 머튼은 "저는 저 자신이 (세상과) 같은 문제들에 연루되어 있다고 느끼며, 그것들 역시 저의 문제들이기 때문에 다른 이들과 함께 세상 문제들에 관여하는 것이 필요합니다."[33] 라고 말했다. 전쟁과 폭력이 당시의 상황이었던 20세기의 역사 안에 살았기 때문에 그는 특별히 세상에 평화를 증진하는 일에 힘썼다. 그러나 머튼의 세상에 대한 참여는 무엇보다 '인간 의식의 변형'(transformation of human consciousness)에 초점이 맞춰졌다. 이러한 머튼의 사회 정의를 위한 외침과 세상의 고통과의 영적 연대는 오늘날 교회의 사회 참여를 이해하는데 길잡이가 될 것이다.

그리스도의 마음 안에 머물다.

평화를 건설하기 위한 머튼의 사회 참여는 관상의 열매였다. 그는 깊은 관상적 일치 체험을 통해 '관상과 활동의 통합'을 이루었고 이는 그를 세상으로 나아가게 만들었다. 그렇다고 세상에 대한 활동에만 치우친 것은 아니었다. 오히려 사회 정의 운동에 열정적으로 참여할 때에도 하느님과의 신비로운 일치에 도달하기 위한 고독과 침묵을 향한 열망은 지속되었다. 수도원에서 도보로 20분 거리에 있는 은둔처에서 시간을 보낼 수 있다는 허락을 받은 1965년에 그의 고독을 향한 간절한 바람은

---

[32] Thomas Merton, The Hidden Ground of Love: The Letters of Thomas Merton on Religious Experience and Social Concerns, ed. William H. Shannon (New York: Farrar, Straus, Giroux, 1985), 482.
[33] Thomas Merton, "The Monk Today," in Contemplation in a World of Action (Garden City, NY: A Doubleday, Image book, 1973), 245.

실현되었다.

이 은둔처에서의 삶은 머튼에게 새로운 내적 변화를 가져다 주었는데, 그것은 바로 초-문화적 의식(trans-cultural consciousness)이었다. 샤논은 그의 저서 『고요한 등불』에서 이 사건을 머튼 자신의 깊은 내적 변화와 초-문화적 의식이 시작되는 일종의 상징이라고 평가한다. "1965년은 머튼의 삶에서 결정적인 변화로 기록된다. …… 그는 마침내 숲 속에서 온전히 은둔적 삶을 살게 되었다. …… 이 장소의 변화는 깊은 내면의 변화를 상징하고 있었다. …… 그는 모든 것을 포용하고 …… 초-문화적인 감각 안에서 진정한 보편적인 사람이 되었다."[34]

역설적으로 샤논은 머튼의 은둔자로서의 고독한 삶을 '초-문화적 상태'의 '진정한 보편성'을 지닌 인간과 연결시키고 있다. 머튼의 새로운 의식은 자신의 종교와 문화적 경계를 넘어 보편적인 실재 안에서 모든 것이 서로 연결되어 있음을 깨닫게 되었다는 점에서 더욱 진화한 것이다. 이 은둔처에서 그는 하느님과 일치된 자아는 모든 것과 연결되어 있고, 하느님과의 일치 안에서 하느님의 눈을 통해 모든 것을 마주할 수 있다는 것을 깨닫게 되었다. 그는 홀로 있지만 홀로 있지 않았다. 그리스도의 마음 안에 머물고 있었다.

그는 세속과 자신의 수도 공동체로부터 더 멀리 떠나 자비와 열림으로 세상을 향해 나아갔다. 1960년대 중반 그의 의식은 '우주적 그리스도(Cosmic Christ)'의 개념과 함께 '우주적 균형(cosmic proportions)'으로 확장되어 갔다. 그래서 그는 고독을 넘어 세상을 향해 외치는 예언자

---

34) William H. Shannon, Silent Lamp: The Thomas Merton Story (New York: Crossroad, 1992), 4-5.

적 목소리를 지닌 이들과 더불어 참된 살아 있는 그리스도의 증인이 되었다.

사랑하는 이 안에 머물다.

1966년 초 머튼은 허리 통증에 시달렸다. 결국, 그는 3월 23일 루이빌에 있는 성 요셉 병원에 입원했고, 일주일 후 허리 수술을 받았다. 수술 후 회복기를 갖는 동안 그는 회색 눈에 긴 검은 머리의 25세 학생 간호사 M(머튼은 이 간호사의 신변 보호를 위해 이름을 밝히지 않고 'M'이라고 자신의 글에 기록했다)을 만났다. 그녀는 머튼을 사랑하게 되었고, 머튼 역시 혼란스러움과 함께 그녀를 사랑하게 되었다. 그리고 그들은 서신 왕래와 만남을 통해 서로를 향한 사랑을 더 깊이 느끼게 되었다. 머튼 자신도 처음에 이러한 감정에 대해 몹시 혼란스러웠다. 그렇다고 육체적인 관계가 있었던 것은 아니었으나, 흥분을 불러일으키는 본능적인 감정(id)과 죄의식(super-ego) 사이에 사로잡힌 그의 자아(ego)는 갈등을 겪고 있었다. 그는 "저는 감히 사랑하게 되었고, 사랑이 저에게 불러일으킨 자기성찰의 불안을 동시에 품고 있었습니다." 라고 고백했다.[35]

또한 "저는 너무 많이 사랑받고 사랑하고 있는 자신을 발견하면서 지금 제 삶에서 무엇을 해야 할지 모르겠습니다. 모든 표준을 따라서 볼 때, 이 모든 것은 잘못되었고, 부조리하고, 제정신이 아닌 것입니다." 라고 표현했다.[36]

---

35) Thomas Merton, Learning to Love: Exploring Solitude and Freedom, ed. Christine M. Bochen (San Francisco, CA: HarperSanFrancisco, 1997), 44.
36) 앞의 책, 50.

그는 이러한 내적 충돌의 상황을 다음과 같이 고백하고 있다. "저는 이 부조리한 존재를 이끌고 살아가야 합니다. 저는 이것에 대해 비난받아 마땅합니다. 그러나 어떤 경이롭고 신비로운 (사랑) 때문이 아니라 부도덕 때문에 (비난받아야 합니다)."[37]

오직 하느님만을 사랑하겠다고 서약한 수도승으로서, 그는 자신이 여성과 로맨틱한 관계에 연루되지 않아야 한다는 것과 동시에 이와 모순되게도 행복감을 느끼고 있다는 것을 알고 있었다. 그는 한 명의 인간으로서 서로 나누는 사랑이 얼마나 경이롭고 아름다운지를 깨달았다.

그러던 어느 날, 머튼이 수도원 공용 전화기로 간호사와 통화를 하고 있었는데, 그만 동료 수도승이 이를 우연히 듣게 되고, 이 사실을 아빠스에게 말하게 된다. 아빠스는 조용히 머튼을 자기 집무실로 불렀고, 머튼 신부가 오랫동안 홀로 은둔처에 있어 심신이 쇠약해져 분별력을 잃은 것으로 생각하고 그에게 은둔처에서 나와 수도원 병실에 머물 것을 권고했다. 물론 간호사와의 관계도 그만둘 것을 명했다. 그러나 머튼은 은둔처도 M(간호사)도 포기할 수 없었다. 아빠스와의 갈등 끝에 결국 은둔처에 계속 머무는 대신, 수도원에 와서 종교간 대화 모임에 참여할 것과 간호사와의 관계를 청산할 것에 합의하고, 서원 갱신식을 거행한 후 다시 은둔처로 돌아왔다. 그 후 그는 M과의 관계를 정리하기 위해 그동안 M과 주고받은 편지와 시, 일기를 모았고, 그녀가 보낸 모든 글은 불태웠다. 그러나 이 사건도 자기 삶의 일부라고 여겼기 때문에 자신이 쓴 글은 없애지 않고 봉해 둔 뒤, 자신이 죽고 난 후 수십 년이 지난 다음 열어 보라고 표시를 해 두었다. 그런데 1968년 갑작스러운 그의 죽음 후,

---

37) 앞의 책, 341.

그의 일기를 수집, 출판하는 과정에서 이 모든 일이 드러나게 되었고, 머튼의 러브 스토리는 세상에 알려져 많은 이들을 놀라게 했다.

스스로도 주체할 수 없는 이 뜨거운 사랑의 체험은 하느님께서 허락하신 선물이었을까? 아니면 절제하지 못한 한 수도승의 일탈 행위였을까? 처음에 이 일이 세상에 드러났을 때 많은 이들이 머튼에 대한 실망을 감추지 못했다. '독신 서원을 한 수도승이 어떻게 한 여인을 사랑할 수 있는가' 라는 의문을 가지며 윤리적 혹은 수도승적인 관점에서 많은 종류의 의문을 불러일으켰다. 그러나 최근 들어 몇몇 심리학자들과 페미니스트들은 그의 문제는 "인생을 향상시키는 사건"이었으며, 머튼이 "사랑하고 사랑받는 전인적(全人的)인 인간이 되게 하는 긍정적인 요인이었다."고 주장한다.[38]

가령, 로버트 왈드론은 머튼은 이 사랑으로 인하여 영적으로 성장했으며, "자기 자신 혹은 다른 이의 영적 성장에 봉사하기 위해 기꺼이 자기 자신을 희생시키고자 하는 마음, 즉 사랑의 행위는 자기 초월의 행위"라고 묘사함으로써 그 관계를 긍정적으로 평가하고 있다.[39]

심지어 트라피스트 수도승인 바실 페닝톤은 이렇게 주장하고 있다. "저는 진정한 우정 관계에 배타적이지 않으며, 스쳐가는 로맨스의 현실을 넘어 (머튼의) 로맨스에 대해 어떤 의문이나 위험이 있었다고 생각하지 않습니다. 머튼은 수도승으로서의 신념에 굳건히 자리하고 있었기 때문에 자유로움을 느꼈고, 이 아름다운 경험에 자신을 충분히 개방하

---

38) Waldron, 158, 159.
39) 앞의 책, 172.

였습니다."⁴⁰⁾

비록 이 체험 후 그리 오래 살지는 못했을지라도 사실 한 명의 인간으로서 '평범한 사랑에 대한 응답의 수용력'은 이 젊은 여인과의 사랑 체험을 통하여 어느 정도 가능해졌을지도 모른다. 그리고 어린 시절 어머니의 죽음으로 상실되었던 여성성(anima)은 이 체험을 통해 충족되었다고 보기도 한다.

한편, 머튼 자신이 그녀와 사랑에 빠졌을 당시 쓴 저서들을 읽어 보면 머튼이 이 인간적인 사랑의 체험을 통해 사랑에 대한 더 깊은 이해를 했음을 엿볼 수 있다. 그는 사랑에 빠지는 체험을 통해 우리가 더욱 충만한 인간이 됨을 강조하면서, '자신을 내어주는 사랑'이 무엇인지, '자기-초월로서의 사랑'이 무엇인지에 대해 '머리'가 아니라 '가슴'으로 느낄 수 있게 되었다. 또한, "사랑은 충만한 실재가 되게 하는 인간의 운명"⁴¹⁾이라고 말하고 있다. 비록 그가 그녀를 떠나기로 결정했지만, 이 열정적인 사랑에 빠진 일은 머튼이 전에는 결코 가져 본 적이 없는 의식인 거대한 감정적 에너지를 느끼게 해 주었다. 그는 직접적인 사랑 체험의 힘과 그 가치에 대해 다음과 같이 결론을 내리고 있다. "사람들이 진정으로 사랑 안에 있을 때, 그들은 새로운 존재가 됩니다. 그들은 자신의 사랑의 힘에 의해 변화됩니다. 사랑은 우리의 가장 깊은 인격적 의미와 가치와 정체성의 계시입니다."⁴²⁾

---

40) Basil Pennington, Thomas Merton, Brother Monk: The Quest for True Freedom (San Francisco, CA: Harper & Row, 1987), 122.
41) Thomas Merton, Love and Living, eds. Naomi Burton Stone and Patrick Hart (San Diego: Harcourt Brace Jovanovich, 1985), 27.
42) 앞의 책, 34-35.

성령 안에 머물다.

생애 마지막 즈음, 초-문화적 성숙(Trans-cultural Maturity)에 도달한 머튼은 교회 일치와 종교간 대화에 열중하였다. 그의 종교적 체험은 다른 종교들과 대화하기 위한 개방을 더욱 촉진시켰다. 그의 영적인 성장은 그리스도교의 신비주의와 동양 종교들, 특히 선(禪)불교와 도교의 광범위한 지식에 영향을 받았다. 이러한 동양 종교들은 그에게 영적 활기를 북돋우어 주었으며, 관상에 대한 새로운 관점을 갖게 하는데 영감을 주었다. 교회 일치의 관점에서, 머튼은 개신교의 전통과 가까이 접촉하였는데, 제도적이고 성사적인 일치에 대해 희망하기보다는 성령을 통하여 그들과 영적 일치를 찾고자 했다.

아시아에서의 마지막 두 달은 특정 종교나 문화적 전통에 제한되지 않는 확장된 신앙과 관상의 통합된 경험이 심화된 특별한 시기였다. 그는 이 여행을 지식을 습득하기 위한 것이나 새로운 것을 발견하기 위한 여행으로 여기지 않았다. 오히려 '더 나은 그리고 더 깊은 깨달음을 얻는 수도승'이 되기 위한 순례로 여겼다. 그는 더 위대한 영적 성숙을 얻기 위해 아시아의 지혜와 전통에 대해 직접 경험하기를 원했다.

머튼의 아시아 방문을 위한 열정적인 원의는 1960년대 후반에 있었지만, 당시 겟세마니 수도원의 제임스 폭스 아빠스는 그 여행을 금지시켰다. 그러나 1968년 1월에 새로운 아빠스로 선출된 동 플라비안 번즈는 이 여행을 허락하였고, 마침내 머튼은 1968년 10월 15일 샌프란시스코를 경유하여 아시아 여정을 시작하였다. 이 여정의 공적인 목적은 방콕에서 개최될 수도승간의 회의 참석과 연설을 위한 것이었다. 국제적인 수도승들 상호간의 네트워크인 AIM을 대표하여 머튼의 친구이자 베네딕도회 수도승인 장 르끌레르 신부가 태국의 방콕에서

토마스 머튼과 달라이 라마

아시안 수도승들의 대표자 회의에서 머튼에게 주요 연설을 하도록 초대한 것이다.

이 회의 전, 머튼은 '이해의 성전(the Temple of Understanding)'과 '인도의 종교인들을 위한 회합'에서 세계 종교 지도자들에게 연설하기 위해 인도 콜카타로 먼저 갔다. 이 모임에서 머튼은 동서양의 대화를 위해 수도승적 체험의 중요성에 관해 이야기하였으며, 관상적인 대화는 자기 초월과 해탈에 이르고자 하는 수도승들 사이에 영적인 친교를 통하여 성취될 수 있다고 제안하였다. 인도에서 달라이 라마와 세 차례 만남을 가졌으며, 족첸(Dzogchen)이라고 불리는 관상의 특별한 형태를 수행하는 여러 명의 티베트 불교 수행자들(Rinpoche)을 만났다. 머튼은 또한 소승 불교 전통의 캄보디아 수도승들과 이슬람 수피즘의 대표자들과의 만남도 가졌다.

관상의 초-문화적이고, 초-종교적인 상태는 그의 가슴 안에 사랑과 은총의 창조적 활동으로 더 깊이 자신을 내어 맡기게 해 준, 그의 '폴론나루와의 해탈 체험'을 통해 더욱 확고해졌다. 지금은 스리랑카인 실론 섬의 고대 도시인 폴론나루와에서 머튼은 거대한 돌로 만들어진 부처의 조각상들 앞에서 해탈의 결정적인 순간을 체험했다. 그는 이 불교 조각상들의 심미적인 체험에 압도되었으며, 비움과 성취의 변형된 의식을 체험하였다. 이러한 체험 이후, 머튼은 그의 일기에서 미래에 관해 불확실하지만 "이 여정은 단지 시작이었습니다."[43]라는 깨달음을 기록하고 있다. 즉, 그의 깨달음은 완성이 아니라 새로운 시작을 위한 출발점이었던 것이다.

---

43) Thomas Merton, The Asian Journal of Thomas Merton (New York: New Directions Pub. Corp., 1973), 238.

머튼은 1968년 12월 8일 방콕 도착 이틀 후 '마르크스주의와 수도 생활의 전망'이라는 제목의 연설을 하였다. 그는 이 연설에서 수도 생활을 마르크스주의와 비교하면서, 수도 생활은 마르크스주의의 사회 구조의 변화 대신에 '의식의 변형'을 통해 세상의 변화에 관여한다고 주장하였다. 그는 아시아 문화와 종교를 향해 새로운 개방을 요청하였으며, 아시아의 전통들과 대화하는 것은 영적으로뿐만 아니라 문화적으로 그리스도인들에게 풍요로움을 제공할 수 있다고 결론지었다.

불행하게도 이 강의 후, 머튼은 피정의 집 자기 방에서 선풍기에 의한 감전사로 세상을 뜨고 말았다. 그의 시신은 미국으로 운구되어 겟세마니 수도원에 묻혔다. 공교롭게도 이날은 그가 27년 전 수도원에 입회한 날인 12월 10일이었다. 그는 이제 그가 그토록 바라던 하느님의 품에 정주하게 되었다.

하느님 품에 머물다.

토마스 머튼의 삶은 새로운 정주를 위한 유배의 연속이었다. 어머니 품으로부터 유배되어 홀로 외로이 떠돌이 생활을 하던 그에게 아버지의 죽음은 모든 것을 잃게 했다. 아무 곳에도 의지할 데가 없던 그에게 그리스도께서 먼저 찾아 오셨다. "나를 알고 내 안에 머물라"는 초대는 신비로운 체험을 통해, 그리고 사람과 책을 통해 다가 왔다. 그는 그분의 초대에 "예"라고 응답하였다. 그래서 세상을 떠나 수도원에 머물며 자신의 모든 것을 바쳤다. 그러나 그것은 아직 진정한 정주가 아니었다. 몸은 그곳에 있었지만 그는 또 다시 전통으로부터 추방당해 홀로 하느님과 씨름해야 했다. 새로운 하느님이 그를 꾀어 도시의 광야로 인도한 것이다. 낯선 환경 속에서 그는 세상 모든 사람들 속에 머물고 계신 그리스도를 만나게 된다. 이 만남은 그를 송두리째 바꾸어 놓았다. 수도원의 울타리 안에 머물던 수도승이요 사제였던 그가 이제는 평범한 한 명의 인간이 되어 세상 안에 머물며 세상을 위해 살기 시작한 것이다. 그의 사랑은 점점 더 커져갔고 그의 마음은 점점 열려졌다. 그리고 이제는 홀로 있지만 홀로 있지 않고, 고독 속에서도 사랑하는 법을 깨우치게 되었다. 그것은 그가 이제 그리스도 안에 살게 되었기 때문이다. 영적 자유로움 안에서 모든 경계를 넘어 모든 이를 사랑하며 더 깊은 깨달음을 얻고자 떠난 아시아 여행은 성령께서 그에게 선사하신 선물이었다. 거대한 불상 앞에서 성령께서 그에게 머물자 모든 것이 분명해지고 모든 의심은 사라졌다. 우연한 사고로 그의 육신의 생명마저도 아시아에서 사라졌지만, 그의 영성은 우리 곁에서 생생히 살아 움직이고 있고 우리 안에 머물러 있다. 그가 걸어왔던 정주와 유배의 여정은 지금 우리에게 현실에 안주하지 말고 새로운 유배의 도전에 두려워하지 말며 그리스도의 사랑 안에 머물기를 재촉하고 있다. 머튼은 아마도 우리 모두 사도 바오로와 함께 다음의 고백을 하기를 간절히 바라고 있을 것이다. "이제는 내가 사는 것이 아니라 그리스도께서 내 안에 사시는 것입니다"(갈라 2,20).

박재찬 (안셀모) 신부
성 베네딕도회 왜관 수도원
부산 분도 명상의 집 책임
토마스 머튼 학회에서 주는 가장 영예로운
토마스 머튼상을 아시아인 최초로 수상

머리말

베르크만스 수녀가 예전에 그랬던 것처럼, 미국 엄률 시토회(트라피스트회) 수도원을 새로 창립하는 이들이 자기 수도원을 떠나 거칠고 낯선 노고의 땅으로 들어가려 하던 바로 그날, 이 트라피스트 창립 수녀의 일대기를 최종적으로 마무리할 몫이 하느님의 섭리로 주어졌다. 32명의 시토회 수도자들은 3일간의 기차 여행을 준비하고 있었다. 잠정적인 수도원으로 사용하고 있던 유타의 로키 산맥 속에 비어 있는 아담한 군막까지 가려는 것이다. 그렇기에 모두는 약 45년 전 일본을 향해 승선했던 이 작은 수녀의 영웅적인 마음을 가득 채웠던 어떤 것, 평화와 고뇌가 말할 수 없이 서로 얽혀 있는 묘한 심정을 진심으로 느끼지 않을 수 없었다.

한편 또 다른 환경에서 볼 때, 본 책자는 보다 더 의미심장해진다. 바로 겟세마니의 첫 자원이 될 수도원 창립자들이 1944년 조지아를 향해 출발했을 때 곧바로 본 작업이 시작되었다는 것이다. 게다가 지난해 동안, 보스톤 대교구에 미국 트라피스트 수녀들의 첫 수도원 창립을 위한 계획이 마무리되던 상황이었다.

베르크만스 수녀의 이야기는 분명히 바로 이 시기에 주어졌다. 이렇게 앞서갔던 선구자들과 가톨릭 신자이건 비가톨릭 신자이건 상관없이, 그들과 만났던 모든 지역민들이 그들의 성성을 보다 깊이 음미할 수 있도록, 하느님께서 알려지지 않음(모호함), 가난, 노동, 유배(exile)라는 이 특별한 오솔길로 당신을 따르라고 부르신 이들을 위해 미리 정하셨던 것이다.

그러나 무엇보다도 이러한 수도승들의 영혼 안에서 요구되는 내적 희생이 과장되지 않게 보이려면, 유배(exile)는 정주(stability) 서원을 발하는 모든 시토 회원들에게 매우 특별한 날카로운 아픔을 바치도록 요구하는 어떤 것임을 설명할 필요가 있다. 한 수도원에만 몸붙여 살며 결코 그곳을 떠나지 않겠다는 생각으로 그 땅에 뿌리박는 것이 우리에게는 하나의 덕행이다. 참으로 훌륭한 트라피스트라는 표지 중 하나는 자신이 서원한 공동체를 오롯한 마음으로 사랑하는 것이다. 우리 수도승들은 담쟁이 넝쿨처럼 수도원 담장에 붙어 있어야 한다. 공동체 안에 노동과 침묵 기도의 전체적인 삶의 주류가 아주 강하게 유기체처럼 결합되어 있기에, 실상 우리에게 이로부터의 분리란 수족을 절단하는 것이나 다름없다.

하느님께서는 선택한 이를 성화하는 당신만의 고유한 길이 있다. 그래서 당신과 좀 더 친밀한 일치에로 부르심받은 이들은 이것을 곧장 발견한다. 그분의 가장 혹독한 시련의 정화는, 그분 자신과 모순되는 것처럼 보이기까지 한다. 그분은 그분을 슬프게 하는 고통 속에서 우리 수도원을 사랑하게 만드신다. 그 다음 갑자기 돌아서시어 우리를 수도원에서 떼어내신다. 그 순간에 자신이 있었던 집을 되돌아보기만 해도, 은총에 불충한 것이 된다. 더 심한 것은, 다른 은사나 활동보다 관상의 침묵 속에서 주신 것, 즉 그분에 대한 내적 지식을 얻고 기도를 사랑하도록 가르치시고는, 갑자기 느닷없이 기도를 할 수 없게 하시고 활동적 책임을 져야 하는 삶 속으로 곤두박질치게 만드시는 것이다. 그러한 혼란의 와중에 그분은 연기 자욱한 장막 뒤로 당신 자신을 숨기시고, 묵상할 때 내적으로 허락해 주셨던 영의 예리한 날을 상실해 버릴 위험과 싸우도록 내버려 두신다.

그러나 이 문제들에 대한 답이 있다. 하느님으로부터 수도 생활로 부르심받은 영혼들은 저마다 자신만의 특별한 장소, 즉 그리스도의 신비체인 하느님의 왕국을 건설할 때, 자신만이 중요하게 수행하는 기능이 있다. 우리의 성성은 우리와 그분 교회를 위한 하느님의 계획에 기꺼이 발맞추어 가고자 하는 우리의 태도로 정해질 수밖에 없다. 이는 특별히 우리가 가장 소중히 여기는 갈망과 이상을 희생하도록 요구하는 때이다.

우리는 우리 자신부터 시작해서 모든 것, 무엇보다 우리의 판단과 의지라고 여겨지는 것을 희생하도록 요구받는다. 우리를 가장 정화하는 것으로 생각되는 시련은 정확히 우리 이해력의 범위를 넘어서고, 우리의 가장 근본적인 의지의 경향과 완전히 모순된다. 그렇다고 우리에게 요구되는 희생이 최고의 구경거리가 될 필요까지는 없다. 하느님이 원하시는 것은 그분에게서 멀어지게 하는 것들로부터 우리를 자유롭게 해방하는 것이다. 이러한 것들은 아주 사소한 것이 될 수 있다. 그러나 그 자체만으로도 완벽하게 들어맞고 칭찬할 만한 것이 될 수도 있다. 정말 중요한 문제는 우리가 이것들에 매달려 있다는 사실이다. 우리를 위해 질투하는 하느님이신 그분은, 어떠한 것이든 당신의 무한한 사랑을 조금이라도 방해하는 것에 대해 가차 없이 응분의 갚음을 하신다.

  베르크만스 수녀는 심각한 죄를 짓는다는 것이 무엇인지 결코 알지 못하는 사람이었다. 그녀를 잘 아는 사람들 말로는 이미 트라피스트 수녀원에 들어가기 전부터 성인 같았다고 한다. 그러나 하느님은 이 영혼 안에 아직 이루어져야 할 것이 얼마나 많은지 알고 계셨으며, 그것을 하시기 위해 택하신 수단이 바로 유배처럼, 멀리 떠나보내는 것이었다.

  베르크만스 수녀는 상냥하고 부드러우며 정겨운 마음을 지닌 사람으로, 사람과 장소에 쉽게 마음을 주었다. 삶에서 가장 아름다운 것들은 온통 사랑하게 되는 마음을 가졌고, 무엇보다도 고독과 기도 안에서 기뻐했다. 그 마음은 하느님께서 사랑을 위해 창조하신 것이지만, 바로 당신 자신을 위해 만드신 것이다. 그녀가 피조물을 사랑하기를 바라셨지만, 그분 안에서 그분을 위해서 사랑하기를 바라셨다. 그때에야 비로소 피조물에 대한 애착의 굴레에서 해방될 수 있기 때문이다. 하느님께서 열심히 살아가는 큰 공동체 라발에서 베르크만스 수녀를 빼내신 것도 놀랍지 않다. 사랑받고 존중받으며 안전하고 행복하게 살았던 곳에서, 일본의 작고 가난한 오두막으로 보내셨다. 일이 너무 힘겨운 나머지 감실 앞에서 조배할 시간도 거의 없었다는 사실 또한 수긍할 만하다. 그러나 어떻게 덕행과 같이 거룩한 것들에 대한 사랑에서 떼어놓을 수 있었겠는가? 아직 시험받게 하심으로써 자신의 약함과 가난, 아무것도 아닌 무의 상태와 그분 없이 어떤 것을 이룬다는 것의 헛됨과 쓸모없음을 그대로 드러나게 하셨다. 오직 덕행을 획득하거나 월계관을 받으려 애쓰는 것이 아니라, 그분을 사랑하고 찾으며, 그분 안에서 그분을 위해 오로지 그분으로 말미암아 살아갈 수 있게 하기 위해서. 그렇게 함으로써 오로지 사랑으로만 살아가게 될 것이기 때문이다. 그리하여 사랑은 다른 모든 덕행을 포괄하며 초월하게 된다.

"큰 물도 사랑을 끌 수 없고
강물도 휩쓸어 가지 못한답니다.
누가 사랑을 사려고
제집의 온 재산을 내놓는다 해도
사람들이 그를 경멸할 뿐이랍니다."(아가 8,7).

이 희생에 관한 이야기는 일본에서 그녀의 영적 지도자였던 사람에 의해 처음으로 쓰여졌다. 시토회 수도자로서, 노르망디 브리크베크 수도원에서 동양으로 파견된 로베르 레파스퀴에르 신부였다. 본 저작을 위한 대부분의 자료는 그 사본에서 따온 것이다. 천사의 성모 대수도원의 현 원장 세실리아 히라토 수녀의 관대함과, 같은 수도원 레오니 수녀의 협력으로, 본 책자에 삽화를 넣을 수 있도록 사진과 함께, 그 수도원 도서실에서 다른 몇 가지 자료도 얻을 수 있었다. 경애하올 세실리아 원장은 베르크만스 수녀의 수련자 중 한 명이었으며, 레오니 수녀는 같은 세대로서 일본의 공동 창립자였다. 일본에 거주하는 미 군종 사제들의 관대한 지원 또한 감사한다. 우편으로 가는 정상적 통신 수단이 아직 없는데도 불구하고, 그들은 그곳 수녀들에게 우리 우편물을 전달해 주었다.

겟세마니 성모 수도원
1947년 7월 7일

현재 일본 천사의 성모 트라피스트 수녀원 전경, 성녀 소화 데레사 상이 세워져 있다.

유배, 영광으로 끝나다
Exile, Ends in Glory

01

구속(Redemption) 수도원

때는 1880년 3월 24일이었다. 그 다음 날은 주님탄생예고 대축일이다. 본 책자는 사실 하느님의 어머니이신 동정녀의 축일로 시작해서 같은 날로 끝맺고 있다. 이것은 아드님이신 그리스도의 은총과 하느님의 어머니를 통해 신비로운 방식으로 기도와 희생, 수행과 보속의 삶으로 인도되고 가르침 받으며 성장해 간 누군가의 이야기이다. 희생으로 시작하여 불타오르는 번제물로 끝맺는 이 이야기는 한 트라피스트 수녀, 어느 시토회 수녀의 생애이다.

1880년 3월 24일, 프랑스 산업 도시인 리옹의 크고 어두운 어느 귀퉁이다. 두 강줄기가 합쳐지는 지점에서 건물들이 서로 얽혀 모여 있고, 그 지붕 너머 도심지 위로 우뚝 서 있는 푸르비에르의 성모 성당 탑이 보인다. 이제 한 수녀원 앞으로 가 보자. 이곳은 구속 수녀원으로, 버려진 아이들의 집이자 고아원이기도 하다. 조금 있으니, 어떤 젊은 여성이 품에 작은 아기를 안고 다가오는 것이 보인다. 여자 아이로 4살가량 된 것 같다. 정문 초인종이 울리자 곧 문이 열리면서 이들을 들어오게 한다. 얼마 후 문이 다시 열리더니, 이번에는 그 여성만 홀로 밖에 나와서 눈물을 흘리며 서둘러 길을 떠난다. 그녀만 슬픔에 겨운 것은 아닌 듯하다. 곧 문이 다시 열리는가 싶더니, 이번에는 우당탕 열어젖혀졌다. 한 수녀가 격앙되어 앞으로 나왔는데, 엉엉 우는 어린 소녀를 데리고 있다. 수녀는 보도 위에 소녀를 세워놓고 이렇게 말하는 것이었다. "울고 싶으면, 길에서 울으렴."

눈물이 뚝 그쳤다. 루실 수녀는 작은 아이 손을 잡고 고아원으로 다시 데리고 들어갔다. 이 작은 소녀가 본 이야기의 주인공이다. 세 살 반인 그녀의 이름은 마리 피귀에로서, 나중에 베르크만스 수녀라는 이름으로 익히 알려질 것이다. 그러나 당분간 그 아이는 마리 피귀에일 뿐이다. 지금은 그녀의 "수호 천사"로서, 단정하고 신앙 깊으며 열 두 세 살 되어 보이는 작은 소녀, 클라우디아와 만나고 있는 모습이 보인다. 두 사람은 함께 긴 복도 끝으로 사라져 가고 있다. 수녀들은 마리가 영리하고 사랑스러운 아이라는 사실을 알게 되었다. 매우 앙증맞았지만 그렇지 않은 부분도 많았으며 활기차고 재빨랐다. 그녀의 기질은 그 애정만큼이나 강렬했으며, 그 반항도 작은 마음에서 분주하게 돌아가는 만큼 성급하고 고집스러웠다. 그러나 전체적으로 좋은 아이였다. 그들은 그 아이를 너무 심하게 다루지 않기로 했다. 그러한 지향으로 양육하였는데 몸이 매우 약했기 때문에 어느 정도의 방종을 허용했다. 사실 의사가 그 아이를 검진했을 때 머리를 절레절레 흔들면서 곧 죽을 것이라고 장담했다. "그 아이는 7세를 넘기지 못하고 죽을 거요." 다행히 그 말은 잘못된 것이었다. 몇 년 동안 비록 썩 좋은 상태는 아니었지만 마리는 작은 아이로서 행복하게 살았으며, 아직 혼란스럽기는 해도 하느님으로 가득한 세상에 이제 막 영혼의 눈을 뜨기 시작했다. 예를 들면 이 세상을 행렬로 가득한 삶으로 보았다. 곳곳마다 아이들이 둘씩 짝지어 갔으며, 가장 작은 아이부터 앞서가는 모습이었다. 복도를 따라 둘씩 둘씩 짝을 이루며 운동장이나 성당, 식당까지 길게 늘어서서 장사진을 이루는 것이다. 골목길을 따라 둘씩 짝지어 로네 강까지 가고, 공원에서도 둘씩 오고 갔으며, 성당까지 둘씩 들어가는 모습은 매우 흔한 일이었다. 그녀가 가장 좋아했던 날은 봉헌 축일이었다. 모든 성당마다 도시 아이들이 행렬을 이루었는데, 전례적으로 행하는 촛불 행진만이 아니라, 리옹의 관습이라 할 수 있는 어린이들만의 특별한 행렬이 있었다. 그렇게 크리스마스 절기의 마지막을 장식하기 때문에 그렇다. 게다가 그날은 구유의 짚 가운데에 누워 계신 아기 예수님을 모셔오고, 동방 삼왕과 그들의 선물을 내년까지 상자에 다시 보관하며, 소와 나귀와 목동들을 잘 싸서 찬장에 보관해 둔다. 그래서 이날 리옹의 모든 성당마다 구유에서 아기 예수님을 모시고 다시 제의실까지 돌아가는 행렬이 있게 된다. 너무 좋아했던 나머지, 마리가 세상에 그 어떤 것보다도 더 선호했던 것이다. 고아원으로 되돌아와서, 자신의 인형 자네뜨를 데리고 행렬을 펼쳤다. 아베 마리 스텔라를 부르면서 같이 방 둘레를 돌고 또 돌곤 했다. 게다가 자신의 인형이 고백하는 말도 들어 주곤 했다. 고백! 그렇다. 자네뜨는 사실 마리의 희생양이었기 때문에 버릇없이 굴만 하였다. 마리는 자주 힘겨워했다. 예컨대, 작은 귀걸이 한 쌍을 가지고 있었는데, 하나를 잃어 버린 것이다. 연이어 다른 하나도 마저 잃어 버리게 되자 그 성질머리라니!

"내 귀걸이 어디 있지?" 클라우디아에게 열을 내며 물었다. "그걸 찾고 있는 모양이네." 클라우디아가 말했다. 벌써 여러 번 찾아보았어도 소용없던 차에, 자기 '수호 천사'까지 별 볼일 없다는 식의 무관심한 태도를 취하는 모습은 당연히 모욕으로밖에 생각되지 않았다. 그래서 마리는 남은 귀걸이 하나를 집어들고 마룻바닥에 내동이친 다음 짓밟아 댔다. 그런 다음 그 위에서 위아래로 발을 동동 구르며 뛰기 시작했고 동시에 엄청난 비명을 질러댔다. 또 언젠가는 무슨 잘못이었는지 기억하는 사람은 없었지만, 마리는 반항하는 암염소와 같이 자두나무에 밧줄로 묶여 있었다. 일이 그렇게 되자, 나무 열매들을 온통 흔들어 땅에 떨어지게 하면서, 그 나무에 자신의 모든 분풀이를 해댔다. 그래도 아직 마음이 풀리지 않고 자기 죄에 대해 슬퍼하였다. 주변의 모든 자연 환경까지도 그녀를 대신하여 눈물을 흘리고 있는 것 같았다. 비가 내릴 때에는 창문에 쏟아지는 빗방울도 두렵고 슬픈 마음으로 바라보곤 하였으며, 그토록 울게 만들었던 자신의 엄청난 잘못에 대해 냉정하게 숙고하였다. 크게 잘못한 탓에 자기 수호 천사가 흘린 눈물이 비를 내리게 했다고 믿었기 때문이다. 그녀의 마음도 참으로 선량하고 사랑스럽다는 것을 알 수 있다. 방에 갇혀 있거나 꼼짝없이 나무에 묶여 있을 때, 클라우디아의 묘안 덕에 부끄러움을 느끼며 잠시나마 잘못을 깨달았다. 클라우디아는 말했다. "또 버릇없이 굴면, 네게 한국식 복수를 할 거야!" "한국식 복수가 뭐지?" "한국식 복수란 이런 거야. 네가 행동을 고치지 않는다면, 로네 강을 따라 걸어갈 때, 누군가 칼을 빼들고 내 귀를 잘라 강물에 던져 버리는 거야. 그게 바로 한국식 복수야!" 마리는 그 말을 듣자 "오!"라는 감탄사조차 내지 못할 정도였다. 입은 바로 "오!" 모양을 하고 있었지만, 놀라서 숨소리조차 나오지 않았다.

  얼마 지나지 않아 그녀는 다시금 말을 잘 안 듣게 되었다. 그때 로네 강을 따라 둘씩 짝지어 긴 행렬을 하게 되었는데, 작은 아이들이 먼저 가고 클라우디아는 멀리 뒤에서 큰 아이들과 수녀들이 있는 곳에 있었다. 마리는 그 시간 내내 줄곧 어깨 너머로 뒤를 바라보며, 칼로 절단하는 모습과 클라우디아의 귀가 공중으로 날아올라 물 위를 떠다니지 않을까 살펴보았다. 아마도 수녀님이 울부짖고 모든 소녀들은 기절했으리라. 불쌍한 클라우디아는 어떻게 될까? 어쨌든 로네 강을 따라 걷고 있을 때만큼은 마리가 빛나는 황금처럼 훌륭해 보였다. 그 뒤 좀 더 편하게 숨을 쉬기 시작했을 때는 다시 원상태로 돌아가 버려 그때만큼 좋아 보이지는 않았다. 그러나 얼마나 동정심 가득한 마음인가! 아주 어릴 적부터 가장 좋아했던 성인들 중 하나는 성 베드로였다. 잘못하여 죄를 짓고 주님을 부인했기 때문에 그렇게도 사랑했던 분이었다. 늘 그 슬픔과 치욕을 위로해 주려고 그분에게 기도하곤 하였다. 늘 자신의 죄 때문에 너무 슬퍼했던 나머지 눈물이 그의 뺨에 두 개의 골을 만들어놓을 정도였다고 수녀들이 말해 주었기 때문이다. 가엾은 베드로 사도! 그녀는 그를 위로하며 웃게 하려고 애썼다! 이 모두가 환상이나 잘못된 것이라고 생각할 수 있을까? 영적인 세계에서는 시간과 공간이 무의미하며 영혼들은 하느님의 무한한 사랑이라는 엄청난 매개체를 통해서 생각과 갈망을 서로 통공하고 있다는 것을 망각할 수 있을까? 단순한 아이의 기도와 사랑 때문에 천상에서 대(大) 성 베드로의 마음이 더할 수 없는 기쁨과 감미로움으로 흥겨워하지 않았으리라고 누가 생각할 수 있겠는가? 예수님은 모든 사람, 특히 가난한 이들과 살아 있는 모든 것 안에 살아 계신다는 말을 수녀들과 클라우디아를 통해 마침내 듣게 되었다. 특히 사람들, 그것도 가난한 사람들은 거룩하며 우리는 그들 모두 안에서 예수님을 사랑해야 한다는 것이다. 그래서 마리는 자기 머리띠를 고아원의 작고 가난한 소녀들에게 내주었으며, 초콜릿이나 사탕 같은 사치품을 받았을 때에도 그렇게 했다. 작은 아이들이 놀라워하며 감사하려는 생각을 품기도 전에, 그녀는 달아나 버리곤 하였다.

여러 차례, 길거리에서 마리를 잃어 버려서 찾아다녀야만 했던 일이 있었는데, 단단한 돌까지도 눈물을 흘릴 만한 상황 속에서 찾아내곤 하였다. 낡은 넝마를 걸친 어느 가난한 거지가 문간에 신문지를 깔고 그 위에 누워 자고 있는 모습을 보고, 그가 있는 곳으로 가서 상냥하고 조용하게 경외심을 가지고 예수님을 생각하기 시작했던 것이다. 이 작은 소녀는 곧 7번째 생일을 맞게 되었다. 여전히 건강한 구석이라고는 없었지만, 그 아이의 죽음을 예언했던 의사의 말은 이루어지지 않았다. 같은 나이 또래의 작은 소녀들과의 수업이 시작되었다. 더욱 중요했던 것은, 첫영성체의 크나큰 은총을 받아들일 준비를 하기 위해 교리를 시작했다는 것이다. 이 모든 것 안에서 부지런하고 주의 깊은 태도를 보였으며, 하는 일마다 잘 하고자 노력했다. 사랑하는 마음으로 빠르게 배워나갔지만, 거룩한 진리에 대한 배움에 몰두하면서 교리를 알아가는데 있어서는 조금 더뎠다. 아이에게 어떤 의미가 전달될 수 있도록 최대한 단순하게 설명되었지만, 어떤 천사의 영도 온전히 알 수 없을 만큼의 깊이와 숭고함이 깃든 내용이었다. 첫영성체로 말미암아 사랑으로 감도된 신앙의 신비 안에서 하느님의 말씀과 함께 매우 깊고 내적인 삶을 참으로 시작할 수 있었던 것은, 그녀가 지닌 사랑의 보상이었지 지적 영리함은 아니었다. 진리 중의 진리이며 현실 자체인 그분의 인성적 마음으로부터 나오는 사랑 안에 우리의 모든 문제에 대한 해답이 있고 죄와 죽음으로부터의 구원이 있다. 사실 첫영성체의 은총이 다소 격변하는 아동기에 변화를 주었다. 그러나 그동안에도 약간 과도한 장난기가 갑작스럽게 발동하거나 변덕을 계속 부렸다. 그로 인해서 수녀들과 클라우디아에게 상당한 골칫거리가 되기도 했다. 공동 산책을 할 때, 지나가다

보면 과일 노점상에 붙어 있는 이웃에게 남몰래 동전을 집어넣곤 하였다. 사과나 오렌지를 사 먹을 수 있었을 것이다. 특별한 까닭은 없지만 이런 일은 금지되어 있었다.

"악마가 출몰하고 있다."며 떠들썩한 클라우디아의 말은 그녀를 즉시 자극시키는 것 같았다. 정말로 뿔이 돋는 것을 미리 방지하려는 듯이 성수로 앞이마 전면을 빡빡 문질렀는데, 이제 그녀도 그러한 나이를 조금 지났다. 실제로 농담에 불과한 것이지만, 이 비유는 매우 거룩하고 신심 깊은 작은 소녀들, 말하자면 품행에 있어 타의 모범이 되고 걸어놓은 성화처럼 한쪽 구석에 앉아 다른 모든 이들에게 본보기로 간주되었던 이들을 구박하기 위해 반항적으로 왜곡시킨 어떤 경향에서 나온 것이었다. 이들 가운데 가장 거룩한 어떤 어린이가 새로 좋은 노트를 받아서, 매우 교훈적이며 거룩한 감성을 가지고 가장 정갈하면서도 아름다운 필체로 그것을 막 채워가려고 하였다. 그런데 바로 그 순간, 그녀는 자기 잉크병이 왁스로 채워져 있다는 것을 알게 되었다. 다름 아닌 마리의 소행이었다. 이 작은 천사는 다행히 아주 가볍게 지나갈 수 있었다. 언젠가는 잉크병이 자기에게 날아와, 거기 담긴 내용물에 얻어맞은 적도 있었다. 늘 미안해 하면서, 아주 수준 높은 정신적 움직임이나 나쁜 성질에 대해 마리가 늘 저항했다는 것이 중요하다. 그러나 시간이 지남에 따라 그것들을 점점 극복할 수 있었다. 몇 년이 지난 다음에야 비로소 그녀는 말도 안 되는 미친 짓이나 허튼 말썽을 부리는 것은 물론, 조바심이라는 외적 표시의 어떤 기미도 드러내 보이지 않고 지낼 수 있게 되었다. 그러나 이런 성향들은 수녀원까지만 따라온 것이 아니라, 수련장 직책을 맡을 때까지 뒤쫓아 다녔다. 가엾게도, 당황한 일본인 청원자들 역시 그녀의 실질적 농담에서 안전하지 못했다.

그러나 충만한 성사적 삶을 맛보기 시작한 지 몇 달 만에, 열정적이고 활기찬 성향의 모든 움직임들을 극복하는데 도움을 받아 큰 진보를 이루었다. 난생 처음 예수님을 영하기 위해 얼마나 큰 사랑으로 열심히 준비했는지 모른다! 그녀처럼 단순하고 진실한 어린이들이 실상 얼마나 완전한 사랑으로 은총에 응답하는가. 그러나 그들은 자신이 초자연적인 사랑이 무엇인지를 알고 사랑하고 있다는 사실을 미처 깨닫지 못하고 있다. 그러한 아이들 대부분이 나중에 단순성과 하느님께 대한 직접적이고 몰아적인 갈망의 순수성을 상실해 버리는데, 이는 자아에 만족감을 주는 감정을 더 선호하기 때문이다. 이 감정이란, 하느님 안에서 그 모든 것이 상실되어 버리고 우리 자신에 대한 의식이라고는 남아 있지 않으며 직접적이고 이타적으로 대상에게 전해지는 그 사랑 대신에 자기 우월성을 관상하고 맛들이게 되는 것을 말한다. 그러나 마리는 사랑하고 있다는 것을 의식도 못한 채 언제나 사랑하면서, 참으로 자기가 충분히 사랑하지 못하고 있음을 탄식한 무리에 속해 있었다. 그러면서도 끊임없이 하느님께 그분을 사랑할 수 있게 해 달라고 청하고 있기 때문에 더더욱 사랑하고 있는 것이다.

그녀는 무엇을 생각하고 있었던 것일까? 예수님을 영함으로써 그분을 사랑하게 된다는 것을 알았다. 그분을 영하는 것은 행복 자체였다. 그러나 완전한 행복은 천상에서 그분과 함께 존재하는 것뿐이었다. 작은 소녀들이 첫 영성체를 한 직후 죽으면 곧바로 천국으로 가서 예수님과 결코 떨어지지 않고 함께 있을 수 있다는 말을 수녀들로부터 들었을 때, 이 위대한 은총을 위한 막바지 준비 기간에는 첫 영성체가 있는 바로 그날 죽을 수 있기를 바라며 좀 더 열렬한 기도를 하느님께 바치며 보냈다. 그녀에게 이것은 분명히 해두어야 할 일이었다. 그 믿음이 너무 단순했던 나머지, 1888년 4월 26일 그 성대한 날, 밤 시간이 깊어지자 자기 작은 침대에 누워 눈을 감고 지금 천국으로 건너가고 있다고 생각하면서 더할 수 없이 만족스러웠고 평화로웠다. 그 날은 신선하고 형언할 수 없는 행복으로 충만해 있었다. 그 느낌은 지극히 새롭고 섬세하고 영적이었기 때문에 새로운 체험이라고 생각할 수도 없었고, 심지어 전혀 체험 같지도 않았다. 구속(Redemption) 수녀원에 있는 작은 소녀들의 숙소에서 다음날 아침 잠이 깼을 때, 그녀는 좌절감과 놀라움을 숨길 수 없었다.

그러나 아직도 포기할 수 없었다. 견진 성사를 받은 직후에 죽은 이들에게도 같은 은총이 베풀어진다는 말을 들었던 것이다. 5월 28일에 견진 성사를 받도록 예정되어 있었기 때문에, 같은 열정으로 자기 기도를 새롭게 바쳤지만 똑같은 실패로 끝나고 말았다. 하느님의 사랑에 대해 좀 더 깊은 이해에 도달하게 되면서 나중에야 깨닫게 된 사실이 있었다. 그분이 수고도 하지 않고 고투도 없이 우리를 쉽사리 천국으로 데려가시지 않는 것은, 그분을 위해서가 아니라 우리 행복을 위한 것이기에 그렇게 일하시고 계심을 알게 된 것이다. 지상에서의 십자가와 내세에서의 영광 사이에 뗄 수 없는 연관성을 깨닫지 않은 성인은 아무도 없었다. 베르크만스 수녀보다 더 완전하게 그러한 연관성을 깨닫고 있던 사람은 없었다. 이제 베르크만스 수녀의 생애를 먼저 살펴봄으로써, 마리가 처음으로 지상에서의 천국, 바로 초기 시토회 교부들이 수도원의 낙원으로 지칭했던 곳을 갈망하기 시작했던 시기를 목격할 수 있을 것이다. 그녀의 성소가 비롯된 것은 하느님의 어머니에 대한 깊고도 열렬하며 전적인 헌신과 밀접히 연관되어 있다.

베르크만스 수녀의 생애를 지배했던 세 가지 위대한 신심 대상은 성체와 성심(이 두 가지는 실제로 같은 것이나 다름없다), 하느님의 어머니 마리아였다. 이 세 가지를 중심으로 그녀의 삶이 이루어졌으며 존재하였다.

영성이 깊어지고 사랑이 좀 더 단순하고 심오하며 영웅적이 되어감에 따라, 그녀는 여러 번 자신을 마리아께 봉헌하고 또 봉헌하면서 그때마다 좀 더 온전히 자신을 내어드렸다. 마침내는 그녀의 전 생애가 마리아와 온전히 일치되기까지 하였다. 너무도 가깝고 완전한 일치를 이루었던 나머지 그분 속으로 흡수될 정도였다.

이 모든 것은 1891년 12월 6일에 비롯되었다. 그날 그녀는 푸르비에르의 유명한 바실리카 성당이 있는 곳까지 언덕을 올라갔다. 그곳에 서 있는 복되신 동정녀의 경당은 신비스런 영향력을 통해 리옹시를 보호하고 있었으며 프랑스 전 지역에서 순례자들을 끌어들이고 있었다. 그곳에서 이 작은 소녀는 처음으로 자신을 마리아께 봉헌하였으며, 그분은 그녀의 일생을 통해서 감미롭고도 관대하신 보호자로 자신을 드러내셨다.

이제 마리는 13세가 되었고, 받고 있는 교육도 점점 실생활과 연관되었다. 교실을 떠나 재봉실로 가게 되었는데, 그들이 바깥 세상에서 살아나갈 수 있고 생계를 꾸려갈 수 있도록, 수녀들이 만반의 준비를 시키고 있었던 곳이다. 9년간의 견습기 끝에 마리는 자신의 타고난 모든 재능과 탁월한 감각으로 바느질에 있어서 완전히 숙련공이 되었으며, 가장 꼼꼼하고 섬세하면서도 세련된 작품을 생산할 수 있게 되었다. 그러한 장인의 기술을 그만 두고 모든 것을 적당히 기계로 대량 생산하는 세상에서는 좀처럼 모방할 수 없는 고품질의 것이라 할 수 있었다.

발랄하고 다정한 그녀의 영혼도 점차 거룩한 은총의 작용에 개방하게 되었고, 매일 매일 좀 더 성령의 역사에 승복함으로써 애덕과 기쁨에 있어서 성숙하고 있었다. 짜증을 부리는 행동들이 사라짐에 따라서, 참지 못하고 허풍을 떨며 장난을 일삼는 행동들이 좀 더 우아해지고 우악스럽지 않은 유머 감각으로 변화되기에 이르렀다. 그래도 그녀는 타고난 기지와 좋은 본성, 마냥 좋아서 웃는 웃음을 선사함으로써 언제나 수도원 전체에 기쁨과 활기를 내뿜었다. 아직은 대체로 자연적인 수준에 머물러 있었지만, 이제는 은밀하고도 내적인 은총의 누룩이 부풀어 오름으로써 자신이 지닌 동정심과 벗들에 대한 깊고도 이타적인 헌신, 타인을 향한 관대하고도 본래 타고난 사랑이 초자연적인 애덕으로 발전하기 시작하고 있었다.

그녀는 고귀함과 좋은 감각, 존경심을 자아내는 요령과 더불어 진지함과 성숙함, 책임감을 새롭게 성장시켜가고 있었다. 그렇게 해서 청소년기가 지남에 따라 작업장을 책임지는 경우가 자주 있었는데, 기강을 잡는데도 빠짐이 없었지만 사랑 어린 마음으로 행동하는데 있어서는 나무랄 데가 없었다. 한마디로 요 몇 년 사이 그녀는 젊지만 균형 잡히고 우아하며, 즐거운 매력을 풍기지만 겸손하고 정결하며 온화한 위엄을 갖춘 여성으로 변화되고 있었다. 영적으로 대단히 탁월한 젊은 여성으로서, 영혼들의 정배요 생명이신 분께 자신을 온전히 헌신하는데 있어서 그 성소와 장래의 성성이 있다는 것을 알 만한 사람은 벌써부터 감지할 수 있었다.

자연스럽게 그녀는 재봉실에서 그녀의 첫 선생이었던 절친한 수녀들에게 매우 애착하고 있었다. 작업을 대하는 그녀의 독특한 방식으로 지속적인 작업 습관을 처음으로 길들였던 것도 바로 그들의 그늘 아래에서였다. 그러나 이제 선생들도 바뀌어서 다른 이가 와서 그 자리를 대신하게 되었다. 그 사람은 일을 하거나 사물을 바라보는 방식에서 완전히 달랐고, 마리가 가진 충동적 성향을 그다지 이해할 수 없었으며 이해하려고도 하지 않았던 것 같다. 새 선생 역시 그 기질로 보아 열정적인 소녀의 감수성에는 껄끄럽게만 보였다. 마리의 영혼 안에서 곧 이 수녀에 대한 큰 혐오감이 일었는데, 아무리 잘 하려고 해도 좀처럼 극복할 수 없을 것 같았다. 공동체 생활에서 흔히 볼 수 있는 예들 가운데 하나로, 양쪽 다 서로 당황하며 빚어내는 마찰을 줄이려 해도 부질없었으며, 상태가 더 심각해질 뿐이었다. 친근한 척하며 갖은 노력을 다하고 아무리 미소를 지어보아도 엇나갔고 오해만 쌓여갔다. 전혀 예기치 않게 낭패만 보다가 쓸쓸함만 더해가고 상처를 덧나게 했다.

어떤 친구들은 그때를 놓치지 않고, 사소한 골칫거리나 바보 같은 거짓말 혹은 허풍을 떨 요량으로 수련장에게 가서 자신들의 악한 질투심을 만족시키고 뒤에서 마리를 헐뜯었다. 어떤 이야기였는지 기억하고 있는 사람이 없는 것으로 보아, 아마 주의를 기울일만한 가치도 없었던 것 같다. 하지만 그들은 마리에게 따끔한 맛을 보여 주면서, 시련을 받아들이고 자기 뜻을 포기할 기회를 주려고 했다. 그것은 결국 하느님께서 그녀에게 원하셨던 바 그대로였다. 그분은 도움과 위로가 없는 상태로 그녀를 내버려두지 않으셨다. 다른 수녀들 가운데 한 사람은 그녀를 잘 이해하였기에 무슨 일이 일어났는지 곧 알아챌 수 있었다. 그래서 그녀를 도와 주고 조언해 줄 수 있었다. 그녀는 마리아의 아이로 받아들여졌다. 그 자체로 작고 평범하게 드러나 보이는 또 하나의 다른 존재로서 말이다. 이는 그녀의 영혼에 깊은 영향을 주었던 것으로, 될 수 있는 한 우리가 이를 깨닫게 되기 바란다. 그리스도와 그분의 어머니와 일치를 이루는 방향으로 한발짝 큰 걸음을 내딛게 했던 것으로, 영혼들을 가장 주의 깊게 살피고 염려하는 어머니의 사랑 가득한 지도와 안내를 받는 가운데 그 어느 때보다도 친밀한 경지에 도달할 수 있었다.

그녀의 영적 생활 가운데 실제적이고 외적인 세부 사항들을 잠시 들여다보는 것도 흥미 없지는 않을 것이다. 때는 마리가 구속 수도원에서 젊은 여성으로 성장하고 있었던 시기였다. 예컨대 자신의 교만과 민감한 감수성을 단호히 지배하고자 하는 결의의 장들과 접하게 될 것이다. 자신의 수련장을 매우 존중하는 내용의 결심으로, 그녀의 가르침이나 명령에 트집을 잡지 않고, 비판하며 꾸짖었던 것에 대해서는 감사하고 있었다. 참을성 없이 성급하게 굴지 않겠다는 결단, 그것은 열심인 아이가 자신만의 난관을 겪고 있을 때 기대할 수 있는 그 어떤 것이다. 그러나 그때도 죽을 죄를 짓기보다는 차라리 죽음을 각오하고, 하느님의 현존 속에 그분과 대화하고 있음을 알아차리면서 기도를 열심히 바쳤다는 사실을 알 수 있다. 선량하고도 진지한 갈망들이 뒤섞여 있었지만, 나중에는 헤아릴 수 없을 만큼 더 중요하고 가치 있는 것 한 가지로 이 모든 것을 종합하게 된다. 아주 단순하고 근본적이라는 사실에서 그것은 상당한 영적 성숙도를 보인다.

그녀는 이렇게 기록하고 있다. "나는 꽤 많은 결심을 하는 것 같다. 그 모든 것을 지킬 수 있을까? 그래, 그렇게 되기를 바란다. 왜냐하면 그것들은 모두 단 한마디로 요약될 수 있기 때문이지. 사랑. 맞았어, 하느님을 사랑한다면, 그분과 이야기하고 있다는 것을 실감하면서, 좀 더 주의를 기울이고 경건하게 기도를 바칠 수 있게 될 거야. 친구들에게 더 잘해야지, 그들 안에서 십자가에 못 박히신 나의 하느님을 보게 될 테니까. 나의 선생님들에게 좀 더 잘 순종해야 하겠지, 하느님의 뜻을 해석하는 이들로서 그들을 보게 될 테니까. 나 자신에게 좀 더 엄격해져야 해, 내 마음은 성령의 궁전임을 기억하게 될 테니까. 오, 예수님! 덕행을 아주 쉽게 행할 수 있게 하는 그 사랑을 제게 주세요, 그러면 제 삶은 당신 보시기에 좀 더 좋은 것들로 가득해질 거예요."

이렇게 해서 우리는 차이점을 알아볼 수 있다. 단지 신심을 많이 행하는 영혼, 세속적인 상투어로 나쁜 뜻이 되어 버린 단지 "독실한" 영혼과, 그리스도교적 덕행인 사랑의 삶을 진정으로 살아가는 영혼에는 차이가 있다.

02

리옹에서 보낸 시절

　나름대로의 모든 시련들이 조금씩 도사리고 있었음에도 불구하고, 구속 수녀원에서 마리의 삶은 매우 행복했고, 기쁨과 사랑으로 가득 차 있었다. 한 명의 선생과 한 두 명의 동료들과의 관계에 어려움이 있었지만 잠시 뿐이었고, 수녀원 수녀들과 학업 동기들에 대해 보편적 태도와 따스한 애정을 주는데 한 몫을 하고 있었다. 그러므로 1897년 10월 그들을 떠나게 되었을 때는 고투와 희생이 따를 수밖에 없었다.

　이제 21세가 된 그녀는, 19년 동안 사랑과 평화와 고요의 분위기 속에서 수녀들의 애정과 보살핌을 한 몸에 받으며 살아온 삶을 뒤로 하고, 크고 북적거리며 적대적이고 위험한 도시에서 친구도 거의 없이 홀로 자기 밥벌이를 위해 애쓰지 않으면 안 되었다. 가족 중에 남아 있는 이는 어머니와 자매 밖에 없었는데, 그들은 리옹에 살고 있지 않았다. 결국 마리는, 한때 자기처럼 수녀원 학교를 졸업했던 사람으로서, 어느 노처녀의 집에 거주하게 되었다. 그녀는 날마다 일하러 나갔는데, 수녀들의 재봉실에서 배웠던 기술을 잘 활용해서 도시의 부유한 귀족 집안들을 위해 훌륭한 바느질감을 제작하였다. 그녀도 한 동안 이렇게 좋은 가정들 중 한 집에서 작은 아이의 가정 교사로 고용되었다. 그녀는 갈 수 있는 곳이라면 정말 어디든지 갔으며, 친절하고 존귀하게 대접받았다. 그러나 아직 자기 집이 없었기 때문에 고용주들은 진정한 친구들이라기보다 여전히 고용주에 불과했다. 구속 수녀원을 떠난 지 1년 만에 피정을 했는데, 잘 치유되지 않는 상처만 보여 줄 뿐이었다. 그때 수녀원에서 했던 마지막 피정을 상기하면서, 다시금 슬픔과 외로움이 북받쳐 올랐다. 작은 노트에 그 피정에 대해서 이렇게 기록하였다.

"내가 또다시 삶을 즐기고 기쁨을 누릴 수 있을까? 다시 행복해질 수 있을까? 간혹 의아스럽다." 그러나 이 문장에 내포된 자신의 약함을 즉시 알아채고, 자신의 약함을 굳이 부인하려고 하지 않고, 그것을 계속해서 이야기의 근거로 활용했다. 예수님께서 그녀를 도우시고 구원하시게 했다. "예수님, 제게 화내지 마세요! 이러는 제 마음을 주신 것도 당신이 아니었던가요? 당신은 분명히 심장이 얼마나 부드럽고 다정한지 충분히 알고 계십니다! 그 안에서 뛰고 있는 사랑의 위대한 힘, 이렇게 강력한 힘이 나의 예수님, 당신에게까지 벅차오르게 하소서! 당신과 친밀하게 되었을 때에야 비로소 사랑의 이 열정은 더할 수 없이 만족하게 될 것입니다."

이것이 전 생애에 걸친 문제가 되었고 고통과 공로의 가장 큰 원천이 되었다. 어떻게 피조물과 사람들에 대한 애착에서 자신의 강한 애정을 자유롭게 하고, 하늘과 하느님 자신이 될 만큼 높이 날아오를 수 있는가? 하느님께 더 가까이 다가갈수록, 점점 더 실감하게 되는 피조물에 대한 애착심이 그녀를 고통스럽게 했다. 그녀의 사랑은 완전함을 향한 갈망에 있어서 만족할 줄 몰랐던 만큼이나, 비극이나 죽음에 대한 욕구에 있어서도 물릴 줄 몰랐다. 그녀에게 그것은 전부 아니면 전무(全無)였다. 쾌락을 구가하며 영혼의 삶에는 아랑곳 하지 않고 자신의 욕망을 위해 다른 모든 이들의 행복과 구원을 기꺼이 희생시키고자 하는 사람들과 한 무리로 어울리게 되었다고 한 번 생각해보라. 갈 데까지 가지 않은 곳이 있었을까? 그러한 길에 들어섰다면, 그녀를 막을 사람은 아무도 없었을 것이며 그녀에게 조언해 주는 이는 아무도 없었을 것이다.

그러나 다행스럽게도, 그녀는 세상이나 그 속에서 누리는 삶 혹은 환락이나 야망에는 흥미가 없었다. 그런 것을 이해할 수조차 없었다. 그것은 아무 의미가 없었으며, 그것에 전혀 상관하지 않았다. 본래 타고난 좋은 감각과 아름다운 것에 대한 사랑에도 불구하고, 좋은 옷에 별반 사로잡히지 않았다. 일하던 집에서 자신의 나날을 소요했다. 아침 미사가 끝난 뒤 마차가 그녀를 기다리고 있었으며, 밤이 되면 같은 마차가 다시 데리고 돌아오곤 하였다. 그 다음 자신의 방으로 물러가서 책을 좀 읽거나 기도를 바치다가 잠자리에 들곤 하였다. 친구도 별로 없었는데, 그나마 수도원에서 알고 지냈던 소녀들뿐이었다. 다른 누군가를 도무지 찾아보려 하지 않았다.

그녀는 세상을 이해할 수 없었을 뿐만 아니라 보통 볼 수 있는 세상의 위험에 대해서도 완전히 무지 상태였다. 젊은 여성이 혼자서 보호도 받지 않고 원하는 대로 대형 산업 도시의 거리를 마냥 돌아다닐 수 없다는 사실을 알고 놀라워하였다. 어떤 주정뱅이가 위협적으로 다가서며 뒤쫓아오는 바람에 친구네 집으로 달려 들어가 피신처를 구할 수밖에 없었던 일을 직접 당하고 나서야 배웠다! 그녀를 잘 알고 있던 어느 훌륭한 숙녀는 마리가 아직 어둑어둑한 새벽녘에 혼자 텅 빈 거리를 지나 미사를 드리러 갔다는 말을 듣고 몹시 당황하였다. 그뒤로 성당문까지 안전하게 데려다 주었다. 그러나 돌아올 때 특히 영성체를 하고 난 다음에 이 젊은 여성은 홀로 있을 수 있음을 기뻐하였다. 집까지 빙 돌아서 가는 길을 좋아했는데, 아는 사람과 만나서 잡담하는 것을 피하기 위해서였다.

또 한 번은 당혹스러운 일을 체험했던 적이 있었다. 그것 역시 그녀의 순진무구함과 의심하지 않는 좋은 성격으로 인해 일어난 일이었다. 빗속을 거닐고 있었는데, 어떤 가난한 여인을 발견하게 되었다. 흠뻑 비에 젖은 이 사람에게 자신의 우산을 씌워 주었던 것이다. 그런데 조금 지나고 나서야, 그 여자의 어설픈 걸음걸이나 무거운 말투로 얼버무리는 모양새, 게다가 강하게 풍기는 술 냄새로 봐서 새로 발견한 그 친구가 확실히 술에 취해 있다는 것을 알아차리게 되었다. 술에 취한 여성을 보는 일은 그 나라에서 극히 드문 일이기 때문에, 프랑스의 젊은 여성에게는 매우 놀랄만하고 고통스러운 일이 될 수밖에 없었다. 그러나 어떤 경우든, 술꾼들은 하나같이 황당할 만큼 친밀하게 굴었기 때문에, 마리는 이 새 친구가 갑자기 부드럽게 대하고자 하는 마음을 기꺼이 피하고자 했다.

그러나 그녀는 바리사이가 아니었다. 어릴 적 친구가 성장해서 한동안 악에 빠진 나머지 공공연한 비행과 연루되었을 때, 마리는 그녀를 멸시하며 위로 없이 내버려두지 않았다. 그 가엾은 여인은 프랑스 신문 뒷장을 장식한 불륜 죄 중 하나를 장식한 주요 인물이었다. 늘 폭력과 비극으로 치닫는 불륜 사건이 하나 터진 것이다. 자세한 상황은 어떠했을까? 그것에 대해 알 필요는 없다. 이렇게 어리석은 범죄들은 모두 다 단조로울 만큼 비슷한 법이니까. 죄로 무기력해지고 시기 질투와 관능적 본성을 없애 버리고자 하는 그 모든 격분으로 미치광이가 된 채, 누군가는 총이나 단도를 빼들었을 것이다. 그 여성은 병원에 있었으며 그 이야기는 모든 지면을 채우고 있었다. 그 상대는 어떠했을까? 아마 그는 자기 관자놀이에 총구를 대고 모든 일을 끝장내고 죽었을 것이다. 이는 흔히 볼 수 있는 한 가지 가능성이다. 오텔 듀의 수녀들은 마리의 자기 소개가 끝나자 그녀를 상냥하게 대해 주었다. 착하고 경건한 여성임이 분명하다. 그녀의 모든 면모에 그렇게 쓰여 있는 것을 볼 수 있었다. 그러나 그 악명 높은 환자를 보고 싶다고 청했을 때, 그들의 태도는 사뭇 달라졌다. 그러나 그 착한 수녀들이 드러낸 의심으로 마리가 무안을 당하지는 않았다. 그녀는 한때 친구였던 그녀를 찾아가서 위로해 주었다.

수녀원에서 알게 된 한 여자 친구가 결핵을 앓게 되었을 때, 그 친구는 알고 지내던 대부분의 사람들로부터 버림을 받았으나 마리만큼은 그렇지 않았다. 그녀는 그 질병을 두려워하지 않았고 자주 방문하기를 주저하지도 않았다. 자신이 할 수 있는 것이라면 모든 방법을 다해 도와 주고 위로해 주려 했다. 그녀의 애덕은 초자연적 도움과 중재까지도 함께 했다. 다른 친구가 디프테리아에 걸렸는데, 의사들도 포기한 상태로 있었다. 마리는 강한 사랑의 신앙에서 나오는 움직임 안에서 성 필로메나의 은메달을 집어들고 그 소녀의 목에 걸어 주었다. 그날 밤을 새는 동안 종양이 터졌고, 그 다음날 의사는 놀라면서 그 소녀가 위험에서 빠져나왔다고 진단했다.

그녀를 알고 있던 이들이 그녀를 성인이라고 생각했던 것도 놀랍지 않다. 순진무구하며 행복하고 애정 어린 그녀는 시기심이나 악의라고는 조금도 없었으며 관대하고 이타적이며 부드러우면서도 내성적이고 사색적이며 모든 것 안에서 하느님을 바라보았고, 뒤로 물러나 고요히 기도하였다. 그녀가 가는 모든 곳마다 사람들은 그 단순성과 평화로움에 감화되었다.

나중에 시련과 어두움 한가운데에서 시토회 수녀로서 온갖 종류의 유혹과 불완전함 속에 내던져진 것을 보게 되었을 때 경악하며 이렇게 외쳤다. "세상에서는 성인이었는데, 수도원 담장 안에서는 악마가 되어 버렸구나." 봉쇄 수도원에 대한 마리의 성소는 첫 영성체 이후 그녀의 의식 뒤편에 막연하게나마 언제나 존재하고 있었는데, 이제야 비로소 좀 더 분명하고 명확하게 드러나면서 지속적인 관심을 끌기 시작했다. 1893년 11월 그녀는 같은 나이 또래의 다른 여성 몇 명과 함께 피정을 하였다. 도미니코회 수도자가 지도한 그 피정은 특별히 이 여성들에게 수도 성소가 있는지 없는지를 결정할 수 있도록 도와 주는데 그 목적이 있었다. 피정하기로 되어 있던 그 수녀원 문에 들어섰을 때, 그녀의 마음속에 있던 질문도 이것이었다. 자기 노트에 이렇게 기록하였다. "오, 하느님, 이 숙고의 날들을 통해 유익을 얻는 은총을 내리옵소서. 당신 품에 안기며 저 자신을 온전히 당신께 맡깁니다. 당신이 원하시는 대로 하소서. 당신 뜻 외에 다른 어떤 것도 원하지 않습니다. …… 제 영혼 안에서 모든 것이 잠잠해지는 이 시간 동안, 예수님 당신이 제게 말씀하실 것입니다. 당신은 제가 무엇을 해야 할지, 저를 위한 당신의 계획은 무엇인지 말씀해 주실 것입니다. 제 성소를 알게 해 주시고 당신 뜻을 이루는데 방해가 되는 모든 것을 치워 버리실 것입니다." 그녀는 절망하지 않았다. 피정 지도자는 강화를 시작했다. 그녀는 많은 시간을 기도와 침묵 속에서 보냈다. 시간이 흘러가는 동안 그녀는 경청했다. 피정이 끝났을 때 하느님의 응답은, 그녀 안에서 감지할 수 없는 형태였다. 아무리 주의해도 눈치챌 수 없었으며, 단지 강론으로부터 솟아오르는 갈망과 확신 그리고 그녀의 마음속에서 하느님과 나누는 대화가 축적되어 갔다. 그녀는 신앙이 차가워지거나 하느님의 현존에 대한 감각을 상실하고 맥없이 약해질까봐 매우 두려워하였다. 그분과 신앙 안에서 다시 새롭게 합일을 이루고, 점점 더 그분의 현존 속에 살면서 언제나 그분하고만 함께 머무르고자 하는 크나큰 갈망을 느꼈다. 게다가 희생에 대한 크고도 열렬한 갈망, 모든 것을 그분께 드리지 못했음에 대해 느끼는 말할 수 없는 고통과 수치심, 자신을 위해 너무 많은 것을 가지고 있다는 느낌에서 막연히 불만족스러워하고 슬퍼하는 것, 하느님을 생각하고 그분이 아닌 다른 어떤 것을 소유하는 데서 느끼게 되는 당혹스러움이 함께 하고 있었다. 피정 지도자는 하느님만을 이렇게 갈망하는 모습에서 관상적 성소의 표지를 의심할 수 없이 알아볼 수 있었다. 그래서 그는 그렇다는 사실을 말해 주었다. 피정이 끝나자마자 그녀는 라 로쉐프의 베네딕도 수녀회를 찾아갔다. 그러나 고독과 희생에 대한 그녀의 특별히 강한 굶주림에서, 그들 역시 어떤 것을 알아볼 수 있었다. 교회의 모든 수도회들 가운데 가장 엄하게 금역을 지키며 침묵과 고행을 하는 곳, 즉 라 트라프의 시토 수도회에서만 만족할 수 있는 것이었다. 트라피스틴은 트라피스트의 수녀들로서, 어느 모로 보나 엄한 것이 사실이다. 그러나 세상이 그들과 드 랑세의 자녀들에게 적용시켰던 이상한 전설들이 언제나 진실이라는 말은 아니다. 수도승들이 매일 자기 무덤에서 한 삽 가득 땅을 파헤치면서 하는 말이라고는 메멘토 모리(Memento mori!) 즉 '죽음을 기억하라!'는 것밖에 없다는 식의 오래된 농담을 터뜨릴 필요는 없다. 이 봉쇄 수도회에 속한 행복한 자녀들은 좀 더 잘 알려지기 시작하고 있었다. 그 생활이 실제로 어떠한 것인지를 조금이나마 알게 된 사람들이 그들에 관한 책을 쓰고 있기 때문이다. 사실 시토회적 삶은 기쁨으로 넘쳐나는 삶이다. 힘겨운 것만은 분명하다. 그러나 침묵과 단식, 고된 노동, 밤시간에 노래로 바치는 긴 성무 등이 수행하는 기능은 사람을 불행하게 만드는 온갖 걱정과 짐스러운 것들로부터 수사 수녀들의 영혼을 자유롭게 하는 것이다. 시토 회원들은 자유롭기 때문에 기쁨으로 충만하다. 이기심과 걱정으로 생겨나는 참담한 불안감에서 구원된 상태이다. 그의 마음은 하느님께 속해 있으며 두려움이나 어떤 장애도 없이 그분께 날아갈 수 있다. 그곳에서는 언제나 그분을 찾을 수 있다. 영적 시험의 때 가장 어두운 곳에 숨어 계실지라도 그렇다. 마리가 필요로 한 것은 이것이었다. 그녀가 창조되었던 목적인 하나의 위대한 행위에 자신의 모든 힘을 집중시키는 삶이다. 바로 하느님의 사랑이다. 사실 하느님은 그녀를 위해 시토회를 만들었고 수도회를 위해 그녀를 지으셨다고 말할 수 있을 것이다. 수도회 성소에나 있을 법한 일이다. 그러한 소명의 엄청난 특혜를 누리는 이들은 하느님이 당신의 교회 안에서 이 특별한 지체를 위해 영원으로부터 그들을 운명지으셨고 그 밖에 다른 어떤 것을 위해 만들지 않으셨다는 것을 완전히 확신할 수 있었다. 그분은 봉쇄 수도원의 숨은 정원에서 그분만을 위해 한 송이 꽃처럼 피어날 수 있도록 그녀를 심으시기 위해 마리의 애정 어린 마음을 지으셨다. 동시에 시토 회원이 되도록 부르시면서, 형제적인 애덕의 삶을 통해 그분 자신과 결합할 수 있게 하셨다. 이것은 언제나 공동체 안에서 결코 홀로됨 없이 살아가는 수도회의 매우 분명한 특징이라 할 수 있다. 1899년 1월, 라발의 원죄 없는 잉태의 성모 트라피스트 수녀원의 공경하올 원장 수녀에게 처음으로 시험 삼아 보낸 편지의 답장을 받았을 때 마리는 얼마나 기뻐했겠는가. 사실 그 편지는 애매모호하고 온통 주저하는 분위기였다. 규칙이 규정한 대로이다. 지원자를 칭찬하거나 격려하는 것은 결코 시토회의 관례가 아니었다. 하느님이 진정으로 그들을 부르고 계신다면 차갑지 않게 함으로써 낙담하게 될 것이며, 반면 부르지 않으셨는데 하는 지나친 격려는 잔인한 일이 될 것이기 때문이다. 공경하올 마리 앙뜨와네뜨 원장 수녀는 이 첫 편지에서 시토회 규칙에서 오는 일상의 평범한 어려움들을 언급하는 것에 국한시켰다. 이같은 삶을 받아들이기 전에 마리 자신의 성소를 살펴보고 잘 알아보는 것이 좋겠다고 겸허하게 제안하였다. 그러나 이것은 그 소녀를 놀라게 하기는커녕, 그녀의 열정을 훨씬 더 강렬하게 불타오르게 했을 뿐이며 그 결심을 굳건하게 했다. 그렇다. 그녀는 하느님께서 가기를 원하신 길이었음을 참으로 알아볼 수 있었다! 이곳에서 진정으로 그분을 찾게 될 것을 볼 수 있었기 때문에, 세상과 자기 자신을 포기하고 마침내 그분 안에서 안식을 누리고 사랑하는 분과 함께 일치 안에서 평화를 간직할 수 있게 되었다. 그녀는 계속해서 공경하올 원장 수녀와 서신을 교환했다. 그 편지들은 분명하게 드러난 진지함과 열린 신앙으로 가득 차 있었으므로, 마리 앙뜨와네뜨 원장에게 마침내 호의적인 인상을 주었다. 곧이어 입회에 대한 실제적인 수속 절차가 시작되었다. 그 시토회 원장 수녀는 이렇게 썼다. "사랑하는 딸이여, 힘을 내세요. 하느님의 섭리는 성심의 인도 아래 당신이 첫 발걸음을 내디딜 수 있도록 모든 것을 잘 배려해 주실 것이라고 우리는 희망하고 있습니다." 마리는 성심 대축일에 라발로 입회하기를 희망하고 있었는데, 그날은 자기 신심 생활의 중심이 되었기 때문이다. "복되신 동정녀께서도 당신을 인도해 주실 것입니다. 그 보호 아래 잘 인내할 수 있기를 바랍니다. 그러니 당신 스스로 잘 인내해 주기를 바랍니다."

그동안 라발 수녀원의 영적 지도자는 리용으로 가서, 성인 사제인 가경자 앙뜨완느 쉐브리에의 시복 동기가 시작되어, 교구적 절차가 진행될 때 증언을 하게 되었다. 이 선량한 시토 회원은 페르 폴리까르프 쟈

리코라는 다소 흥미로운 이름으로 불리웠는데, 한때 가경자 쉐브리에 아래서 대도시 빈민가 재속 사제로서 일했던 적이 있고, 그분으로부터 깊은 내적 생활의 비밀을 배웠다. 페르 쉐브리에는 때에 구애받지 않고 늘 사제직에 있어서 기도 생활과 가난과 희생의 필요성을 설파했으며, 약 14년 동안 자리코 신부를 지도하였다. 페르 폴리까르프는 그가 사망할 당시 옆에 있었다. 이 사제가 지금 마리의 영적 아버지가 되었으며 높이 치솟은 사보이의 알프스 산에 자리한 고대 타미에 수도원에서 시토 수도회로 입회하였다. 이곳은 첫 아빠스인 타렌테제의 성 페테르를 기념하는 곳으로 유명하기도 하다. 그곳에서 부원장이었던 그는 엄률 시토회 총장 동 세바스티앙 위아르의 명령으로 그 직책과 수도원을 떠난 적이 단 한 번 있었다. 바로 라발 트라피스트 수녀원의 고해 사제로 임명되었던 것이다. 그렇게 하면서 동 세바스티앙은 수녀들에게 이렇게 말했다. "내가 알고 있는 사람 중에 가장 경건하고 내적이며 성인다운 수도승을 여러분에게 내주었습니다." 이 경험 많은 사제는 이제 그 기회를 이용해서 리용에 있는 마리를 만나보고, 그녀의 갈망과 열망 그리고 그렇게 엄격한 수도회로 들어가고자 하는 이유를 모두 물어볼 요량이었다. 그녀는 타고난 진지함과 단순함으로 자기 마음을 그곳에서 그에게 열어보였다. 예수님에 대한 사랑이 너무 진실하고도 열정적이었고, 그분만을 위해 살고 일하며 기도하고 단식과 희생을 행하면서 오로지 그분과 함께 존재하고자 하는 필요성이 너무 완전하고 절대적으로 보였다. 그렇다, 마지막 숨이 다할 때까지 그분만을 위해 모든 것을 희생하고자 하는 것으로 보였기 때문에 폴리카르프 신부는 그녀가 말을 끝마쳤을 때 이렇게 외칠 수밖에 없었다. "이에 대해서는 의심할 여지가 없습니다. 당신은 트라피스트회에 속한 사람입니다!"

03

라발(Laval) 수녀원

　6월 하늘의 부드럽고도 밝은 분위기와 따스하고 향기 그윽한 평화 속에 잠겨 있는 마옌느의 시골 지역에는 라발이라는 작은 도시가 노르망디와 브리타니 국경선에 자리 잡고 있다. 들판과 과수원마다 온통 꽃들이 흐드러지게 만발해 있다. 오전이 끝나갈 무렵이었기 때문에, 고요한 대기는 여름날의 강렬한 햇빛으로 무겁게 졸리기 시작하는 것 같았으나, 새들이 지저귀는 노랫소리는 듣는 이의 귀를 여전히 상쾌하게 해 주었다. 트라피스트 수녀원의 종소리와 새들의 노랫소리가 들리는 가운데, 성심 대축일을 위한 수도원 미사가 거의 끝나가고 있을 무렵 마리는 이제 막 그곳에 도착했다.
　그녀의 모든 기도가 이루어지고 있었다. 그 마음의 모든 갈망들이 이루어지고 있었다. 그녀는 자신이 가장 좋아하는 축일에, 계획하고 희망했던 대로 수도원에 들어가게 되었다. 정말이지 아름다운 숲과 들판, 도시 외곽에서 수도원까지 산재해 있는 교외의 평화로운 가옥들, 하늘에 나는 새들, 종탑들이 그녀에게는 인간이 되신 예수 성심의 사랑을 말해 주었다. 모든 인간과 살아 있는 것들에 대한 그분의 표현할 수 없는 부드러움과 친절을 말이다. 말하자면 그분은 이 생명을 당신 손 안에 소중히 간직하고 계신 것이다. 그러나 지난 며칠간 체험했던 모든 것과 여행으로 지치고 허약해진 육신은, 큰 십자가의 짐처럼 마음에 무거운 그림자를 드리우고 그녀를 덮치면서 두려움과 슬픔으로 유혹했다. 그러나 마음의 중심에 자리하고 계신 성심, 모든 위로와 힘의 원천인 성심으로부터 자기 마음에 용기가 불어넣어졌기 때문에, 두려움과 슬픔은 전혀 아무것도 아니었다.

수녀원 문지기 외부 수녀가 누가 종을 울렸는지 보기 위해 문에 설치해 놓은 작은 칸막이 구멍을 통해 내다보았을 때, 그들이 본 것은 창백하고 민감해 보이며 천사와도 같은 아름다운 얼굴이었다. 고통과 피곤함이 역력했지만 기쁨과 희망과 열정이 있었다. 검소하면서도 우아한 복장을 하고 피곤한 것 같은 이 여성은 누구인가? 수녀원에 들어와서 고된 이 생활을 대면하고자 희망하는 사람인가? 그녀의 가늘고 하얀 손과 연약하고 가녀린 몸매, 섬세한 얼굴 모습을 보라! 그러나 창백하고 표정 풍부한 얼굴 한가운데 커다란 두 눈이 용기와 열정, 사랑과 단순성으로 불타고 있었다. 어떻게 보아도 그녀는 장난삼아 수녀원에 오지는 않은 것 같았다. 여기 머물러 어떤 대가를 치러야 한다면, 용기와 좋은 의지로 불타올라 그 대가를 지불하고자 하는 것처럼 보였다. 그녀가 머무른다면, 성인이 될 것이다. 그녀가 머무른다면! 그러나 그렇게 연약한 상태로 입회 허가나 받을 수 있을까? 지난 며칠간 마리에게는 비참한 시간이었다. 그녀의 몸과 영혼을 산산조각으로 갈라놓았기 때문에, 수녀원 문지방에서 쓰러진다 해도 놀랍지 않을 정도였다. 가족을 떠나 라발까지 오는 고된 여정을 준비할 겸, 한 달 전에 루르드까지 갔던 순례 길에서 얻은 힘과 도움이 절실히 필요했다. 사실 자기 온 생애를 어머니와 자매들과 떨어져 지냈으나, 휴가 기간에는 함께 지내면서 그들이 그녀에게 그랬던 것처럼 그녀도 가장 친밀한 애정의 끈으로 그들에게 결속되어 있었다. 가족 모두가 같은 감수성과 애정과 따뜻한 마음으로 가득 차 있었다. 그러나 그들은 마리처럼 그러한 이별을 견딜 만큼 하느님에 대해 열렬하고 큰 사랑으로 준비되어 있지 못했다. 그녀가 수도회에 들어가게 될 것에 대해 분명히 의구심을 품고 있으면서, 그렇듯이 엄격한 봉쇄 수도회에 입회하고자 하는 의향에 대해 들으려고조차 하지 않았다. 어머니는 그 소식을 큰 충격으로 받아들였으며, 감정을 자제함으로써 그것을 좀 더 누그러뜨리려고도 하지 않았다. 친구들과 친척들이 그 상황을 들어보려고 모였으나 역시나 많은 도움이 되지는 못했다. 그들 대부분은 그러한 어리석음을 비난하는데 목소리를 높였다. 그 아이는 트라피스트 수녀원에서 산 채로 자신을 생매장하는 자살적 행위로 자기 어머니를 죽이려고 하는가? 숙모는 이상야릇하게 어깨를 으쓱거리고, 놀라워하며 저항하는 듯이 팔을 내뻗치면서, 프랑스 중류층 사이에 흐르는 가치 신념에 동조하고 있었다. 트라피스트가 되기 위해서는 먼저 자기 아버지를 총으로 쏘거나 어머니를 칼로 찔러 죽여야 한다는 것이다. 그러나 마리는 어떤 살인도 행하지 않았다. 혀를 차거나 머리를 흔들어대는 몸짓이 많이 오고 갔으며, 저마다 그녀에게 할 말이 조금씩은 있었다. 그녀가 트라피스트 수녀원에 입회하지만 않는다면, 그녀에게 좀 더 적합한 이러 저러한 수도회가 있다는 것을 알고 있다고 했다. 물론 그 모든 난리법석은 다음과 같은 분명한 추정, 즉 그녀가 어떤 수도회에도 들어가지 않고 수도회 밖에 머물면서 사리를 분별하는 여느 젊은 여자들처럼 결혼한다는 것을 바탕에 깔고 있었다. 그동안 어머니는 흐느껴 울먹였는데, 다른 이들 몇 사람도 덩달아 함께 슬퍼했다. 그 모든 와중에도 눈물을 흘리지 않고 군중 속에서 실로 평화로웠던 유일한 사람은 마리 뿐이었다. 그녀는 이윽고 상냥하게 말을 꺼냈다. "엄마, 제가 행복해진다고 해서 눈물을 흘리시는 거예요?" 눈물로 뒤범벅된 작별 인사는 오래가지 않았다. 마리는 가능한 한 얌전한 모습으로 곧장 다시 발걸음을 떼며 홀로 황혼 무렵에 역까지 서둘러 갔다. 바로 그때였다. 홀로 성당의 평온함과 어둠 속에서 몇 분간 은신처를 찾고 있을 때, 그녀는 북받쳐 오르는 자기 마음을 어찌할 수 없었다. 성당 등불은 사랑하는 분이 서 계시면서 그녀를 부드럽게 보아 주시는 곳의 그림자 속에서 깜박거렸다. 그녀는 그분의 달콤한 시선으로부터 평화가 가득 채워지는 것을 느꼈다. 그녀의 시선이나 상상력이 아니라 의지의 깊은 뿌리를 통해서 나오는 힘과 말없는 추종, 일치와 평화로 넘쳐나고 있었다. 뜨거운 눈물이 흘러내리면서 한결 홀가분해지고 더 평온한 마음으로 역까지 갔으며, 어머니 집에서부터 따라다녔던 긴장감과 신경과민으로부터 자유롭게 해방되었다. 집에 있을 때 감정이 혼란스러웠던 것 만큼이나 리옹에서 라발까지 가는 여정에서 오는 몸의 피로도 대단했다. 프랑스의 모든 철도는 파리로 집결되고 있는데, 리옹에서 라발까지 가는 길은 파리를 통과하고 있지 않았다. 길은 몇 개의 철도를 중도에 가로질러가야 했기 때문에, 마리는 어둡고 연기 자욱한 교차로에서 차를 자주 갈아타면서 기차의 이등칸에서 온밤을 지새야 했다. 그 나머지 시간에는 철로를 따라 보이는 로맨틱한 장소의 빛바랜 사진을 어쩔 수 없이 응시하거나 딱딱한 쿠션에 기댄 채 잠도 잘 수 없는 상태로 앉아 있어야 했다.

이제 멋지게 단장된 수녀원 객실 방 안에 홀로 남게 되었다. 복도를 따라 급히 내려가서 폴리까르프 신부에게 가려고 밖으로 나가는 외부 수녀의 고요한 발걸음 소리에 귀를 기울였다. 이 선량한 사제도 방에 들어가, 마리가 일어나서 인사하려던 순간 그녀의 피로하고 창백한 얼굴에 충격을 받았다. 그가 한 첫마디는 그녀의 건강을 걱정하며 다시금 질문하는 것이었다. 그녀는 트라피스트 생활을 견뎌낼 수 있을 것이라고 정말로 진지하게 생각했던 것일까? 그녀의 대답은 지친 마음에 일어났던 모든 생각을 비추어 주면서도, 자신이 감수해야 하는 모든 것이 실제로 아무것도 아니지만 겸손한 용기로 사랑하는 분을 위해 다 희생할 결심으로 가득 차 있었다. 그녀는 말했다. "신부님, 수도복을 받기 위해 오래 기다려야 한다 해도 괜찮습니다!" 그녀는 정말로 피곤에 지쳐 좋지 않은 상태였다. 청원자가 찾아왔을 때 힘을 북돋아 주기 보다 퉁명스러울 정도는 아니더라도 삶의 어려움을 솔직하게 제시함으로써 시험해야 한다고 규칙서는 규정하고 있다. 분명히 폴리까르프 신부는 진지하게 그것을 물고 늘어질 마음은 없었던 것 같다. 대신 그의 위협은 어떤 역설과 맞부딪치게 되었다. 그녀의 우아한 의상과 가늘고 하얀 손을 보고 생각한 다음 곧바로 말했다. "아시겠지만, 당신이 해야 할 일 중 하나는 뜨거운 물이 담긴 대야를 들고 돼지에게 목욕을 시키는 것입니다." 트라피스트 돼지들은 다들 알다시피 돼지 치고는 흠 없이 깨끗한 편이다. 마리는 그러한 가능성에도 기가 죽지 않았다. 그는 덧붙이기를, "또 한 가지 생각해야 할 것은, 당신이 만약 쓸 데 없는 수화를 한다면, 당신 손가락에 작은 종들을 달아 놓는다는 점입니다. 만일 그 실수를 되풀이한다면, 수도원에 있는 모든 사람들에게 알려져서 망신을 당하게 될 거예요." 짐짓 진지해 보이는 이런 협박 끝에, 그는 어떤 제안을 하면서 짧은 면담을 종결시켰다. 그것은 실제로 그녀의 반대를 샀다. 때는 거의 정오가 되었고, 그녀는 매우 지쳐 있었기 때문에 곧바로 먹을 것을 드는 것이 더 좋을 것 같았다. 그러나 그녀는 줄곧 영성체를 고대하고 있었고, 분명히 그분이 실망시키지 않으리라!

그는 말했다. "시간이 늦었어요. 당신은 지쳤으므로 영성체를 관면해 주겠습니다. 식사를 하는 편이 더 나을 것입니다." 성체 "관면"이라는 개념은, 그것이 마치 어떤 의무로서 자기 삶의 큰 기쁨이 아닌 것처럼 이 열정적인 젊은 청원자의 이해력 안에는 존재하지 않았다. 그녀는 재빠르게 말했다. "글쎄요. 저는 면제받지 않겠습니다. 신부님 제게 성체를 허락해 주십시오!" 그렇듯 진지한 갈망은 거절할 수 없었으며, 사실 그것을 거부하는 것은 매우 잔인한 행위가 될 것이므로 폴리카르프 신부는 자신의 권위를 내세우지 않았다. 그들은 복도를 내려가서 수도원 성당과 접해 있는 일반 신자 성당으로 들어갔는데, 넓고도 그늘진 곳으로 고요하였다. 거기서부터 높은 쇠창살로 분리되어 있었고, 봉쇄 수녀들의 침범할 수 없는 금역 표시가 되어 있었다. 들어갔을 때 천상의 티 없으신 여왕 성모상이 사제와 젊은 여성을 마주 보시며 두 팔을 벌려 당신 자녀를 새집으로 환영해 주었다. 그러나 그녀의 마음과 시선은 곧바로 높은 제대로 날아갔다. 마치 꽃처럼 보이는 촛대들이 정원을 이루고 있는데, 그 한가운데 강복된 성체 안에 계신 예수님께서 대축일을 위해 장엄하게 현시되어 있었으며, 침묵과 평화 중에 그녀를 굽어보시고 기쁨과 내적 안식 안에서 그녀를 강복하시는 것 같았다. 성당은 텅 비어 있었고, 두 수녀만 쇠창살 뒤에서 지켜보고 있었다. 나머지 공동체는 성 베네딕도가 여름철에 규정했던 대로 정오의 쉬는 시간을 위해 물러가 있었다. 이 젊은 여성은 무릎을 꿇고 눈을 감은 채 고개를 숙이고 세상의 소음과 그 비참했던 밤 시간 프랑스를 가로질러올 때 자신을 따라왔던 모든 것을 마음으로부터 비워 버리고 그리스도의 오심을 사랑과 평화 중에 기다렸다. 은밀히 돌아가는 감실 열쇠 소리가 들리는가 싶더니, 폴리카르프 신부가 조용히 말했다. 그때 그녀는 다시 눈을 감고 완전한 평정심을 유지한 채, 그녀의 존재 속으로 흡수되기보다 그분 자신께로 그녀를 끌어당기시기 위해 오신 그분께 마음속 깊은 곳에서 우러나오는 말을 하였다. 그날 오후 객실에 있는 방에서 자신의 작은 노트에 당일 일어났던 모든 일을 기록하면서 이런 말로 요약하였다. "죽어도 성인이 되리라!"

그녀의 희생적인 삶은 오래지 않아 시작되었다. 객실에서 그녀에게 제공한 간단한 식사를 끝낸 후, 먼저 요구되었던 것은 그녀의 의지와 판단이었다. 그렇게 대단한 것이 아니었다. 그녀는 규율을 지키거나 머리 수건을 쓰는 것, 혹은 문간으로 가서 지나가는 모든 사람들의 발치에 엎드려서 그들의 기도를 청하는 것을 요구받지는 않았다. 그러한 것은 트라피스트 생활에 대한 적절한 입문이 아니었을 것이며, 그것이 힘들다 해도 수도원 밖 사람들이 상상하는 어떤 것과 상관없이 극적 인상을 주지는 않는다. 시토 회원에게 요구되는 희생은 육체적으로 가해지는 고통의 무게가 아니라 사소하고 단순한 일들의 끊임없는 축적으로 바수어지는 것이며, 그 자체가 지니고 있는 극도의 무의미함으로 자기 의지를 바수어 떨구는 것이다. 그렇게 많고 자질구레한 희생으로는 진정한 수도자가 자신을 영웅으로 보이게 하기가 거의 불가능하다. 그때 매우 작고 드러나지 않는 것들에 대한 반감이 생겨나는데, 이는 다만 자기에게 영웅적 행동이나 모습이 완전히 결여되어 있다는 사실을 상기시켜 주는데 일익을 담당할 뿐이다. 그것은 자신을 잊어 버리게 하고 홀로 참으로 위대하신 하느님만을 생각하게 만든다. 좀 더 대단하고 가시적인 희생들은 우리 자신에게 아주 쉽게 만족감을 줄 수 있다. 마리의 여행 가방에 무엇이 있는지 살펴보았을 때, 어떤 옷가지도 트라피스트 수녀원의 청원자에게서 요구되는 단순성을 띠고 있지 못하다는 사실이 곧 발견되었다. 그것은 물론 모두 멋진 모양새를 하고 있었다. 사실 좋다 못해 너무 멋스러웠다. 그것들은 과도한 주의 집중과 이야깃거리를 만들어낼 만큼 우아함과 세련됨을 드러내고 있었다. 그래서 좀 더 수도승적인 어떤 것이 필요했다. 외부 수녀들이 이 젊은 여성을 위해 옷을 구해 주었는데, 수녀들 가운데 누군가의 청원기를 위해 늘 사용했던 것이다. 그 색상은 희미하게 바랬고, 디자인도 분명하지 않았다. 대충 맞춘 것에 불과했다. 그러나 마리는 자기가 입고 있는 멋진 옷을 벗고 볼품없는 겉옷으로 갈아입었다. 자기 기호와 의지를 처음으로 희생할 수 있음에 내적 만족감을 크게 느꼈다. 그때부터 착복할 때까지는 다른 옷을 입지 않았는데, 일요일에도 그러했다. 이렇게 새로운 복장을 갖추어 입은 순간, 좀 더 즐겁고 놀라운 일이 또 하나 기다리고 있었다. 객실 응접실로 다시 불려간 그녀는 휠체어를 밀고 다니는 한 수녀가 문을 열고 들어오는 것을 보고 놀랐는데, 어느 모로 보나 인상적인 사람이 거기 앉아 있음을 즉시 알아챌 수 있었다. 마리는 지금 비범한 사람 중 한 사람을 보았다. 비록 병들고 약해졌을지라도 내적으로 대단한 힘과 위엄이 있었기에 존경심을 불러일으키는 사람이었다. 그런 사람에게는 휠체어도 옥좌가 될 수 있다. 공경하올 마리 앙뜨와네뜨(그분이 대원장 자신이었기 때문)가 지배적이거나 우쭐대는 원장이었다는 말이 아니다. 그녀가 지니고 있는 힘은 다른 종류의 것이었다. 그 힘은 감미로움으로 가득 찬 것이었다. 그 권위는 내적 평화의 권위로, 성령 안에 잠긴 삶으로부터 나올 수 있는 심오한 것이었다. 마리는 즉시 성인과 같은 이 대원장을 사랑하게 되었고 그녀를 새로운 어머니로 받아들였다. 대원장 편에서는 새 청원자에게서 본 것들을 매우 즐거워하였다. 폴리카르프 신부보다도 더 예리하며 깊게 꿰뚫어 보는 듯한 시선으로 진지하고 단순한 이 여성에게서 열정적이고 용기 있는 마음을 곧바로 알아볼 수 있었기 때문이다. 수녀들의 고백 사제와는 달리, 그녀는 이 여성의 얼굴에 나타난 창백함과 지친 상태에 대해서 단 한순간도 주저하거나 놀라워하지 않았다. 그 모든 것이 그녀에게는 아무렇지도 않았다. 새로 온 자녀의 솔직하고 진지한 눈망울 속에 분명히 쓰여 있는 것을 보았기 때문에, 성소에 대한 어떤 의심의 그림자도 비치지 않았다. 그래서 즉시 그녀를 받아들이기가 어렵지 않았고, 이렇게 말했다. "자, 내 딸아. 내일 아침 성복도 회랑 문에 있으면, 수련장인 도미니크 수녀가 와서 당분간 잠 잘 곳으로 안내해 줄 것이다." 그것은 단지 객실에서 이동하는 것에 불과했으며, 수련실 생활에 완전히 들어가는 것은 아니었다. 그래도 가대(歌隊)에서 기도하고 식당에서 식사하며 다른 이들과 함께 집회실로 가면서 수도원 안에 있게 될 것이다.

다음날인 1899년 6월 10일 토요일 아침 하느님의 어머니 상 아래에서, 이 작은 청원자는 잠긴 회랑 문 옆에서 고요한 발걸음과 열쇠 소리가 안에서 들려오기만을 초조하게 기다리고 있었다. 그러한 순간은 잊을 수 없다. 마치 죽음과도 같이 위대하고 감동적이며 두렵다. 정말이지 그것은 죽음, 참된 죽음, 한 세속인의 죽음이다. 한 사람, 리옹시에서 온 젊은 여성, 일하는 여성, 세속 사회의 어떤 개체, 프랑스의 한 시민이 마치 죽게 된 것처럼 분명하게 존재하지 않게 된 것이다. 문지방을 넘어서 참회하는 이 수녀들의 맑고 절대적인 침묵의 회랑 속으로 자기 발을 들여놓은 순간, 그녀는 법적이고 윤리적인 죽음을 통해 하나의 다른 사회에서 새로운 사람, 새로운 한 개체, 수녀원의 한 청원자가 되었으며, 자기 이름 앞에 수녀라는 말을 붙이게 된다. 그러한 발걸음을 내딛는 사람, 즉 다시는 되돌아가지 않겠다는 굳은 의향을 가진 사람에게 있어서, 얼마나 실질적이고 깊은 변화가 이루어지는지 가늠할 길이 없으며 가히 놀랄 만한 일이다. 그녀의 마음속에는 어떤 두려움이나 망설임도 없었다. 아무것도 없이 칸막이가 쳐진 문 앞, 텅 빈 복도에 홀로 서 있었다. 그 문 뒤에는 죽음의 공포와도 같은 차가움으로 한 여성의 마음을 사로잡을 수 있는 신비가 놓여 있었다. 자연적인 애정과 취향, 갈망에 호소하는 모든 것과 완전히 분리되는 신비. 한 번도 본 적 없지만 단지 사랑하는 분의 목소리가 당신께로 오라고 부르기 때문에 맹목적으로 완전히 포기한 채 어둠 속으로 뛰어드는 신비이다. 마리는 이 모든 것을 환희와 승리감을 가지고 맞대면하였다. 이미 자신의 사랑과 신앙, 소명을 열렬히 수용함으로써, 자신을 사랑해 주셨고 "두려워하지 마라, 내가 세상을 이겼다."라고 말씀하셨던 하느님과 친밀히 결합되어 있었기 때문이다. 바로 그 순간에 그녀는 진정으로 완전하며 영원히 지속되는 승리와, 죽음에 대한 그리스도의 우주적인 쾌거를 맛볼 수 있었다. 바로 그 순간에 그녀의 영혼은 신앙과 사랑에 의해서 그리스도의 영혼과 신비적으로 하나되어 예루살렘의 봉인된 무덤에서 천둥 소리와도 같이 등장하고 있었다. 자신의 육신적 눈으로는 결코 본 적이 없고 이승에서는 결코 보지 못할 것이다. 전 우주 안에서 운명적인 인간에게 단 하나의 진정한 기쁨이 있다면, 그것은 바로 죽은 이들 가운데서 부활하신 그리스도의 초자연적인 기쁨이다. 세상과 그 야망을 극복하고 죄를 정복함으로써 누리는 우리의 모든 기쁨은 진정으로 그분께 동참하는 것이다. 이제 와서 마리가 세상을 뒤돌아보았다면, 갑자기 낯설고 이상하며 기묘하고 이미 믿을 수 없게 되어 버린 어떤 것을 뒤돌아보는 사람과 같았을 것이다. 그것은 바로 예수님께서 무덤에서 부활하신 다음, 죽기까지 겪었던 고통을 뒤돌아보는 것과 같다. 이제 자신과 관련되어 마리의 유일한 생각은 뒤에 버리고 온 유혹과 오류와 혼란을 피할 수 있다는 기쁨뿐이었다. 그러나 온전히 기뻐하거나 만족할 수 없도록 방해한 어쩔 수 없는 한 가지 생각은, 그녀의 어머니와 자매에 대한 생각이었다. 그들은 아직도 싸움이 휘몰아치는 저 바깥 세상에 속해 있기 때문이다. 그들을 위해 입술로 기도하면서 자기 눈을 들어 올렸다.

그런데 놀랍게도 자물쇠에서 열쇠 덜그렁거리는 소리가 벌써 들리는 것이었다. 문이 열리자 동그란 얼굴의 한 젊은 수녀가 고요한 수도원으로 맞이해 주었다. 바로 수련장 수녀였다. 도미니크 수녀의 손짓으로 마리는 회랑 아래 문이 있는 곳까지 그녀를 따라 내려갔다. 먼저 들어갔던 곳은 수녀원 성당이었다. 그곳에서 트라피스트 수녀로서 처음으로 했던 행동은 큰 기쁨과 감격으로 무릎을 꿇는 것이었다. 지적인 종류의 어떤 기도를 바친다는 것이 어려웠다는 것은 의심할 여지가 없으나, 그리스도께서는 분명히 혼란스러워도 행복한 마음으로 드리는 그녀의 인사와 감사를 가장 기뻐하시며 받아 주셨을 것이다. 그 후 그녀는 이 착한 수녀를 따라 회랑으로 되돌아 나왔다. 이 수녀원에서 그 어떤 것도, 그 어떤 돌에서도 흠을 찾아볼 수 없었다. 맑고 깨끗한 향내는 젊은 청원자의 마음에 쾌적함과 평화로운 감흥을 전해 주었다. 그러나 이제 진지해지고 동그래진 그녀의 눈은 트라피스트 전통에 따라 벽에 새겨진 거룩한 글귀를 연이어 해독하고 있었다. 걸어갈 때 그녀는 다음과 같은 글귀를 읽었다. "저는 보답을 바라지 않습니다." "이 세상에서는 안식을 바라지 않습니다. 제 희망은 제가 사랑하는 분인 하느님과 함께 천상에 있습니다." 도미니크 수녀가 또 다른 문을 열자 집회실로 들어가게 되었다. 그곳에는 십자고상과 엄중해 보이는 세 개의 좌석, 자매들을 위한 긴 의자가 놓여 있었다. 드 랑세 이후 집회실은 트라피스트의 독특한 고행 장소로 간주되었다. 트라프의 위대한 이 개혁자는 잘못을 교정하는 집회를 열렬히 추진하였기 때문이다. 그럼으로써 시토 회원들은 잠시 말할 힘을 다시 얻게 되었고 간단한 말로 상냥하게 형제들을 나무랐는데, 주로 규칙이나 관행 혹은 상급 장상의 공공연한 뜻을 거스르는 외적 실수와 관련되는 것이었다. 그러한 점에서 고행의 가혹함은 장상에게 달려 있었다. 드 랑세의 전통은 가차 없는 굴욕을 가장 자비롭고 너그러운 교정 형태로 보고 있었다. 어떻게 보아도 이는 결코 흔한 일이 아니었으며, 그렇게 되어야 하는 어떤 이유도 존재하지 않았다. 그러나 어쨌든 다음 순간 그들은 회랑으로 다시 나왔고, 마리는 또 다른 글이 새겨진 것을 읽었다. "이곳이 저의 안식처, 제가 택했기에 저는 여기 살겠나이다." 식당에 오자 수련장 수녀는 흠 없이 깨끗한 식탁을 따라 마리의 자리까지 그녀를 안내했다. 그곳에는 단순한 모양의 물병, 나무로 된 수저와 포크, 나이프와 자기로 된 컵, 법랑 접시와 개켜서 컵 위에 놓아둔 큰 냅킨, 다른 독특한 모양의 도구들이 있었다. 식탁을 위 아래로 둘러보니, 비슷한 물병과 냅킨이 엄격한 군대식 정렬로 길게 늘어선 것을 볼 수 있었다. 수련장 수녀는 냅킨을 접는 신기한 방법을 알려 주었다. 그리고는 이 청원자에게 이렇게 주의를 주었다. 수프, 빵, 야채, 사과가 곁들여 나올 수도 있는 식사가 끝나면 마셨던 컵에서 나이프와 포크와 수저를 씻은 다음 냅킨으로 닦아야 하며, 컵의 내용물은 수프 사발에 비운 다음 그것도 냅킨으로 닦아서 모든 것을 현재 식탁에 있는 모습 그대로 두어야 한다는 것이다. 이 청원자는 자기 마음 깊은 곳에서 세속적인 복잡 미묘한 것들이 움직이면서 이러한 세부 사항들에 대해 막연한 거부감이 드는 것을 느꼈다. 그러나 그녀는 아무 말도 하지 않았다. 모든 것이 너무 혼란스러웠기 때문에 자신이 지녔던 반감을 잊어 버렸다. 그러다가 며칠이 지난 뒤에야 그것은 고행의 영웅들이라고 상상하지 못하도록 하느님께서 트라피스트에게 특별한 호의로 자비로이 베풀어 주신 하찮은 십자가들 중 하나임을 알게 되었다. 거기에서 그들은 개인방을 보기 위해 숙소로 올라갔는데, 마리는 그 즉시 들어가지는 못했다. 며칠 동안 그녀는 따로 분리된 방을 받고 그곳에서 자게 되었다. 낯설고 힘든 이 삶에 좀 더 쉽게 적응할 수 있도록 하기 위한 것이었다. 이제 그녀는 칸막이로 구분된 개인방들이 그냥 그대로 길게 줄지어 선 것을 보고 있었다. 그 칸막이는 마루까지 내려오지 않았고, 사람 머리 이상 높이 올라가지 않았다. 열려진 모든 공간들은 엷은 커튼이 드리워져 있었는데, 그것 역시 마루까지 내려오지 않았다. 세 개의 합판 위에 짚으로 된 매트리스와 베개가 있었는데, 그 아래는 규율상 매듭으로 묶은 밧줄을 숨겨두곤 했으며, 금요일 새벽 밤 시간경이 끝난 직후 동이 트기 바로 직전의 어둠 속에서 자기 어깨를 드러내놓고 매질할 때 끄집어내어 사용하곤 하였다. 숙소 맨바닥을 떠나 회랑으로 내려갔다. 다시 한 번 새겨진 글귀들이 베르크만스 수녀의 마음 깊은 곳까지 울렸다. "예수님께서 버림받고 능욕당하신 것을 보고 나는 울고 있습니다. 그 누구도 그분을 위로하지 않습니다 …. 누구도 그분을 사랑하지 않습니다. 그분은 홀로 버려졌습니다."

놀라움과 기쁨, 슬픔과 희망의 인상이 온통 섞여 있으며, 지성소의 장중함과 영광 그리고 그것이 영혼에 부여하는 책임감의 무게가 혼합되어 있는 가운데, 마리는 새로운 삶으로 들어왔다. 다른 많은 청원자들처럼 – 거의 대다수라고 볼 수 있다 – 그녀는 초기 수도원 생활에서 이전에는 결코 알지 못했던 행복을 맛보았다. 6월에 수도회에 입회하였기 때문에, 그녀는 트라피스트 수도원에 적응하려는 세속인들에게 흔히 있는 작은 십자가의 몫을 피할 수 있었던 것 같다. 그것은 바로 이제까지 겪어보지 못한 최악의 코감기였다. 가장 따뜻한 계절만 제외하고 다른 절기에 삶을 갑자기 변화시킬 때면 보통 이런 결과를 가져오는데, 베르크만스 수녀가 이러한 종류의 어떤 고통을 체험했다는 기록은 없었다. 그렇다고 실망스럽게 느낄 필요는 없다. 차후 그녀를 위해 많은 것들이 준비되어 있으니 말이다.

라발에서 초기 공동체 생활 – 참으로 그곳에서의 모든 시간들 – 은 순수한 기쁨의 나날이었던 것 같다. 시토회 생활의 사소한 외적 시련들로 인한 작은 그림자 하나도 얼씬거리지 않았다. 그녀는 삶이 힘들다고 보지 않았다. 그와 반대로 모든 규칙 준수들은 몇 가지 작은 예외적인 경우만 제외하고는 기쁨을 주었다. 삶에서 또 수녀원 주변에서 적어도 몇 가지 일에 거부감을 일으켰다는 의식도 없이, 매우 열렬한 다른 영혼들처럼 이것을 받아들일 정도로 비인간적이지는 않았으며, "비난받으면 엎드리는" 것과 같은 예식을 치르는 것은 조금 어리석다고 여기거나, 식당으로 들어가 식사하기 전에 모든 이들이 같은 수건에 손을 닦는 게 분명히 혐오스럽다고 생각했다는 것은 말할 필요 없을 것이다. 이 생활을 견딜 수 없다고 여긴 청원자들이 있었다 해도, 그렇게 이상한 것들을 변명거리로 진지하게 받아들이는 경우는 흔하지 않았다. 베르크만스 수녀가 그곳으로 입회하였을 때, 라발에는 소수의 수련자들만 있었다. 그러나 여기에서 그녀는 자연스럽게 새로운 동료들 가운데서 가장 큰 행운을 누렸다. 그들은 모두 젊은 여성들로서 자신들의 고유한 기쁨과 순수함, 지성과 관대함이라는 지극한 정신으로 가득 차 있었다. 그들 대부분 역시 그녀의 민감함과 섬세함, 좋은 감각을 공유하고 있었다. 그 중 한 명은 교황청 주아베 소속 전직 장교의 딸로서 귀족 출신이었다. 또 다른 한 명은 폴란드 여성인데, 그 나라 사람들에게서 자주 발견되는 세련미와 천사와 같은 열정으로 가득 차 있었으며, 그러한 면모는 자기 성소에 대한 감출 수 없는 기쁨과 감사로 드러났다. 베르크만스 수녀는 온 마음으로 기꺼이 너그럽게 대해 주는 이 분위기 속으로 들어갔다. 그 충동적 성격에서 짐작할 수 있듯이, 그녀는 자신의 쾌활함으로 극단까지 치닫는 경향이 너무 빈번했다. 그러나 사람마다 성격상 어떤 결함을 지니고 있을 수밖에 없다. 너무 애정적인 경향이 있거나 혹은 지나치게 차갑고 비판적이라든가, 매우 시끌벅적하다든가 아니면 심각하게 우울해지거나, 과도하게 화를 잘 내거나, 맥없고 기운이 없거나, 힘이 넘치고 부산스럽거나, 게으르고 너무 느린 경향이 있다. 침묵하는 공동체의 관점에서 볼 때, 언제나 웃음을 터뜨리며 어리석고 이해할 수도 없는 수화를 많이 하는 사람이 때때로 정말 골칫거리로 드러난다면, 그 사람의 활력은 활력이 아니라 차라리 약함일 것이다.

오래지 않아 식당에서 식사할 때, 꽤나 자주 청원자 마리 피궤의 공적인 고행의 서곡이 시작되었다. 무릎을 꿇고 낭비벽을 자책하거나, 성 베네딕도의 아홉 번째와 열 번째 겸손의 단계를 큰 소리로 읽곤 하였다. 말이나 웃음이 너무 많은 수도승에 관한 것으로 "어리석은 사람은 웃을 때 자기 목소리를 높인다." 라는 성경적 해설을 포함하고 있다. 수련실에서 자매들과의 관계는 모든 형태에서 자연스럽지만은 않았다. 그랬다면 주목할 만한 점이 많지 않았을 것이다. 자신과 똑같이 즐겁고 행복한 사람들과 기쁘게 어울린다고 해서 특별히 덕이 될 게 있을까? "이방인들도 그렇게 하지 않는가?" 베르크만스 수녀는 가능한 모든 행위 안에서 애덕으로 자기 마음을 쏟아부었다. 타인을 위해서 자신의 즐거움과 위로와 만족을 포기하고, 타인을 위해 행하는 호의와 봉사에 있어서, 늘 새로운 방식을 독창적이고 열성적으로 찾아내는 면모는 모든 자매들을 능가했다. 이러한 점에서 그녀는 그 시작점부터 참된 시토인이었다. 모든 것에 있어서 수도원에 있는 모든 형제들에 대한 존경과 경외심, 염려와 배려를 드러내는 것이 시토회 생활의 본질이기 때문이다.

"서로 남을 존경하고 상호 순종할 것이며, 순종의 이 길을 통해서 하느님께 도달하게 될 것임을 알아야 한다."(성 베네딕도의 수도규칙 71장). 참으로 그녀의 사랑은 그 기쁨만큼이나 활기에 넘쳤으며, 이러한 생동감은 모든 희생을 쉽게 만들어 주었다. 더욱이 그녀는 스스로 두려워했던 점인 아량의 부족을 참지 못했기 때문에, 사소한 것까지 빈틈없이 모든 것을 포기할 기회를 놓치지 않으려 우겨댔다. 그래서 수련기가 얼마 되지도 않았는데, 그 이전보다도 더 철저하게 스스로를 강탈하려고 작정하였다. 아주 작은 소유물까지도 떼내어 버렸다. 소중히 간직하고 있던 묵주는 좀 더 단순하고 특별하지 않은 것으로 바꾸었으며, 한 두 개의 신심 서적과 마찬가지로 가지고 왔던 성화들은 모두 치워 버렸다. 첫 영성체 때 마지막으로 받은 메달과 기념품 그리고 교우회 리본에 이르기까지 그렇게 몽땅 처분되었다. 그녀는 자기 일기장에 이렇게 기록하였다. "이제 나를 되돌리게 할 수 있는 미끼는 아무것도 남아 있지 않다 …."

마음속에서 그녀와 매우 친밀했던 예수님은, 아무 말씀도 하지 않으셨고 책망도 하지 않으셨다. 그녀의 성실함을 경멸하지 않으시며 조소하지 않으셨다. 다만 그분의 무한하고 고요한 지혜의 깊은 샘으로부터 그녀를 더욱더 사랑하셨다. 그분의 사랑이 그 넓은 경로를 취해서, 그녀가 이 지상의 땅과 맺고 있는 수많은 유대를 그녀에게 맘껏 드러내 보여 줄 만큼 시간이 충분하였다. 그러한 나머지 그녀는 거의 절망할 정도로 유혹을 받았지만, 결국 그분의 비밀스런 사랑이 가장 어두운 시험 기간 중에 그것들을 하나 하나 영원히 단절시키는 것을 보았다.

더 기뻤던 것! 6월 25일, 수녀원에 입회한 지 겨우 2주가 되었을 때, 자기 노트에 기록하였다. "넘쳐흐를 만큼 나를 가득 채워 주고 있는 이 기쁨은 거의 믿을 수 없을 정도이다. 나의 고해 사제는 내가 그토록 갈망하던 것을 지니고 앞으로 나아가도록 동의해 주었다. 그는 수도 서원을 하기 이전에 정결 서약을 하도록 허락해 준 것이다 …. 나의 하느님, 당신은 너무도 좋으신 분입니다! 그 보답으로 제가 당신을 위해 무엇을 해드릴 수 있을까요? 저는 십자가 위에서 저를 희생할 것입니다! 사랑하는 하느님, 당신이 제게서 즐겨 하시는 바를 행하소서. 저는 당신의 작은 정배입니다. 저는 당신을 사랑합니다. 오 나의 사랑이여, 저는 천상 정배이신 당신을 사랑합니다 ….” 이것은 시작에 불과했다. 3개월간의 전체 청원기 동안 낭만적인 열정이 증가일로에 있었는데, 폴리카르프 신부가 그녀의 열의에 좀 더 고삐를 늦추면서 보류시켰음에도 불구하고 커지기만 할 뿐이었던 것이다. 그는 7월 16일 이 서약으로 하느님께 그녀 자신을 봉헌해도 된다는 데 동의하였는데, 그 날짜가 되기까지 아직 한 달이나 남아 있었다. 그 후 그는 단 한 달 동안만 그 서약을 하도록 허락했다. 그래서 8월에는 그 서약을 갱신해야 했다. 이 모든 것은 그녀의 기대와 갈망만을 고조시켰을 뿐이다. 6월 말에 수녀들은 24시간 성체 현시로 영원한 흠숭을 드리는 축일을 지켰는데, 밤 11시부터 자정까지 제대 앞을 지키는 시간은 베르크만스 자매와 다른 청원자 동료로, 마리와 같은 날 착복한 마리 안젤라 자매에게 배당되었다. 어두운 성당에서 외로이, 촛대 위에 타오르고 있는 고요한 불꽃과 신랑이신 분의 헤아릴 길 없는 사랑의 침묵 앞에서, 잠자는 수도원의 깊은 정적 그 한가운데 고립된 채, 두 젊은 여성은 그들의 예수님을 향해 놀라움과 사랑으로 자신들의 얼굴을 들어 올렸으며 은총과 위로의 충만한 기운을 자신들의 영혼 속으로 들이마셨다. 그분의 지혜롭고도 친절한 자비 안에서 당신의 작은 피조물에게 허리를 굽히시고, 그들이 인식하고 이해할 수 있도록 빛과 열정으로 그 마음들을 움직이면서, 그들에게 말씀하시고 그들이 알아들을 수 있는 언어로 위로하시기 위해 한 순간 찰나를 택하신 것이다. 그것은 그들을 강하게 하고 이끌어 들이며 높이 들어올림으로써, 어둠과 공허 속에 이해될 수 없고 감지될 수 없는 보다 더 큰 은총을 받아들일 수 있게 하기 위함이었다.

왜냐하면 그 은총들은 우리의 자연적 이해력의 차원을 무한히 초월하고 있기 때문이다. "오, 예수님!" 베르크만스 자매는 다음 날 서둘러 일기장에 기록하였다. "그 특별한 시간을 제가 선택할 수 있었던 것은 당신 덕분이 아니었습니까? 저의 영원성을 결정지어 주셨기 때문에, 제게 너무 중요했던 이 6월의 마지막 시간을 성체 앞에서 보낼 수 있었다고 생각합니다! 오, 그곳 감실 앞에서 얼마나 즐거운 시간을 보냈는지요. 제가 사랑하는 분과 아주 가까이 있다고 느꼈으며, 내 하느님의 거처를 감추고 있던 어둡고 보기 흉한 커튼이 쳐져 있지 않았습니다. 예수님은 완전히 나의 것이었습니다! 오, 행복한 시간, 오, 영혼이 하느님 안에서 모든 것을 잊어 버리는 천상의 순간들. 아쉬울 게 뭐 있겠어요? 이렇게 성대한 시간에 나는 완전히 새로운 열정으로 살아나는 것 같이 느꼈습니다. 행복감에 취한 나머지 사랑하는 분께 이제부터는 감각적인 모든 은총을 거두어 달라고 청했습니다." 우리가 사리 분별을 가지고 성인이 되기를 합당하게 바랄 수 있기도 전에 미리 거룩해질 필요가 없는 것처럼, 자신이 청하고 있는 것이 무엇인지, 혹은 그 요청이 어떤 대가를 가져오는지 그녀가 굳이 알아야 할 필요도 없었다. 하느님은 진실로 그녀 마음 깊은 내면에서 말씀하셨으며, 그녀에게 물밀듯이 밀려왔던 어떤 빛의 움직임이 그것을 희미하게나마 깨닫게 해 주었다. 이 모든 감각적인 기쁨과 즐거움과 위로는 순수한 사랑보다 훨씬 더 완전하지 못한 것이었다. 그 순수한 사랑이란 바로 감각과 상상과 감정으로부터 자유로

워짐으로써 모든 기분과 변덕스러움을 초월하여 고양되어 가고, 동시에 하느님만을 지향하는 흔들림 없는 갈망으로 일치되어 그분의 영원 불변하신 완전함 속에서 그분과 같은 모습이 되어가는 것이다. 그래서 그녀는 이렇게 덧붙였다. "나는 단순히 그분 자신만을 위해 그분을 사랑하고자 합니다. 나의 사랑은 좀 더 순수해질 것입니다. 그때는 이 모든 천상적인 특혜에서 벗어나 있을 것입니다."

그러나 예컨대 성성에 대한 우월감이나 고통을 참아내는 능력을 확신하면서, 그것을 입 밖으로 들먹거리는 영혼에게 이와 같은 기도는 변덕에서 나온 결과일 수 있다. 심지어 교만에서 나올 수 있다. 마리는 분명히 그런 의미로 말하지 않았다. 하느님을 기쁘게 해드리고자 갈망했던 것은 참으로 사랑하는 마음에서 나온 단순하고도 진지한 응답이었다. 트라피스트 수녀원과 같은 수도회의 수련자들이나 청원자들에게 흔히 있을 수 있는 일이다. 분명히 그녀의 신랑이신 정배는 그녀로 인해 기뻐하지 않을 수 없었을 것이다. 그분은 그녀의 기도에 당장 응답하시지는 않았다. 스쳐 지나가 버리는 메마른 삭막함이나 외로움, 다소 자연적인 질서에서 나오는 것을 기도의 즉각적인 결과로 받아들이지 않는다고 할 때 그렇다. "오, 내 영혼아, 어찌하여 힘들어 하느냐!" 단 며칠 만에 그녀는 외쳤다. 쉐토브리앙이나 라마르탱의 멜로 드라마와 같은 색조가 없지 않았다. "이 알 수 없는 슬픔은 왜 있는가? 아니다, 너는 혼자가 아니다! 하느님께서 너와 함께 하시지 않는가? 너를 온통 둘러싼 이 고립과 너를 응시하고 있는 고독의 깊이에 너는 질겁했구나. 그분이 네 가까이 계심을 잊어 버렸는가? 거룩한 스승이신 그분께서 네 고통을 아파하신다. 군중 속에서 너를 데려내다가 고독 속으로 이끌어 들이신 다음 그분께서 너를 완전히 홀로 내버려 둘 수 있다고 어떻게 믿을 수 있는가?"

아직은 영혼의 어두운 밤이 아니었다. 일기의 다음 장에 가면, 고통의 외침, 까닭 모를 슬픔은 잊어 버리게 된다. 그것은 단지 수녀원만이 아니라 모든 사람의 삶 안에서 생기는 것으로, 지나가는 슬픈 느낌, 단지 피할 수 없는 자연적 움직임 가운데 하나였다.

7월 12일, 그녀는 16일에 정결 서원을 발할 허가를 받았다. 그녀의 진지하고 사랑스런 마음은 진심 어린 결심으로 넘쳐흘렀다. 그 서약은 단 한 달에 불과했지만, 그녀는 이렇게 적고 있다. "오, 나의 구세주여, 당신은 잘 아십니다. 제 마음 깊은 곳에서 저는 일생을 당신께 봉헌합니다." 그런 다음 이렇게 덧붙이고 있다. "가장 중요한 이 행사를 며칠 앞두고, 침묵과 묵상 중에 그 시간을 보낼 것입니다. 쓸데없는 말과 수화는 피할 것입니다. 오, 마리아여! 사랑하올 어머니의 자애로움이여, 당신 자녀를 축복하시고 어서 오시어 당신의 거룩한 예수님의 보물이 되고자 하는 제 마음을 준비시켜 주소서!" 상세하게 들어갈 필요가 있겠는가? 가르멜 산의 모후 축일이 왔을 때 그녀는 서원했으며, 마음은 기쁨으로 넘쳤다. 그녀의 일기 역시 그러하다. 경건하고 젊은 여성의 마음은 다시금 낭만으로 넘쳐흘렀으나, 그 장대한 구절도 성실함의 깊이를 감추지 못하고 있다. "그 얼마나 순수한 기쁨이 내 영혼에 넘쳐흐르고 있는가! 첫 영성체를 했던 그 아름다운 날로 되돌아간 것 같구나. 마침내 나는 예수님께 봉헌되었다 …. 그분은 나의 신랑, 나는 그분의 정배이다. 오, 지상은 내 시야에서 사라져라, 나는 하느님만을 원한다. 하느님만이 나의 몫 …. 오, 사랑스럽고 감미로운 어머니, 저는 제 사랑 예수님께 말할 힘이 없습니다. 저의 전구자가 되어 주시어, 그분께 저에 대해 말해 주시고 그분에 대해 제게 말해 주소서."

그분께 도달할 수 없다는 무력감이 땅 위로 자신을 짓부수는 것 같앉을 때, 마리는 언제나 그 온갖 결핍 속에서도 늘 옆에서 도와 주고 예수님께로 자신을 들어 올리던 마음의 정신, 그 중심부에 있었다. 그러나 마지막에는 유배되었다는 의미의 슬픈 암시로 끝나고 있는데, 그것은 지상에서 우리에게 가능한 애덕과 가장 관대한 종교적 행위에서 오는 위로에도 만족할 수 없는 무능력을 폭로하고 있다. "오, 내 천상의 사랑하는 분이여! 왜 저는 당신으로부터 떨어져 살아야 합니까? 이 지상에다 저를 묶어두고 있는 이 굴레는 언제 부수시렵니까? 오, 예수님, 어서 오시어 제 머리의 월계관을 만들어 주소서. 당신의 작은 정배가 당신과 곧 결합할 수 있게 해 주소서!" 언제나 그녀의 정신 한 구석, 그 마음 깊은 곳에는 단순한 위로에 대한 불만족에서 오는 불안감과, 자신의 사랑은 순수한 것임을 증거하고자 하는 열망이 있었다. 그러나 이 두 가지 생각들은 모두 자연적인 감정의 색채가 다분히 혼합되어 있었다. 바로 다음날인 7월 17일, 그러니까 가르멜 산의 모후 축일 자신의 봉헌의 모든 기쁨이 끝난 다음에 언제나 가장 큰 위로가 되었던 것, 바로 성체를 영하는 것을 희생하라는 요청을 받았다. 지금은 수도자가 되었는데도, 아직 주간에 매일 제대로 나갈 수 없었다. 그 당시는 매일의 영성체가 아직 흔한 일이 아니었다. 그녀의 일기장은 그러한 희생을 탄식하고 있으며, 그녀의 펜은 또 다시 영원성에 대한 생각으로 재빠르게 움직였다. 그곳에서는 변화무쌍한 이 모든 것들이 끝날 것이다. "오랜 세월 예수님 당신께로부터 멀어진 채 시들어가지 않게 하소서. 오, 당신은 제가 단 시간에 엄청난 거리를 무마시킬 수 있게 하셔야 합니다 …. 오 저의 하느님! 어서 빨리 오소서! 저는 제 월계관을 얻기 위해 서둘러야 합니다. 가능한 한 빨리 예수님과 함께 있게 해 주소서. 예, 지금부터 저는 예수님과 그분의 십자가, 감미로움은 찾아볼 수 없고 위로도 없는 벌거벗은 십자가 밖에는 어떤 것도 원하지 않습니다. 저는 분명 저의 잔을 찌꺼기까지 남기지 않고 마실 것입니다." 트라피스트 수녀원 청원자의 일기장에서 나온 말이다! 영적 지도자가 모두에게 말하라고 권하는 그런 종류의 말은 아니다. 그러나 폴리카르프 신부는 이렇듯 후덕한 자기 고행자에게 존재하는 그러한 열망에 호의적이었던 것 같다. 이 기도는 어느 날 베르크만스 자매의 삶이 되었는데, 그녀가 생각했던 것보다 더 빨리 왔다. 분명히 그 응답은 그녀가 전혀 기대하지 않았던 것이었다. 그러나 이것은 영적 생활에서 가장 흔히 볼 수 있는 진실 가운데 하나이다. 우리가 십자가를 청하든지 청하지 않든지 그것과는 관계없이, 하느님의 은총과 더불어 우리를 정화시키고 우리 안에 죄로 일그러진 그분의 신성과 닮은 점을 고스란히 복원시키고자 하시는 그분의 애틋한 갈망과 일치하고 있다면, 단지 십자가만이 아니라 정확히 말하면 가장 바라지 않던 십자가로서 우리에게 엄청난 굴욕감을 안겨 주고 우리를 매우 혼란스럽게 하며 소멸시켜 버리는 것으로서, 가장 힘든 고통을 가져다 주는 어떤 것을 불가피하게 받게 될 것이다.

베르크만스 자매가 수련 착복을 하게 될 시간이 다가왔다. 8월은 성모승천과 성 베르나르도를 기념하는 대축일들과 함께 지나갔고, 이제 9월 7일 복되신 동정녀 탄생 전날 두 청원자가 법적 수련기로 들어가게 되었다. 다른 한 명은 베르크만스 자매보다 2주 정도 앞서 수녀원 정문에 나타났던 마리 안젤라 자매였다. 두 사람이 그 장엄한 날, 가대에 서 있는 모습! 얼마나 어여쁜 단짝처럼 보였는지! 그들은 공통점이 참 많았다. 둘 다 영혼의 고귀함과 성실함과 넓은 아량을 똑같이 지니고 있었고 활기와 기쁨으로 가득했으며, 완전하고 흠 없는 순결함이 그대로 돋보여서 아름다웠다. 당시 종종 공경하올 원장 수녀가 큰 수녀원 정원에서 구불구불한 자갈길을 따라 엄숙하게 나아가면서, 나무들과 월계수 덤불, 곧 있으면 황금빛과 붉은 갈빛으로 흐드러지게 될 화단과 후추향이 풍기는 국화 송이들을 안팎으로 들락날락하며 장중하게 가로지르는 모습을 볼 수 있었다. 그녀의 휠체어는 어여쁜 단짝, 마리 안젤라 자매와 마리 베르크만스 자매가 밀어 주곤 하였다. 그들은 의자를 밀다가 멈추곤 했는데, 공경하올 원장 수녀는 그 두 사람을 가리키며 이렇게 말하곤 하였다. "내게 천사와 대천사가 있네요." 베르크만스 자매의 일기는 그녀가 수련 착복 피정에 들어갈 때 침묵한다. 그러나 이제는 그녀의 영혼에 무엇이 일어나고 있었는지 능히 짐작할 수 있다. 그녀의 열정이 그 넘쳐나는 활기에 넘어가 야심에 빠진 나머지 지키기 불가능한 결심으로 인도될까 두려웠기 때문에, 폴리까르프 신부가 개입해서 지킬 수 있는 단 한가지만 허락함으로써 모든 것을 단순하게 만들어 주었다. 그녀는 일생 동안 그것을 지켰다. 그것은 단 하루도 주님의 말씀을 마음에 되새기고 반추하지 않고서는 지나갈 수 없게 했던 결심이었다. "누구든지 내 제자가 되려면, 자신을 버리고 제 십자가를 지고 나를 따라야 한다." 트라피스트 수녀원의 입회 예식은 매우 정교하고 아름다운 것으로, 상징과 의식 절차가 풍부하게 담겨 있다. 그러나 신부처럼 차려입은 청원자가 어떻게 수녀원 정문까지 가서 의식을 갖추어 받아들여지고 성당까지 행렬하여 인도되어 가는지 등의 상세한 내용까지는 다루지 않겠다. 1899년 다른 몇 개의 수녀원들과 마찬가지로 라발에서도 이 모든 것은 아주 많이 단순화되었다. 베르크만스 수녀와 안젤라 수녀는 꾸밈 없으면서도 위엄 있는 의식 가운데 가대 쇠창살을 통해 조용히 수도복을 받았다. 의식이 비교적 단순하고 그 주제에 대해 일기장에 침묵하고 있어도, 베르크만스 수녀의 생애 안에서 이 단계의 중요성이 감소되지 않는다. 이는 공적 수도 생활의 시작이기 때문이다. 흰색 베일과 망토를 입은 그녀는 예수님의 특별한 사랑의 은총과 보호에 감싸이게 되었고, 그분이 선택한 아름다운 옷을 입게 되면서, 말하자면 그분의 정배가 되도록 영원히 선택하신 그분의 자비를 옷입게 됨으로써 그 어느 때 보다 참으로 새로운 피조물이 되었다. 이제 참으로 그녀의 시간이 풍요로워지고 희망으로 가득해졌지만 청원자의 입장으로는 상대적으로 불가피한 지체 시기다. 법적 수련기는 그녀가 자기 희생을 완성시키고 서원할 수 있기 전에 필수적으로 지나가야 하는 것으로 결국 시작을 의미했다. 지나가는 찰나의 모든 순간들은 헤아릴 수 없이 위대한 것을 의미했다. 하느님의 뜻 안에 명백히 확정되어 있고 가장 진정으로 그분과 일치될 수 있는 그날이 점점 더 가까이 다가옴에 따라, 결정적으로 정해진 시간을 통과해 가는 것이었기 때문이다.

　수련 착복 이후 첫 서원은 성소, 즉 시토 회원으로서 전체적 성소뿐 아니라 사랑과 희생의 가장 높은 완성을 향한 자신의 특별한 성소의 위대함과 그 현실에 대한 새롭고 보다 깊은 확신을 남겨 주었다. 폴리까르프 신부는 아주 진지하게 그녀에게 말했다. "당신은 부르심을 받고 있습니다. 많이 사랑하도록 부르심을 받은 것이며, 위대한 일을 해낼 힘을 가지고 있습니다. 하느님은 당신에게 아주 많은 것을 기대하고 계십니다. 오, 내 딸이여, 정말이지 은총에 충실하십시오. 좋으신 하느님께 어떤 것도 결코 거절하지 않겠다고 약속하십시오." 그러나 미처 대답을 하기도 전에, 잠잠하고 진지한 그 성인 사제의 목소리가 계속되었다. "하느님께서 당신에게 주시는 은총이 무엇인지 당신보다 내가 훨씬 더 잘 알고 있습니다. 당신은 그것에 대해 그분께 결코 합당히 감사드릴 수 없을 것입니다." 그러고 나서 더 힘주어 말했다. "잘 듣고 두려워하지 마세요. 하느님은 당신을 위해 앞으로 많은 고통을 마련해두고 계십니다. 당신의 마음은 매우 깊은 슬픔의 먹잇감이 될 것입니다. 엄청난 허무감으로 둘러싸여 있는 자신을 발견하게 될 것입니다. 그것은 종교적으로 친어머니와 자매들을 분리시킬 뿐만 아니라 당신이 의지해야 하는 이들, 장상과 심지어는 고해 사제까지도 분리시키는 심연이 될 것입니다. 이 모든 이들은 당신을 실망시킬 것입니다. 당신은 하느님만을 따라가기 위해 완전히 홀로 남겨질 것이며 어떤 피조물 안에서도 기댈 곳을 발견할 수 없을 것입니다. 오! 예수님께서 당신을 위해 준비하고 계신 십자가를 거절하지 마세요. 그분의 거룩한 뜻에 당신을 온전히 맡긴다고 말씀드리세요. 내 딸이여, 다시 한 번 내게 약속하세요, 부디 우리 주님께 그 어떤 것도 거절하지 않겠다고." 일종의 직관으로 이 중요한 말씀에 깊이 담겨 있는 모든 의미를 파악하고자 했지만, 완전히 이해할 수 없었던 베르크만스 수녀는 의기양양함과 동시에 두려움 같은 것으로 숨 막힐 정도가 되었다. 그녀는 자기 성소에 합당할 만큼 살아내고자 하는 열정적인 갈망과 동시에, 그렇게 할 수 없다는 무력감과 완전히 아무것도 아니라는 느낌의 쌍방향에서 허우적거리고 있었다. 고해실을 나오면서 그녀는 자기 정배이신 분의 품속에 뛰어들었다. 모든 것을 그분 손에 맡기고 그분의 무한한 자비와 사랑의 심연 속으로 빠져들었다. 그 안에서만 오로지 장래의 어두운 심연을 거쳐 그분을 따라갈 힘을 발견할 수 있었다. 그녀는 완전한 포기로부터 오는 고양된 의식으로 외쳤다. "마침내 당신은 고통에 대한 저의 목마름을 채워 주실 것입니다."

04

수련자

　베르크만스 수녀는 매우 뚜렷한 감각과 사상, 판단과 갈망, 의견을 지닌 여성이었다. 그러나 동시에 그 모든 것을 규칙에 희생시키면서 시작하였다. 그녀는 진지하게 생각하였다. 처음부터 장상에 의해 규정된 관례들과 의무 사항들 안에서 하느님의 뜻을 매우 열심히 지키는 자가 되었기 때문에, 한 동료가 그녀에 대해 말했다. "빈 시간에 베르크만스 수녀를 어디에서 찾을 수 있는지 알고자 한다면, 수련실 시간표만 보면 됩니다." 게다가 장상들에게 단순히 순종하는 것 그 이상이었다. 그녀는 참으로 시토회적인 미덕을 갖추고 있었는데, 장상들에 대한 그녀의 공경과 사랑은 이 삶 안에서 매우 중요하다. 그녀 안에서 이 사랑은 참으로 초자연적인 것이었다. 사람들을 구분하지 않았으며, 하느님이 그녀 위에 장상으로 둔 사람의 인간적 표면적 사건들 때문에 주저하거나 멈칫거리지 않았다. 단순히 대원장 수녀나 수련장 수녀를 좋아했던 것이 아니라, 친어머니나 친척이 그들로 바뀐 것처럼 그들을 자연스럽게 대했다. 대원장 수녀가 마리 앙뜨와네뜨 수녀에서 루드가르디스 수녀로 바뀌었을 때, 베르크만스 수녀는 똑같은 순종과 경외심, 애정은 물론이고 참된 시토 회원의 가장 아름다운 특징 중 하나이며 규칙의 주된 열매 가운데 하나인 어린이다운 복종심을 그녀에게 드러내었다. 이 복종을 통해 장상들 안에서 평범한 사람이 아니라 그리스도의 거룩한 위격을 공경하는 것이기 때문에, 이는 완전한 애덕 형태가 된다. 규칙이 조심스럽게 수련자들로부터 요구하는 또 하나는, 굴욕당하기를 열망해야 한다는 것이다. 우리는 얼마나 자주 베르크만스 수녀의 작은 일기장에서 예수 그리스도를 위해 고통받고 모욕당하고자 하는 열렬한 갈망이 드러나는지 보았고 보게 될 것이다. 실제로 트라피스트 수녀에게 다가오는 작고 사소한 굴욕들을 그녀는 즉각적으로 열렬히 받아들이고자 했다. 한마디로 시토회 규칙 생활에서 오는 모든 엄격함을 넓은 마음으로 받아 안았다. 숙소의 딱딱한 침상, 손노동, 단순하며 맛이라고는 전혀 없을 때가 많은 음식들, 단식 기간에 나오는 음식의 상대적 결핍 상태, 더위와 추위는 시토회 복장의 변함없고 단순한 구색 때문에 가장 큰 고행 중 하나이다. 그녀는 이 모든 것을 열렬하고 초자연적인 열정으로 환영하며 받아들였다. 그것이 상당한 희생을 요구한다는 사실을 너무도 잘 숨겼고, 수련기 어느 사순절 끝 무렵 빵과 물로 마지막 성삼일을 포함해서 끝까지 엄격한 단식을 따르면서도 성당에서 긴 시간 동안 잠시도 빠뜨리지 않고 출석했던 그녀는 마침내 가대석에서 쓰러지고 말았다. 그러나 곧 제정신이 들어서 보니, 수녀들이 자신을 데려가려 하는 것을 알고 두 발로 서려고 고투를 벌였다. 그녀는 유령처럼 창백해진 채로 성당을 스스로 걸어 나갔다. 외적 고행들은 대수롭지 않았지만, 수련자들이 오랜만에 부모들에게 쓰는 편지의 장수를 2장으로 제한한다는 명령을 수련장이 발표했을 때, 베르크만스 수녀의 부드러운 마음은 상처 입을 정도가 되었다. 그에 대해 폴리까르프 신부에게 말하면서 눈물을 주체할 수 없었다. 고향에 있는 그들은 어떻게 생각했을까? 어머니와 자매는 그녀가 더 이상 자신들을 사랑하지 않으며, 마음이 차가워지고 냉정해져서 자신들을 미워한다고 상상할지 모른다. 그것은 너무 심한 처사였던 것이다! 그 양선한 고해 사제는 그녀의 간청에 마음이 움직여서 수련장 수녀와 어떻게 타협을 해보기에 이르렀으며, 마침내 베르크만스 수녀는 가장 거룩한 성삼위를 기념하여 3장의 편지를 쓰도록 허락받았다. 삶의 전체적인 모습과 자신의 커다란 갈망들을 고려해볼 때, 대부분의 열정적인 수련자들이 그러했듯이 그녀는 자신이 내어주도록 요청받은 것보다 더 많이 내어주기를 원했다. 그리고 이렇게 느끼는 것이 올바르다. 성 베네딕도는 자신의 규칙 안에서 그것을 참작하고 있는데, 약한 자들은 과도한 일에 짓눌리지 않으며 강한 자들은 더 많은 헌신을 갈망하도록 모든 것이 정해져 있다. 그러나 문제는 이것이다. 어떻게 좀 더 많이 헌신할 수 있는가, 그리고 이 "좀 더 많은 부분"은 어떤 것에 존재하는 것인가? 베르크만스 수녀가 식당에서 빵과 물을 거르거나 밤새도록 기도하면서 깨어 있기를 원하면서 장상에게 허락을 강요하고자 애쓴 적은 결코 없었던 것 같다. 아니면 쇠사슬이나 뾰쪽하게 튀어나온 작은 쇠붙이 같은 것으로 행하는 훈련과 같이 어떤 특별한 고행을 하기 위해 허락을 받고자 노력했던 것은 아닌 것 같다. 한때 13세기 몇몇 성인들이 이를 선호하였지만, 이 모든 것들은 사실 시토회적 단순성의 정신에 비추어보면 정말 낯선 것으로, 12세기 위대한 교부들의 초기 시대에는 좀처럼 찾아볼 수 없는 것이었다. 그러나 베르크만스 수녀는 희생에 대한 갈망으로 불타오르고 있었다. 속죄를 위해 예수님과 함께 희생 제물이 되고, 그분의 몸인 교회를 위해서 그리스도의 고난의 부족한 부분을 자신의 몸으로 채우고자 하는 갈망이다. 그녀 안에 이 갈망은 매우 열렬하고도 진지했으며, 고해 사제로부터 진심으로 격려받고 있었다. 그는 그녀가 두 번째 성녀 마르가리따 알라콕(St. Margaret Mary, Alacoque)이 되는 환상을 보았던 것이다. 그녀로 하여금 이러한 갈망을 공유하게 하는 것은 별로 어렵지 않았다! 그러나 희생적 삶의 문지방을 넘어갈 때, 하느님을 위해 모든 것을 넓은 마음으로 달게 받고자 하는 열망으로 가득함과 동시에, 그녀 자신도 표현하기 어려운 혼돈과 망설임이 있음을 볼 수 있다. 아마 자신도 그렇게 분명히는 깨닫지 못했던 것 같다. 그러나 그녀의 일기장에 나오는 다음 내용에서 그것을 관찰할 수 있다. "오, 내 사랑, 제가 희생양이 되도록 부름받고 있다고 확신하면서도, 그것은 제 마음을 혼란스럽고 힘들게 합니다. 제가 그만큼 충분히 순수한 상태에 있습니까? 제가 당신께 번제물로 바쳐질 만합니까? 아아, 예수님! 당신은 제 마음 깊은 곳을 아십니다. 그래서 저는 당신께 그것을 숨길 수가 없습니다. 저는 죄인입니다. 그래서 주저하지 않고 이렇게 덧붙일 수 있습니다. 저처럼 은총을 남용했던 영혼도 없었고, 저만큼 당신 마음을 상하게 해드렸던 영혼도 없었습니다. 이렇게 말씀드릴 때 당신의 충실한 종들처럼 거룩한 기쁨 속에서 그렇게 하는 것이 아닙니다. 오, 예수님, 그것이 진실임을 당신은 아십니다. 저를 용납하시기 위해서는 당신의 무한한 자비가 진정으로 필요했던 것입니다 …." 어떤 설명이 필요한가? 세상에서 가장 나쁜 죄인이었음을 진술하는 그녀 자신의 평가는, 이렇게 말하며 그것을 실제로 믿고자 하는 진정한 갈망과 동시에 성인들이 지녔던 깊은 확신까지는 아직 미치지 못하는 두려움을 보여 준다. 은총을 남용해왔다는 사실에 대한 깨달음은 말하는 분위기상 아직은 학구적인 문제라고 할 수 있다. 스스로 믿게 하려고 매우 노력하는 상태에 지나지 않지만, 하느님은 그러한 갈망을 멸시하지 않으셨다. 그녀는 자신의 일기장에 이렇게 쓰고 있다. "저는 당신의 부르심에 응답합니다. 여기 제가 있습니다. 이제부터 저는 당신의 거룩한 뜻 외에는 아무것도 바라지 않으며, 당신의 거룩한 마음은 제 희생의 제단이 될 것입니다. 예, 그렇습니다. 자신에게 남아 있는 일체의 모든 것이 소멸되는 것을 보고자 하는 제 갈망은 바로 그 사랑의 도가니 안에서 이루어지는 것입니다. 그럼으로써 더 이상 제가 아니라 오, 예수님, 당신이 존재하게 될 것입니다. 당신께 속해 있는 이 마음 안에서 골고타의 고통을 계속해 가십시오. 새로운 이 제물이 희생되지 않는 한, 당신의 희생은 완성되지 않을 것이기 때문입니다. 당신의 구원 사업은 불완전할 것입니다." 그리스도와 이루는 일치나 영혼의 구원을 위해 그분의 고통에 참여하는 개념들 안에서, 그녀의 영적 생활은 폴리까르프 신부로부터 건전한 지적 교의적 토대를 전수받고 있었음을 쉽게 알아볼 수 있다. 육화된 말씀의 위격뿐만 아니라 온전한 그리스도의 신비적이고 위대한 위격을 염두에 두고 있는 것이다. 우리가 그리스도의 모든 것, 머리와 지체들을 사랑하지 않는다면 어떻게 예수님을 사랑한다고 할 수 있는가?

　비등하게 근본적으로 강조했던 것은 무엇보다도 그분의 뜻에 대한 것이었다. 그분은 모든 것을 하실 수 있다. 그분은 참으로 마땅히 그리해야 하는 것처럼 모든 것을 선택할 수 있다. 우리가 스스로 선택한 십자가가 얼마나 피를 흘리게 만들지 몰라도, 그것은 우리의 자기애를 결코 죽이지 못할 것이며 다만 그 힘을 증가시킬 뿐이다. 예수님께서는 우리의 십자가까지도 선택하셔야 하고 우리를 그곳에 못 박고 그분의 사랑과 우리의 감사할 줄 모르는 마음이 극심하게 대조되는 가운데 우리를 소멸시키셔야 한다. 감각이나 상상력의 황혼 속에서는 결코 빛을 발하지 않으며, 오직 신앙만이 우리를 인도할 수 있고 그분과 결합시킬 수 있는 한밤중의 공허와 황량함 속에서만 빛날 수 있는 빛이다. 그분의 첫 번째 십자가는 우리가 힘들기를 자원할 때 모든 것을 쉽게 만듦으로써 십자가에 대한 우리의 갈구와 반대되게 하는 것이 될 수 있다. 이것은 자가당착의 모순으로, 피상적이고 가상적 영성에 빠져 있는 많은 영혼들을 곧장 떨어지게 하는 것이다. 그들은 순종하기를 거부한다. 그들은 예수님께서 던져 버리기를 원하시는 머리 수건은 쓰고 있지만 훨씬 더 미묘하고 좀 더 내적인 시련은 거부하고 있는데, 어쩌면 그것은 자신들이 인정하기에 너무 육적인 것일 수 있다.

이 관대한 수련자는 이렇게 기록하고 있다. "나의 거룩한 스승을 기쁘게 하는 것이라면, 온통 장미나 백합으로 뒤덮인 길로 이끄신다 하더라도, 나는 놀라지 않고 그분을 따라가야만 한다. 그분이 덤불이나 가시들로 산재한 길을 선택하신다면, 게다가 무거운 십자가를 지고 가기를 원하심으로써 그 무게에 짓눌려 꼼짝도 못하게 된다 해도, 나는 내 고통의 대상을 조금도 멀리 밀어내지 않고 그 자리에 남아 있어야 할 것이다."

이 말은 깊이 있고 아름다운 것들로, 그 뜻하는 바를 이미 어느 정도 깨닫고 있음을 보여 주고 있는 만큼 진심 어리고 힘차게 표현되어 있다. 은총은 진정으로 그녀의 마음속에서 작용하고 있었으며, 성령으로부터만 올 수 있는 큰 사랑의 도량으로 그 마음을 가득 채우고 있었다. 이제 남은 것이라고는 이 모든 것이 실제적으로 무엇을 의미하는 것인지 스스로 발견해내는 것이었다. 그녀는 말할 필요성이 있는 것은 모두 말했다. 예수님께서는 그녀가 따라가야 할 길을 선택하실 수 있었다. 그녀는 그분의 어떠한 결정에도 놀라지 말아야 했다. 그것들은 어쩔 수 없이 그녀가 기대하지도 않았던 것들이었다. 그분의 뜻에 저항하거나 자기 입장에서 그분의 의향을 의문시함으로써, 자기 정화를 위한 그분의 뜻을 변화시키려 드는 식으로 그분의 길에 조금의 방해도 끼치지 말아야 했다. 남은 것은 예상치도 않았던 첫 번째 시련의 선사였다. 그녀 스스로 기록하고 있듯이, 이상하게도 그 시련이 이미 그녀에게 왔지만 알아차리지는 못했다. 성령의 작용은 너무 미묘하기에, 어디로부터 와서 어디로 가는지 아는 이가 아무도 없는 그분에 대해 이보다 더 잘 말할 수 없을 것이다. 그분은 여기 계시다가도 무슨 일이 일어났는지 알아차리기도 전에 가 버리신다. 이 시련, 이 십자가는 과연 무엇이었을까? 병에 걸렸다는 말인가? 장상들이나 자매들로부터 경멸을 당하거나 오해를 받았을까? 눈에 보이는 악마로부터 공격을 받았을까? 아니면 어떤 끔찍한 사건으로 인해 볼꼴 사납게 망가져 버렸을까? 성녀 루드가르디스(St. Lutgarde)처럼 빵과 소량의 맥주로 7년을 단식하라는 요청을 받았을까? 이러한 것들은 아니었지만 유혹이 너무 평범했기 때문에 그녀는 그것이 무엇이었는지 알아볼 수조차 없었다. 그래서 그녀는 반항했는데 그것은 여러 면에서 실질적인 유혹이었다. 그것은 바로 전례 생활, 성무일도, 가대, 시편이었다. 처음에는 라틴어를 이해할 수 없었다. 두 번째는 노래할 수 없었다. 그녀의 목소리는 단조로운 톤으로 매우 미약했다. 음악에 대한 감각이 없었으며 그것을 대수롭지 않게 여겼는데 무엇보다도 그레고리오 성가를 제일 못 불렀다. 최근 몇 년간 그녀는 병 때문에 너무 약해져 있었기 때문에, 밤 기도 시간에는 조금도 소리를 낼 수 없었다. 그래도 최선을 다했지만, 생기 없고 약간 거칠며 가라앉은 소음밖에 낼 수 없었고, 나머지 가대가 부르는 선율과 대충 엇비슷하게 부르는 정도였다. 이 점에서 그녀는 자신의 취약함에 속상해하지 않았다. 나이팅게일이 아니라는 사실에 대해 결코 불평하지 않았으며, 자매들처럼 감미롭고 아름답게 하느님을 찬미할 수 없다는 무능력에 대해서도 슬퍼하지 않았다. 그러나 의심할 수 없는 것은 그녀가 노래할 수 있는 사람이었다면 그 유혹이 그렇게 대단하지는 않았을 것이라는 점이다. 그녀는 자기 귀와 정신과 마음에 어떤 의미나 매력도 없이 전혀 의미 없는 말들을 노래하면서, 그렇게 많은 시간을 보내야 한다는 사실에 개탄하였다. 시편 번역과 연구를 통해 이해할 수 있도록 어떤 새로운 빛을 받았다거나 의지에 어떤 호소력을 주었다면, 그래도 참을만 했을 것이다. 그러나 상황은 정반대였다. 시편이 불어로 되어 있었는데도, 여전히 대부분 이해할 수 없었다. 이 기묘한 은유들은 무슨 말이었을까? 전혀 연결이 안 되는 이 이국적인 상징들은 무슨 뜻일까? 왜 시편은 어떤 것도 딱 부러지게 말하는 것처럼 보인 적이 없는가? 이것들은 모두 무엇에 대해 말하고 있는가? 왜 모두 시작도 중간도 끝도 없는 것처럼 보일까? 도대체 애써 말하고자 하는 게 무엇일까? 베르크만스 수녀는 19세기가 낳은 사람이자, 현대 부르조아 시대에 태어난 사람이었다. 감각이나 상상력에 있어서 꾸밈 없고 직접적이며 솔직한 호소력을 지닌 모든 것을 아주 사랑했으며, 매우 분명하게 경험할 수 있는 것들 – 즉 경험적인 논리나 일반 상식으로 다루어질 수 있는 것들을 제외하고 지성에 큰 부담을 주지 않는 것이었다. 그러나 그것은 감각이나 감정에 피상적으로 호소하는 것과는 크게 다른 신비적 의미에서, 영혼의 실체 안에 함께 결합된 지성과 의지의 뿌리를 직접 건드렸다. 그러나 그녀는 이 모든 것을 훈련받지도 않았으며, 단번에 파악할 수 있는 정신의 소유자도 아니었다. 기도하는 행동에서 보았듯이 단순하고 감동적이며 열정적인 사랑의 행위로 성심께 자기 마음을 쏟아붓는 것을 의미했다. 풍부한 감성이 실려 있고 상상력과 느낌이 고조됨으로써 우러나오는 사랑의 행위들은, 그때부터 하느님의 은총 덕분에 지성과 의지 깊숙한 곳에 이르기까지 퍼져나갔다. 갈색 머릿결과 크고 부드러운 눈, 매우 자연스럽게 보이는 하얀 피부에 붉은 혈색이 도는 용모를 지닌 실물 크기의 예수님 상 앞에서 그녀는 쉽게 불타오르는 경건한 마음을 지니고 있었다. 그래서 당시 신자들의 집회에서 보통 성체강복식 때 예수님께 노래하고 있었던 슬프거나 다소 감상적인 찬미가들이, 그녀의 감정을 휘저어서 위대하고도 따뜻한 사랑을 불러일으킬 수 있도록 자극하기 위해 정말로 필요했다. 특별히 타고난 어떤 적성을 가지고 있지 않다면, 그러한 영혼에게 그레고리오 성가나 성경 언어의 놀라운 깊이를 음미하는 것은 반드시 미리 학습된 감각을 필요로 했다. 이는 마치 성인들이 먹는 견고한 음식이나 고기가 젖먹이들에게는 맛을 습득할 필요가 있는 것과 같다. 그들은 즉시 한 순간에 이쪽에서 저쪽으로 변화될 수 없다. 사실 현대의 신앙심은 정말이지 전혀 이해하지 못하고 있는 고대 전례의 견고한 음식에 비하면, 아기들이 먹는 음식과 다를 바 없다. 그러나 일단 이 견고한 음식으로 잘 성장해 간다면, 따뜻하고 달콤하게 공들여 놓은 아기의 젖병 속의 우유로 되돌아가고자 하는 특별한 바람은 더 이상 없을 것이다. 이러한 이유기의 모든 상태는 베르크만스 자매로부터 큰 저항을 불러일으켰다. 어느 날 공경하올 원장 수녀의 책상 옆에 무릎을 꿇고 있을 때, 베르크만스 자매는 착한 수련자가 마땅히 그러해야 하듯이 자기 혐오감이나 어려움 등을 스스로 털어놓기 시작했다. 그래서 성무일도를 바쳐야 할 의무가 교회의 어떤 지체들에게 부과되어서 죽을 죄의 고통 속에 있어야 하는지 그 이유를 이해할 수 없었다는 사실이 드러나게 되었다. 어떤 지체들은 성대 서원을 발한 수도자들과 주요한 수도회들의 성직자들을 말한다. 그러나 베르크만스 자매는 이러한 범주에 들어가지 않기 때문에 (당시 법에 의하면) 단순 서약 외에는 어떤 것도 준비하고 있지 않았다. 그러나 부당한 짐으로 짓눌린 사람의 억압된 그 모든 느낌들 때문에 그녀는 외쳤다. "성무 단 한 번 빼먹은 것으로 주님께서 중죄로 다루실 것이라고 어떻게 믿을 수 있어요? 사실 그것은 제게 너무 심한 것 같아요. 저는 주님이 그러실 거라고는 믿을 수 없어요." 그녀는 이 점에 있어서 아주 분명하였다. 단순히 젊은 여성의 상상력으로 생각할 수 있는 예수님의 어떤 역할과도 부합되지 않는 부분이었다. 그녀가 생각하고 있었던 것은 부드러운 갈색 눈과 흘러내리는 머리채를 가진 아름다운 모습의 예수님 상이었다. 그렇다면 전체적인 그리스도, 시간 속에서 예수님의 고통뿐만 아니라 성부께 대한 예수님의 찬미와 사랑을 예수님의 목소리로 그분의 노래와 시를 노래함으로써 완성시킨다는 개념은 어디로 갔을까? 웅장하고 거룩하며 단순한 찬미가는 그리스도의 목소리요 그분의 사랑과 찬미의 노래이기 때문이다. 그러나 베르크만스 수녀는 이를 결코 알아보지 못했다. 그녀는 단언하였다. "그분은 그에 비해 훨씬 더 좋으신 분이다. 확실히 말하는데 나는 그렇게 가혹한 빛 아래서는 나의 거룩한 정배를 전혀 알아볼 수 없다!" 그녀가 이해할 수 없었던 라틴어 몇 줄을 빼먹고, 그것도 의도적으로 행하면서 그 행위의 잘못을 전혀 개의치 않음으로써 영벌을 받기까지 한다 해도, 그러한 과정 안에서 순전히 자연적인 질서 안에 존재하는 불균형만을 바라보고 있었기 때문에, 그렇게 하는 것은 그녀에게 전혀 의미가 없었다. 그 최종적 이유는 그녀의 생각이 단순히 본성적 차원에서 흐르고 있다는 사실을 대단히 명확하게 보장해 주기 때문에, 그에 대한 믿음은 별로 대단한 것이 못되었다. 그때 그녀는 이렇게 말했다. "게다가, 나는 내가 이해하는 기도를 바치고 싶다. 내가 말하고 있는 것을 느끼고 싶다." 매우 솔직하게 자신을 드러내는데 오히려 어떤 매력이 있었다. 성모님만 제외하고 모든 위대한 성인들이 한때 그러했듯이 그녀가 영적 삶에서 수련자로서 실수하기 쉽다는 것을 보여 주고 있음에도 불구하고, 그것은 그녀의 일기장에서 표현하고 있는 그 모든 장엄함과 진지함의 어떤 것도 빼앗아가지 않았다. 공경하올 마리 앙뜨와네뜨 원장 수녀는 다음과 같은 간단한 말을 이용할 만큼 확실히 재빨랐다. "나는 이러이러한 기도를 하고 싶어 …, 나는 느끼고 싶어 …."

가엾은 베르크만스 수녀! 그것은 무엇을 보여 주는가? 우리 모두가 이러 저러한 방식으로 유혹받고 있는 것처럼, 그녀 역시 참으로 그러했다는 것 말고는 아무것도 없다. 게다가 그것은 특별히 인간적인 유혹이었던 것이다. 다른 견해와 처음으로 접했을 때, 전례에 대한 자신의 모든 이의를 떨쳐 버릴 만큼 이해하지 못했다. 오히려 그녀가 좋아하지 않는 한 시편에 대해 특별히 비판했다. 이상하게도 그것은 그녀의 영혼을 가장 아름답게 장식했던 것 중 하나였던 형제적 사랑을 찬미하는 시편이었다. "보라, 얼마나 좋고 얼마나 즐거운가, 형제들이 함께 사는 것이!"(시편 133,1).

보라, 얼마나 좋고 얼마나 즐거운가,
형제들이 함께 사는 것이!
머리 위의 좋은 기름 같아라.
수염 위로,
아론의 수염 위로 흘러내리는,
그의 옷깃 위에 흘러내리는 기름 같아라.
시온의 산들 위에 흘러내리는

헤르몬의 이슬 같아라.
주님께서 그곳에 복을 내리시니
영원한 생명이어라(시편 133,1-3).

이것이 전체 시편이다. 이는 분명히 하느님 안에서 다른 사람들을 향한 사심 없는 사랑으로부터 나오는 풍성한 축복에 대해 헌사하는 완벽한 시요 찬양이다. 이제까지 어떤 과장이나 상징, 어떤 극적 효과가 그러한 기쁨의 감미로움을 이렇듯 효과적으로 우리에게 말했던 적이 있는가? 여기에는 간단하고 재미 있는 상징을 통해서 그러한 모든 것을 전해 주고 있다. 늙은 아론은 턱 수염 아래까지 흘러내리는 기름으로 행복감에 취해 있다. 그런 다음 시온산의 이슬과 비교한 것은 익살스럽기 그지없다! 베르크만스 수녀는 그것이 재미 있다는 사실을 놓치지 않았다. 그녀는 매우 좋은 유머 감각을 지니고 있었다. 우리가 그렇게 하느님께 기도할 수 있다고 생각해 보라! 게다가 성당에서 그분께 장엄하게 노래하면서! 그것은 그녀의 한계를 넘어서는 것이었다. 그 모든 것은 초기 그리스도교인이나 예언자 다윗보다 그녀가 훨씬 단순하지 못하다는 사실을 보여 준다. 그리하여 넓은 마음으로 희생에 대한 열망을 실행할 기회를 여기에서 일찌감치 발견하게 되었다. 그녀는 기록했다. "나는 아무것도 바라지 않습니다. 다만 당신의 거룩한 의지와 당신의 성스러운 마음이 제 희생 제단이 될 것입니다." 작고 사소하지만 개인적인 취향과 의견을 이렇게 희생시킴으로써 그녀의 기나긴 희생이 시작되었다. 그 희생은 쉽지 않았지만, 하느님께서 그녀로부터 매우 분명하게 원하셨던 것을 따르고자 하는 열망 앞에서 곧장 물러나게 하지도 않았다. 오랫동안 자기 성소가 가대 수도자보다 조수도자에 있지 않은가 하고 생각했다. 그러나 그렇지 않다는 것이 명백했으며, 장상들은 그것을 곧 그녀 안에 있는 자기애로부터 나온 일종의 착각으로 알아차렸다. 서원 시기에 이렇게 기록하고 있다. "나는 나 자신에게 의무를 부과하고자 한다. 좋으신 하느님이 나에게 바라고 계신 것 외의 다른 어떤 것을 결코 열망하지 않겠다는 것이다. 즉 우리 착한 조수녀들에 대한 질투의 시선을 그만 거두고 성무일도를 의무적으로 사랑하겠다는 것이다(주석-가대 수녀들은 성무일도의 의무를 지니고 있었다. 즉 가대 수녀로서의 소명에 충실하겠다는 뜻이다)". 그 투쟁의 결과로 그녀는 수련실 초기부터 죽어야 할 십자가의 종류를 배우게 되었다. 프랑스 혁명기에 오랑줴에서 순교한 시토회 수녀들처럼 사형 집행장이나 단두대도 아니요, 영국과 아일랜드의 우리 순교자들처럼 교수형 밧줄도 아니며, 독일, 보헤미아, 폴란드, 덴마크의 아주 많은 시토 회원처럼 침략자 타타르인들의 칼이나 이교인들의 칼과 곤봉도 아니었다. 그녀의 것은 성 베르나르도나 성녀 루드가르디스의 피 없는 순교와 같이, 좀 더 시토회적인 순교자가 되는 것이었다. 바로 일상의 모든 사건들 안에서 규칙과 장상들과 선하신 하느님이 기뻐하시는 것에 순종하는 것이었다.

　1900년 1월 베네딕도회 신부의 지도로 수녀원에서 이루어진 좋은 피정은 이러한 모든 것들을 그녀의 정신 안에서 명료하게 해 주었다. 첫 번째로 그녀가 행했던 것은 피정 때 기록하지 말라는 피정 지도자의 제안에 순종하는 것이었다. 다만 몇 가지 문장이나 결심만 제외하고는, 그녀의 정신 속에서 진행되었던 내용에 대한 기록은 없다. 얼마 후 포르 뒤 살뤼의 아빠스요 라발의 모원장인 동 에우젠느가 방문해서 이 수련자와 면담했다. 그 과정에서 그는 피정 마지막에 행한 결심은 무엇이었는지 물었다.

"경애하올 아버지, 진정으로 순종하는 것입니다." 그녀의 대답이었다. 동 에우젠느는 이 작은 수녀와 그녀의 진지함에 틀림없이 감명받았을 것이다. 얼마 뒤 그가 다시 찾아왔을 때, 그때의 면담과 자신에게 했던 말을 잊어 버리지 않았기 때문이다. 그래서 그녀가 아직도 같은 결심을 하고 있는지 물었다. 그녀는 단순한 마음으로 대답했다. "예, 경애하올 아버지, 한 번으로는 충분하지 않았나요?" 두 번으로도 그렇지 않은 것은 마찬가지였다. 그녀는 서원 후에 이 결심을 고수하였으며 나머지 모든 수도 생활에도 그러했다. 이렇듯 위대한 은총에 상응하려는 그녀의 노력이 실효를 보지 못한 것은 아니었으며, 수련장 수녀도 나중에 그녀의 위대한 덕은 순종이었다고 말했다. 수련기 때 그러했던 모습을 우리는 서원한 수녀로서의 일상에서도 볼 수 있을 것이다. 다른 십자가들도 이내 찾아왔다.

1900년 2월 1일, 그녀는 일기장에 무언가를 기록하였다. 그것은 나머지 수련기뿐 아니라 앞으로 다가올 몇 년 동안, 가장 심각한 시련들 중 하나였던 것을 막연하게나마 가리켜 주고 있다. 이 십자가는 무엇이었을까? 그것은 엄밀히 말해서 내적인 어떤 것이었다. 영혼의 깊은 유혹, 마음 안의 심한 굴욕감과 쓰디쓴 고난, 말할 수 없이 괴롭히는 십자가들 중 하나는 바로 우리 자기애를 그 근본 뿌리에서부터 십자가에 못 박고 우리의 자아 존중감의 근본 토대를 건드리고 있기 때문에, 그 어떤 것보다도 우리를 짓부수어 버리고 고통을 주며 정화시키는 것이었다. 이 유혹은 정확히 무엇이었을까? 우리는 모른다. 유일한 정보의 원천은 시토회 수도자요 사제였던 로베르 신부로서, 일본에서 그녀의 고해 사제요 영적 지도자가 된 이다. 그녀가 그의 참회자로 있었던 시절, 이 시련이 아직 계속되고 있었기 때문에, 그는 우리에게 어떤 것도 말할 수 없다. 일기에서는 그 시련에 대해 자세히 이야기하는 것을 꺼리고 있지만, 모범적인 사랑과 온유한 모습은 그림과도 같이 완벽하게 그려져 있다. 그 잔인한 굴욕감이 어떤 것이라 할지라도 이를 그러한 태도로 수용하고 있었다. 그녀는 기록하고 있다. "오, 예수님, 당신의 부드러운 사랑이 저를 위해 간직해두신 십자가가 얼마나 무거운지요! 아, 제 사랑이시여, 당신만이 제 잔의 쓰라림을 아십니다. 제 본성이 저항하고 있으며 제 안의 모든 것이 폭풍치고 있음을 느낍니다. 제 마음만이 고요합니다. 이제 그것만이 참으로 예수님 당신과 일치되어 있다는 것을 이해하고 있기 때문입니다. 그러나 저는 이것을 믿을 수 없습니다. 당신의 작은 정배란! 바로 당신 성심을 사랑하는 연인이기에 …." "그러나 아닙니다, 저는 침묵을 지켜야 하며 제 심장에 칼을 꽂는 것만 같은 그 말을 결코 발설해서는 안 됩니다. 오, 제 사랑이시여, 괴로움 때문에 흐르는 이 눈물을 용서해 주십시오. 예, 저는 이 십자가를 받아들입니다. 가련히 짓이겨진 제 심장에 그것을 꼭 누릅니다. 저는 사랑하며 그것에 입맞춤합니다. 선하신 당신의 이 기쁜 십자가, 그것은 제 눈물로 적셔졌습니다. 그리고 이 사랑의 입맞춤 안에서 저는 중얼거리기라도 할 힘을 얻습니다. 점점 훨씬 더 많이! 주님, 저를 아끼지 마소서, 저는 당신의 희생양입니다. 오, 예수님, 제 고통 안에서 저를 지탱해 주는 것은 제가 겪기 전에 당신이 먼저 고통받으셨다는 것입니다 …."

"당신의 아버지다운 부드러움이 과거에는 제 영혼을 곤경에 처하게 할 수 있었던 모든 것 위에 휘장을 드리웠습니다. 그러나 당신의 잔을 나누고 당신 십자가의 한 몫을 져야 하는 날이 왔습니다. 오 예수님, 저는 모든 것 안에서 모든 시간에 당신을 축복하며, 당신의 뜻이 언제나 제 것이 되기를 바랍니다. 그 모든 고통에도 불구하고 제 십자가를 겸손히 지고 가는 것, 침묵 가운데 그것에 제 스스로 못 박히는 것, 희생양으로서 다만 당신 사랑의 희생양으로서 그 위에서 죽는 것, 그것이 제가 열망하는 바입니다. 어머니, 지극히 사랑하는 분이여, 당신은 제 가까이 계십니다. 당신은 저를 지탱해 주시고, 격려해 주시며, 십자가상에서 죽으신 예수님을 제게 보여 주지 않으셨습니까? 아, 희생 앞에서 약해지지 않도록 당장 어떤 힘을 제가 찾을 수 있을까요."

그 나머지는 폴리까르프 신부, 로베르 신부, 베르크만스 수녀 자신 안에 비밀리 사장되어 있다. 우리가 할 수 있는 모든 것은, 그녀가 이 고통을 받아들였던 성실함과 완벽한 성향에 감탄하는 것뿐이다. 분명히 작지 않고, 인내하기에 무의미하지 않은 것이었다. 수련기를 지내는 시간들은 시토회 수도원에서 물 흐르듯 놀라운 속도로 지나갔다. 봄은 여름철로 바뀌었으며 벌써 9월을 목전에 두고 있었다. 복되신 동정녀 탄생 축일에 그녀는 유기 서원을 발하게 될 것이다.

거기에는 사랑의 성사 안에서 예수님에 대한 긴 관상의 시간으로부터 오는 위로가 있었고, 수련실에서는 침묵하는 분위기였지만 사랑스런 동료 관계로부터 오는 기쁨이 존재하고 있었다. 따사롭고 아름다운 오후 시간에 자매들은 책과 묵주를 들고 드넓은 수녀원 정원 화단 사이를 거닐거나, 잎이 우거진 동굴 속의 숨은 성지에 멈추어 서서 기도하였다. 그런가 하면 힘겨운 노동이 있었다. 때때로 이것이 가져오는 그 모든 고통과 피로와 난관에도 불구하고 참된 관상적 정신을 지닌 이에게는 특별한 평화와 자유를 반드시 가져오는 것이었다. 마지막으로 막연하지만 자신의 서원을 위한 하나의 준비로서, 여름철 동안 때때로 작은 피정을 하였다. 이에 관해 그녀가 끝 무렵에 기록했던 결심들이 아직 보존되어 있다. 그것은 모두 그녀의 영적 삶에서 한결같이 중심적인 노력과 연관되어 있다. 즉 장상의 명령과 일상 안에서 그녀를 위한 하느님의 안배 안에서, 자신의 의지와 판단을 하느님의 뜻과 그분의 선한 기쁨에 복종시키는 것이었다. 그녀는 기록했다. "나를 위한 용도로 주어진 것이라면, 그 어떤 것도 멈칫거리며 시험해보지 않을 것이다." 충분히 좋은 결심이다. 가난을 서약한 많은 수도자들이 불평하거나, 결과적으로 일어나는 모든 것에 불만족스러워 하면서 자신들의 삶이 구체적으로 진행되는 실질적인 상황 안에서 그 서약을 되돌려 버리기 때문이다. 베르크만스 수녀의 두 번째 결심은 순종에 대한 것이었다. "나에게 권위를 지니고 있는 이들 안에서 하느님 외에 어느 누구도 결코 보지 않으리라. 그분들이 하느님인 것처럼 순종하리라." 그런 다음 계속해서 그녀는 더 큰 기억의 힘과 마음의 순결을 다짐하고 있다. "내 마음의 완전한 희생! 나는 내 감각들뿐만 아니라 무엇보다도 내 마음을 사로잡아서 감실과 가까이 유지시킴으로써 그 마음의 문을 닫을 것이다." 마지막 결심은 우리가 이미 고찰했던 것이다. "선하신 하느님이 원하는 것 외에 다른 어떤 것도 결코 바라지 않겠다는 것을 나의 의무로 삼겠다. 즉 선한 조수녀들에게 질투의 시선을 주지 않고, 성무일도를 의무로서 사랑하는 것이다."

이 모든 결심들은 실제적이었고 진지했다. 그래서 그것들을 지키기 위한 실질적인 싸움으로 돌입하게 되었다. 우리의 마음과 정신과 의지를 그분의 무한한 사랑에 대한 희생물로 태워 버리기 위해 지상에 성령의 불을 놓으시며, 평화가 아니라 칼을 주러 오신 분에게 봉사하면서 평화를 찾지도 않았다. 그녀는 무엇을 기대할지 알고 있었다. 폴리까르프 신부가 틀리지 않았다. 하느님은 그녀를 특별히 사랑했고 다른 자매들보다 더 큰 희생을 위해 그녀를 선택하셨기 때문에, 그분은 그녀에게 많은 것을 요구하실 것이다. 그분이 그녀에게 별안간 희생을 요구하실 때가 가까이 다가오고 있었다. 그런 다음 그녀의 성실함과 사랑에 대한 시험이 뒤따를 것이며, 몇 달 혹은 몇 년간 그녀의 모든 결심들이 자기 주변에서 폐허가 되어 널려 있게 될 때는 두려움 속에서 울부짖을 것이다. "세상에서는 성인이었는데, 수도원에서는 악마가 되어 버렸구나." 그동안 그녀는 하나의 갈망으로 미래를 직면하고 있었다. "모든 곳에서 모든 것 안에서 나의 뜻을 죽기까지 희생시키면서 하느님의 거룩한 뜻을 행하는 것." 이렇게 좋은 지향을 가지고 3년 동안 정주와 생활 개선, 가난, 정결, 순종을 서약하면서 첫서원을 하였다. 그리고 사막으로 피해 가는 이스라엘 자녀들을 보호했던 구름처럼 풍성한 옷자락에 몸을 감싸 주는 관상의 아름다운 겉옷인 시토회의 흰색 쿠쿨라를 받았다. 그녀는 사실 그대로 시토회원이자 관상 수도자가 되었다. 이 사랑스런 옷을 입은 다음, 가대 중간에 무릎을 꿇고 대단히 큰 크기로 인해 잘 맞지 않는 소매 속에서 자기 손을 쳐들려고 했을 때, 가장 단순한 행동밖에 다른 어떤 것도 할 수 없는 바로 그 어색함이 자신의 관상 기도를 상징한다고 비추어볼 수 있었다. 희생으로 자신을 쓸모없게 하고, 이 세상 일에서 멀어지면서 오로지 순수한 하느님 사랑으로부터 오는 자유와 안식에만 걸맞게 되었던 것이다.

05

떠나라는 선고

 그렇듯 많은 은총에 감사하며 그 속에 흠뻑 잠겨 새로 서원한 수녀는 원장 수녀의 방 문 뒤에서 진행되고 있던 일에 대해 아무것도 모르고 있었으며, 원장 수녀와 폴리까르프 신부 두 사람이 몇 달간 매달렸던 문제가 그녀의 삶에 엄청난 변화를 가져오고 있다는 것은 꿈에도 생각하지 못했다. 그동안 줄곧 그녀는 성무에 대한 자신의 작은 반감과 다른 사소한 어려움과 싸우고 있었지만, 동시에 그 보답으로 위로와 맞갖은 열정을 맛보고 있었다. 하느님의 뜻은 장상의 집무실에서 평화롭고 고요하며 감지할 수 없게 움직이고 있었지만, 사실은 그녀에게 십자가를 부여하게 될 계획을 무르익게 하고 있었다. 가장 어렵고도 중요한 단계에 대한 문제가 남아 있었다. 무엇보다도 먼 이국땅에 생겨난 시토회 창립 수도원의 존립과 관계되는 것으로, 라발에 있는 자기 수도원의 안전에도 영향을 끼칠 수 있는 것이었다.

그 옛날 시토 수도회에서 말 그대로 수백 개의 새 창립 수도원들이 만들어지고 있었을 때, 수도승들은 평상시처럼 법적 시간경을 바치기 위해 가대로 갔을 것이다. 그런데 문득 갑자기 올려다보니 아빠스가 어떤 이들에게 자신들의 자리를 떠나 사제석으로 올라오라고 손짓하는 것을 보게 되었다. 총 13명으로, 한 사람이 다른 이들을 인도하면서 그 소환에 순종했다. 이들은 곧 높은 제대 앞에서 인사하게 되었는데, 등 뒤에서는 자신들이 매우 사랑했던 형제들이 여행을 떠나는 이들을 위해 찬미가를 부르는 소리가 들리는 게 아닌가. 그래서 그들은 이제 수도원과 형제들을 떠나게 되었으며, 일생 동안 이들을 다시 보지 못할 수 있다는 사실을 분명히 실감하게 되었을 것이다. 이날도 평상시처럼 3시경 성무일도가 시작되었지만, 그때 그들은 길을 떠나고 있었다. 어떤 이들을 말을 타면서 가고, 어떤 이들은 가대 서적들을 나귀에 싣고 가면서 알려지지 않은 장소, 아마도 유럽의 극동에 있는 곳을 향해 나아갔을 것이다.

이제는 그 같은 일이 자주 일어나지는 않지만, 적잖게 놀랍고 갑작스러운 일이기는 마찬가지이다. 베르크만스 수녀가 시토회 수녀로서 라발에 입회하기 불과 몇 년 전이었다. 수도회의 다른 수녀원으로서 인적이 드문 웁시의 보줴 산맥에서 가난하게 숨은 삶을 살아가던 이곳 원장 수녀가, 어느 날 아침 수도원 집회에서 일본에 새 창립이 요청되고 있으며 자원하는 이들이 그곳에 가기를 바란다고 발표하였다. 왈가왈부할 것도 없이, 전 공동체가 최연소자부터 최고령자에 이르기까지, 가장 강한 이들부터 가장 병약한 이들에 이르기까지 한 몸처럼 일어나서 가겠다고 제안하였다. 그리해서 일본 북부 하꼬다테 인근에 자리한 천사의 성모 수도원이 시작되었다.

　그 후 웁시 수도원이 이 자녀 수도원을 지원할 수 없을 만큼 가난해지자, 노르망디 브리크베크 트라피스트 수도원의 아빠스 동 비탈 르호디가 멀리 떨어진 작은 수녀원의 영적 물적 필요를 책임지게 되었다. 다시 한 번 더 그곳으로 가고자 하는 수녀들을 요청하고 있던 와중이었다. 아직 현지 성소자도 없고 몇 명의 창립자도 죽었기 때문에, 현재의 수녀원이 완전히 폐쇄되지 않으려면 프랑스에서 새로운 생명력이 어느 정도 그곳에 들어가지 않으면 안 되었다. 웁시 수도원은 필요한 보충 인원을 모두 보내기에는 너무 가난하고 작은 공동체에 불과했기에, 동 비탈 르호디는 다른 곳에서 다른 사람들을 찾지 않을 수 없었다.

　몇 달 동안 루드가르디스 원장 수녀와 폴리까르프 신부가 몰두하고 있던 일이 바로 이것이었다. 폴리까르프 신부는 처음에 라발 공동체에 위험스러운 일이 되리라 생각하며 브리크베크의 제안을 완강히 거절했다. 그러나 모원장 동 에우젠느와 루드가르디스 원장 수녀는 큰 열정을 가지고 이에 호응하였다. 몇 달이 지나 봄이 여름으로 바뀔 무렵, 그 선량한 고해 사제는 두려움을 내려놓기 시작했다. 고작해야 라발에서 두세 명의 수녀들을 포기하는 것밖에 되지 않기 때문이었다. 마침내 그는 동의하였다. 그래서 그 계획은 실행될 수 있었다.

　이른 아침 태양이 성당 창을 통해 비쳐들기 시작할 무렵, 수녀들은 1시과를 마치고 가대 밖으로 줄지어 나와 회랑을 따라 집회실로 향했다. 시토회에서는 성녀 마르가리따 마리아 알라콕(St. Margaret Mary, Alacoque)의 축일을 지내지 않고 있다. 성심에 대한 열렬한 이 애호가의 시성식이 있기 전 시대에는 더구나 그러했다. 그러나 분명히 베르크만스 수녀의 마음은 10월의 해당하는 그날에 자신의 영적 자매에 대한 사랑으로 가득 차 있었다. 성심에 대한 신심은, 빠라이 르 모니알의 열정적인 그 신비가에 대한 큰 신심과 동시에 이루어지고 있었기에 이 날은 그녀를 기념하는 날이었다.

집회 때 평상시 자기 자리에 앉는 그녀를 상상해볼 수 있다. 전반적으로 평화롭게 묵상하는 모호한 상태는 몇 시간 기도를 계속한 다음에 피할 수 없는 상태이다. 시토회 수도자라면 언제나 아침 집회 시간까지 지니고 가는 어떤 것이다. 마음을 집중하고 있는지 산만한 상태에 있는지 말하기 어렵지만, 실제로 영혼은 지극히 평화로우며 더 이상 자기 자신이나 방해하는 어떤 것을 염려하지 않는 상태였다. 순교사가 낭독되고 1시과의 나머지 기도가 낭송되었으며, 규칙의 몇 소절은 라틴어로 노래하고 있었다. 베르크만스 수녀는 자신이 알아보기 힘든 단어의 의미를 이해해 보려고 그다지 열중하지는 않았지만, 공경하올 원장 수녀가 해 주는 규칙 해설에는 귀를 기울였다. 장상의 목소리는 하느님의 소리이며, 착한 시토회 수도자라면 하루 동안 하느님을 기쁘게 하는 작은 길에 대해 근간이 되는 알림인 매일의 규칙 해설에 익히 주의를 기울여야 한다.

규칙 해설이 끝난 다음, 루드가르디스 원장 수녀는 좀 더 업무를 보는 것과 같은 소리를 했는데, 보통은 특별히 중요한 발표를 한다는 의미였다. 그리고는 세상 반대편에 있는 천사의 성모 수도원의 작은 트라피스트 수녀원에 대해 이야기하기 시작했다. 저마다 매우 열렬히 경청했다. 시토회 수도자들은 뉴스를 들을 때면 아주 단순해지기 때문이다. 실제로 침입자의 총검과 폭탄에 의해 폭력적 형태로 직접 접하기 전에는, 세상의 전쟁과 혁명은 수도원에 침투해 들어가지 못한다. 그래서 다른 수녀원이나 수도원의 가장 작은 정보, 그들의 좋고 나쁜 수확, 성소의 많고 적음, 그들이 받은 은총과 시련에 대한 이야기는 평화로운 수녀들로 가득 찬 집회실에서 고요 가운데 어떤 흥분이라도 불러일으킬 수 있다.

  그러나 이날 라발에서는 평범한 흥분보다 더한 것이 존재하고 있었다. 루드가르디스 원장 수녀는 지체하지 않고 핵심으로 들어갔기 때문이다. 동 비탈 르호디는 일본에 있는 그 수도원에 수녀들을 원하고 있었다. 동 에우젠느는 그 생각에 열정적으로 동의했다. 폴리까르프 신부도 온 마음으로 승낙했다. 동 에우젠느는 지금 그 일을 매듭짓는데 도움이 될 수 있도록 라발로 오는 중이다. 베르크만스 수녀의 마음속에 먼저 번쩍하며 떠올랐던 것은, 그 소식에 대한 놀라움과 흥분 이외에 그것은 자신에게 영향을 미칠 수 없다는 확신이었다. 그녀는 젊고 미숙한 소녀에 불과했으며, 아직 수도 생활의 요람에 있는 것과 같았다. 그래서 아직은 하느님을 섬기는 데 있어서 그 절반도 채 성장하지 못했다. 게다가 건강 문제도 있었다. 분명히 그러한 모험에 파견될 가능성은 전혀 없었다 …. 그리고 나서 원장 수녀는 사랑하는 희생의 정신으로 그들을 촉구한 다음, 라발에서 그 작은 수녀들에게 기여할 수 있는 두 수녀의 이름을 잠정적으로 발표하였다. 이들은 몇 달 안에 프랑스를 떠나게 될 것이다. 그 순간 베르크만스 수녀는 놀라움도 없었고 그들 중에 끼지 못했다는 절망감도 느끼지 않았다. 집회실을 떠나면서 아마도 대열에서 바로 옆에 있는 이들에게 그 소식에 대해 수화를 나누고자 하는 유혹에 능히 저항하지 못했던 것 같다. 그녀는 자신이 관련되는 한, 모든 일을 해결된 것으로 받아들였다. 아마도 자신을 봉헌한다는 개념이 그녀에게는 결코 진지하게 일지 않았던 것 같다. 그 모든 것은 그녀에게 완전히 새롭고도 낯선 것이었다. 그녀는 아직 그에 대해 전혀 생각하지 않고 있었다. 수도 생활에 대해 지니고 있던 그녀의 모든 생각은, 단지 라발에서 살고 죽는 것 밖에 없었다. 하느님을 기쁘게 해드리는 것이라면 그녀에게 다가오는 어떤 시련도 그곳에서 겪으며 다만 자신이 사랑하는 수도원 안에 머무는 것이었다. 결국 정주(定住)는 시토회 서원 중 하나로서 시토회 삶에서 하나의 주춧돌이 되는 것이다.

하루가 지나갔다. 쉬는 시간, 3시경, 미사, 6시경, 작업, 9시경, 식사, 그리고 오후가 되었다. 오후 어느 때인지 한 수녀가 수화로 폴리까르프 신부가 고해소에서 그녀를 보고자 한다는 말을 전해 주었다. 그녀는 성당으로 급히 달려가서 주님을 경배하며 잠시 무릎을 꿇었다. 고해소에 들어섰을 때 폴리까르프 신부는 말했다. "내 딸아, 오늘 원장 수녀님께서 너에게 큰 희생을 요구하지 않더냐?" "희생이라고요? 저에게요? 아니요, 신부님. 그러나 오늘 아침 집회에서 일본에 갈 자원자들에 관해 이야기 하셨다는 것은 물론 알고 계시지요." 폴리까르프 신부는 굳이 더 이상 말하지 않았다. 그는 명령조로 돌연히 선고하였는데, 그것은 그녀의 심장을 천둥처럼 내리쳤다. "네가 가거라!"

베르크만스 수녀는 고해소에서 나왔는데, 너무 어지러워서 가대 중간에서 다시 무릎을 꿇고 얼굴을 들어 쇠창살을 향했을 때, 자신이 무엇을 보고 있는지 거의 알아볼 수 없었다. 그 너머 사제석 그림자 속에는 정배이신 분의 감실 앞에서 빛이 깜박거리고 있었다. 그분은 깊이 숨어 계신 곳으로부터 조용하고 평화롭게 그녀를 바라보고 계셨다. 그녀는 무릎을 꿇은 채 오래 있지 않았다. 하느님 명령이라는 과분한 포도주로 현기증이 났지만, 수도원 회랑을 따라 원장 수녀의 방까지 급히 달려갔다. 그리고 거기에서 바로 무릎을 꿇고 일본에 가는 자원자로 자신을 봉헌하였다.

그 문제는 오래지 않아 결정지어졌다. 동 에우젠느가 벌써 도착해 있었다. 그는 열정적인 젊은 수녀를 알고 있었으며, 객실에 있는 자신에게 안내받고 들어온 그녀를 즉시 알아보았다. 상담은 길지 않았다. 몇 분 만에 그녀는 객실을 떠나서 수련실로 돌진해갔는데, 부수련장 수녀와 실제로 부딪히기까지 하였다. 그녀는 신이 나서 한 바탕 휙 지나가는 수화로 그녀를 놀라게 했는데, 그 뜻은 이러했다. "그들은 나를 선택했습니다. 나는 일본에 갈 것입니다," 그런 다음에는 눈물을 터뜨리면서 그 선한 수녀의 품에 안겼다. 그때는 마냥 눈물을 흘리기 위한 시간이었다. 이것은 실질적인 십자가였기 때문이다. 그녀는 잘 해내었다. 십자가가 얼마나 클지 멈칫거리면서 그리 많이 생각하지 않았다. 봉헌이 이루어졌고 수락되었으니, 이제는 다만 그 짐의 무게만을 온전히 느끼고 있었다. 그녀의 기도는 자비롭지만 잔혹할 만큼 직접적이고 간단하게 이루어졌다. 그것은 그녀가 전혀 기대하지 않았던 것이며, 견딜 준비가 되어 있지 않은 것이었다. 몇 달 후 출발할 것이기 때문에, 그녀는 자기 영혼의 약함과 불완전함에 대해 숙고할 충분한 시간적 여유를 가지고 있었다. 그러한 점들에서 십자가라는 존재는 그것들을 놀라운 안도감으로 바꿔 주었다. 그 모든 것 중 가장 컸던 것은, 오래 전부터 깨닫고 있었지만 수도회에 입회한 이후로는 잊어 버리고 있었던 것이었다. 그것은 애정 어린 인간의 마음으로, 피조물에 대해 잘 이끌리고 매우 다정하며, 그것들은 물론이고 그것들의 애정 안에서 안식을 누리고자 하는 경향이 강한 것이었다. 이제 자신의 자매들과 장상들, 그토록 소중하게 사랑했던 수련자들과 수녀들, 깊은 애착을 가진 수녀원으로부터 떨어지게 되었기 때문에, 이제는 이 모든 자연적 유대의 단절이 그녀의 심장 자체를 부수어뜨릴 수밖에 없었다.

하느님은 교회 안에서 당신께 봉헌될 때 우리의 온 마음을 요구하시며, 그에 미치지 못한 것은 결코 받아들이지 않으신다. 그래서 제아무리 결백하다 해도, 그분과 관계없이 우리 자신을 위해 그분과 거래하고 어떤 것을 보유하고자 하는 일은 그 어떤 것이라도 비참하게 끝날 뿐이다. 다가오는 이별에 대한 상념에 잠기면서, 사랑하는 수도원의 돌 하나, 수도원 회랑의 어느 구석진 곳이나 고요한 성당, 정원의 나무 한 그루, 꽃 한 송이도 어느 것 하나 마음을 아프게 하지 않는 것이 없었다. 곧 있으면 다정스런 이 모든 친구들을 잃게 된다는 생각에, 자매들이 미소 짓는 모습 하나, 행복해하는 표정 하나, 사랑스런 눈빛 하나 마저도 마치 칼처럼 그녀를 꿰뚫지 않는 것이 없었다. 게다가 프랑스의 온화한 잿빛 하늘을 가로질러 날아가는 10월의 구름을 바라보았을 때는, 깊고도 말할 수 없는 고뇌까지 들면서 이상하고 험상한 나라(아마도 자기 민족과 국민과 신앙에 적대적인 기묘한 모습의 다른 민족들이 사는 이교도의 나라)로 떠나게 될 것이라는 생각이 들었다.

이제 그 영혼에 대한 강탈은 그야말로 완벽하게 이루어졌다. 그것은 자질구레한 장신구나 상본보다 더한 전멸의 홀로코스트였다. 그녀는 묵주나 몇 개의 기념 메달보다 더한 것을 내주고 있었다. 자기 나라 프랑스, 그 사람들과 언어, 혈육과 친척, 본성적으로 마음속에 가장 깊이 뿌리내리고자 갈구하는 모든 사랑을 내놓고 있었다. 그녀는 안전하게 잘 구축된 정규 수녀원을 양보하고 있었다. 거기에서는 걱정할 필요도 없으며 어떤 위험도 없다. 굶주림이나 결핍으로 끊임없이 죽어갈 위협도 존재하지 않는다. 열정적인 공동체의 가장 큰 축복 가운데 하나인 도덕적 안전마저도 양도하고 있었다. 그것은 다른 모든 이의 규칙성으로 인해 우리가 규칙을 잘 지키는 것이 거의 자동적으로 된다는 사실에서 솟아나오는 양심의 안전함이다.

　이러한 변화의 소식과 아마도 그 해 말에 이루어질 희생에 대해 단지 예상하는 것만으로도 이 3, 4일만에 일 년간 수련실에서 겪었던 모든 시련보다 그녀는 더 성숙되었던 것 같다. 우리는 그녀가 유기 서원(有期 誓願)을 준비하며 작은 피정을 끝냈을 때, 자신의 일기장에 기록하였던 것을 알고 있다. 이제 이러한 상황에서 그녀의 생각과, 유기 서원 전에 다짐했던 것들은 물론 청원자나 수련자였을 때 열정적으로 기록하였던 모든 일기들과 비교해 보도록 하자. 우리는 별안간 아주 다른 형태와 분위기를 접하게 되는데, 그것은 삶을 완전히 새롭게 바라보는 방식이다. 그녀는 더 이상 극적이고 감상적으로 보일 수 있는 열정으로 자신의 소녀다운 마음을 쏟아내지 않는다. 희생에 대한 낭만적인 열의나 수련자의 열정적 이상주의는, 놀랍게도 자신의 상태에 대해 냉정하고 반성적이며 분석적으로 전개되는 일련의 논증과 이와 관련되는 모든 것들로 변화되었다. 그녀의 민감한 성격에 미친 이 충격의 반향이 얼마나 지대하였는지, 그러한 사실을 이렇게 대조되는 상황만큼 절실히 느끼게 해 주는 것은 없을 것이다. 자신의 균형감을 다시 추스르기 위해 감정에 의지할 수 있는 모든 가능성에 빠져 버렸기에, 이제 좀 더 결사적이고 투쟁적인 진지함으로 하나의 발판을 마련하기 위해 싸우고 있었다. 지금은 새로운 확신, 견고한 논리, 설명을 필요로 했다. 그녀는 이해할 수 있기를 바라고 있었다. 자신이 어디로 가고 있는지 알고 싶어 했다. 낯설고도 놀라운 이 엄청난 일련의 문제들에 자신의 정신을 적응시키고자 하는 것이다. 다음과 같이 기록하고 있다(이제는 그녀의 숙고가 개인적이지 않고 비인격적이며 보편적으로 되어가고 있다는 사실에 주목하라).

　"트라피스트 생활을 받아들인 사람이, 삶에서 우리 자신에게 요구되는 모든 희생에 대해, 그것이 내포하는 의미를 온전히 알고 관대한 마음으로 받아들일 준비가 되어 있다는 것은 좀처럼 드문 일이다. 그래서 때로는 놀라워할 수 있으며 아무런 주의 없이 다가온 것들에 대해 관대하지 못할 수 있다. 예컨대 한 수도원에서 다른 수도원으로 변경하는 것과 같은 것이다."

개인적이지 않으며 특히 눈에 띌 만큼 고요하고 사변적인 분위기를 띠는 그녀의 말은, 청원자였을 때 열렬하게 기록했던 것과는 대조를 이룬다. 이러한 변화가 무척 인상적이었기 때문에, 우리는 이 희생이 그녀에게 얼마나 많은 대가를 치르게 했으며 그로 인해 얼마나 자신의 나약함을 느꼈는지 비로소 알아볼 수 있다. 계속해서 이렇게 쓰고 있다. "사람의 마음속에는 자신이 태어난 장소에 대해 지극히 자연스런 사랑이 존재한다. 수도자의 영혼 안에서는, 자신을 받아들였던 수도원과 그곳에 살고 있는 사람들에 대해 이와 똑같은 사랑을 찾아볼 수 있다. 바로 그곳에 굴러다니는 돌맹이까지도 생명의 숨을 내뿜고 있는 것처럼 보인다. 관습이나 그 밖의 것들은 그녀의 주변에 어떤 분위기를 창조하고 있다. 그 안에서 편안하게 호흡하고 휴식할 수 있다. 그러나 그녀는 이를 깨닫지 못하고 슬픔과 희생의 첫 기억에 집착하기까지 한다. 고독의 은밀함 가운데 하느님 앞에서 고통스런 자신의 마음을 쏟아내는 장소들에 더 이끌리면서, 고뇌의 순간들과 그 안에서 받았던 도움을 기꺼이 기억해내고자 한다. 그녀를 깊이 감동시켰던 것은 무엇이나 기억나게 하는데, 저마다 그녀의 감수성에 어떤 즐거움을 주며 자기애에 빠져 있을 때에도 그것을 인정하도록 만든다."

"하느님은 원하신다면 이러한 영혼들을 언제나 참으로 이러한 무지 속에 내버려둘 수 있지만, 때로는 그분의 거룩한 질투가 한 수 더 위에 있을 수 있다. 그분이 공동체의 전체적인 선익을 위해서만 사건들을 이끌어가고 있는 것 같이 보이지만, 당신 섭리의 다양한 안배 안에서 그녀가 부름받고 있는 완전함의 조건으로서 보다 철저한 희생을 통해 한 영혼의 선익을 위해서도 역시 일하신다. 그래서 산산조각 난 영혼은 자신 안에서 이제까지 알지 못했던 집착들을 수없이 발견하게 된다." 그녀는 다음과 같이 계속한다(여기에서는 폴리까르프 신부의 목소리를 알아볼 수 있다). "좀 더 특별한 영혼들이 있다. 그래서 하느님은 이들에 대해 훨씬 더 질투하신다. 그들은 그분의 특별한 은총 한 가지에라도 결코 충분히 헌신하고 충실했음을 보일 수 없을 것이다. 만일 그들이 자신들에 대한 하느님의 계획에 부응한다면 이 은총은 차고 넘치도록 그들에게 내려질 것이다. 그분의 생명을 홀로 살아가며 오직 그분만을 염두에 두고 마음속 깊은 곳에서 그분을 발견하며 이곳에서부터 영원한 생명을 시작하도록 예정되어 있는 이들이, 그것을 창조물에게 양도해 버릴 양으로 수치스러움에 낯을 붉히지 않고 털끝만큼의 생각이나 갈망에 대해서도 자신들의 스승이신 주님을 속일 수 있을까?"

"종교적인 영혼은, 그것이 지니고 있는 대단한 명칭만큼의 가치가 있다면, 다른 모든 것에 대해 죽어야 하듯이 방식과 장소에 있어서도 죽어야 하고 이탈할 수 있어야 한다. 이 때문에 그 영혼은 마음에서 하느님 아닌 모든 것을 떼어내도록 그분께 허용해 드려야 한다. 어느 날 그 영혼이 짐을 꾸려서 떠나야 한다는 말을 듣는다면, 육체적으로뿐만 아니라 자신의 판단과 의지에 있어서도 떠나야 한다. 하느님의 뜻이 이루어질 때에만, 이 영혼이 자신의 고통을 무시하게 해야 한다. 하느님의 뜻에 일치하기 위해, 반감이나 반항심을 느끼지 말아야 한다는 것을 반드시 믿을 필요도 없다. 선한 의지는 이러한 것들을 극복하지만, 그것들을 모두 단절시켜 버리지는 않는다." "이렇게 해서 정확히 말하면 그녀의 감수성이 일깨워지는 때에, 그녀는 하느님의 사랑으로 받게 되었던 한 차례의 일격 앞에 고개를 숙여야 하는 것이다. 그분은 우리의 애정을 오로지 초자연적으로 만들기 위해 살로 된 심장을 찢으신다. 그래서 영혼이 황량함 속에서, 홀로 유일하게 사랑해야 할 분이지만 피조물들에게도 보여드리고자 했던 그분의 품에 안기려고 달려갈 때 행복한 날이 된다!"

베르크만스 수녀는 얼마나 많이 말하고 있는지를 깨닫지 못한 채, 모든 문제의 핵심을 진술하고 다가올 몇 년간 자신의 모든 고통에 대해 설명하고자 한다. 설명은 그 자체로 완벽하며 오직 진실한 것으로, 자신의 모든 유혹들의 근간에 가 닿고 있다. 주목할 만한 것은, 그녀가 매우 자주 망각하는 경향이 있었다는 것이다. 왜냐하면 하느님이 우리를 시험하시고 아무것도 아닌 우리 자신에 대해 실질적이고 회피할 수 없으며 경험적인 인식을 하도록 하시고자 할 때, 사고가 우리를 구원할 수 있는 것인 양 그분은 우리의 유혹들로부터 빠져나오는 길을 생각하는데 필요한 모든 진실들에 대해 미리 가르쳐 주시기 때문이다. 그리고 나서 우리가 알고 이해하고 있었던 것으로 보였던 것을 실행하지 못하는 철저한 무능력으로부터 좀 더 고통을 받도록 허용하신다. 베르크만스 수녀에게도 그러하였다. 여기에 그녀가 말한 내용이 있다. 그것은 매우 좋고 중요하다. 그것은 모든 유혹에 관한 비밀을 담고 있었다. "이러한 영혼은 십자가로부터 물러서거나 자신의 약함으로부터 움츠러들지 말아야 한다. 이 약함은 영혼에게 굴욕감을 주기 때문에 십자가 자체보다 훨씬 더 견디기 힘든 것이다. 영혼이 피하고자 하는 것이 바로 이 굴욕이다. 희생은 심장을 꿰뚫지만 그것을 강하게 만들며, 피조물들은 그때부터 마음속으로부터 추방된다."

　유혹은 우리 자신의 힘으로 그것을 이겨내라는 것이 아니라, 다만 우리 자신의 약함을 깨닫고 사랑함으로써 성 바오로처럼 우리의 유약함 안에서 기뻐하라고 주어진 것이다. 왜냐하면 그 유약함이 우리를 악에서 구원하실 수 있는 하느님의 품속에 우리 자신을 내던지도록 내몰고 있기 때문이다. 베르크만스 수녀 자신이 그렇게 말했던 것처럼, 그 중요성 때문에 그것을 반복해본다. "그때는 황량함 속에 있는 영혼이 유일하게 사랑해야 할 그분의 품에 안기기 위해 달려가는 행복한 날이다. 그러나 이에 못지않게 영혼은 그분을 피조물들에게도 알리고자 한다."

　전체적인 교의는 현대의 위대한 시토 회원 가운데 한 명으로, 본 수도회 총장 자문 위원이자 읍시 수녀원의 고해 사제였던 동 생포리앙의 일기에 훌륭하게 종합되어 있다. 그는 이렇게 기록하고 있다. "하느님이 우리를 인도하고 있는 곳은, 보통 흔히들 이해하고 있는 것처럼 성스러움, 말하자면 우리 자신을 꾸미는 것이 아니라 다만 우리 자신을 희생하고 소멸시키는 것이다. 그렇다 해도 우리가 이 목적지에 도달하고자 한다면, 하느님께서 그 모든 것을 행하시면서 역사하셔야 할 것이다. 우리의 십자가를 선별하고 그것을 우리 어깨 위에 올리며, 우리가 쓰러진 뒤에는 우리를 데려다가 벌거벗기며 못 박고 십자가에서 죽게 해야 하는 것이다. 주님의 손만이 이 모든 것을 행할 수 있다!" 파격적으로 힘찬 문장을 덧붙이고 있는데, 가히 모든 트라피스트의 마음에 새겨져도 될 만한 말씀이다. "하느님은 우리의 모든 계획이 무너져 내린 폐허 위에서 승리하셔야 합니다. 오직 그분께서 뜻하신 것만이 현실이 됩니다. 그 밖의 모든 것은 아무것도 아닙니다." 하느님은 우리의 모든 계획이 무너져 내린 폐허 위에서 승리하셔야 한다! 베르크만스 수녀의 폐허와 그녀 안에서 하느님의 승리는 이미 시작되었다.

　베르크만스 수녀가 특별한 신심을 두고 있었던 위대한 시토회 신비가의 축일에 종신 서원을 발함으로써, 이렇듯 갑자기 성숙해진 그녀의 영적 삶을 봉인하는 것은 합당한 것이었다. 서약하는 날이 당시 예수 성심에 대한 흠숭(13세기 시토회 신비주의에 깊은 뿌리를 두고 있으며, 직접적으로는 12세기의 성 베르나르도로 거슬러 올라간다)의 창시자 가운데 한 명인 대 제르트루드 성녀의 축일이었던 11월 15일로 잡혔기 때문이다. 그날 그녀는 그분의 높은 제단 앞에서 하느님께 희생 제물로 자신을 영원히 봉헌하였다. 이중 제물의 성격이 분명하게 부각되었다. 말하자면 일본까지 떠나보냄으로써 그녀의 희생 제물을 마련하고 예식을 거행했던 사제들로서 두 명의 아빠스, 동 에우젠느와 동 비탈 르호디가 제단 앞에 임석하고 있었기 때문이다. 자매들은 큰 감흥을 가지고 작고 연약한 수녀가 가대 중간에 홀로 서 있는 것을 바라보면서 자신들의 가대석에 앉아 있었다. 두 손은 거대한 소매 아래 포개어져 있었고 고개를 약간 숙인 채, 라발의 주교로부터 울려 퍼지는 강론 말씀을 미동도 없이 듣고 있었다. 한 명의 주교와 관을 쓴 두 명의 아빠스 앞에, 모든 자매들의 시선 아래 고립되어 있는 가엾은 작은 수녀! 얼마나 작고 연약해 보이는가!

　고위 성직자들의 풍부하고도 조화로운 선언이 차례로 이어지는 가운데 장중하고도 감동적인 결론부로 끝났다. 그 목소리의 울림은 가대의 돌과 둥근 천정으로 아득히 사라져 갔다. 양피지의 부스럭거리는 소리가 들리는가 싶더니, 베르크만스 수녀가 자기 손에 서원 양식서를 들고 있었다. 그 후, 작은 목소리로 음악이나 감흥도 없이 단조롭게 자기 서약과 희생을 노래하였지만, 또렷하게 들릴 정도였다. "나, 마리아 요안네스 베르크만스 수녀는 ……" 그녀의 목소리는 어미와 마침표에서 푹

꺼지는 형국이었는데, 중세 라틴어로 하느님께 그녀의 삶을 약속할 때에는 이상하게 어울리지 않는 단순한 멜로디로 소리를 냈지만 그녀 자신의 고유한 모든 것이 오뚜기처럼 떨어졌다가 다시 일어났다. 마침내 마지막 단어의 마지막 음절에서, 그녀의 목소리는 죽은 자들을 위한 성무의 가르침이나 단식날의 예언서 혹은 교회에서 우리 구세주의 수난을 애도하는 성주간 독서 기도의 가르침을 위한 종결부처럼 잦아들었다. 분명히 정주 서약은 그녀의 가슴을 더욱 아프게 했을 것이다. 그녀는 일본에서 초기 몇 년간을 보내면서도, 여전히 라발 공동체의 일원으로 간주되었다. 그 서원이 마땅히 가지고 있어야 하는 혜택이나 특권 혹은 평화라고는 전혀 아무것도 없이, 그녀는 단지 기이하고도 역설적인 책임감에 지나지 않은 것으로 정주를 서약하였다. 수녀들의 가대는 자비송의 길고도 감미로우며 슬픈 멜로디로 성당을 가득 채우기 시작했으며, 베르크만스 수녀는 원장 수녀 앞에 무릎을 꿇고 기도를 청하며 포옹을 받았다. 그녀가 수녀들 한 명 한 명 발치에 무릎을 꿇고 각 사람에게 답례로 포옹을 받으며 가대 자리를 지나갈 때, 눈물을 흘리는 사람은 그녀만이 아니었다. 그녀의 귀에는 시편 저자의 축복 어린 말씀이 속삭이듯 들려왔다. "주님께서 너의 오가는 길을 지켜 주시기를." 그렇다, 그날도 결정되었다. 그녀는 공현 대축일에 일본으로 떠나게 된다.

그럼에도 불구하고, 11월의 어둡고 구름이 잔뜩 낀 날들도 기쁨의 시간이었다. 저물어가는 한 해, 벌거벗은 나무들, 들이닥치는 겨울, 자신의 수녀원과 사랑하는 고국 프랑스를 떠날 시간이 점점 다가와도, 내면의 평화와 존재 깊은 곳에서 정배이신 그리스도와 이루는 일치로부터 나오는 내적 힘을 잠식시켜 버릴 수는 없었다. 장차 다가오고 있는 희생도 언제나 그녀의 특색이라 할 수 있었던 기쁨과 생기발랄함으로 자연스럽게 넘쳐흐르는 것을 막지는 못했다. 이제는 그 어느 때보다도 더욱 활기찬 나머지 억누를 수 없을 때가 있는 것 같았다. 일종의 신경적인 반응처럼 그녀의 쾌활함을 더더욱 주체할 수 없게 만들었던 것은 바로 이별이 다가오고 있다는 생각이었던 것 같다. 수련실 전체가 박장대소를 터뜨리곤 해서, 바로 옆방에 있는 원장 수녀가 침묵과 규율을 지켜 달라고 벽을 세게 두드리는 일이 드물지 않았다! 그녀는 아마도 누구 때문에 이 폭소가 발생했는지 어렵지 않게 짐작했을 것이다. 11월이 끝나고, 그것과 더불어 전례 주년도 그 끝에 이르렀다. 고행의 대림절이 겨울을 안내하며 시작되었다. 아직 전례의 깊은 의미에 잘 부합하지 못하고 있었던 베르크만스 수녀는, 교회 대림절의 근본 바탕이 되는 기쁨으로 좀처럼 위로를 받을 수 없었다. 오히려 그녀의 내적인 반감과, 슬픔이 커지기만 하는 경향을 보였다. 떠나는 시간이 다가옴에 따라, 점점 더 침울해지는 것밖에는 아무것도 생각할 수 없었다. 그녀는 사랑과 하느님 뜻에 의탁하는 행위를 많이 늘렸는데, 각각의 행동은 더 큰 무력감과 황량함 가운데 이루어졌기 때문에 점점 더 순수해졌다. 베네딕도회 수도승에 의해 주어진 짧은 피정 안에서의 작은 위로는, 떠남을 준비할 수 있도록 도와 주었다. 그 크리스마스가 그 해였는지는 모른다. 그녀의 일기에는 중요하게 언급할만한 것이 아무것도 없다.

　새해 첫 주간은 떠나야 하는 베르크만스 수녀와 동료들에게 있어서 라발 수녀원에서 지내는 마지막 시간들이었다. 그 사람은 다름 아닌 이전 수련장이었던 도미니크 수녀였다. 준비해야 할 것들은 많지 않았다. 시토 회원은 세상 한쪽 편에서 다른 편으로 정주를 변경할 때에도 짐이 결코 많지 않다. 성무일도서, 규율집, 몇 가지 평범한 의류들, 개인적인 기록들로 가득한데, 아마도 문법 학교 서적 사본들로 보이는데, 그것이 전부이다. 짐 꾸리기는 오래 걸리지 않았다. 공현 대축일 독서 기도는 떠나는 장면이 길게 줄줄이 이어지는 내용이었는데, 누구라도 그 마음을 아프게 할 만한 것이었다. 그러나 그들이 지니고 있던 공적 성격은 고통을 좀 더 참고 견딜 수 있게 해 주었다. 마지막으로 순전히 개인적이며 가장 고통스러웠던 작별의 시간은 그들이 실제로 출발하기 바로 전인 그 다음 날 찾아왔다.

두 수녀는 새벽 독서 기도 때 식당에서 무릎을 꿇고 지난 세월 그들이 행한 갖가지 "잘못"으로 공동체를 어그러뜨렸던 점에 대해 공적으로 용서를 청했다. 그 후, 각 사람과 침묵 가운데 포옹을 나누며 모두에게 작별을 고했다. 그때의 침묵은 말보다 웅변적이었다. 이 모든 것은 기품 있는 절제 아래 진행되었으며, 가엾은 베르크만스 수녀의 마음 안에서 적어도 잠드는 시간까지 이것이 무너져내리지 않고 있었다. 자기 뒤로 독방 커튼을 내리고 옷을 입은 채 짚으로 된 요 위에 누운 후 담요를 덮었을 때, 더 이상 슬픔을 억누를 수 없었다. 그녀는 슬픔 속에 남은 밤 시간을 보냈으며, 다음 날 아침 대축일 독서 기도를 위해 성당에 나타났을 때는 유령처럼 보였다. 전례의 웅장함 속에서, 감실에 숨어 계신 성체의 장막 안에 참으로 현존하시는 육화하신 하느님의 아드님의 옥좌 앞에, 삼왕의 금과 유향과 몰약이 그분의 영광을 위해 다시금 봉헌되었다. 사랑의 금과 찬미 기도의 유향이 모든 수녀의 마음을 통해 예수님께 전달되었다. 그러나 좀 더 특별히 슬픈 영혼을 지닌 이로부터는 고통의 소중한 몰약이 그분께 바쳐졌다. 서서히 흐르는 눈물 속에서 구세주의 장례를 위해 부어진 것이다. 영광스럽게 숨어 계신 그리스도는 특별히 어떠한 사랑으로 이 작고 가련한 수녀의 마음을 바라보셨겠는가. 노래도 부를 수 없고, 희생으로 슬퍼진 마음속에서는 한 가닥 기쁨이나 즐거움의 느낌도 나오게 할 수 없었으며, 다만 머리를 숙이고 있으면서 손에는 자신의 모든 꿈과 수도 생활에 대한 모든 개념들의 잔해로 가득했다. 자연적 우정과 인간적 애정의 모든 파편들로 꽉 차 있었다. 이 모든 것들을 포기하기 위해서 자신을 거의 죽을 지경으로 만들었다는 것을 인정하는 것 말고는 어떤 것도 할 수 없을 만큼 너무 약해지고 비참해져 있었다. 그분은 그녀에게 어떤 것도 설명해 주지 않으셨다. 그분은 그녀에게 말씀해 주시지 않았다. 그분은 귀중한 몰약에 대한 선물로 당신과 일치되도록 그녀를 받아들이셨고, 당신이 한때 느끼셨던 그 엄청난 슬픔 속에 그녀의 슬픔이 하나 되는 것을 지켜보면서, 침묵의 사랑 속에 그녀를 바라보셨다. 그분은 영원의 깊은 곳에서부터 그녀를 바라보고 계셨다. 거기에서는 그녀의 증여와 왕이신 분의 증여, 그리고 그분의 자기 희생 그 모든 것이 애초부터 하나인 상태로 있었다.

오, 베르크만스 수녀가 그때 그것을 알 수 있었다면! 차가운 가대에서 일어났을 때, 너무 많은 비참 속에 빠져서 자신의 나약함 안에 깊이 들어가 있던 나머지 자신이 세상을 구원하고 있다는 것도 볼 수 없었다! 성대한 미사가 끝난 뒤 좀 더 많은 포옹을 했다. 이번에는 수련실 차례로, 모두가 그녀와 가장 가까운 친구들이었다. 하나같이 그녀가 가장 애착을 가지고 있던 이들이다. 매우 고요한 가운데 눈물 바다를 이루었다. 그 다음 먼 곳으로 유배된 자들처럼, 떠나라는 명을 받은 두 명의 파견된 자는 식당에서 식사하는 대신 공경하올 원장 루드가르디스와, 베르크만스 수녀를 수녀원에 받아들였던 전 원장 마리 앙뜨와네뜨와 따로 하였다. 이 식사가 끝난 뒤의 모습이 마지막 장면이었다. 출발할 때가 되었다. 그들을 배웅하기 위해 정원 앞에 20여명의 수녀가 모였다. 이번 포옹은 좀 더 열정적이고 진지했다. 마지막 시간이었기 때문이다. 베르크만스 수녀는 더 이상 자신의 흐느낌을 감추지도 않았고 아픈 마음을 숨기려 하지도 않았다. 아니 그렇게 할 수 없었다. 그들은 그녀에게 무슨 말을 했을까? 그녀는 거의 알아들을 수가 없었다. "천국에서 다시 보자." 그것이 전부였다.

마지막으로 그녀의 어깨 너머로 절망적인 시선을 던지더니, 엄청나게 육중한 문은 닫혀지고 두 수녀를 험한 세상 속으로 가두었다.

06

여정

　그녀가 성소를 결심했던 시절 – 이제 보니 얼마나 오래 전 일인가! – 베르크만스 수녀는 두 곳의 트라피스트 수녀원 사이에 선택권이 있었다. 한 곳은 라발이고, 또 한 곳은 리옹 근처 마콘에 있는 성심의 성모 수도원이었다. 그녀는 프랑스의 다른 편 끝에 자리한 곳을 주저하지 않고 선택하였다. 가능한 이 세상의 모든 유대로부터 떨어져 있으려는 의지가 있었으며, 마콘에서는 여전히 부모나 친구들과 너무 가깝게 지낼 수 있었다.

　놀랍게도 하느님은 그녀 자신이 예상했던 것보다 더 철저하게 말 그대로 그녀의 지향을 직접적이면서도 갑작스럽게 받아 주셨다. 그 모든 일 안에서 극적인 아이러니를 증폭시켰던 것은, 일본으로 떠나는 수녀들의 그룹, 라발에서 2명, 마콘에서 2명, 웁시에서 3명의 조수녀들이 모이는 장소가 바로 성심의 성모 수녀원이었다는 사실이다. 그녀가 자신의 인간적 나약함을 고려해서, 부모와 더 가깝게 지내기 위해 마콘으로 입회하였다고 가정해 보면 어떻겠는가? 여하튼 그녀가 이 모든 것에 대해 생각했는지 안 했는지 궁금해 할 필요는 없으나, 그러한 상황 하에서 일본을 선택한다는 것은 얼마나 더 어려웠겠는가. 그때 그녀가 알지 못했던 것 한 가지가 있었다. 몇 년이 지난 뒤에 성심의 성모 수도원의 전 공동체가 모두 브라질로 이주하게 되었지만, 그 새로운 식민지에서 시작했던 일은 성공적이지 못했다. 그들은 결국 리옹 남동쪽, 알프스의 작은 언덕에 있는 샴바랑으로 되돌아왔으나 – 베르크만스 수녀가 죽은 뒤 오랜 세월이 지난 다음에야 이루어졌다. 그녀가 마콘을 선택하였다 해도, 유배되듯이 먼 곳으로 떠나야 하는 그녀의 삶은 더 확실해질 수밖에 없었을 것이다. 성심의 성모 수녀원 수녀들로부터 받은 친절한 환대는 이별의 비통한 마음을 달래기에 충분하기도 했지만, 그곳에서 잠시 자신의 슬픔을 잊어 버릴 수 있도록 남다른 도움을 받은 일이 많이 있었다. 먼저, 세퐁의 아빠스로서 12세기의 성 베르나르도와 같이 금세기 최고의 위대한 시토회 여행자인 동 장 밥티스트 쇼타르가 찾아와서 여행과 관련된 현실적이고 영적인 제반 문제에 대해 자신의 깊은 지혜와 분별력으로 자매들에게 도움을 주었다. 참으로 위대한 이 사람의 작품과 성격의 도량은 "사도들의 영혼"으로 가장 잘 가늠할 수 있다.

이 책자는 교황 비오 10세와 세상 모든 곳의 수많은 사제들이 자기 침상 머리맡에 두고 보는 것이었다. 그는 일본 창립 수도원인 천사의 성모 수도원에 특별한 관심을 두고 있었으며, 세계를 두루 여행할 때 이 수녀원을 여러 번 방문하기도 했다. 이때 그는 떠나는 자매들에게 그 그룹 안에서 책임질 수 있는 여러 가지 직책을 할당해 주었는데, 베르크만스 수녀는 회계 담당이 되었다. 로베르 신부는 그의 필사본에서 볼 때, 이 선택을 다소 유감스러운 눈으로 보고 있었으며, 베르크만스 수녀에 관련되는 한 동 쇼타르가 자매들에게 주었던 실제적이고 가치 있는 모든 조언들은 단순히 한쪽 귀로 들어갔다가 다른 쪽 귀로 흘려 버리는 식이었다고 언급한다. 그러나 여기에는 그 이상의 어떤 설명도 없기 때문에, 우리는 수녀들이 일본에 도착하기까지 금전적으로 어떤 재난을 당하지 않았다는 것을 짐작할 수 있다. 또 하나 놀라웠던 것은 리옹, 구속 수녀원의 두 수녀와 16명이나 되는 이전의 학생들이 예기치 않게 나타난 것이다. 어떻게 된 셈인지 이 소식이 전달되자 그들은 베르크만스 수녀를 찾아와서 다소 시끌벅적한 배웅을 해 주었다. 2년간 침묵 생활을 해서 그런지, 그녀도 수다스럽고 애정 어린 그 많은 친구들을 동시에 감당하기가 어려운 것 같았다. 결국 그녀는 원장 수녀에게 마니피캇을 읊조리며 그들 모두에게 강복해 줄 것을 요청함으로써 그 방문을 끝냈다. 그래서 효과적으로 침묵하게 된 18명의 방문객들은 사랑과 존경심으로 감탄해 마지않으며 줄지어서 밖으로 나갔다. 이렇듯 막간에 이루어진 휴식을 뒤로 하고 여정이 시작되었다. 1월 12일 7명의 수녀들은 기차로 마콘을 떠나 마르세이유로 향했다.

 마콘 다음으로 중요한 정거장은 리옹이었다. 그곳에서는 꽤 오래 기다려야 했는데, 베르크만스 수녀가 원했다면 부모와 짤막한 말이라도 나눌 수 있을 정도로 긴 시간이었다. 그러나 그녀는 특별히 자신의 여정이나, 리옹을 거쳐 지나가는 것에 대해서는 그들에게 아무 말도 하지 않기로 했다. 기차가 가르 드 페라쉬(Gare de Perrache)에 있는 동안 줄곧 그녀는 객실 차칸 한구석에 있으면서 되도록 눈에 띄지 않으려 했다. 친척이나 친구가 혹여 플랫폼에서 걸어 다닐 수도 있었기 때문이다. 길고도 날카로운 기적 소리가 어두침침한 역에서 메아리쳤을 때, 기차 승무원의 외침이 포효하는 기관차 증기의 첫 폭발 소리에 파묻혀 버렸으며 긴 급행열차는 대낮의 빛 속으로 움직이기 시작했다. 베르크만스 수녀는 눈에 뜨일 만큼 긴장하고 있었지만, 그래도 밀집되어 있는 건물들과 검은 탑들, 도심의 구릉지들을 바라볼 때는 공허하고 허탈한 심정이 되었다. 생에서 마지막으로 그곳을 보는 것으로, 한때 자신의 고향이었던 장소이다. 마지막으로 그녀는 푸르비에르(Fourvieres) 성지를 바라보았다. 자신이 처음으로 하느님의 어머니께 봉헌했던 곳이다. 그런 다음 마음 안에서 그녀를 부르시고 이 길에 이르기까지 당신 손으로 인도하셨던 정배이신 분께로 되돌아갔다. 그녀는 아직 온전히 이해하지 못했지만, 감정적인 반항심에도 불구하고 자신의 모든 의지를 다해서 유순하게 따랐다. 기차는 로네(Rhone) 강둑을 따라 남서쪽으로 질주했다. 아무 것도 없는 바위 투성이인데다 햇볕이 내리쬐는 언덕들을 따라가면 갈수록, 프랑스는 그녀로부터 영원히 멀어져갔다. 베르크만스 수녀는 보지 않았다. 그녀는 평화롭게 기도했으며 거리가 멀어질수록 하느님께 자신의 고국을 바쳤다. 그들이 마르세이유에 도착해서 도시의 광대한 원형 경기장이 바라다 보이는 가르 생 샤르(Gare St. Charles) 앞에서 커다란 플랫폼으로 내려섰을 때 어두움이 드리워지고 있었다. 난간 한켠에는 5개의 대륙을 상징하는 기념비적 조각상이 그들을 환영하며 거대한 그림자를 던지고 있었다. 도시 저 너머에는 바다가 있어서 그런지, 군중들로 북적대는 수천 거리마다 희미하게 떠도는 소음을 꿰뚫고 항구 입구에 있는 배에서 낮고 슬픈 외침이 들려왔다. 듣자니 묵직하고 낯설은 것이, 대륙적인 것과는 판이하게 다른 곳이었다. 베르크만스 수녀는 처음으로 바다와 그 자체의 광대함과 특별한 외로움을 마음으로부터 알게 되었다. 그것은 그녀의 것과 잘 조화되었다. 자신의 유배에서 오는 슬픔과 함께 일종의 우연한 관계를 형성하였던 것이다. 그들은 도심지 안으로 내려갔다. 미궁 같은 좁은 거리들에 득실거리고 있는 폭력에 대해서는 아무것도 모른 채, 그들은 곧이어 어느 친절한 수녀원의 담장 뒤에서 안전한 피신처를 찾았다. 다음날 아침 식사도 마다하며, 벌써부터 북적대고 있는 중심 도로와 자갈길 위로 동이 틀 무렵 그들은 모두 함께 서둘러서 비외(Vieux) 항구의 고기잡이 어선들을 지나 가파른 언덕배기 발치에 닿았다. 그 정상에는 광활하고 폭력적인 이 도시의 수호 성녀의 성지가 장관을 이루고 있었다. 노틀 다메 드 라 가르드(Notre Dame de la Garde)의 높은 탑에는 하느님의 어머니 상이 동정심과 자비로 눈부시게 빛나는 바다를 바라보고 있으며, 배들은 그분 자녀들을 싣고 낯선 땅 머나먼 곳을 향해 나아가고 있었다. 이렇듯 횅덩그런 바위 위에서, 세상에도 가장 극악하고 죄에 물든 도시들 중 한 곳에 천상 여왕의 감화력이 얼마나 깊이 있게 스며들고 있는가! 살인과 죄악의 위협으로 짓눌린 이 부두와 빈민가들 위로 그분의 자비와 동정과 도움이 얼마나 진실하게 현존하고 있는가! 또한 그분의 특별한 간구의 힘이 좀 더 순수하고 저항할 수 없는 힘으로 이 미궁의 가장 어두운 구석까지도 통하지 않은 적이 없다. 그분만이 살인하는 외국 선원이나 죽어가는 창녀를 혐오하지 않으신다.

일본에 가기로 되어 있는 7명의 작은 수녀들은 자신들이 서 있는 이 도시에 대해서 아무것도 모르는 채, 거리를 따라 올라가서 그 바위 언저리에 다다랐다. 그들의 시선은 이미 수백 개의 돌계단을 따라 올라가다가 이윽고 바실리카 성당에 가닿았는데, 그때 갑자기 긴 층계 바닥에서 두 인물을 알아보았다. 그들은 수도승들이었다. 그들의 검은 외투 아래에 흰색 시토회 복장이 보였다. 이들은 그들의 긴 여정을 동반하기로 되어 있던 두 명의 트라피스트 사제들이었다. 그들은 모두 함께 계단을 올라간 다음 돌아서서 다시금 도시가 펼쳐져 있는 모습을 바라보았다. 그곳은 떠오르는 태양 빛 속에서 하얗게 빛나고 있었으며, 푸른 바다까지 가파르게 내려가는 언덕들로 원형 극장과도 같은 장관을 이루며 아름답게 보였다. 그들은 항구 전체가 자신들의 발치에 펼쳐져 있는 것을 관망하며 정상 꼭대기에서 잠깐 머물렀다. 그러나 그들 모두를 슬프게 할 뿐인 이 정경을 지켜보려고 오래 머물지는 않았다. 어두운 입구를 통해서, 그곳 성지의 촛불들로 밝게 빛나고 있는 정원이 내다보였다. 그들은 무릎을 꿇었다. 두 명의 수도승들은 미사를 드리기 위해 조용히 제의를 갖추어 입고 있었다. 베르크만스 수녀는 자기 어머니요 보호자이며 여왕이신 마리아께 눈을 들어 올렸다. 그녀의 몸과 영혼은 그분께 속해 있었다. 두 명의 사제들은 수도승의 둥근 머리를 하고 고개를 숙인 채 깊이 묵상하면서 각기 미사를 드리기 시작했다. 주 예수님께서 프랑스 땅에서의 마지막 시간을 위해 베르크만스 수녀와 그 동료들의 영혼 속에 오셨던 것은 바로 이곳, 항구가 바라보이는 바위산의 정상, 그분 어머니의 발치에서였다.

그날 저녁 5시경 거대한 밧줄이 부두의 더러운 물속에서 철석거렸고, 시드니 증기선의 검은 선체가 서서히 부두에서 멀어지기 시작했다. 원치와 사슬의 뗑그렁거리는 소리, 내뿜는 증기, 둔중한 기적의 외침은 그들의 발바닥까지 흔들어댔으며, 울려대는 소음은 마음을 온통 먹먹하게 만들며 북받치게 했다. 그때 그들은 자신들이 도정에 올랐음을 알게 되었다. 육지는 점점 더 그들로부터 멀어져갔으며, 배는 서서히 회전하면서 항구로부터 뱃머리를 돌리고 확 트인 바다를 향해 나아갔다.

살아서는 결코 다시 보지 못할 이 땅 프랑스를 자신들의 시선으로 집어삼키기라도 할 것처럼 그들은 난간에 붙어 있었다. 말할 수 없는 비통함이 끓어오르면서 그들의 마음을 질식시켰을 때, 사랑할 수밖에 없었던 모든 것(그들의 고요한 가정, 평화로운 프랑스 정원의 아늑한 곳, 포도원이나

가게에서 일하고 있는 아버지와 어머니)을 온전히 희생하며 하느님께 봉헌하였다. 그들은 이제 영원히 잃어 버리게 된 사랑하는 마을들, 이중경사로 된 지붕들, 플라타너스 나무들이 늘어서 있는 대로들, 아이들이 먼지 투성이가 되어 놀고 있는 시장의 광장들, 작은 교회나 엄숙한 대성당들, 그곳 수도원들의 깨끗한 회랑들, 그들이 사랑하는 수녀들의 미소, 그 친절함, 그들의 관심, 그들의 작은 실수나 특성까지도 봉헌하였다. 이 모든 것은 충만히 사랑받았다가 희생 제물이 되었다. 땅거미가 지기 시작하였으며, 마르세이유는 바다 속으로 잠겨들고 있었다. 마리아는 탑 정상에서 그들을 돌보아 주시면서 결코 시선을 돌리지 않았다. 그때 수녀들과 그들의 동료인 트라피스트 수도자들은 바다의 찬 공기를 아픈 가슴 속으로 깊이 들이쉬면서, 마음은 괴로움으로 가득할지언정 자신들의 희생을 하느님께 감사드리기 시작했다. "내 영혼이 주를 찬송하며 ……."

베르크만스 수녀는 눈을 들어 바위 위의 성지를 보면서 보잘것없는 목소리나마 다른 이들의 소리에 맞추어 따라 불렀다. 그리고 그분의 영광과 우리의 구원에 대해 감사드리는 찬미가 안에서, 자신의 슬픈 마음을 하느님의 어머니의 영원한 기쁨과 일치시켰다. "내 영혼이 주를 찬송하며 …… 나를 구하신 하느님께 내 마음 기뻐 뛰노나니 ……." 기뻐했을까? 그렇다. 기뻐하였다. 그 모든 눈물에도 불구하고 그녀는 이 희생의 고통 안에서 깨달았던 것보다 더한 기쁨을 마음속에 품었으며, 다시 한 번 우리 모두의 구원이 되었던 그 피앗(Fiat, 예)을 말하고 있었기 때문이다.

다음날 아침 일어나서, 코르시카 해안에서 보니파시오 해협으로 들어가고 있음을 알아보았을 때, 베르크만스 수녀의 모든 슬픔은 적어도 잠시나마 아름다운 산과 바다 앞에 사라졌으며, 그녀의 마음은 하느님의 피조물 속에서 찬미받으시는 그분을 보고자 하는 기쁨과 환희로 가득 차게 되었다. 나중에 시칠리와 이탈리아 반도 사이에 있는 메시나에서 더 아름다운 해협에 다다랐을 때, 라발에 남겨두고 떠나왔던 이들에게 편지를 썼다. "이 모든 것들은 얼마나 마음을 감동시키는지, 하느님께로 비상하게 하고, 잠시나마 유배의 슬픔과 우리의 참된 고향으로 인도하는 울퉁불퉁한 길을 잊게 해 줍니다." 그러나 경로가 지중해 동쪽 끄트머리에 더 가까워질수록, 그녀의 생각은 성지로 향했다. 그들은 그곳과 아주 가까이 지나가게 되었지만 조금도 볼 수 없었다! 이것은 그녀를 슬프게 했다. 뽀르세에서 이렇게 쓰고 있다. "우리는 예루살렘에서 12시간밖에 떨어져 있지 않아요."

난간에 서서 부두와 석탄이 적재된 판지를 끝없이 쌓고 있는 거무칙칙한 일꾼들

여정 139

너머, 태양빛으로 타오르는 도심지의 낮은 지붕들 너머 저 사막까지 바라보았다. 상상 속이지만 그곳에서 어렴풋이 잘 보이지 않는 성 요셉과, 팔레스타인에 사는 한 두 명의 사람들과 그 자신 외에는 누구도 하느님의 어머니라는 것을 몰랐던 그의 배우자가 사막에서 바위를 끼고 낙타 대상의 길을 따라 이집트까지 내려가는 것을 보았다. 그들은 우리를 위해 나약하고 힘없는 아기로 태어나시기 위해 당신의 가시적인 영광과 힘을 비우고 내려놓은 정의의 태양이요 우주의 영광이신 분을 품에 안고, 태양과 사람들의 시선을 피해 그분을 보호하였다.

　다른 수녀들 중 한 명이 라발에 편지를 썼던 대로, 이 시간 동안 줄곧 베르크만스 수녀는 그녀의 탁월한 재량인 쾌활함에 있어서만큼은 눈에 확연히 뜨일 정도로 두드러졌다. 그 어느 때보다도 더 좋은 유머와 기지와 높은 기상으로 가득 차 있었기 때문에, 그녀에 대해 이런 말을 들을 수 있었다. "베르크만스 수녀는 기쁨에 있어서 첫째 가는 상을 받을 것이다. 좋은 유머 감각으로 애덕의 정신을 유지하는데 아주 많은 도움이 되고 있다." 자매들이 거친 날씨에 힘들어하고, 해롭지는 않으나 부끄럽게 만드는 배멀미로 고통스러워할 때, 적잖은 도움이 되었다고도 할 수 있는 것이었다. 배멀미를 하는 사람은 누구라도 농담을 즐길 만한 기분이 아니기 때문에, 좋은 효과를 보았던 것은 쾌활함도 있었지만 그 요령이었다. 그러나 내적으로는, 자신이 선택한 수도원에서 매우 행복했던 만큼, 그곳에서 유배당함으로써 자연히 생길 수밖에 없는 불행한 마음은, 줄어들기는커녕 단조롭고도 기나긴 항해로 말미암아 더 강렬해지기만 했다. 인도양의 끝없는 망망대해가 날이면 날마다 똑같이 계속되고, 앞을 분간할 수 없는 강렬한 더위와 수평선의 텅 빈 황량함 속에서 어떤 변화나 위로도 없는 상태는 영혼의 원수가 활동하기에 유리했다.

그녀는 의심으로 고통받기 시작했다. 그 의심들이란, 자기 생각을 인정하고 있는지 그렇지 않은지 거의 알 수 없었다는 것이다. 그래서 그녀의 정신은 평화롭지 못했다. 영혼 속에서는 모든 것이 좋지 않았으며, 이 여행은 무언가 잘못되어 있다는 식의 끊임없는 공포와 걱정이 도사리고 있었다. 좀 더 정확히 말하면, 그녀는 자기 영혼에 잘못된 것이 없는지 생각하기 시작했다. 분명히 이 유배는 일종의 어떤 처벌임이 틀림없기 때문에, 자기 상태를 고려해보고 이기심과 교만과 같은 단점들을 너무 많이 찾아냈을 때 그렇게 생각할만한 갖가지 이유가 떠올랐다. 이제 가장 고통스러운 것 중 하나는, 자기 편에서의 기도와 노력과 선한 의지의 부족이 그녀의 유배를 더 정당하게 만들 수 있다는 사실이었다.

몇 달 전 자기 일기장에 기록하면서, 단지 우리 영혼의 낮은 부분이 반감으로 가득 차 있다고 해서 우리가 하느님의 뜻을 이루지 못한다고 믿을 필요는 없다는 것을 깨닫지 못했다면 어떻게 되었을까? 그녀가 말했듯이 "선한 의지는 이러한 것들을 극복하고 있지만 단절시켜 버리지는 않는다."

매일 피할 수 없는 진실로 다가오는 자신의 무력감과 대면할 뿐인데도, 자신이 얼마나 많이 배우고 진보하고 있는지를 그녀가 알았더라면! 그러나 어떤 편지의 한 문장은, 그녀의 정신 안에 어떤 혼란이 있는가를 보여 주고 있다. "선하신 하느님이 참으로 한 영혼을 사랑할 때, 그분은 그녀를 보이지 않게 가능한 완전하게 그분의 사랑이 인도하는 작은 공간에 숨겨 두시려고 한다는 것이 나의 신념이다. 그분은 조금이라도 그녀가 보여지는 것을 질투하신다. 그러나 나의 경우는 이와 정반대이다. 그분이 서둘러서 나를 세상 속에 던지시려 했다고 생각할 수 있다. 2년의 숨은 생활을 겨우 채운 다음, 그분은 나를 소용돌이 속으로 다시 던져 넣고 계시다."

그런 다음 이렇게 덧붙이고 있다. "나는 자신을 극복할 만큼 덕스럽지 못하다. 거룩한 스승의 영광을 위해 일하는 대신, 나는 그분의 마음을 슬프게만 해드렸다."

이 모든 혼란과 불완전함이 있을지언정 좋은 반응이 없지 않았다. 똑같은 반감과 악감까지 계속 들었음에도 불구하고 일본에 도착한 지 얼마 되지 않아 이렇게 기록할 수 있었다. "선하신 스승님께서는 당신이 행하시는 바를 얼마나 잘 알고 계신가! 피조물로부터 나를 떼어내어 하느님께 더 가까이 데려가기 위해서, 내 마음이 산산조각날 만큼 나는 이러한 분리가 절실히 필요했다."

실론 섬은 그녀가 극동을 처음으로 체험한 곳이었다. 그곳의 무성한 식물과 새들, 천만가지 종류의 새롭고도 놀라운 꽃들, 정글 소리와 이상하고 거칠며 별난 외침 모두가 마음을 움직였으며, 놀라움과 경탄과 사랑 속에서 다시금 그 마음을 하느님께 들어 올리게 했다. 그러나 그분 영광의 이 모든 자연적인 현시와, 가망 없는 오류의 미궁과도 같은 환상적이고 자연적인 신비주의의 동굴 사이에 비극적인 대조도 아울러 느낄 수 있었다. 이 모든 섬들 안에서 살아가고 있는 수백만 명의 영혼들이 그 안에 갇혀 있었다. 미얀마, 인도차이나, 그리고 신뢰할 수 없는 풍향과 갑작스럽고 혹독한 태풍으로 악명 높은 중국해에 도달하게 되었다. 그들은 수많은 날들을 거친 기후로 시달렸다. 그러나 베르크만스 수녀는 배멀미를 하지 않았기 때문에, 대부분의 다른 수녀들보다 운이 좋았다. 장중한 바다의 경이로움과 격랑에도 더 의기양양해질 뿐이었다. 흔들리는 갑판을 위아래로 헤쳐가면서 싸울 때도, 어린애 같은 기쁨을 누렸다. 강한 바람에 떠밀려서 배 측면으로 납작하게 기댈 때도 있었으며, 때로는 갑작스런 돌풍으로 거의 서 있을 수 없을 만큼 자지러졌고, 느닷없이 물보라가 세차게 들이치면서 배를 뒤덮었을 때는 악취 풍기는 운해를 이루면서 거의 언제나 피부까지 그 물에 흠뻑 젖곤 했다. 거대한 바다가 집어삼킬 듯이 산처럼 돌진해 오는데도 불구하고, 그녀의 마음은 그 모습으로 줄곧 기쁨에 취해 있었다. 밀려오는 집채 만큼 되는 덩치 위에서 배는 위로 들어 올려져 흔들거리다가 마침내 평형을 되찾았지만, 또 한바탕 아찔한 상태를 예고하듯 전율하다가 바로 코앞에서 갑자기 크게 입을 벌리는 깊은 구렁 속으로 소름끼칠 만큼 곧장 빠져 들어갔다. 이 모든 것에는 단 한 가지 결함이 있었다. 그들이 중국해에 있는 동안에는 줄곧 미사를 드리는 것이 불가능했다는 것이다. 배에 있는 가구란 가구가 다 갑판에 죔나사로 고정되어 있지 않은 데다가 이제는 모조리 벽에 부딪힌 상태였으므로, 특별 식당을 선호했던 소수의 부류들이 식탁 위에 세워진 서투른 목재 "바이올린"의 테두리 안에서 안전하게 음식을 드는 것이 거의 불가능해졌다. 이러한 조건 하에서 거룩한 희생 제사를 드리려고 하는 것은 적절하지 않았을 것이다. 위험 요소가 너무 많았다.

그러나 마침내 큐슈 섬 최남단을 보게 되었다. 그 후 곧이어 나가사키에 도착했다. 그곳에서 요코하마까지, 그리고 요코하마에서 아오모리까지 일본 제국 거의 전 영토를 길게 횡단하였다. 상가르 해협에서 예소 섬까지 가로지르는 것만 남아 있었다. 그러면 "집"에 다 온 것이다.

만의 암울한 청회색 바닷물을 내다보았을 때 들었던 이 생각은, 베르크만스 수녀의 마음을 이상하게도 싸늘하게 만들었다. 그곳 산들 중 어디엔가 자리 잡고 있는 가난한 수녀원이 그녀의 집이었다. 지상에 남아 있는 그녀의 여생은 주변의 이상한 사람들처럼 일본 사람이 되는 것이었다. 그들은 그녀를 동정심이나 이해심을 가지고 보지 않았다. 이제는 이곳이 그녀의 나라였다. 그녀는 그들 중 한 명이 되었다. 배를 타기 위해 다음날 아침까지 아오모리에서 기다려야 했다. 이로 인해 막간의 즐거운 시간을 가질 수 있었는데, 일본 전체에 거룩함으로 이름난 어느 선교사의 손님이 되었던 것이다. 포리 신부의 단순성은 베르크만스 수녀의 마음에 들었으며, 여정의 마지막 순간까지 그녀의 쾌활함을 생생하게 유지시켜 주는 데 많은 기여를 했다. 그 선교사의 집을 들어갔을 때 무엇보다도 먼저 의자가 거의 없다는 것을 발견하게 되었다. 이것이 자매들에게 바닥에 무릎 꿇고 앉는 일본식 관행을 실습할 기회를 주었다. 그동안 그 선한 신부는 불을 지펴서 국을 만들고 있었다. 자신이 그날 저녁 그들에게 대접할 수 있는 주된 식사 음식이었다. 재료는 각 손님들에게 제공하는 필요한 물 분량에 비례하지 않았다. 그러나 어쨌든 그들 모두는 국물과 야채 맛이 겨우 날까말까하고, 그 안에 약간의 빵을 띄운 뜨거운 물 한 사발을 마실 수 있었다. 음식의 가지 수가 매우 작았기 때문에, 자매들은 돌아가면서 먹어야 했다. 취침 시간이 되었을 때, 물론 침대는 없었다. 자매들은 기꺼이 성당 마룻바닥에서 잠을 청하기로 하였다. 그러나 그날 밤은 매우 추웠고, 바닥에 까는 것 말고 담요라고는 없었다. 포리 신부는 자신의 교리교사를 바깥길로 내보내서 이웃에게 담요를 빌려오게 하였다. 그가 되돌아왔을 때는 따뜻하게 덮을 것뿐만 아니라 누울 수 있는 매우 부드러운 것도 제공해 줄 정도가 되었다. 다음날 아침 10시에 하코다테까지 6시간의 여정을 위해 아오모리에서 배를 타고 출발했다. 4시에 도착하여, 수녀원이 그 도시에서 몇 마일밖에 되지 않았지만, 샬트르 성 바오로 수녀회에서 하룻밤을 묵었다.

07

또 다른 고아원

여행이 막바지에 이르자 모두 끝났다는 안도감과 감사, 하느님께로부터 부름받았던 정규적이고 평화로운 침묵 생활로 되돌아갈 수 있다는 기쁨과 아울러, 멀리 떠나온 모든 수녀들의 마음속에 들뜬 호기심도 함께 부풀어 올랐다. 이 때문에 그들의 영혼은 몇 주 동안의 긴 여행에서 오는 움직임과 흥분 상태, 세상 절반을 여행하면서 뒤따라다녔던 변화와 위험을 통해서도 희미하지만 끈질기게 외치고 있었다.

1902년 2월 28일 아침 8시, 바야흐로 당장 눈이라도 쏟아질 것 같은 추운 청회색 하늘 아래 작은 일본 도심의 거리에서, 그들이 가려고 하는 짙은 녹색 언덕들과 내륙의 들쭉날쭉한 산들을 바라보았을 때, 베르크만스 수녀의 마음은 내면에서부터 내려앉았다. 곧 있으면 모든 것이 끝날 것이다. 그녀는 최악의 상태를 알아보는 것 같았다. 더 이상의 의심은 없는 것 같았다. 있는 그대로 보다 더 좋게 상상할 수 있는 기회는 없었다. 자신의 여생은 땅의 극변에서, 그것도 나무로 된 보잘것없는 공간에서 지내게 될 것이라는 확신은 피할 수 없는 것으로 영원히 인장되는 것 같았다.

이제 트라피스트 수도승들은 떠나서, 바다가 내려다보이고 황량한 곳에 자리하고 있는 등대의 성모 수도원으로 향했다. 아마도 그것이 베르크만스 수녀가 그들을 마지막으로 보았던 때였으리라 여겨진다. 그들 역시 수녀들을 보지 못했다. 그동안 수녀들은 그룹으로 나뉘어서 인력거를 탄 것으로 짐작만 하지, 딱히 그렇다고 전해 들은 바는 없다. 어쨌든 그들은 그 도시를 떠났고, 한 두 시간가량 긴 거리를 올라간 다음 목적지에 도착하였다. 마지막으로 도착한 그룹은 자신들의 여행 동료들이 모여서 기다리고 있는 것을 보았다. 검은 스카풀라와 흰색 옷을 입은 이들 가운데 트라피스트 사제가 서 있었다. 장래 그들의 고해 사제요 지도 사제이며 영적 지도자요 일본어 교사가 될 프랑스 수도승인 로베르 레파스퀴에 신부였다.

수녀원은 거의 눈에 띄지 않았다. 기다랗고 낮게 지어진 목조 건물이 들판 끝자락에 서 있었다. 한 번 더 들여다보면, 종탑이 건물 위에 우뚝 서 있지 않고 그 옆에 붙어 있는 것을 알아볼 수 있다. 베르크만스 수녀는, 천사들의 마리아와 마리 요셉이라고 하는 두 개의 작은 종들이 울리면서, 지붕과 서까래부터 시작해서, 종탑과 종은 물론이고 모든 곳이 그들 머리 위로 내려앉지 않을까 두려워서 종탑이 집 꼭대기에 있지 않다고 설명하는 편지를 라발로 써 보냈다. 그곳에는 금역(禁域)의 울타리가 쳐져 있었지만, 금역의 선을 그을만한 곳이 그리 많지 않다는 것을 금방 알아볼 수 있었다. 매우 작은 정원, 몇 그루의 소나무, 닭장, 그것이 전부였다. 수녀들의 마지막 그룹이 합류하게 되자, 로베르 신부로부터 갑작스럽게 생각지도 못한 환영을 받으며 안으로 들어가기 위해 수녀원 작은 문으로 향했다. 그곳에 있는 작은 종탑에서 밧줄의 바스락거리는 소리가 크게 들리는가 싶더니, 종이 울리기 시작했다. 두 개의 종 가운데 하나는 높게 들렸지만 다른 하나는 낮지 않으면서도 그렇게 높은 톤도 아니었다. 얼마나 행복하게 들리는 종소리인가! 이는 대축일을 위해 아껴둔 것이었다. 강론을 하는 축일들과, 전례적으로 사순절이 끝나게 되는 성 토요일의 영광을 위한 것이다. 평상시에는 한 번에 한 개만 울리고 있다. 두 개의 작은 종이 그들을 환영하는 가운데, 수녀들은 금역 안으로 들어갔으며 문은 잠겼다. 그들 중 누구라도 그곳을 다시 떠난 적이 있었을까? 베르크만스 수녀는 떠나지 않았다. 그녀는 아마도 지난달 세상에서 많은 것들을 보았겠지만, 결코 더 이상 보지 못했을 것이다. 이제 그녀는 참으로 그들 앞에 펼쳐져 있는 웅장한 정경을 수녀원 창문으로 살짝 내다보는 것조차도 별로 하지 않았다.

그녀는 들쭉날쭉하게 이어진 기다란 산맥들, 계곡 아래에서 휘감아도는 급류, 저 너머에 있는 평원, 셀 수도 없을 만큼 단정하게 사각진 들판과 농장들, 작은 정원들, 도심지에 늘어선 가옥들과 바다에는 거의 별다른 주의를 기울이지 않았다. 그녀는 유럽과 프랑스로 되돌아가는 긴 노선을 가리켜 보이는 곳이나 바다를 쳐다보지 않았다. 그녀의 시선이 그쪽으로 돌아가지 않았다 해도, 나무로 된 이 금역의 장벽에 걸려 부딪치지 않도록 그 갈망을 억제하기는 더 어려웠다. 그동안 그러한 것들에 대해 생각하지 않고 있었다. 지도 사제는 수녀원 성당에서 자기 구역으로 그들을 안내하고 있었다. 매우 작은 제단과 십자형 날개 부분의 공간은 외부 수녀들의 성당으로뿐만 아니라 이 구릉지에서 살아가고 있는 소수의 일본 그리스도교인들을 위한 일반 성당으로도 활용되고 있었다. 아직도 종이 울리면서 건물 전체가 밧줄의 움직임으로 흔들리고 있을 때, 수녀들은 감실 앞에서 무릎을 꿇었다. 그날부터 쇠창살로 주님과 분리되어 있지 않고 매달려 있는 제단의 등불 바로 아래에 있었다. 그분은

그들에게 무어라 말씀하셨을까? 혹은 그들은 그분께 무엇을 말했을까? 신앙의 어둠 속에서 거의 벙어리처럼 무력해진 사랑의 흠숭과 복종의 행위들은 무엇이었을까? 아마도 그분은 몇 사람의 마음을 움직이시며 깊이 위로하셨을 것이고 친절한 몇 마디 말씀으로 눈물을 머금게 하셨을 것이다. 베르크만스 수녀에게 그분은 무어라 말씀하셨으며, 또 그녀는 그분께 무슨 말을 했을까? 그 다음 그들의 새 장상인 스콜라스티카 원장 수녀와 만나게 되었을 때, 그분의 입을 통해서 자신들을 위한 하느님의 뜻에 대해 아주 세부적으로 많은 것들을 배우게 되었다. 사실 오래지 않아 베르크만스 수녀는 중요한 소임으로, 재봉실과 관련되는 일을 받게 되었다. 그녀는 옷을 만들고 수선하며, 수녀원에 있는 거친 린넨 천과 담요를 관리하는 책임을 지게 되었다. 가장 큰 문제는 아무것도 없을 때 그 대신 활용할 수 있도록 무언가를 공급하는 것이었다. 분명한 것은 진정한 의미에서 천사의 성모 수도원에서의 관상 생활은 아직 가능하지 않았다는 것이다.

마르타는 결국 마리아로 하여금 많은 의무를 지고 있는 자신을 돕게 하는데 성공하였으며, 베르크만스 수녀는 엄청난 분량의 일과 희생으로 성화되고 있었다. 그녀는 진정으로 많이 기도한다는 이점(利點)을 지니고 있었지만, 그것을 누리지는 못하였다. 그녀의 기도는 하나의 기도라기보다 희생으로 봉헌되곤 하였으며, 기도할 시간을 얻을 수 있기를 바라며 기도하였다. 그런데 그들은 아직 수도원 구역 안으로 들어가지 않았다. 정오가 되자 로베르 신부가 단순히 좋은 마음에서 "마지막 식사"를 요청한 것 때문에 그들은 객사에 남아 있었다. 물론 여행하는 동안 트라피스트식 단식을 지킬 수 없었고, 그렇게 하더라도 소량의 트라피스트 식단으로 제한하였다. 그들은 생선과 달걀뿐만 아니라 고기도 먹을 수 있었는데, 바다를 여행하는 이들에게 규칙이 허용하였던 것이다. 아오모리에서 착한 선교사로부터 대접받았던 소위 부용(맑은 고기 국물)도 같은 이유이다. 그들이 식사하고 있을 때 눈이 내리기 시작했는데도, 로베르 신부는 막무가내로 수도원 부지 둘레를 안내해 주었다. 3시가 되어서야 그들 모두는 다시 한 번 외부 성당, 그러니까 쇠창살 밖 외부 제단에 모일 수 있었다. 이제부터 일어날 일들을 위해 그들이 몇 시간이나 기다렸다면, 그것은 사실상 새 수녀원 역사상 이번 일의 중요성을 크게 부각시키는데 일조하는 역할을 할 따름이었다. 처음으로 거행되었지만 앞으로 몇 년 동안 빈번히 이루어질 축하식으로서, 유럽에서 자원하는 이들이 올 때마다 이 수도원의 전통이 되었던 것이다. 이렇게 쓰고 있지만, 2차 세계 대전 기간 일본 정부로부터 추방된 프랑스 수녀들이 그들의 일본 자매들에게로 되돌아올 수 있었을 때, 언제고 그것이 다시 거행되지 않았을까 생각해 본다. 아니면 그들이 과연 돌아갈 수 있었을까? 그렇든 그렇지 않든 그것은 중요한 문제가 아니었으며, 강하게 열심히 생활하는 일본 공동체가 외부의 어떤 도움을 받지 않고도 계속 지탱할 수 있기를 기원해 본다. 그러나 천사의 성모 수도원이 초창기 창립 수도원이었을 때, 완전히 폐허가 되지 않도록 프랑스에서 첫 그룹의 자원자들이 창립 멤버와 합류하기 위해 도착하였을 때의 시절을 아직은 생각해보아야 할 때이다.

극동에 최초로 트라피스트 수녀원을 시작하기 위해, 웁시에서 수녀들이 이 땅에 먼저 온 것은 겨우 4년 전의 일이었다. 1898년 4월 30일, 그들은 원래 소년들을 위한 고아원으로 세워졌던 작은 목조 건물로 이사했다. 그 고아원 시설이 잘 운영되지 않게 되자, 건물이 텅 비게 되었다. 그도 그럴 것이, 첫 번째로 살았던 사람들이 남긴 가구라고는 몇 개의 여행 가방과 약간의 접는 의자 외에는 없을 정도였다. 저녁 식사를 위해 "식탁"을 차리고 – 한 개의 여행 가방 위에 양은 접시 몇 개를 놓은 것 – 접는 의자들을 가져왔지만, 먹을 것이라고는 요코하마에서 가져온 빵 몇 개밖에는 아무것도 없었는데, 그것도 2주나 된 묵은 것이었다. 그들은 이것을 구미에 맞게 하려고 물에 끓였다. 적어도 목에 넘길 수 있을 정도로 부드럽게 만들기 위해서였다. 중세의 위대한 시절로 되돌아갈 필요는 없지만, 그때 본회 교부들은 나무 뿌리와 끓인 나뭇잎으로 된 식사로도 실망하지 않을 만큼 용기가 있었다. 1132년 12월 26일 성 스테파노 축일, 형제들이 거주지를 떠나서 거칠고 바위투성이인 요크셔의 스킬데일(Skelldale) 골짜기 나무 아래에서 짚단을 깔개 삼아 잠들게 되었을 때, 파운틴의 리처드 아빠스와 그의 동료들을 지탱하고 있었던 정신력은 죽지 않았다. 19세기 브리크베크에서도 음식이 너무 모자라서 식사의 주된 요리였던 샐러드에 숲의 나뭇잎들을 많이 섞었던 수도승들의 이야기가 있다(프랑스 농부에게 샐러드는 보통 민들레 잎을 의미했다).

알자스 산맥에서 온 착한 수녀들은 우선 이 모든 것을 힘껏 용기를 가지고 기쁘게 대면하였으며, 끓인 빵으로 식사를 한 다음 기꺼이 일어나 비어 있는 성당으로 자신들의 의자를 옮김으로써 그곳을 가대 자리로 사용했다. 그러나 몸은 철로 되어 있지 않다. 새 창립 수도원은 매우 힘들고 어려웠기 때문에, 식사하는 방식에 있어서 기대하지 않았지만 규칙이 허용하는 범위 내에서 전반적인 완화가 일상적으로 이루어졌다. 별도의 노동을 위해서 기도에 있어서까지 모든 것을 희생해야 하는 수사 수녀들은, 적어도 넉넉한 양의 감자나 순무와 양배추, 그리고 겨울철에 보통 먹었던 콩에다가, 그 밖에도 추가로 얼마간의 치즈나 버터 혹은 우유나 과일을 먹어둘 필요가 있었다. 이 수녀들은 소량의 야채와 약간의 빵 외에는 매일 먹을 수 있는 것이 거의 없는 상태여서 곧 빈혈을 앓게 되었고, 따라서 겨울과 초봄에 사람들을 괴롭혔던 흔한 질병도 어떤 것이든 저항할 수 없게 되었다. 몇 명의 자매들은 너무 쇠약해져서 프랑스로 되돌아가게 하였다. 6개월 동안 천사의 성모 수도원에는 단 두 명의 가대 수녀만 있었다.

  독감이 수녀들로 이루어진 작은 가정에 들어왔을 때, 한 명의 가대 수녀만 일어날 수 있었는데도, 그녀는 정해진 시간에 가대(공동 기도석)로 가서 하느님의 일인 성무일도(시편으로 이루어졌으며, 하루에 정해진 시간마다 바쳤던 공동 기도)를 지킬 의무를 용감히 수행하였다. 그녀는 기도를 위해 종을 치고 가대로 가서, 격자 반대편에 기도서를 가지고 서 있던 로베르 신부와 교대로 시편을 낭송하였다. 그럼으로써 수녀원이 창립된 날부터 주님을 섬기는 기도의 시간을 빠뜨린 적은 한 번도 없었다. 지금은 2명으로 된 가대이지만, 그래도 프랑스에서 오는 4명의 가대 수도자들을 열렬히 기다리고 있었으며, 애당초 웁시에서 왔던 서너 명에다 추가로 파견된 세 명의 조수녀들을 환영하고 있었다. 그러한 상황에서, 7명의 수녀들은 1902년 2월 눈이 내리던 날 오후 3시경 성당으로 줄지어 들어갔다. 그들이 잠시 감실 앞에서 경배하며 무릎을 꿇었을 때, 구석진 가대에서 바스락거리며 움직이는 소리가 들리더니, 이내 무릎을 꿇고 있던 수녀들이 일어나서 희망과 기쁨의 경이로운 시편을 깨끗하고 맑은 목소리로 읊조렸다.

"이스라엘이 이집트에서 나올 때
야곱 집안이 이상한 말을 하는 민족을 떠나올 때 ……"(시편 114).
제단에 있던 수녀들은 기도서를 펴들고 다음 구절을 선택했다.

"유다는 그분의 성소가 되고
이스라엘은 그분의 왕국이 되었네.
바다가 보고 달아났으며
요르단이 뒤로 돌아섰네.
산들은 숫양들처럼,
언덕들은 어린양들처럼 껑충껑충 뛰었네.
바다야, 어찌 도망치느냐?
요르단아, 어찌 뒤로 돌아서느냐?
산들아, 너희가 숫양들처럼,
언덕들아, 너희가 어린양들처럼 껑충껑충 뛰다니?
땅아, 주님 앞에서 떨어라,
야곱의 하느님 앞에서."(시편 114,1-8).

놀라운 시편이다! 시토회 시편집 평일 월요일 저녁 기도에 해당하는

그 시편만을 위해 그들이 얼마나 특별한 분위기로 노래했는지 모른다. 그 엄청나고도 숭고한 단순성이라니, 우리의 모든 전례 안에서 그보다 더 마음을 움직이며 감동시키는 분위기의 톤은 없다. 이러한 음조는 구약 시대까지 거슬러 올라갈 만큼 오래된 것이라고들 한다. 아마도 주님 자신과 성 요셉, 사도들과 세례자 요한도 이 거룩하고 준엄한 선율을 노래했을 것이다. 적어도 그들은 그 말씀들을 노래했을 것이며, 어떤 경외심과 사랑을 지니고 그렇게 했을지! 우리는 짐작할 수 있다.

"바다야, 어찌 도망치느냐?

요르단아, 어찌 뒤로 돌아서느냐?"

그랜스 셀브 대수도원 가대에서 어느 날 저녁 이 시편을 노래하던 중에, 그 수도원의 복자로서 시토회 고대 아빠스들과 거룩한 교부들 중 한 명이요 아브라함처럼 단순하고 거룩한 사람인 버트랜드(Bertrand)가 위를 쳐다보았을 때, 예수님께서 조용히 가대 중앙으로 걸어 내려오는 것을 보았다.

"주님, 야곱의 하느님이 거동하심에 땅이 흔들리고."

그 순간 자매들 중 누가 마음에서 특별한 방식으로 주님의 현존을 느끼지 않았겠는가? 그분은 그곳에서 일하고 계셨다. 이것이 그분이 하시는 일이다. 그분은 일본 산자락 이 언덕으로 그들을 데려오셨다. 주께서 그들 안에 계셨기에, 수녀들이 노래했을 때 이 산들은 어린양처럼 뛰놀았다. 그들이 하느님으로 가득 차 있었기 때문에, 바다는 그들로부터 도망쳤다.

그 후 그들은 "땅은 주님의 것!"을 노래하였다. "땅은 주님의 것, 그 안에 가득 찬 것도. 그 안에 있는 세상과 그 모든 것도."

그들은 프랑스에서 왔지만 일본에서 그분을 찾았다. 그러나 그들은 프랑스에서 그분을 떠나지도 않았고, 그분도 당신의 손길로 그들을 계속 붙들고 계셨다. 그분은 하꼬다테 외곽에 버려진 고아원에서 이 작은 수녀들과 줄곧 함께 하셨다. 그들과 함께 계셨던 그분은 라발에 남겨두고 온 자매들과도 함께 계셨다. 그들은 이들을 위해 마음속으로 슬퍼하며 울었다.

"오, 왕자들이여 성문을 들라, 오, 영원한 문들이여 활짝 열려라!"

쇠창살 뒤로 바스락거리는 소리가 나고 열쇠가 돌아가더니, 나무로 된 소박한 문이 활짝 열렸다.

"오, 왕자들이여 문을 열라, 오 영원한 문들이여 활짝 열려라,

영광의 임금이 듭시려 하시나니.

영광의 임금이 누구이신고?"

프랑스 수녀들은 한명씩 자신들의 새 집으로 들어갔다. 이곳의 아주 작은 가대는 칸막이 없이 흰색 스타라(자리)로 되어 있었고, 조수녀(助修女)들을 위해서는 뒤편에 긴 의자가 마련되어 있었다.

"영광의 임금님이 누구이신고? 영광의 임금님은 바로 만군의 주님이시다."

참으로 베르크만스 수녀의 마음속에 숨어서 쇠창살을 지나 수녀들의 가대로 들어가는 분은 만군의 주 하느님, 그리스도였다. 자신이 행복하다는 사실을 그녀는 부인하지 않았다. 그녀는 라발의 수련실에서 그녀를 그토록 혼돈스럽게 했던 시어가 담긴 시편 "얼마나 좋고도 좋은가, 형제들이 ……"가 노래되고 있었던 그 순간에도 기쁨으로 가득 차 있었던 것 같다. 그녀가 겪은 시련이 얼마나 아득하든 그것과 상관없이, 그 감흥은 언제나 마음속에 남아 있었기 때문이다. 무엇보다도, 가대 중앙에서 그들을 향해 부드럽게 미소 짓고 계신 하느님의 어머니의 거룩한

상 앞에 자신들을 봉헌함으로써 모든 것을 완벽하게 달성하고 예식을 끝마쳤을 때, 그녀의 마음은 행복과 감사와 열렬한 사랑으로 가득 찼다. 어떤 고통이 닥쳐오고 그것을 거의 이해하지 못할지라도, 그녀는 앞으로 남은 자신의 수도 생활 동안 줄곧 이분 성상 발치에서 언제나 평화와 힘을 되찾곤 할 것이다. 다른 모든 것이 그녀를 실망시켜도, 천사의 성모님은 늘 확실한 피난처가 되어 주셨으며 그 발치에서 위로와 힘과 빛을 발견할 수 있었다. 베르크만스 수녀에게 이 봉헌은 어떤 경문이나 예식보다 더한 것이었다. 어릴 적 리옹의 푸르비에르(Fourvieres) 언덕을 올라갔던 이후로, 그녀는 여러 번 예수님의 어머니를 통해서 예수님께 자신을 봉헌해왔으며, 각각의 새로운 봉헌은 새로운 영적 성장과 상응하고 있었기 때문에 새로운 영적 필요성들에 응답하였다. 지금 그녀가 내딛은 엄청난 발걸음도 수많은 어둠과 폭풍 속에서 그녀를 안전하게 인도해 주셨던 어머니와 손을 맞잡고 이루어진 것이었다.

  자매들은 작은 경당의 열린 창문을 통해서 윙윙 불어대는 겨울 바람도, 가끔 비어 있는 가대로 쏟아지는 눈발도 망각한 채 평화로이 명상에 잠겨 마리아 상 발치에 무릎을 꿇고 있는 그녀의 모습을 보곤 하였다. 병약해서 열이 나는 것을 알고서 자매들이 주의하라고 그녀를 다그쳤을 때 이렇게 대답했다. "성모님 곁에 있을 때는 아무것도 느끼지 못해요." 또 다른 때에, 그녀는 그분이 죽었던 이유인 엄청난 사랑의 보석들을 조금이라도 붙잡아서 그분과 같은 아픔으로 죽을 수 있도록, 하느님의 어머니께 아주 가까이 있고 싶다고 누군가에게 말했다. 그녀는 참으로 주 하느님의 큰 은총과 호의로 거룩한 사랑의 "보석들"을 확실히 붙잡게 해 주셨던 분의 전구를 통해서 그렇게 할 수 있었던 것이다. 그동안 그녀는 동료들과 함께 자신들의 새 집을 살펴보았는데, 유머 감각도

한 몫을 하였다. 14명의 사람, 그것도 대부분 고아들을 위해 지어진 누추하고 작은 목조 가옥에는 우스꽝스러운 것들이 있었다. 지금은 7명의 자매들이 도착함으로써 벌써 비좁아 보였다. 그녀는 라발의 원장 수녀에게 수도원에 대해 설명하는 편지를 썼는데, 성당부터 시작하고 있다.

"공동체를 위한 부분은 라발의 수련실 만한 크기였습니다. 쇠창살 양쪽에는 예수 성심상과 성 요셉상이 놓여 있습니다. 가대 중앙에는 복되신 어머니의 상이 있는데, 가장 제 마음에 드는 좋은 장소입니다. 저는 어머니의 마음에 마음껏 제 눈물을 쏟아내고 있습니다. 그분과 함께 할 때, 삶을 그대로 지탱해 나아갈 수 있고 라발의 딸이 될 만한 힘을 얻습니다. 가대 자리는 흰색 나무로 되어 있으며 칸막이가 없습니다. 대신 긴 의자가 그 자리에 놓여 있습니다. 가대 뒤편에는 조수녀들을 위한 긴 의자가 세 번째로 놓여 있습니다. 십자가의 길은 벽을 따라 ……"

"성당 근처에 원장님 방이 있어요. 그것은 동시에 약국과 도서실, 조수녀 교리 교육을 위한 교실로 활용됩니다. 원장님, 이제 저의 새로운 소임지를 소개해드리는 영예를 누리고자 합니다. 재봉실 책임인데, 다른 모든 곳과 마찬가지로 활보하고 돌아다닐 만한 공간적 여유가 별로 없습니다."

그 다음 병실에 관해서 계속하는데, 아파서 그런 게 아니라 숙소에 방이 10개밖에 없기 때문에 임시로 그곳에서 잠을 자고 있다고 언급하고 있다. 그래서 두 명의 수녀가 병실로 가는 처지가 되었는데, 아마도 두세 개의 침대가 딸린 방이었던 것 같다. 그녀의 편지는 계속되고 있다.

"몇 발자국만 내려가면 수련실이 있으며, 그곳은 손수건 정도의 크기입니다. …… 그 건너편에는 세탁실이 있지만, 현대적 시설이 구비되어 있지 않습니다. 지금부터는 1층입니다. 첫 번째로 식당은 가장 큰 방이지만, 그만큼 볼품은 없습니다. 하얀 깡통들이 보여서 재미 있었지만, 분명 구멍을 감추는 것으로 눈이나 비가 들이치지 않도록 하기 위한 것이었겠지요. 다음은 집회실입니다. 총장님께서 이곳에는 결단코 오시지 않는 것이 좋을 것입니다. 만일 오신다면 당신 자리로 들어가시기 위해 두 배나 허리를 굽혀야만 할 것입니다."

언급된 총장은 동 세바스티앙 위아르로, 검고 큰 턱수염에 풍채가 있고 키가 큰 분이었다. 그는 교황 비오 11세 때 로마를 지키는 교황청 주아베 소속으로 있다가, 그 후 몽데카 트라피스트 수도원으로 입회하였으며, 1893년 세 개의 연합회가 재결합을 이룬 다음 엄률 시토 수도회의 첫 번째 총장이 되었다. 그는 두 줄로 서서 경외심으로 절하는 수녀들 사이에서 일본 소년들의 고아원에 있는 작은 방을 "두 배나 구부린 채" 걸어가는 장면을 아름답게 연출했을 것이다. 베르크만스 수녀는 편지를 계속해 간다. "그 다음은 작업장입니다. 그러나 감히 당신을 안으로 데리고 들어갈 수 없습니다. 빨랫감이 불 앞에서 건조되고 있기 때문입니다. 대신 정원으로 바로 갑시다. 그곳은 식당의 두 배입니다. 당신은 그 끝에서 끝까지 가는데 땅에서 자갈 한 개도 찾아볼 수 없을 것입니다. 정원을 가꾸는 것과 관련되는 한 그것은 매우 좋습니다만, 날씨가 험상궂을 때에는 주변에 기름이 많은 곳을 걸어갈 때처럼 깊이 빠져 버립니다."

조금 뒤 어떤 편지에서는 천사의 성모 수도원의 다른 소소한 어려움들을 적고 있는데, 모기나 갖가지의 불쾌한 곤충들을 언급하고 있다는 사실로 보아 날씨가 따뜻할 때 기록된 것 같다.

"원장님께 편지를 쓰고 있을 때, 저는 천장에서 후두둑거리는 발소리를 듣고 있었습니다. 그때 제가 아직 우리의 예쁘장한 기숙생 … 서생원들에 대해 말씀드리지 않았다는 것이 생각났습니다. 원장님, 그것들은 이 나라에서 수가 매우 많고 너무 힘이 넘쳐나서 사람을 말에서 떨어뜨릴 정도입니다! 밤이 되면 그것들은 우리 머리 위에서 돌아다니며 춤을 추는데, 실제로 우리 머리 위에서 그렇게 하지 않는다면 정말 다행입니다만, 우리가 자는 동안 태연히 슬쩍 왔다가 우리에게 평화의 키스를 하기까지 합니다. 이곳에서 A 수녀가 처음으로 와서 며칠간 지낼 때였습니다. 엄청나게 큰 쥐 한 마리가 와서 늘 하던 대로 그녀의 머리 위에 앉아 있었습니다. 분명 그녀와 아는 사이가 되고 싶었던 모양입니다. 그녀가 얼마나 기겁했을지 상상해 보세요. 정말로 가엾은 수녀입니다! 저녁이나 잠 못 이루는 밤이면, 개인 방 사이의 칸막이 주변을 행진해가는 이 신사 숙녀들을 목격할 수 있답니다."

독방에서 깨어 있는 것이나, 빈 독방을 나중에 언급하고 있는 것을 보면, 이 편지는 분명 집수리가 어느 정도 이루어졌을 때 시작하는 것 같다. 어쨌든 그것은 지금 우리의 목적에 활용되고 있다. 그녀는 계속한다.

"원장님, 여분의 담요를 쌓아둔 빈 방에 그들의 전 가족이 자기네 둥지를 틀기로 작정했다고 상상해 보세요. 아빠 쥐가 담요 하나에 구멍을 내고, 훈훈하고 아담한 둥지에 자기 아내와 작은 자녀들을 데려다 놓았어요. 그러나 우리와 관련되는 한, 이 모든 것이 그리 편안하지는 않아요. 어느 날 청소를 하면서 담요를 조금 정리하기 위해 갔는데, 제가 무엇을 보았겠습니까? 커다란 쥐 한 마리가 저의 대담함에 질겁하고는 전 속력을 다해 질주해 갔습니다. 저는 문제를 더 깊이 들여다볼 결심으로 담요 몇 장을 걷어 올렸습니다. 오, 이런! 그들은 담요 두 장, 세 장, 네 장까지 파먹고 있었던 데다가, 담요 바닥에는 두 마리의 예쁘고 작은 새앙쥐가 평화롭게 잠들어 있었습니다!"

"작고 가여운 쥐새끼들! 그들이 자는 것을 방해하고 싶지 않았지만 소란 때문에 그것들이 깨어나 버렸습니다. 어디에서도 자기 부모를 찾아볼 수 없게 되자 완전히 홀로 남았다는 생각에 화들짝 놀라서, 그것들은 서로 엉겨 붙어서 몸을 움츠렸어요. 아직 걸어 다닐 수 없었기 때문에, 달아나기가 불가능했답니다. 저는 이 가엾고 작은 것들을 어떻게 해야 할지 정말로 난감했어요. 원장님을 찾아갔는데 그녀는 딱 잘라 말했어요. '그것들을 죽여야 해요.' 저는 그럴 마음이 없었어요. 그것들은 비참할 정도로 울어 대고 있었어요! 차라리 가서 우유를 좀 가져다가 위로해 주고 싶은 마음이었어요. 이 처참한 유혈극은 어떻게 끝났을까요? 저는 모릅니다. 저는 끝까지 남아 있을 용기가 없었고, 그 작은 것들이 어떻게 되었는지 알아보는 것은 말할 것도 없습니다."

천사의 성모 수도원의 가난 역시 그녀의 유머 감각에 흥을 돋우었다. 새 창립 수도원의 무거운 십자가들 중 하나가 되는 대신, 그녀의 정신을 고양시킴으로써 다른 사람들을 좀 더 명랑하게 하는데 활용되었던 것이다. 재봉 담당으로서 첫 번째로 맡은 일은 성 목요일 예식을 위해 수건을 제공하는 것이었다. 불행히도 그녀는 성 목요일 아침까지 그것들이 부족하다는 것을 알지 못하고 있었다. 그녀는 이렇게 쓰고 있다. "저는 원장님께 가서 저의 어려움을 알려드렸습니다. 그래도 그녀는 괜찮아 보이는 넝마 조각들을 찾아보려고 했지만 쓸모없다는 생각이 들자, 결국에는 제게 3개의 밀가루 푸대를 주면서 필요한 대로 잘라서 사용하라고 했습니다. 5시 반에 우리는 발 씻김 예식을 위해 작업실로 갔습니다. 지붕이 낮은 집회실의 또 다른 단점은 확실히 예식을 위한 공간이 없다는 것입니다. 이제 모든 것이 준비되었습니다. 몇 개의 휘발유 깡통 윗부분을 도려내서 발 씻는 용도로 사용했습니다."

예식은 매우 즐거웠다. 베르크만스 수녀는 예상했던 대로 성 베네딕도의 경고를 잊어 버렸다. 그래서 예식 동안 몇 차례나 즐겁게 웃었다. 성체 안에 계시는 예수님께서 그들의 가난을 나누셨으며, 의심할 것 없이 베르크만스 수녀의 기쁨에도 함께 하셨을 것이다. 제대는 화초로 알맞게 장식되어 있었다. 그러나 꽃병들은 보기 흉할 뿐만 아니라 같은 크기도 아니었다. 같은 편지에서 포르뒤살뤼의 아빠스인 동 에우젠느를 언급하면서 이야기하고 있다. 그는 두 명의 수녀를 라발에서 일본으로 보내는데 중요한 역할을 했던 사람이다.

"거룩한 가난의 친구였던 우리의 공경하올 아버지께서 이 제대를 보았다면 얼마나 기뻐했을까요. 모든 것이 구유에 계신 아기 예수님을 떠올리게 합니다. 주방에 있는 모든 단지와 냄비가 진열되었습니다. 물병, 우유통, 커피 주전자. 모든 것이 꽃병으로 변화되었습니다."

수녀들이 재주가 없다거나, 모든 수녀들이 훌륭한 도자기나 고대 비취옥으로 된 용기에 꽃들이 놓여 있는 것처럼 보이도록 하기 위해 온갖 것을 위장하고 있다고 생각해서는 안 된다. 베르크만스 수녀는 그래도 그러한 위장은 좋을 수밖에 없다는 것을 수긍하였는데, 그날 몇 명의 선교사들이 성당을 찾아와서 그녀가 다음과 같이 말한 대로 되었기 때문이다. "우리의 친애하는 선교사들은 눈이 튀어나올 정도가 되었습니다. 정말이지 선교사처럼 그렇게 솔직한 사람은 없을 것 같습니다!"

외관상, 베르크만스 수녀는 자신의 모든 시련을 한결같이 좋은 유머로 견뎌내는 모습으로 다른 자매들에게 보여졌다. 언제나 명랑한 얼굴을 하고 다른 자매들에게 미소를 머금고 있었지만 지쳐 있고 분주하다는 것을 훤히 알아볼 수 있었다. 짐작할 수 있듯이, 그녀는 내적으로 반항심과 성급함, 심지어 분노와 반감의 움직임으로 유혹받고 있었고, 그녀 자신의 평가대로 자신의 악한 성향으로 자매들에게 참을 수 없는 십자가가 되었을지라도, 이 모든 것은 그녀의 양심 깊숙한 곳을 알고 있는 이들 말고는 누구도 알아채거나 꿈도 꿀 수 없는 것이었다. 물론 부인할 수 없는 것은, 무언가 잘못되어 있는 가운데 불쌍한 베르크만스 수녀가 고통을 겪고 있으며, 자기 입장에서 어려움을 느끼고 있다는 것을 때때로 알아차릴 수 있었다는 것이다. 그러나 사실 새 창립 수도원의 삶에서 오는 물리적이고 외적인 시련과 난관들은 그녀에게 거의 아무것도 아니었다. 다만 그녀의 내면 안으로 영혼까지 온통 깊이 스며들어 있는 것 같은 고뇌와 어둠의 비통함에 더하여, 엎친 데 덮친 격으로 그것들이 가세하기까지 할 때가 있었다. 우연히 보게 된 사람은 물론이고, 심지어 매일 그녀와 함께 있으면서 개조된 고아원의 좁은 금역(禁域) 안에서 그녀와 같이 일하고 기도하며 고통받았던 수녀들에게도 이러한 것들은 드러나지 않았다. 그녀가 그 누구보다도 적게 고통받고 있다고 생각했던 사람도 있었지만, 그들 모두 가운데 가장 쓰라리고 가장 섬뜩한 성작(聖爵)을 마셨던 이는 바로 그녀였다. 훨씬 더 큰 본성과 은총의 은사를 지녔다는 바로 그 사실로 인해 더 쓰라리고 끔찍스러울 지경인데, 지금의 새로운 상황 안에서 자연적이고 초자연적인 모든 위로가 전혀 없는 처지에 임하여, 다른 누구보다도 더 날카롭고 민감하게 되었다. 아직 그녀의 영혼 안에 고집스럽게 뿌리박고 있는 수천 가지 결함들을 감추게 했던 감각적 기쁨의 모든 베일과 휘장을 예수님께서 당신의 거룩한 손으로 휩쓸어 버리는 것처럼 보였다. 영원부터 그리고 세상 창조 때부터,

자비로우신 창조주 하느님은 그녀의 영혼을 시험하고 단련시키시기 위해 자연적인 도구를 만드셨다. 그것은 마치 그분께서 온 아시아 대륙과 거대한 태평양을 계획하시며 그것들을 그 있던 자리에 두시고 일본을 본래 있던 자리에 둠으로써, 그 장중한 무게가 그녀를 내리누르고 죽음에 이르기까지 그녀의 영혼을 억누르는 가운데 그분만이 하느님이시며 그녀는 아무것도 아니라는 것을 알 수 있게 하시려는 것 같았다. 그러나 이렇듯 엄청나고 가차 없으면서도 부드러운 징벌은 그녀만을 위한 것이 아니라 인류 전체의 시험을 위한 것이었다.

일명 쿠로이시로(黑潮)라고 하는 거대한 대양의 조류가 남태평양과 열대 지방에서 북쪽으로 흐르고 있다. 한편 북쪽의 외딴 북극 섬들로부터 휩쓸려 오는 또 다른 조류는, 빙산을 동반하고 오기 때문에 이 바닷물은 아주 차갑다. 하꼬다테 근처 츠가루 해협에서 조우하는 이 두 개의 거대한 조류는, 깊고 고요한 바다 속에서 서로 섞이고 어우러짐으로써 소금이 어느 정도 용해되어 무거운 감이 드는 수증기를 대기 중에 일으키고 있다. 바람은 이렇듯 덥고 유해한 공기층을 싣고 땅 위로 날아 오면서 대기나 옷가지에 스며들게 하는데, 심지어 인체에까지도 영향을 주는 것 같다. 어떤 이들에게 덥고 습한 바람은 곧바로 그들의 정신까지 태워 버릴 것처럼 들어오는 것 같았다. 이렇게 조용하면서도 혹독한 재앙은 야마세라고 불린다. 야마세가 있기 2~3일 전에 동풍이 불기 시작하면, 사람들은 그것이 오고 있음을 자기 살과 뼈로 체감할 수 있다. 그러면 신경이 약한 사람들이나 피곤하여 지친 상태에 있는 이들, 영양이 부족하거나 과로한 이들에게 그 앙화가 미친다. 유럽인과 본토인 모두의 지도 사제와 영혼의 지도자로서 자기 체험을 말하는 로베르 신부는, 그것에 단련된 이들의 육체마저도 침체시키는 이 바람은 악마에게 특별한 기회를 주어서 영혼을 죄짓게 하도록 자신의 악한 힘을 총동원한다는 것을 인정하고 있다. 매우 병약한 상태로 라발 수도원에 입회하였기 때문에, 쓰러지기 전에 수도복을 받을 수 있을 만큼이라도 생명을 부지할 수만 있다면 아주 흡족할 것이라고 생각했던 베르크만스에게 있어서, 지금 소명으로 부름받고 있는 희생을 바치기 위해 정서적 육체적으로 크게 긴장하고 있었던 차에, 하느님으로부터 오는 이런 재앙의 희생양으로서 완벽하게 딱 들어맞는다는 것은 분명했다. 그녀는 야마세가 인간의 신경 계통에 야기시킬 수 있는 강하고도 미묘한 모든 고통에 맞서 세심하게 대비하고 있었다. 그것은 마치 완벽한 바이올린을 최고의 기술로 조율해 놓았는데, 결국 삶에 대한 혐오감으로 가득 차 있는 미치광이 음악가의 손에 그냥 방치해둠으로써 인간의 귀와 정신을 자극하는 심한 불협화음을 내게 하고 그로 하여금 자신의 비뚤어진 재능을 써대게 하는 것과 같다. 라발로 보내는 편지에 이렇게 기록하고 있다.

"때로 우리는 야마세라고 하는 좋지 않은 바람, 즉 산에서 불어오는 바람을 맞곤 합니다. 그것이 오는 것을 3~4일 미리 앞당겨 느낄 수 있으며, 여러 가지 기질을 가진 사람들에게 큰 영향을 주고 있습니다. 신경이 약한 사람들이 그것을 가장 많이 느끼고 있습니다. 그것은 어깨에 납을 녹여서 만든 망토를 두르는 것과 같습니다. 그래서 그 시기에는 모든 것이 어둡습니다. 말하자면, 사실 그것은 순찰 중인 악마라 생각됩니다. 지쳐 버렸다고 느끼는 상태에서 자신을 극복하는 것은 힘든 작업입니다. 선하신 하느님을 위해 영혼을 구하는 또 하나의 길이지요! 그분의 영광을 위해 좀 더 많은 고통을 당할 기회를 주신데 대해 주님은 찬미 받으소서."

이렇게 덧붙이고 있다.

"야마세가 육체에만 영향을 끼친다면 그렇게 나쁘지는 않을 것입니다. 다소 조금 피곤하다면 어떻게라도 보살필 수 있을 것입니다! 문제는 그 버거운 짐이 주로 정신과 의지를 공격한다는 것입니다. 성격은 신경 체계와 매우 밀접하게 연결되어 있습니다! 그래서 이때는 매우 비열한 기질의 사람이 될 수 있습니다."

여기에서 독자는 자기 행위에 그 기후가 끼치는 영향에 대해 그녀가 말하는 내용을 문자 그대로 받아들이지 않도록 주의해야 한다. 로베르 신부는 그녀가 상당히 과장하고 있음을 인정하고 있다. 그는 이렇게 기록하고 있다. "아마도 그녀가 프랑스에 있었을 때보다 약간 더 자주 성급해지는 기미가 있었던 것 같으며, 심지어는 몇 차례 미미하게 폭발했다가 금시 극복하고 다시 좋아지기도 했는데, 이것이 우리가 그녀를 비난할 수 있는 내용의 전부이다." 자신의 외적인 행동에 대해 너무 심하게 말했던 것이다. 그럼에도 우리는 자신의 증언으로부터 그녀가 어떻게 느꼈는지 알 수 있다. 로베르 신부는 야마세만으로도 충분히 어떤 사람들을 신경쇠약에 걸리게 할 수 있다고 직접 덧붙여 말했다. 이 모든 자질을 마음에 두고 베르크만스 수녀의 편지로 되돌아가 보겠다.

"매우 나쁜 기질의 사람이 될 수 있습니다. 그것은 악마로부터 오는 것일까요, 아니면 기후로부터 오는 것일까요? 저는 모릅니다. 다만 알고 있는 것은 제가 이곳에 온 이후로 작은 고슴도치가 되었다는 것입니다. 저를 위로하려고 그들은 제가 아직 아무것도 알지 못한다고 합니다. 금년에는 방금 지나갔던 것보다 훨씬 좋지 않은 상태가 될 것입니다. 그것도 마음대로 짓부수어대는 '끔찍한 해'가 될 것입니다. 나쁜 기후에 길들여지기까지 그 어느 때보다 정말 어려움을 감내해야 하는 해가 되겠지요."

베르크만스 수녀에게는 단지 한 해만 그런 게 아니라, 서너 해 동안 결정적인 시기가 되었던 것 같다. 게다가 물리적인 이치를 두고 말하자면, 야마세는 그녀가 살아 있는 동안 결코 내버려두지 않았다. 야마세로 야기된 심리적 고통의 요점은, 타인들에게 골칫거리와 짐이 되었다는 느낌이었다. 악마 즉 야마세가 그녀의 생각을 부추김에 따라, 나쁜 기질과 비열한 성향이라고 짐작되는 자신의 어떤 면으로 인해 모든 사람이 고통받는다고 생각하는 것은 거의 견딜 수 없는 일이었다. 로베르 신부는 이렇게 기록하고 있다. "동정심과 친절과 애덕이 몸에 배어 있는 그녀를 생각해볼 때, 매우 사소하게 저질러진 이런 실수들이 그녀에게는 매우 후회스럽고 중대한 것으로 보였다. 그러나 그러한 것들이 자발적이었는지는 매우 의심스럽다." 그래도 베르크만스 수녀 자신은 슬픈 마음으로 이렇게 들려 준다.

"어느 누구에게도 고통을 주지 않고, 이 모든 것들을 겪어낼 수 있는 법을 배울 수만 있다면 좋겠다. 나를 가장 고통스럽게 하는 것은, 내가 타인의 고통의 원인이 된다는 생각이다. …… 성격상 지닌 작은 어려움에다, 육체적으로 지쳐 버리는 이 상태는 모든 것을 있는 그대로의 실제 모습보다 더 어둡게 보이게 만든다. 나는 정말 이 육체적인 고통을 그 자체로 사랑한다. 언제나 환영한다! 그것은 하느님으로부터 오기 때문에 기꺼이 이 죄스러운 육신이 벌받는 것을 보고자 한다." 그러나 여기에서 우리는 기후 때문에 그녀에게 요구되었던 주된 희생 한 가지와 대면하게 된다. 야마세가 그녀의 신경 계통에 매우 강하게 작용하였기 때문에, 그녀는 성체를 그냥 삼킬 수 없었으며, 결과적으로 자기 삶의 주된 기쁨이요 위로가 되었던 거룩한 성체를 자주 영하지 못하게 되었다. 참으로, 복된 성사 안에 계신 예수님은 그녀의 생명이었다. 적어도 라발에서 그분은 그러하셨다. 프랑스에서 오는 배 안에서도 중국에서 며칠간 폭풍이 있던 날만 제외하고 매일 영성체가 있었다. 그러나 지금은 … .

그녀는 이렇게 기록하고 있다. "나는 거룩한 성체를 영하지 않을 때도 있다. 내 입이 너무 말라서 그런지, 아니면 신경과민으로 그러는지 잘 모르겠지만, 어쨌든 성체를 그냥 삼킬 수 없다. 한 가지 조처로 내 호주머니에 에테르로 처리된 작은 물병 하나를 가지고 다녀야 하는데, 그것은 나를 엄청 부담스럽게 한다. 최근에 우리 좋은 신부님께서 성체 반쪽을 나에게 주셨는데, 예수님께서는 이 작은 조각 속에 숨어 계시면서 여전히 나에게 오시기를 거절하셨다."

그것은 단지 그녀 자신의 육체적인 상태 문제만은 아니었다. 로베르 신부가 "정당"하다고 했지만 설명해 주지 않았던 어떤 이유들 때문에, 본회의 더 높은 장상들은 천사의 성모 수녀들에게 매일 영성체를 하지 않아도 된다는 허가를 주게 되었다. 그들은 한 주에 다섯 번 성체를 영했으며, 축일이 있다면 여섯 번이었다. 그렇게 되었던 순간, 이는 베르크만스 수녀의 마음을 매우 아프게 했다. 라발로 보내는 첫 편지들 중 하나에서 이렇게 불평하고 있었다.

"이곳에는 대단한 희생이 존재합니다. …… 예수님마저도 당신의 방문 횟수를 줄이셨습니다. 그분은 당신의 작은 정배들과 그렇게 자주 함께 있기를 더 이상 원하지 않으시기 때문에, 저는 어느 날 그분께서 데레사의 단식을 하라고 할까봐 매우 두렵습니다."(아빌라의 성녀 데레사는 인생의 어떤 시기에 장기간 영성체 없이 지내야 했는데, 다년간 정기적으로 매일 아침마다 구토증이 생겨 괴로움을 당하고 있었기 때문이다). 그녀는 체념하면서 이렇게 계속하고 있다. "그러나 그것이 그분의 뜻이라면 저도 그것을 원합니다. 의지와 판단으로 그분과 일치하는 것만이 저로 하여금 그분께 영광을 드리고 영혼을 구원할 수 있게 하기 때문입니다."

　수녀들은 다른 이들이 성체를 영하지 않는 날에 한 명만 홀로 영할 수 있도록 조정하였다. 베르크만스 수녀는 이렇게 쓰고 있다. "한 수녀만 홀로 천상 잔칫상에 가는 것을 볼 때, 제 안의 느낌은 얼마나 차가운지요! 심지어 예수님께서 당신 정배 가운데 한 명도 방문하지 않는 날도 있습니다."

　그녀의 영혼을 정화시키는 또 하나의 시험으로는, 새로운 영적 지도 자인 로베르 르빠스뀌에 신부와 익숙해지는데 어려움이 있었다는 것이다. 어려움을 과장해서는 안 되지만, 그럼에도 그것은 정말로 그녀에게 고통을 야기시켰다. 그 선한 신부가 이 사실을 알지 못한 것은 아니었는데, 애시 당초 그들의 첫 대면을 그가 간단히 설명해 줄 때, 약간의 민감한 요소가 남아 있는 흔적을 엿볼 수 있다. 그는 조금 슬픈 듯이 폴리까르프 신부의 "유명한 예언"을 회상했다. 그녀는 외롭게 남겨질 것이며 모든 사람, 심지어 고해 사제에 의해서도 오해받고 버림받게 될 것이라고 그가 그녀에게 말했던 사실이 그것이다. 이에 대한 로베르 신부의 설명이란, 폴리까르프 신부는 연로하고 거룩한 사람이었지만 예언의 은사는 가지고 있지 않았다는 것이다. 그러나 베르크만스 수녀가 천사의 성모 수도원에서 지낸 초기 시절, 참으로 그 예언이 이루어지고 있다고 스스로 생각하도록 유혹을 당하고 있다는 느낌이 들지 않을 수 없었다. 두 사제가 대조되고 있다. 그러나 무엇보다 그들 자신이 처해 있는 상황에 큰 차이가 존재한다. 폴리까르프 신부는 노인이며, 프랑스에서 크고 훌륭하게 잘 갖추어진 수녀원의 수녀들을 지도하고 있다. 그는 아주 초기 성소자 시절부터 베르크만스 수녀를 알고 있었으며, 분명히 그녀가 선택받은 영혼이라고 간주하면서 가장 주의 깊고 부드러운 양성을 제공해 주었다. 그는 그녀가 두 번째 마르가리따 마리아 알라콕이 될 운명이라고 여긴다는 사실을 그녀에게 감추지 않았다. 그래서 그가 그녀에게 모욕을 주든지, 아니면 다른 이유로 그녀가 얼마나 고통을 받든지 상관없이, 그녀는 언제나 사람들의 배은망덕을 위해 사랑과 희생으로 성심을 위로해 드리는 자신의 특별한 성소로부터 나오는 어떤 고결한 감각을 가지고 고해소를 떠날 수 있었다. 만일 그녀가 이는 참으로 자기 성소라는 확고한 신뢰로 스스로를 위로할 수 있었다면, 의심할 여지없이 일본에서 보낸 초기 시절의 시험들이 훨씬 더 수월했을 것이다. 그러나 로베르 신부는 달랐다. 그는 젊은 사제였다. 그는 힘있고 활동적이며 열성적이었으며, 선교지에서 세 개의 수녀원을 지도하느라 분주했다. 그는 자신의 참회자들을 위해 따로 시간을 낼만큼 그렇게 많은 여유가 없었으며 "신심과 관련된 고백"을 많이 허용할 수 없다고 느꼈다. 그는 자기 소임지에 아직 낯선 한편, 어떤 침해로부터 자신을 보호하기 위해 매우 주의하고 있었다고 느끼는 이도 있었다. 그는 아마도 이 수녀들에 대해 약간 의심했던 것 같다. 만약 그가 그들의 공상을 제멋대로 내버려 둔다면, 그들이 그를 능히 이용하게 될 것이고 고백소를 험담을 위한 방책으로 사용하게 될 것이라는 식이었다. 베르크만스 수녀가 그에게 고백하러 갔을 때, 그녀가 특별한 성소를 지니고 있다는 것을 전혀 감지하지 못했다. 그는 그녀가 처해 있는 어려움 속에서 자기애 밖에는 어떤 것도 보지 못다. 그래서 그녀는 관대함이 부족하기 때문에, 가지고 있는 문제점들에 대해 "예"하고 곧잘 응답함으로써 해결될 것이라고 말해 주었다. 그가 그녀를 참아 주지 못했다거나 그녀의 필요를 무시했다는 뜻은 아니다. 로베르 신부는 일본에서 죽을 때, 영적 지도를 했던 수녀들의 공동체에 가장 비범하고 이타적인 헌신을 했다는 평가를 받았다. 이웃인 등대의 성모 수도원의 트라피스트 대원장 동 베느와의 증언에 의하면, 그 작은 수녀원이 생존할 수 있었고 현재의 모습으로 번영하게 되기까지는 주로 로베르 신부와 스콜라스티카 원장의 헌신적인 협력이 있었다고 한다. 참으로 로베르 신부와 같은 시기에 봉사했던 그 지역 선교사 치고 그가 모범적인 신부이며 완벽한 시토회 수도자라고 증언하지 않을 사람은 없을 것이다. 게다가 그는 사람을 잘 가려내는 법을 알고 있었던 동 비탈 르호디에 의해 임명되었던 것이다.

그러나 베르크만스 수녀에게는 모든 것이 순조롭지만은 않았다. 그녀는 종종 아픈 감정을 지닌 채 고백소를 나왔다. 투쟁에 대가를 치러야 할 상황이었으나, 결국 하느님이 일하시는 방법과 그녀로부터 원하셨던 것을 충분히 잘 깨닫게 되었다. 마지막으로 그 상황에 대한 그녀의 요약을 분석해보자.

"나는 로베르 신부님에게 최고의 큰 존경심을 가지고 있다. 그분의 굳건함에도 불구하고, 아니면 오히려 그 굳건함 때문이라고 해야 할까! 나는 폴리까르프 신부님에게 그러했듯이 그분에게서도 그와 같은 자유를 느끼고 있다. 우리 사이에 쇠창살만 없다면 한꺼번에 많은 훈계를 주었을 것이라고 그분은 내게 말하고 있다. 그러나 그분은 가능한한 우리에게 아주 잘해 주시며, 특히 우리가 그 시간을 힘들어 하고 있음을 알고 있다. 나는 그분의 가르침과 지도에 완전히 만족하고 있다. 딱히 더 나은 어떤 것을 바랄 수 없을 것이다."

시간이 흐름에 따라 로베르 신부가 이 작은 수녀를 더 잘 알게 되자, 그의 비꼬는 말투는 확연히 누그러졌으며 그녀를 날카롭게 꾸짖는 것도 조금 줄어들었다. 세월이 지나서, 그녀가 자기 시련들을 좀 더 꾸준히 견디어내기 시작하고, 한 때 라발로 되돌아가고자 하는 어중간하고 불완전한 바람을 마지막으로 포기하게 되자, 그도 그녀를 남달리 훌륭하고 열렬한 영혼으로 알아보게 되었다. 벌써부터 그녀의 덕을 칭찬하는데 있어서 폴리까르프 신부를 훨씬 능가하고 있었다. 그녀의 사후 몇 년 동안 자신의 작은 수행자로 있었던 이의 전기를 작성하기 위해, 있는 자료를 모두 수집하느라 긴 시간을 인내하며 고통스런 수고를 마다하지 않고 아낌없이 헌신하였다. 그것도 필사본으로 약 800페이지나 되는 전기이다.

　이 모든 자료가 정리되어 있는 모습은, 이 선한 사제의 기질을 십분 반영해 준다. 너무 질서정연하고 체계적이어서 평범한 독자에게는 별반 흥미를 주지 못할 정도였다. 베르크만스 수녀의 모든 덕을 하나하나씩 종류별로 그 속속들이까지 설명하고 있는데, 그가 수고를 아끼지 않는 성실한 신학자라는 사실에는 의문의 여지가 없다. 아마 장래에 있을지도 모를 시성 과정을 생각하고 있었는지도 모른다. 그러나 1902년에 누가 그에게 그러한 것을 제안했다면, 아주 깜짝 놀랐을 것이다.

08

하느님 집안의 일터

　새 창립 수도원에서 겪는 육체적 어려움은, 베르크만스 수녀의 인내심을 시험할 정도는 아니었다. 그와 반대로 그녀를 괴롭혔던 것들 중 한 가지는, 그녀가 라발에서 했던 만큼 단식하도록 허락받지 못했다는 것이다. 이곳에서는 별도의 작업을 더 많이 함으로써 영양도 추가될 필요가 있었고, 그녀가 원했던 것과 상반될 만큼 식당에서 마음껏 먹을 수 있게 푸짐하게 제공되는 것들을 먹어야 했기 때문이다. 그녀는 자매들 모두가 거의 영양실조로 죽을 지경이 되었던 초창기 창립 시절을 더 좋아했다. 그러나 또 다른 시련이 일본에서 지냈던 초기 몇 년간 그녀에게 크고 부담스러운 짐을 안겨 주었다. 그것은 그녀가 맡은 여러 가지 소임의 책임상 요구되는 일 때문에, 기도 시간의 상당한 부분을 자주 희생해야 했다는 사실이다. 성 대 그레고리오는 모랄리아(Moralia)에서, 높은 수준의 관상 생활로 부름받은 대부분의 영혼들은 조만간 이러한 시련에 처하게 된다는 점을 지적하였다. 하느님은 기도 안에서 그분과의 친밀한 관계로부터 오는 감미로움을 체험하도록 하시며, 그분과 훨씬 더 가까워짐으로써 보다 완벽한 일치를, 그리고 좀 더 깊고 탁월한 평화를 고대하도록 인도하신다. 그때 갑자기 이 영혼들은 기도의 휴식과 관상의 감미로움을 거의 불가능하게 만드는 활동적인 애덕의 일에 사로잡혀 있음을 알게 된다. 그로 인해서 생기는 결과는 단지 자신들의 기도 시간이 대폭 줄어든 것에서 그치지 않는다. 실제로 단 몇 분이라도 감실 앞에 무릎을 꿇을 수 있게 된다 하더라도, 그때는 그들의 정신이 대도시 기차역처럼 번잡스럽고 소란스럽기만 하며 일 때문에 생기는 잡념으로 압도된 채 완전히 속수무책으로 어찌할 바를 몰라 기도할 수 없게 된다는 것이다. 참으로 하느님과 일치된 삶에로 부름받은 영혼 안에서 일어날 수 있는 이러한 고뇌는 관상 생활의 가장 큰 고통 중 하나일 것이다. 이해하기 너무 어렵기 때문에 그것은 힘들게 견뎌내야 하는 하나의 정화 과정이다. 우리를 통해 이웃의 구원과 성화를 위해 일하실 수 있도록 당신 자신과 우리를 일치시키시는 하느님과의 합일을 위해, 이것이 필요하다는 것을 영혼은 희미하게나마 깨닫고 알아가기 시작한다. 그러나 우리 본성상 이러저러한 방식으로 활동적인 일에 붙잡힐 수밖에 없기 때문에, 주의가 산만해진다는 명백한 사실로부터 생겨나는 두려움과 걱정을 결코 없앨 수 없다. 일하는 것에 너무 연루될 위험성 없이 영혼이 하느님만을 위해 일할 수 있을 정도로 이탈하게 되기까지는, 오랜 세월이 지난 다음에야 가능하다. 결코 이러한 이탈에 도달하지 못하는 영혼들도 더러 있을 수 있다. 이러한 방향과는 정반대로, 우리 본성을 따라감으로써 그것과 부합하여 덩달아 내달리도록 내버려 두고 우리 자신의 의지를 점점 더 이러한 활동에 밀쳐 둠으로써, 급기야 그것이 실제로 지배적인 위치를 차지함에 따라 기도의 정신을 좇아 버릴 수 있는 기회가 언제든지 생겨날 수 있다.

재봉 담당으로서 베르크만스 수녀는 작은 수녀원의 모든 의류와 린넨 천, 침구류를 책임지게 되었다. 옷을 만들고 수선하며 세탁하는 일까지 관리하는 것이 그녀의 임무였다. 바느질을 도왔던 두 명의 다른 수녀들과 조수녀들의 작업을 감독해야 했다. 공동체의 모든 이들이 기본적으로 필요로 했던 것을 직접 취급하는 위치에 있었기 때문에, 많은 기지와 애덕의 봉사가 요구되었다. 투니카(수도복)나 쿠쿨라(성당에서 사용했던 흰색 옷)가 오래되어 낡은 상태가 되면, 딜레마에 봉착할 수밖에 없었다. 다가올 겨울철에는 어떻게든 운에 맡기면서 그냥 그대로 두고 그것을 착용하는 가엾은 수녀가 추위를 견디어낼 수 있을지 살펴보거나, 아니면 과감히 다른 것으로 대체해야 할지를 선택해야 했다. 그러나 설령 그렇게 바꾸려 해도 가진 게 없는데 무엇으로 어떻게 할 수 있겠는가? 모든 이가 기대했던 대로, 베르크만스 수녀는 물적 영적 모든 면에서 이 소임을 위한 탁월한 선택이었다. 무엇보다도 그녀는 바늘과 실을 아주 능숙하게 다루는 달인의 경지에 있었으며, 옷을 만들어서 그것을 관리하는 법을 잘 터득하고 있었다. 유난히도 깔끔하고 단정했으며 거의 지나칠 정도로 청결을 사랑했다. 절대적으로 부족한 작업을 보충하기 위해서 틈틈이 귀한 시간들(기도나 영적 독서 시간)을 할애하는 것은 무엇보다 내적 희생을 상당 부분 요구했을지라도, 그러한 희생을 결코 거절하지 않았을 뿐만 아니라 빨리 일을 끝내려고 모든 일을 엉망으로 방치해 둔 채 그냥 내버려두는 식의 타협도 무릅쓰지 않았다.

특히 초기 시절에는 반감이 매우 컸기 때문에 그 영향력이 훨씬 더 오래 갔으며, 이러한 요구들을 좀 더 평화롭게 받아들일 수 있게 되기까지는 훨씬 더 심한 분심에 시달리는 결과를 초래하였다. 그 시기에도 매주 토요일 오후마다, 돌아오는 주간을 위해 깨끗이 세탁한 옷가지를 분배하였는데, 그렇게 한 다음에는 어떤 불평이 있기 마련이었다. 그녀는 이러한 것들을 언제나 사랑으로 온순하게 받아들였으며, 될 수 있는 한 빠르게 모든 것을 올바로 처리하고자 하는 바람이 있었다. 어떤 것을 잊어버렸다면 지체하지 않고 간과한 것을 보충하였는데, 얼른 가서 필요한 것을 가지고 끝기도 전에 그것을 자매의 방에 가져다 놓았다. 그것은 다른 누군가의 잘못이라거나 그 자매가 잘 기다릴 수 있을 것이라는 등의 생각으로 혼자 씨름하느라 시간을 낭비하지 않았다. 그녀는 형제적 애덕을 위한 이런 작은 희생보다 개인적 신심을 더 중시하지 않았다. 당신 제자들의 발을 씻김으로써 모범을 남겨 주시고 지상에서 "섬기는 이"로 오시어 우리 가운데 사셨던 주님을 얼마나 진실로 사랑하였는지를 그렇게 드러내었다.

"그녀에게 어떤 것을 요청하는 것은 언제나 즐거운 일이었다."고 로베르 신부가 수녀들을 대신해서 언급하고 있는데, 아마도 수녀원 재봉실과 어떤 관계도 없었기 때문인 것 같다. 잘못된 일을 약간 교정해야 했을 때는 언제나 단순성의 위대함과 좋은 유머를 지닐 줄 아는 여유가 있었다. 사람들에게 잘못된 점을 말하면서 약간의 우월성 같은 것으로 그들을 모욕하거나 너무 심하게 비판을 해대며 상처를 주거나 하는 일 없이, 올바른 것을 보여 줄 수 있는 재능을 가지고 있었다.

1904년 봉헌 축일, 결코 희생이 아니었던 책임으로 당신의 작은 수녀를 위로해 주시려고 주님께서 선택하시고 결정하신 연중 소임 분배가 다시 이루어졌다. 재봉실에서 옮겨간 소임은 언제나 자신이 좋아하는 것으로 남아 있던 것이었다. 그녀는 제의실을 "천상으로 들어가는 방"이라고 불렀으며, 제의실 담당으로 임명되었을 때, 그녀의 마음은 어떻게 말로 표현할 수 없는 기쁨과 감사로 넘쳐흐르는 것 같았다.

전에는 별도로 추가되는 작업이 사랑의 성사 안에 계신 경애하올 주님의 현존을 빼앗았기 때문에 짐이 되었다면, 지금은 모든 작업 시간이 복된 성체께 대한 흠숭이었으며 일하러 가는 것은 희생이 아니라 다만 벨이 울리는 소리에 작업을 중단하는 것일 뿐이었다. 모든 수녀들은 육중한 쇠창살로 제단과 분리된 채 살아갔다. 그녀만이 열쇠를 가지고 있었다. 사랑하올 주님께서 강복식이나 특별히 현시하는 시간을 통해 당신 자신을 보여 주고자 하실 때, 검은 커튼을 열었던 이는 그녀였다. 일요일 아침에 거행되는 성수 예식과 함께 봉헌 축일과 성지 주일과 같은 축일에 행렬이 이루어질 때, 쇠창살을 열어 주는 사람도 그녀였다. 뭐니 뭐니 해도 최고는 역시 자매들이 영성체하러 갈 때이다. 마치 등잔을 마련하는 것처럼 자신들의 영혼을 단장하고 성령의 도유인 애덕의 기름으로 채워져 순수하고 항구한 신앙의 불꽃으로 빛을 발하면서, 침묵과 기쁨 중에 신랑을 만나러 가는 지혜롭고 평화로운 동정녀들처럼 가는 길을 자신들에게 열어 주었던 사람은 그녀였다. 그녀의 가장 큰 특권이자 책임은 감실 열쇠였다. 그리스도는 그녀의 수감자였다. 아니 어쩌면 오히려 그녀가 그분이 선택하신 전령이 되기도 했을 것이다. 거의 사제만큼이나 그녀도 그분을 영혼들에게 내주었다. 이웃에서 왔건 아니면 먼 곳에서 왔건 어떤 세속인이나 방문객이든 가난한 일본 그리스도인도 사제로부터 그리스도의 몸을 청하러 오는 사람이라면 그녀에게 달려 있었다. 사실 그녀가 없다면 사제는 미사를 드릴 수도 없을 것이다. 이렇게 동떨어지고 외딴 산중에서 세상의 구원을 매일 새롭게 이루어가도록 그 바탕을 제공하는 희생은 그녀에게 달려 있었다. 그녀는 성작과 성반, 성체와 성혈을 지켰다. 새로 나온 제병을 관리할뿐만 아니라 제병을 구워서 깔끔하게 정돈한 다음 미사를 위해 미리 마련해 놓는 일까지 포함하고 있었다. 그러므로 그녀는 축성된 모든 물건들을 다루는 특권을 누렸다. 제의와 제대보, 감실과 성유, 향로와 제대의 모든 그릇들을 얼마나 큰 신앙의 정신과 경애심을 지니고 보살폈는지 어렵지 않게 알아볼 수 있다. 성주간의 수난 감실을 위해 비단으로 만든 감실을 얼마나 사려 깊게 헌신적으로 준비했는지 모른다. 제의실은 건조하고 청결하며 좋은 환경 상태로 유지되었는데, 겨울이면 축성된 천에서 습기를 제거하기 위해 난방을 했고 제의에 좀이 슬지 않도록 깨끗한 허브로 향을 냈다. 제대와 그 주변은 언제나 흠잡을 데 없었다. 그녀의 보살핌으로 이 하느님의 집은 시토회적 가난을 한껏 지니면서도, 참된 시토회적 단순성과 더불어 존엄의 품위와 청결을 유지하고 있었다. 이는 하느님의 집이 깨끗하고 순수하다는 사실을 비추어 주었으며, 흠잡을 데 없는 그리스도의 신부의 영혼이라는 것을 드러내 주었다. 그녀의 영혼이 기도의 집이었기 때문에(그녀 자신에게는 그곳이 가끔 강도의 소굴로 보이기는 했지만) 판자와 기둥으로 손수 지어진 이 하느님의 집 또한 청결하고 고요한 기도의 집이었으며, 베르크만스 수녀가 벽이나 마룻바닥, 의자에 이르기까지 사랑과 헌신의 정신으로 가지런히 정돈했기 때문에, 그 모든 것 역시 사랑받은 만큼 그 헌신의 숨결을 내뿜고 있었다. 제의실에서 첫 번째로 봉사하던 시기에(그녀는 몇 년 뒤 다시 이곳 책임으로 돌아오게 되었고, 그렇게 된 것을 무척 기뻐하며 좋아했다) 베르크만스 수녀는 제의실 담당에게 통상 요구되던 것보다 훨씬 더 많은 일들이 있다는 것을 알게 되었다. 게다가 이미 언급했던 일상적인 직무들과 제병을 굽는 일 외에도, 볼품없는 제의들을 모두 세탁하고 수선하며 성체와 성혈을 새로 준비하도록 요청받고 있었다. 극도로 세밀하고 고통스러운 작업으로 속도가 더디고 눈과 시력에 좋지 않은 일인데다, 이를 위해 할애되는 시간이 너무

빠듯했다. 그녀가 성당에서 자기 책임 영역에만 주의를 기울였을 뿐, 그 밖의 일에는 전혀 아무것도 상관하지 않았다고 상상해서는 안 된다. 도움도 받지 않고 대부분의 일을 처리했을 뿐만 아니라, 수녀원의 다른 부분에서 이루어지는 공동 작업에도 그녀의 도움이 자주 필요한 상황이었는데, 특히 세탁날 세탁실의 경우가 그러했다. 대부분의 작업이 이루어졌을 때는 가능한한 빨리 제의실로 달려가서 미처 다하지 못한 담당일이나 바느질 작업 혹은 축일을 위한 제대 장식을 마저 해보려고 했다. 작업 끝에 울리는 종 때문에 자기 헌신과 애정이 원하는 대로 완벽하고 근사하게 장식을 계속할 수 없었을 때가, 가장 큰 부담으로 다가오는 희생의 순간이었다. 아마도 대축일이 다가오는 시기가 되면, 날짜가 점점 더 빨라졌을 것이다. 그녀는 몇 분이라도 앉을 틈을 내어 바늘과 색감이 도는 비단 천을 들고, 성체 제의 안에서 보다 큰 그리스도의 영예와 영광을 위해 제의(미사 때 사제가 입는 절기별 예복)나 수대(사제가 왼팔에 걸치는 것) 혹은 성작보(카리스에 사용되는 천)에서 심한 부분을 수선하였을 것이다. 그녀가 어떻게 해보려고 하기도 전에, 벌써 종 당번이 성당으로 들어가서 종에 다가가 종을 치기에 앞서 가대 중앙에 무릎 꿇는 소리가 들렸다. 바야흐로 지금은 작업이 끝나는 때였다. 하느님은 당신의 의미심장한 뜻 안에서 바늘과 실로 경외하는 것보다 훨씬 더 기뻐하시는 것으로서 그녀 자신의 마음과 의지로 존경을 표하도록 요구하셨다. 그래서 그녀는 희생하는 뜻으로 자기 일을 접어두고 바느질을 치우곤 하였다. 인간적으로 볼 때는 너무 작고 무의미한 행위였기 때문에, 영혼들에 대한 하느님의 방식을 이해하지 못하는 이들에게는 우스꽝스러운 짓으로 보였을 것이다. 마음을 위로해 주는 이 소임에 관해서 즐거움을 감추지 않고, 그 기쁜 소식을 라발에 있는 공동체에 알렸다. 이렇게 쓰고 있다.

"오! 얼마나 훌륭한 자리입니까! 그 자리를 얻다니 얼마나 행복한지요! 사랑하는 분을 언제나 뵈올 수 있습니다! 이 직책에 있는 동안 그렇게 빨리 성인이 되지 않도록, 저처럼 악하고 못될 필요가 그래도 있는 것 같습니다. 예수님께서 당신 신비체의 심장에 저를 두시지 않으셨습니까? 그래서 저는 수녀들의 가대 뿐만 아니라 제대도 돌보고 있습니다. 토요일과 대축일 독서과가 되면, 저는 젊은 수녀 한 명과 함께 제단에 가서 청소를 하며 높은 제대를 장식합니다."

또 다른 편지에서(사실, 이 직책의 두 번째 시기로 추정된다) 이렇게 쓰고 있다. "저는 다시 제의실 담당이 되었어요. 저는 언제나 큰 사랑의 불꽃과 가까이 있습니다. 제가 타지 않고 오랫동안 다닐 수 있을까요?" 한 수도승(아마도 브리크베크의 어느 트라피스트 수도승인 듯하다)에게 보내는 또 다른 편지에 다음과 같은 말이 나온다. "저는 복된 성사 안에서 행복에 겨운 예수님의 작은 종이 되었으며, 제 시간의 상당한 부분을 큰 사랑의 불꽃과 가까운 곳에서 지내고 있습니다. 그래서 어느 날인가 몇 개의 작은 섬광이라도 저의 가련한 마음속으로 날아들어 올 것이라는 희망을 가지고 있습니다."

아마도 제의실 담당으로서 그녀가 가졌던 가장 큰 기쁨은, 제병을 굽고 자매들의 영성체를 위해 성합을 가득 채우는 것이었던 것 같다. 이러한 호의는 그녀의 수호자였던 젊은 예수회 성인의 손으로부터 전달된 것이었다. 그녀는 라발의 경외하올 루드가르디스 원장에게 다음과 같이 쓰고 있다.

"어제 아침, 저의 작은 성 요한 베르크만스의 축일을 어떻게 지냈는지 상상하실 수 없을 거예요. 당신에게 말씀드리고 의문이 계속 생겨나지 않도록 해야겠지요. 그러면 저의 행복을 부러워하시게 될 것입니다. 글

쎄, 그것은 말이지요, 제가 제병을 만들었다는 것입니다. 이제는 저의 기쁨을 당신도 이해할 수 있을 것입니다. 이 기쁨을 빼앗아가시지 않도록 좋으신 하느님께 제발 청해 주세요! 약간 지치게 하는 것인 만큼 이 문제에 대해 두려움이 없지는 않아요. 그러나 사소한 피로 때문에 뭐 별다를 게 있겠어요? 저는 그렇듯 대단한 영예를 위해 제 자신을 기꺼이 희생하고자 합니다."

그것은 단지 신경증과 긴장 혹은 악천후의 문제가 아니라, 1903년에 벌써 그녀의 건강 상태가 장상들이 심각하게 염려할 만큼 주의와 경계를 필요로 하고 있었다는 것을 알 수 있다. 다른 수녀가 제병 굽는 작업을 맡겠다고 제안하였으나, 베르크만스 수녀는 듣지 않았다. 그녀는 자신의 크나큰 특권을 앞다투어 빈틈없이 지켰으며 헌신과 열정을 다해 자기 일을 계속하였다. 이 사랑의 일에 너무 잠겨 있던 나머지, 성합에 축성되지 않은 제병을 놓을 때는 오직 그 조심스러움과 경외심을 보는 것만으로도 복된 성사에 관한 많은 설교를 듣는 것처럼 좋았다.

그 후 어느 날 작은 화덕 앞 마룻바닥에 의식을 잃고 쓰러졌다. 그때부터 제병 굽기로부터 받는 위로를 얻지 못하게 되었고, 그 직무는 다른 누군가에게 맡겨지게 되었다. 그러나 이미 그녀는 여러 차례 기절했으며, 또 다시 그렇게 되곤 하다가 어떤 실질적인 위험의 징후가 드러나게 되었다. 작은 수녀원 이웃에서 죽음의 그림자가 이미 한 차례 이상 위협하고 있었으나, 잠시 지나가는 형태였다. 그곳에서 보낸 초기 몇 년 동안, 수녀원 정문에서 종이 울리면 원장 수녀가 문간 접수로 불려가서 어떤 공식적인 통보를 받았다. 얼마간 그녀는 이미 알고 있었던 것 같다. 그 지방에 매우 심각한 콜레라 전염병이 돌고 있었는데, 많은 경우 바로 옆에 살고 있는 이웃들에게 이 사실을 알렸다. 자매들은 온갖 주의를 기울여야 했다. 적절한 때를 맞추어 집회실 발표를 통해 그 상황을 알리고 함께 상의했다. 그러나 베르크만스 수녀는 미소만 지을 뿐이었다. 그녀는 안개 낀 계곡 수녀원 아래에 도사리고 있던 괴상한 방문객의 그림자를 알아보지 못하였다. 그녀가 아는 것이라고는 순간적으로 천상의 문이 약간 열리는 것을 살짝 엿볼 수 있었다는 것이다. 나중에 이렇게 말했다. "콜레라라고 하는 것은 미리 경고도 주지 않고, 사람을 쓰러뜨릴 수 있는 질병 중 하나입니다. 그만큼 더 좋습니다. 우리는 좀 더 빨리 천국에 있게 될 테니까요."

그 그림자는 지나갔고, 문은 잠겼다. 2년 후에 또 다른 징후가 엿보였다. 거칠고 무서운 폭풍이 해협으로부터 몰려와서 비바람을 동반하고 산중을 후려쳤고, 작은 수녀원 주변 숲과 들에는 계속 벼락이 치면서 쏟아져 내렸다. 그러는 가운데 하늘이 온통 으르렁거리고 갈라지면서, 나무로 된 수녀원의 약한 지붕을 산산조각 내고 완전히 가루가 되기까지 갈아 치워 버릴 것처럼 굴러떨어지게 했다. 그러나 번개는 그들을 살려 두었다. 하늘이 다시 쾌청해지자, 적어도 한 수녀만은 약간 실망했을 것이다. 베르크만스 수녀는 폭풍이 지나가는 동안 줄곧 조용히 있었을 뿐만 아니라 큰 기쁨과 평화로 가득했다. 하느님은 그렇게 많은 소음과 혼돈 속에서는 그녀를 데려가려 하지 않으셨다. 그녀는 오페라의 여주인공처럼 죽지는 않게 되었다. 그러나 그녀의 계속되는 피로와 두통, 무기력과 불면증, 가끔 생기는 발열 상태는 원장 수녀를 근심스럽게 만들었으며, 그 문제로 라발 수도원과 서신이 교환되었다. 그러던 어느 날 베르크만스 수녀가 원장 수녀의 방으로 불려갔다. 원장 수녀는 말했다.

"이것은 의약품입니다. 경외하올 루드가르디스 원장 수녀님이 당신을 위해 보낸 것입니다. 당신은 이것을 먹어야 하는데, 빈혈을 위한 것입니다."

 프랑스에서부터 전달된 그 병에는 무엇이 있었을까? 그것은 분홍빛 약병들 중 하나로, 도무지 누구에게도 효험이라고는 기대할 수 없는 것임을 짐작할 수 있다. 어쨌든 그것은 매우 달콤한 것이었다. 그녀는 감사 표시로 이렇게 편지를 썼다. "경외하올 원장님, 당신이 주신 빈혈약을 받았습니다. 정말로 매우 감사드립니다. 언젠가 매우 많은 설탕을 삼켜야 했을 때, 저는 그 달콤함 때문에 두 번째 모세로 변하게 될 것이라고 생각했습니다. 그러나 저의 경우는 좋으신 하느님이 그렇게 되도록 놔두실 거라고 생각하지 않습니다. 그분의 거룩한 뜻은 제가 계속해서 고통받는 것이며 그것이 훨씬 더 좋은 몫이라는 사실입니다."

 어쨌든 그 무렵 의사의 진찰을 받기로 결정되었다. 결국 그녀에게 무언가 잘못되어 있을 것이라는 짐작에서, 세상을 반 바퀴나 돌아 전달된 의약품을 주기보다는 훨씬 더 분별 있게 움직이기 시작하였다. 의사가 가장 골몰하고 있었던 곳은 그녀의 폐였다. 청진기를 접어 가방에 집어넣으면서 폐결핵에 걸린 것은 아니라고 발표했고, 아직은 아니라는 가장 의미심장한 말 한마디를 덧붙였다. 베르크만스 수녀는 이렇게 쓰고 있다. "의사는 아직 폐결핵은 아니지만, 폐결핵으로 발전될 수 있는 그런 상태라고 말했습니다. 그래서 ……" 그녀는 어떤 길로 유배된 땅을 떠나게 될 것인지를 알고 있는 것처럼 보였으며, 그 길을 단호히 가고자 하는 강한 확신으로 덧붙이고 있다. "그것은 피할 수 없으며 제 체질 속에 자리하고 있습니다. 그것이 제가 양성받고 있는 길입니다. 하느님이 저의 존재를 모양 지으셨던 형태입니다. 경외하올 원장님께 쓰고 있는 것은 좋은 복된 소식입니다. 천상 본향을 미리 조금 맛보는 것입니다. 오! 언제쯤 벽이 비로소 갈라졌다고 당신께 쓸 수 있게 될까요? 예수님께서 원하실 때 언제나. 그것이 답입니다."

계속 머리에 감기 기운과 두통이 있었고 가슴과 등에 통증이 있는 채로 지냈는데, 류머티즘이라고 하면서 당분간 그냥 그렇게 두었다. 경외하올 원장 수녀는 그녀가 침대에서 쉬면서 따로 휴식을 좀 취할 수 있게 하려고, 다른 이들처럼 새벽 2시에 일어나는 대신 3시에 일어나게 하였다. 그러나 베르크만스 수녀는 자신을 위해 베풀어 주는 이러한 처사에 저항하면서, 그것이 취소될 수 있게 하려고 할 수 있는 일은 뭐든지 하려는 경향이 있었다. 나중에 그녀가 이겼지만, 그때도 밤중에는 통증과 경직되는 현상으로 거의 두 배나 몸이 구부러졌으며 목소리를 낼 수 없었기 때문에 가대에서 어떤 소리를 낸다는 것이 절대적으로 불가능하다는 것을 알게 되었다. 그러나 그것은 후일에 있었던 일이다. 그동안, 그녀는 따로 잠자는 시간(그녀의 경우에 잠은 완곡한 표현이 될 수 있을지라도)이 있었고 식당에서 따로 먹을 수 있는 허락을 받고 있었다. 루드가르디스 수녀는 이 가련하고 작은 이, 고국에서 멀리 유배되다시피 떠나온 이의 건강을 되돌리기 위해 단맛이 나는 약으로 할 수 있는 것보다 훨씬 더 많은 것을 해 줄 수 있었다. 베르크만스가 피하려고 하지 않았던 한

가지 특별 허가 조치가 있었다. 원장 수녀는 고향에 대한 그녀의 강한 향수를 고려해서 시토회 관례가 보통 인정하는 것보다 더 많은 편지를 라발에 있는 장상과 자매들에게 쓸 수 있도록 허용하고 있었다. 그래서 그녀의 사랑

스런 자매들은 그곳에서 재빨리 온갖 사랑과 부드러움으로 다소 애처로운 그녀의 편지들에 답장할 수 있었다. 불쌍한 베르크만스 수녀! 그녀가 희생을 원했다면, 이곳에서 하느님께 바칠 수 있었을 테고, 야간 기도에 맞추어 일어나려고 특별히 애쓰지 않아도 되었을 터인데. 이렇듯 장황한 편지를 빈번하게 라발 수녀원으로 보내는 것을 포기할 수 있기까지는 시간이 걸렸고 심지어는 상당한 구슬림도 필요했다. 처음부터 원장 수녀는 매우 너그러웠다. 1902년 사순절 기간은 그녀가 일본에 처음으로 온 지 몇 주밖에 안 되었을 때인데, 이 작은 수녀원에 베르크만스 수녀 앞으로 수북한 편지들이 도착한 것이다. 원장 수녀는 자매가 유배된 것 같이 여겨지는 이런 생활로 인해 약간 실의에 빠지는 경향이 있다는 것을 알아보았기 때문에, 많은 경우 다른 수도원들에서는 관습상 사순절과 대림절에 편지쓰기를 일절 금지하고 있음에도 불구하고 이 모든 편지들을 개봉하고 읽어보며 심지어는 답장까지 쓸 수 있도록 허락했던 것 같다. 그녀는 이 모든 것에 대해 루드가르디스 원장 수녀에게 감사하는 마음으로 답장하면서 이렇게 기록하였다. "부활이 되기까지 이 편지들을 읽지 않고 싶은 마음 간절하지만 공경하올 원장님, 제 생각에 이것은 제 힘을 넘어서는 희생임을 인정하게 되었습니다. 좋으신 하느님은 저의 약함에 동정심을 지니시어 그것을 견디어 내라고 요구하시지 않으셨습니다. 이곳 원장 수녀님은 제게 말했습니다. '아니, 그 편지들을 어서 읽어보시고 가능한 빨리 답장을 쓸 수 있도록 하세요.' 앞서 그 편지들을 읽어보기 전에, 저는 감정이 너무 북받쳐 올라온 나머지 복되신 어머니께 작은 기도를 드리면서 그렇게 할 수 있는 힘을 달라고 청하였습니다! 거의 절반까지 읽고 있었을 때 묵상 시간을 알리는 종소리를 들었습니다. 물론 저는 즉시 모든 것을 그대로 멈추었습니다. 그러나 공경하올 원장님, 제가 묵상을 어떻게 했을지 상상하실 수 있을 것입니다! 제 마음은 '하느님 당신께 감사합니다.' 라고 계속 말하고 있었지만, 그때는 너무 많은 행복감이 모두 한꺼번에 벅차오르는 것 같았습니다! 지금은 이렇게 단지 사랑하는 이들을 기억하는 것만으로도 기쁨 가득한데, 천상에서 예수님과 함께 수도 가족은 물론 사랑하는 어머니와 자매, 다른 모든 이들과 만나게 될 때에는 그 마음이 어떻겠습니까?"

본래 있었던 자기 수도원에 대한 자연적 애정이 그 마음속에 얼마나 깊고 질긴 뿌리를 내리고 있었는지, 그곳에 있는 자매들에게 보낸 많은 편지들 안에서 그것도 매 구절마다 읽어볼 수 있다.

이렇게 쓰고 있다. "오! 라발! 하루에도 얼마나 많이 그 이름을 들먹거리고 있는지 모릅니다. 제게는 그것이 일종의 화살 기도 같이 되어 버렸습니다. 그렇게 말할 때는 하느님께 드리는 것이기 때문입니다. 그분만이 제 마음속에서 사랑과 기도와 청원으로부터 나오는 그 말이 담고 있는 모든 뜻을 아실 수 있습니다. 공경하올 원장님, 당신께서 제게 말씀하셨던 대로, 제 수도 가족이 저에 대한 애정 어린 기억을 간직하고 있다면, 그것은 우리 서로가 그렇다는 것을 확실히 말씀드릴 수 있습니다. 저는 모든 분들의 이름표를 제 성무일도에 끼워 두고 있는데, 그것도 모자라 제 마음 안에 간직하고 있습니다."

여름철이면 수녀원 정원에서 몇 가지 꽃을 꺾어다가 책갈피 속에 조심스럽게 눌러놓고 말린 다음, 19세기 소설에서나 볼 수 있는 감상적인 어조가 철철 넘쳐나는 편지를 동봉해서 프랑스에 있는 자매들에게 보내는 모습을 그녀에게서 찾아볼 수 있다. 그녀는 다음과 같이 탄성을 지르고 있다. "푸른 초목과 꽃들이 사방을 에워싸고 있습니다! 여기에 몇 개를 따서 여러분에게 보내드립니다. 정말이지, 책 속에 그것들을 눌러

놓을 때면 그 생명이 이렇듯 너무 짧다는 생각에 조금 마음이 아프기도 했습니다. 그러나 실은 생명을 단축시켜 버린 것과는 아주 다르게 오히려 그것을 더 길게 늘여서, 고귀한 최후를 맞이하도록 해 준 것이지요. 왜냐하면 그것들은 이제 바야흐로 바다를 건너 여러분에게 우리의 감사하는 마음을 전해 줄 것이기 때문입니다."

그녀가 지닌 애정의 힘을 보라! 이러한 기억에 고집스레 매달리는 그녀의 마음은 어떠한가! 로베르 신부는 "오, 라발"이라는 화살 기도의 효험에 대해 곧잘 의심할 수도 있었을 것이다. 설령 그것으로 모든 자매들이 잘 살기만을 바라는 깊고도 진지한 갈망을 표현했다 하더라도, 사실 이러한 애정은 여전히 그 안에 어떤 성향을 매우 농후하게 띠고 있었다. 참된 애덕이 그런 것처럼 마음에 자양분을 주고 그것을 강하게 하는 대신 마음을 갉아먹고 있었던 것이다. 그는 이러한 사실을 알아볼 수 있었다. 무엇보다도 그를 참을 수 없게 했던 것은, 의심할 것 없이 그녀의 이러한 면이었다. 사실 이 편지들이 그녀를 기분 좋게 해 주고 정신을 다시 북돋워 주는 것처럼 보였을 수도 있다. 그러나 그러한 현상은 기껏해야 잠시 동안만 유지될 뿐이었다. 그녀도 결국 그것이 자연적인 정감을 아무런 쓸모 없이 아주 황폐하게 소모시킴으로써, 자신의 정신적 힘을 집어삼켰고 아무런 힘도 되지 못했다는 사실을 깨닫게 되었다. 결연하게 이러한 사실을 대면하고, 고향에 있는 자매들에게 편지 쓰기를 포기하게 되기까지는 몇 년의 세월이 흘러야 했다. 그동안, 그녀는 이렇게 쓰고 있다.

"우리가 치러야 할 많은 희생을 보상하기 위해, 좋으신 하느님은 가끔씩 매우 감미로운 위로를 베풀어 주십니다. 공경하올 원장님, 당신이 보내 주신 편지들과 가난한 프랑스에서 보내오는 다른 모든 것들을 말하는 것입니다. 그것들은 우리 마음 아주 깊은 곳까지 꿰뚫고 들어가는 태양의 따스한 광선과도 같습니다. 공경하올 원장님, 저는 이 편지를 끝낼 자신이 없습니다. 당신은 물론이고, 사랑하는 그곳 가족들과 함께 할 수 있었음에 제가 얼마나 기뻐하고 있는지 당신이 아실 수만 있다면 좋겠습니다!" 그 후, 갑자기 양심상 이렇게 외치고 있다. "오, 제가 선하신 하느님을 좀 더 사랑하지 않는 까닭은 무엇일까요? 제 안에서는 사랑하고자 하는 매우 강한 힘을 느끼고 있는데, 그렇듯이 그분께만 애착하고자 하는 마음이 간절할 때, 예수님께서는 제 자신이 고갈될 만큼 피조물에게 모조리 소모시키도록 허락하고 계십니다."

여기에서 초기 몇 년간 큰 십자가가 무엇이었는지 충분히 분명하게 알아볼 수 있다. 그것은 기후도, 새 창립의 어려움도, 자신의 건강 상태도 아니었으며, 심지어는 그렇듯이 멀리 유배되었다는 사실도 아니었다. 그녀의 영혼을 갈기갈기 찢어놓고 있던 것은 다름 아닌 바로 이 내적 충돌이었다. 하느님께서는 이것을 결코 잊지 않게 하셨다. 자기 영혼의 심연 속에서, 그분이 모든 것을, 자기 마음의 마지막 한 부분까지도, 그 사랑의 마지막 숨결 하나까지도 원하신다는 것을 그녀는 알고 있었다.

오, 거기에는 죄 문제가 없었으며, 불완전함과 관련되는 것도 별로 없었다. 본질적으로 이것은 자연적인 애정으로 칭찬할 만한 것이었다. 로베르 신부는 나중에 자신이 작성한 덕의 목록 안에, 그녀가 지니고 있었던 것으로, 라발 공동체에 대한 헌신을 포함시키고 있다. 물론 모든 편지는 순종의 축복 속에서 쓰인 것들이다. 게다가 그녀는 프랑스로 되돌아간다는 생각과 의도를 모두 완전히 곧장 포기할 정도였다. 그것은 분명 의문의 여지가 없었던 것이었으므로, 모든 일이 다른 한편에서는 너무 명백하게 하느님의 뜻을 거스르고 있었다. 그녀의 반항적으로 거스르는 감정이 어느 정도였든 간에, 하느님의 뜻으로 드러난 것을 받아들이는데 있어서 자기 정신 안에 어떤 망설임도 결코 존재하지 않았다. 이렇게 쓰고 있다. "예, 제가 이곳에 있으면서 뒤를 돌아보지 않고자 하는 것은 바로 예수님 때문입니다. 사랑한다고 예수님께 말씀드릴 수 있기 위해서는, 고통받는 것이 필요합니다. 고통과 무관한 것이라면, 그것은 과연 어떤 사랑일까요? 라발에 있는 사랑하는 가족들에게 돌아가는 것과 관련되는 한, 이러한 기쁨이 제게 주어지기를 바라지 않습니다. 그것이 하느님의 뜻이라고 믿지 않습니다. 하느님의 뜻을 거슬러 프랑스로 돌아가는 것이라면 결코 반대합니다!"

이러한 상황을 단지 도덕적 신학 기준으로 판단하려 할 때, 그렇듯 분명하게 옳고 적절한 어떤 것에 대해 왜 그렇게 많이 어려워하고 염려했는지 물어보는 이들도 있을 것이다. 지금 그녀의 순종에서 어떠한 결함을 찾을 수 있는가? 그녀의 편지들과 그녀의 본성적인 애정과 관련되는 부분에 있어서도, 일단 장상으로부터 허락을 받은 상태라면, 그 일에 대해 좀 더 언급할 만한 것이 무엇이겠는가? 그녀는 왜 그렇게 힘들어 했을까? 그러나 그녀는 알고 있었으며, 로베르 신부도 알고 있었다. 물론 원장 수녀도 알고 있었다. 하느님께서 훨씬 더 많은 것을 그녀에게 원하셨다는 것을. 그분은 온 마음을 다해서 기쁘게 바치는 희생을 원하셨다. 그 희생은 그녀의 정신이 밤낮 매 순간 바다를 가로질러 떠돌거나, 프랑스에서 다음 편지가 당도할 날짜를 계산하는데 쉽게 기우는 한 불가능했다. 1903년 7월 5일, 성체 성혈 대축일에, 자기 노트에 이렇게 기록하였다.

"오늘 예수님께서는 그분을 뒤따르는 길을 가리켜 주시는 것 같았다. 아! 모든 그리스도인들의 삶과, 무엇보다도 모든 수도 생활이 십자가의 길 외에는 아무것도 아니라는 사실을 나는 얼마나 쉽게 잊어 버리는가.

삶 안으로 들어갔을 때, 나는 죽음과 협정을 체결한 것이다. 그 순간부터 죽음은 장차 미래의 자기 먹잇감으로 나를 바라보았다. 나의 첫 번째 발걸음은 일단 가서 내 죽음에 대한 보증서에 서명하는 것이었으며, 내가 태어났던 작은 방이 나의 장막이었다. 그러나 나의 골고타(갈바리) 언덕에 이르기 전에, 내가 죽어가게 될 방과 걸어가야 할 길은 피로 얼룩져 있었다! ……"

그리고서 그녀는 그 축일에 대한 자신의 묵상을 그렇게 계속 이어가고 있다. 참으로 아름답다. 그러나 그녀에게(우리 모두에게도) 그 모든 것의 핵심은 다음 문장 안에 들어 있다. "나는 너무도 쉽게 잊어 버린다."

자신의 순수한 영혼은, 도덕적 죄를 범한다는 것이 도대체 무엇인지 상상조차 하기 어렵다는 것을 알고 있었음에도 불구하고, 베르크만스 수녀는 성 바오로처럼 이 죽을 육신으로부터 구원되기 위해서 부르짖어야만 했다. 그녀는 기록하고 있다. "나는 더 이상 내 자신을 알아볼 수 없다. 육체적으로나 도덕적으로 나는 고통 덩어리이다. 오! 피조물에 대한 사랑 없이 지낸다는 것은 내게 얼마나 힘든 일인가! 나는 아직도 너무 본성적이고, 너무 이 지상에 머물러 있다. 피조물들은 나를 하느님께로 고양시켜 주기 때문에 내게 필요하다."

본래 인식과 이해의 질서에 들어가는 하나의 원칙을 이렇듯 잘못 적용한 것을 보고, 로베르 신부는 자신의 사본에 특유의 큰 의문 부호를 세 개나 달아놓고 있다. 그러나 베르크만스 수녀는 한 문장 안에서, 일본에서 지낸 초기 몇 년 동안 겪었던 자신의 고통에 대한 모든 진실을 들려 준다.

"그분의 거룩한 뜻을 계속 거스르고 있는 것을 느끼고 있고, 또 그 뜻을 이행할 어떤 용기도 없다고 여기는 나 자신은 얼마나 많은 고통을 받고 있는가."(물론 여기에서 그녀는 자신의 합당한 애정을 최종적으로 온전히 희생하는 것을 말하고 있다).

한 가지 그녀가 아직 발견하지 못했던 것이 있었다. 그것은 이러한 약함과 영웅적인 발휘에 대한 무능력함을 수용하고, 무조건 그분만을 계속해서 신뢰하는 것이었다. 하느님께서는 정확히 그녀에게 이것을 원하셨다. 로베르 신부는 이러한 비밀에 대해 그녀를 설득시킬 만한 말을 찾을 수 없었다. 그는 그녀가 오랫동안 머물렀던 감옥에서 그녀를 나오게 할 수 있는 열쇠를 지니고 있지 못했고, 그 누구도 그녀를 도울 수 없을 것처럼 보였다. 그러나 하느님께서는 당신이 정하신 최상의 시간에 그녀를 구원할 수 있도록 누군가를 보내시려고 준비하고 계셨다. 그녀의 고해 사제나 장상들이 이러한 도움을 베풀 수 없었던 것이 잘된 것인지도 모른다. 그녀가 강렬한 기쁨과 감사의 마음으로 그들에게 애착하고 있었던 것으로 보였기 때문이다. 그래서 마침내 자신의 족쇄에서 그녀를 해방시켜 주었던 이에게는 어떠한 방식의 애정으로 보답해 주었을지 알 수 있게 될 것이다. 나중에, 그녀는 그렇게 많은 회한의 감정을 지니지 않고 이러한 세월을 되돌아보았을 때, 한동안 그녀를 너무 혼란스럽게 했던 그 모든 것을 완전히 이해하는 마음으로 기록할 수 있었다.

"아주 초창기에는, 이곳 일본으로 오는 것만으로도 사랑하는 분께 보잘것없고 유약한 사랑일지언정 이러한 사실을 최대한 잘 드러내 주는 보증서를 드렸다는 사실을 깨닫지 못하고 있었다. 우리가 본 것은 모두 희생이었다. 우리의 시선을 예수님께로 돌리지 못하고 있었다. 십자가는 너무 버겁게 보일 수 있다. 자연적으로 타고난 본성은 가련하게도 고통받을 수 있지만, 그럼에도 그것은 전적으로 우리의 잘못이다."

09

닭장

그 편지들 가운데는, 베르크만스 수녀가 라발 수녀들에게 천사의 성모 수녀원의 작은 목조 건물들을 찍은 사진을 딸려 보낸 것이 하나 있는데, 답장으로 다음과 같은 내용의 편지를 받게 되었다. 루드가르디스 원장 수녀가 "닭장 사진"을 보고 모두 즐거워했다고 알려 주는 내용이었다. 로베르 신부는 그녀가 용기를 내어 자신의 새로운 집을 재치 있게 방어하고자 시도했던 것을 인용하고 있으나, 대체로 그녀의 미소는 다소 긴장되어 있었다. 그녀는 분명 자연스럽게 우러나오는 어떤 열정을 아직은 불러일으킬 수 없었을 것이다. 그러나 이 시기부터 그녀는 더욱더 단호하게 본성에서 나오는 자신의 반감을 극복하고, 자연적 욕망들이 자기 앞에 던져 놓은 장애물을 이겨낼 수 있도록 스스로를 강요하면서 끊임없이 노력하게 된다. 이러한 노력을 기억하는 것이 중요하다. 왜냐하면 그것들은 그녀의 어려움을 해결하는 방향으로 이끌어 주고 있기 때문이다. 그러한 해결이 "포기"라는 친근한 용어로 가장 잘 표현될 수 있으나, 그 말은 어떤 수동적 의미를 함축하고 있기에 베르크만스 수녀가 그 해결점에 도달하기 위해 겪어야 했던 기나긴 고투와 강하게 움직였던 의지의 노고를 잊지 말아야겠다. 베르크만스 수녀가 진보해 나아갔던 포기, 혹은 어린아이와 같은 신앙의 비밀은, 우리 자신의 의지나 인간적 욕구, 판단, 활동을 빼앗아 버림으로써 하느님 친히 우리 안에서, 우리가 하는 모든 것 안에서 활동하시도록 하는 것이다. 그러나 그분이 우리 행위 안에서 활동하시기 때문에, 실제로 그것은 우리가 그분과 함께 활동하는 것을 의미한다. 그 행위들은 우리의 것이지만, 은총으로 승화됨으로써 우리의 모든 행위들이 초자연적으로 변화되는 것이며, 심지어 숨 쉴 때나, 걸을 때, 먹을 때나 잠잘 때, 일어날 때나 앉을 때, 우리가 하는 모든 것이 하느님의 영광으로 가득 차게 된다. 왜냐하면 그것들은 모두 그분이 뜻하시는 방식으로 그분을 위해서 이루어지고 있고, 그분이 그렇게 되기를 바라고 계시기 때문이며 다른 이유는 없다. 그러나 어떤 영혼이 모든 행동에 있어서 온전히 하느님의 뜻으로 인도받는 지점에 도달하게 되면, 그냥 앉아서 기다리거나, 쓸데없이 게으름을 피우고, 하는 일도 없이 둔하게 있을 수는 없다. 왜냐하면 성령께서 그 영혼을 덮쳐서 사로잡은 다음 새롭고도 비범한 방식으로 행동하도록 만들기 때문이다. 베르크만스 수녀는 상황을 바꾸지 않는 정적주의자는 아니었다. 언제나, 그리고 모든 것 안에서 그녀는 자기 느낌에 상관하지 않고 하느님의 뜻이 이루어지기를 바라는 매우 진지하고도 적극적인 열망으로 가득 차 있었다. 그래서 이렇게 기록하고 있다.

"나는 십자가의 무게와 하느님이 내게 요구하시는 희생의 크기를 느끼고 있다. 그러나 그 모든 것에도 불구하고, 모든 것 안에서 무슨 일이 일어나든지, 나의 거룩한 스승의 뜻을 이행하기로 굳게 결심한 상태이다." 다시금 이렇게 쓰고 있다. "나는 거룩하신 스승께서 내게 요구하는 모든 희생을 바칠 준비가 되어 있으며, 내 힘이 닿는 한 선하신 하느님이 내게 주신 새 수도 가족에게 내 자신을 헌신하고자 한다. 하느님의 뜻이 이루어지기만 한다면 내가 겪는 슬픔은 아무 의미도 없다. …… 오 나의 거룩한 정배이신 그분은 내가 그분 뜻이 아닌 다른 것에는 전혀 마음이 없다는 사실을 충분히 알고 계신다!"

그 후, 라발에 보내는 다른 편지에 이렇게 쓴다.

"오, 공경하올 원장님! 예수님께서 제 영혼 안에 어떻게 역사하셨는지 전혀 상상하실 수 없으실 것입니다. 잠시나마 지금 저는 거룩한 정원사로서 그분을 뵙는 것 같습니다. 죽은 가지뿐 아니라 생명으로 가득한 가지도 자르고 가지치기 하시는 분이십니다. 여기서 생명이 있다 해도 그것은 아마 너무 인간적인 것일 것입니다. 저의 본성은 그것을 느끼고 있습니다. 그러나 그러한 때 기꺼이 고통받고 있습니다."

이러한 바탕 위에서 그리고 지금 이 페이지들 안에서 우리에게 보이는 그대로, 그녀의 순종과 희생, 자기포기라는 토대 위에서, 실수와 불완전함에 저항하는 모든 투쟁을 내어버리고 거짓 "평화"를 즐기기 위해 주저앉는 정적주의적이고 무기력한 형태의 포기를 발전시키고 있지 않다는 점을 쉽게 알아볼 수 있다. 이것은 오직 모든 싸움을 포기함으로써 따라오는 결과이며, 거기에 어떤 생명이 존재하고 있다 해도 우리 양심은 결코 오랫동안 그러한 상태를 즐기도록 내버려 두지 않을 것이다. 참으로, 그러한 종류의 "포기"는 곧장 심각한 죄로 이끌어 들인다! 그녀가 가지고 있었던 모든 힘의 원천은 자신의 수도 생활을 통해서 볼 때, 성심께 대한 참된 헌신이었다. 그것은 성체 안에 계신 예수님께 대한 헌신을 의미하고 있는데, 두 가지는 불가분리적이기 때문이다. 로베르 신부는, 성체께 대한 헌신은 그녀의 삶을 빛으로 가득 채워 주었던 태양이었다고 말한다. 프랑스를 떠나기 전에, 폴리까르프 신부가 실질적으로 그녀에게 해 주었던 마지막 말은 "감실의 비둘기"가 되어야 한다는 것이었다. 그녀의 영혼은 진정으로 바위틈의 비둘기와 같이 상처 입은 그리스도의 심장 속으로 날아가서 자신을 숨겼다. 그곳에서 보낼 수 있는 시간이 될 때면, 하얀 쿠쿨라를 입고 침묵 속에 미동도 하지 않으며, 큰 소매는 가슴 앞에 모은 채 머리를 약간 숙인 상태에서 그 모든 시간을 흠숭하며 지냈다. 일요일은, 감실의 은밀한 곳에 머무르면서 하느님과 평화로이 대화하고 기도하기에 가장 좋은 날들이었다. 영적 독서를 위해 따로 배정된 시간과 수녀들의 회헌에 따라 신선한 공기와 접할 수 있도록 정원을 조금 산책하라고 요구되는 시간이 아니라면, 그녀는 실제로 일요일을 온통 고요한 성당에서 무릎 꿇고 기도에 깊이 전념하며 지냈다. 일요일은 그녀에게 쉬는 날이었으며, 그 "쉼"이 그녀에게 의미했던 것은 자신이 사랑하는 분의 현존을 감미롭게 체험함으로써 쉬는 것이었다. 이러한 기도와 침묵의 시간들이 드물기는 했지만, 이 안에서 그녀는 부지불식간에 일본에 관해서 그리고 자신이 그곳에 존재하는 이유에 대해서 새로운 것들을 배우기 시작했다. 주님은 당신을 사랑하는 영혼들에게 그러하셨듯이, 표징이나 기적, 혹은 당신의 힘을 깜짝 놀랄 만큼 드러내시는 형태로 그녀를 가르치지는 않으셨다. 다만 숨겨진 만나로 먹이시고, 그녀 자신도 모르게 영혼의 저 깊은 곳에서 드러나는 은총으로 가르치셨다.

  감실 앞에 무릎을 꿇고 기도함으로써, 그녀는 점차 자신의 현존과 그곳에 계시는 그분의 현존 사이의 연관성을 깨닫기 시작했다. 그녀는 왜 일본에 있는 이 산중에 있는가? 그분께서 그곳에 계시기 때문이다. 그분은 왜 그곳에 계셨는가? 그 답은 언덕 위 계단식으로 된 논밭 사이에 있는 농부들의 오두막에서 발견할 수 있는 것이다. 그 답은 이교(異敎)

신전의 어둠 속에서 들려오는 종소리 안에, 저 바깥의 굽이진 소나무들 아래서 찾아볼 수 있는 것이었다. 그 해답은 눈멀고 죽어 있으며, 청동으로 만들어진 길가의 신들을 향해 올라가는 이상하고 뜨거운 분향 속에 있었다.

　이 땅에서는 그들 주변에 있는 모든 영혼들이 영원한 어둠의 작은 감옥에 어쩔 수 없이 갇혀 있으면서, 실절적인 모든 목적을 빼앗긴 채 쓸모없이 이상한 방식으로 힘을 들이면서 자신들의 일상적인 삶을 맴돌았다. 궁극적으로 그들이 가야 할 곳이 아무 데도 없기 때문이다. 그들은 지금 이 땅 위에 존재하고 있다. 그들은 바다로부터 불어오는 공기를 호흡했으며, 뜨거운 태양 아래서 등을 활처럼 구부리고 일했다. 더위와 추위, 배고픔과 갈증은 갇혀 있는 자신들의 영혼이 피할 수 없이 감내해야 하는 이 운명을 망각하게 만들었으며, 그저 그렇게 하느님의 은총 없이 존재하는 것이 의미했던 바를 깨달을 수 없었다. 그들은 어디로 가고 있었을까? 그들 삶의 목적은 무엇이었을까? 그들의 영혼은 어느 날 자기 몸을 떠나게 될 것이며, 그 다음 그들의 감옥은 닫히게 될 것이고, 그렇게 되면 그들은 지옥 깊은 곳으로 추락하는 것처럼 떨어질 것이다.

　그들을 사방에서 둘러싸고 있는 이곳의 정원들과 들판에서, 무엇보다도 바다의 도시 그리고 회색빛이 도는 녹색 바다 너머의 중국과 만주의 다른 모든 도시들 안에서는, 모두 몸서리쳐지는 이교도의 증오와 육욕, 질투와 어두운 미신 그리고 절망들로 불구가 되어 버린 영혼들이 있었다. 그러한 상태에서 자신들을 해방시킬 방도는 없었다. 그들의 모든 움직임과 노력들은 단지, 수 세기 동안 이교주의와 우상에 의해 짜여진 죄악의 큰 그물망 안에 더 말려들어가는 것만 같았다. 그러나 희망이 없는 이 영혼들은 저마다 하느님의 무한한 사랑으로 그분의 무한하신 선과 기쁨의 빛을 자신들의 순수하고도 깊은 내면 안으로 받아들이도록 되어 있었다. 그들의 깊은 내면이 어떻게 그 어두움으로부터 정화될 수 있었을까? 오로지 하느님에 의해 자유롭게 주어지는 은총의 빛에 의해서 이루어질 수 있을 것이다. 그들이 하는 어떤 일이나 노력, 어떤 선한 의지나 좋은 갈망 혹은 분투도 그들에게 신앙을 주었던 이 빛을 얻게 하는 데 충분하지 못했다. 이 신앙은 그리스도의 사랑이 작용함으로써 그들 안에서 움직이며 그들을 정화시키고 자유롭게 해 주기 시작했다. 그리스도는 이러한 영혼들 하나하나를 위해 지상에 태어나셨다. 가난하고 빈약하며 찌들어서 절망적으로 구부러지고 휘어진 영혼들, 거의 반쯤은 굶어서 빈사 상태에 있는 어부들과 쌀을 가꾸는 농부들을 그녀는 결코 보지 못했을 것이다. 그러나 그리스도는 당신이 베들레헴의 구유에 누워 계셨을 때 그들 모두를 보셨다. 그리스도는 당신이 요셉의 작업장에서 의자에 앉아 일하고 있었을 때 그들 모두를 보셨다. 그분은 제자들이 구름이 낀 달 아래, 바위 곁에서 잠들어 있었을 때, 그리고 당신의 피가 고난받고 있는 몸을 통해 흘러내리고 올리브 나무의 뿌리를 적셨을 때, 그들 모두를 보셨다. 놀라서 아몬드처럼 툭 불거진 그들의 눈은, 성부께서 그분에게 마시게 하셨던 성작에서 그분을 보았다. 그분은 그들을 위해 십자가상에서 돌아가셨다. 그분이 지금 이곳 감실 안에 계신다면, 그것은 그분이 그들과 만나기 위해 오셨기 때문이었다. 그분은 값을 치르고 그들을 사셨으며, 지금은 그들을 원하고 계셨다. 그들은 그분의 것이었다. 감실 안에서 인간들의 눈에 가려진 채로, 말씀은 없지만 영광스런 그분의 상처는 이 영혼들을 위해 성부께 애원하며 간구하고 있었다. 그 때문에 그녀도 이곳에 있는 것이다. 이곳 사람들 틈 속으로 들어가지도 않고 그들에게 설교하려고 하지도 않으며, 자기 종교를 그들에게 가르치려들지도 않고, 다만 단순하게 숨겨지고 영광된 그리스도의 인성과 함께 이곳에 머물면서, 인내와 무력함 그리고 비참한 상태를 나누는 것이다. 사랑은 그분으로 하여금 그것들을 떠맡도록 끊임없이 재촉한다. 얇고 하얀 제병 안에 숨어 계시지만, 그분으로부터 기도와 사랑의 의미를 배울 수 있도록 인도해 준다. 그녀가 할 일은 그분과 함께 무릎 꿇고 엄청난 힘을 지닌 그분의 침묵을 나누며, 성부께 대한 그분의 은밀한 흠숭에서 오는 불가해한 힘 속에 자신을 잃어 버리는 것이다. 지금 그녀가 이곳에 있는 것은 그녀 자신만을 위한 것이 아니라는 사실을 점점 더 보기 시작하고 있었다. 단지 그녀의 영혼만이 그분의 강력한 정화의 은총으로 가득 차 있었을 뿐만 아니라, 그녀의 의지도 일본 전체에 은총을 쏟아붓는 사랑으로 흘러넘칠 만큼 성령의 힘과 애덕으로 가득 차 있었다. 그녀의 기도를 통해서, 이 북쪽 산중에 흩어져 있는 그리스도인들 가운데 그리스도께서 선택하신 특별한 영혼들이 와서 보고 그녀와 함께 그곳에 있기를 갈망하도록 하기 위해 그녀는 거기 존재하였다. 곧이어 그리스도의 사랑을 느끼고 그분의 위대하고도 온유한 정신의 힘을 알기 시작한 영혼들도, 자신들이 이와 같은 애덕으로 넘쳐흐르게 되고 하느님을 흠숭하는 이들이 다른 여러 장소에서 많이 늘어나기까지 자신의 종족에 속한 다른 영혼들을 그렇듯 충만하게 하기 위해 해야 할 일을 알 수 있도록 그녀는 그곳에 존재했다.

그 다음 이제, 그렇듯이 많은 사람들 안에서 이루어지는 이러한 흠숭 때문에, 살아 계신 하느님 때문에 수백 명의 다른 영혼들이 점차적으로 위험스런 어둠에서 안전한 곳으로 이끌리게 되었다. 매우 많은 사람들의 가슴 속에서 이루어지는 순수한 이 기도 때문에, 하느님의 영은 당신을 아직 잘 받아들이지 못하는 이 땅에서 너무 비효과적이고 무력한 상태로 남아 있을지라도 선교사들과 가르치는 수녀들의 입술을 통해서 타오르는 불처럼 퍼져 나아갈 것이다. 그녀는 무엇을 해야만 했을까? 오로지 그녀가 이미 고통받고 있었던 것에 대해 고통받고, 자신이 기도하고 있었던 대로 기도하는 것이지만, 가능하다면 좀 더 기쁘고 관대한 마음으로, 그분께 대한 더 큰 신뢰심을 가지고 그분의 고통과 더욱 가까이 일치하면서, 그분께 좀 더 전적으로 속할 수 있도록 자신을 온전히 희생하는 것이었다.

그녀는 폴리까르프 신부에게 다음과 같이 썼다. "예수님께서 다른 많은 이들보다도 저를 선택하시고, 고통과 희생을 통해 이 가난한 이방인들의 구원을 위해, 와서 일하도록 허락해 주셨던 큰 은총에 대해 숙고할 때면, 저는 그렇듯 많은 친절에 얼마나 기뻐해야 하는지를 깨닫기 시작합니다! 예수님께서 제 영혼을 위해 위대하신 자비의 계획을 품고 계셨습니다. 그분은 저를 신뢰하셨으며 그분은 저로부터 당신 자신께 대한 신뢰를 되돌려 받기를 기대하셨습니다. 오! 신부님, 제가 그분의 거룩한 마음에서 나오는 기대를 속이지 않고, 그분을 위해 많은 영혼들을 얻을 수 있게 되도록 청해 주십시오. 그것이 피조물에 대해 애착하고 있었던 사슬을 끊고 제 수도 생활의 요람에서 저를 떼어낸 다음, 천사의 성모 수도원으로 데려오셨던 그분의 목적이었습니다."

또 다른 편지에서 다음과 같은 내용을 볼 수 있다. "오! 봉쇄 수도원 선교사들과 같은 우리 성소는 얼마나 아름답습니까! 그것은 성체 제의 안에서 예수님이 지니고 계신 성소입니다. 저는 결코 제가 영하는 매일의 제병 안에 존재하는 천상 빛의 광채를 오로지 제 자신만을 위해 간직하지 않고, 아직도 이교의 그림자 속에 잠겨 있는 주변 가난한 모든 영혼들에게 쏟아부을 수 있게 되기를 희망합니다."

다시금 그녀는 자신에게 매우 인상을 주었던 주제로 되돌아간다. 그녀의 성소는 그리스도께서 그녀에게 두었던 신뢰의 표징이며, 그녀가 자신을 온전히 그분의 의지에 복종시키고자 했다면, 그녀 안에서 그녀를 통해서 그분이 하실 수 있고, 하시고자 하는 위대한 일에 대한 하나의 약속이자 상서로운 조짐이라는 것이다. 그녀는 다음과 같이 계속하고 있다.

"저를 일본으로 부르심으로써, 저의 사랑하는 정배께서 제게 두셨던 신뢰의 분명한 표징을 제게 주시지 않으셨다는 말입니까? 아닙니다, 그렇지 않습니다. 예수님께서는 제게 의지하십니다. 제가 그분의 거룩한 마음 안에 지니고 계신 기대를 결코 실망시켜드리지 않기를 바랍니다. …… 저의 기도와 희생으로 이 나라에서는 거의 위로를 받지 못하고 있는 우리의 가난한 선교사들을 도울 수 있을 것입니다."

다음과 같이 의미심장하게 덧붙이고 있다.

"일본보다 더 어려운 선교지는 세상에 없습니다."

세상에는 아직도 하느님의 길과 기도의 힘에 대해 너무 무지한 그리스도인들이 있다고 하는데, 그렇기 때문에 일본에 필요한 것은 관상 봉쇄 수녀들이 아닌 선교사들이라고 넘겨 짚는 이들이 있는가? 누가 아직도 그렇게 생각하고 있다면, 그들은 비오 11세의 회칙 Umbratilem(움브라틸렘)을 읽지 않은 것이다. 거기에서 교황은 이렇게 쓰고 있다.

"기도와 금욕적 관행에 자신들을 헌신한 이들은 주님의 포도밭에서 열성적으로 일하는 다른 이들보다 교회 생활과 구원에 관련하여 더 강력한 영향력을 발휘하고 있습니다. 전자가 천상으로부터 비옥하게 해주는 하늘의 물을 요청해서 내려오게 하지 않는다면, 후자는 그렇게 많은 수확을 거두어들이지 못할 것이기 때문입니다."

그러나 그녀가 지닌 성소의 본질이 기도와 이름 없는 희생으로 보상하는 것일지라도, 자연적인 면에서 완전히 낯선 문화 속으로 들어가 살게 되었다는 사실로 인해, 그렇게 변함없이 어떤 영향도 받지 않고 온전하게 남아 있을 수는 없었을 것이다. 그와 반대로, 자신의 새로운 환경에 대해 물리적으로 적응하는 문제가 있었는데, 그것은 이 초기 시절에 가장 비통한 희생에 대한 문제를 그녀에게 주려 하고 있었다.

회심을 위해서, 그리고 자신의 수녀원으로 들어오려는 성소자들을 위해서 그녀는 기도하고 있었다. 일본의 선량한 그리스도교 여성들이 그들과 함께 살면서 그들의 삶을 배우고, 마침내는 모두 함께 그들의 자리를 대신할 수 있도록 하느님의 은총을 청하고 있었다. 결국, 장래에는 일본 시토 회원들을 위한 수녀원이 되기까지 할 것이다. 그러나 얼마간, 그 수도원 전체에서 일본말을 조금이라도 할 수 있는 사람은 스콜라스티카 원장뿐이었다. 나이가 들면 들수록, 새로운 언어를 배우는 것은 더 어려워졌다. 베르크만스 수녀는 가대 수녀들 가운데 가장 젊은 축에 들었으며, 또한 가장 지적인 이들 중 한 명이었다. 그녀가 언어, 특히 이처럼 유별나게 어려운 말에 대해 어떤 적성을 가지고 있는 것은 아니었다. 어쨌든 모든 상황을 참작해보았을 때, 다른 수녀들은 그녀보다 훨씬 더 부적합한 상태였다. 가장 중요하게 여겼던 점은, 그녀가 지닌 삶의 거룩함이었다. 이것은 그 작은 공동체에서 원장 수녀와 모든 수녀들에게 이미 깊은 인상을 주었고 우리는 이 사실을 잊지 말아야 한다. 본성과 은총의 은사를 그렇게 풍부하게 부여받았으며, 거룩한 만큼이나 지적이고, 기도하는 만큼이나 생기발랄하며, 생각에 깊이 잠기는 것 만큼이나 분별력이 있으며, 어떤 거칠음이나 괴벽 혹은 차가움이나 열정적인 영혼들이 타인들을 매우 불쾌하게 만드는 기이함으로부터 자유로운 한 영혼이 하느님의 손에 의해서 장래에 그 작은 공동체 안에서 가장 중요한 일을 맡도록 분명하게 파견되었던 것이다. 예컨대, 그녀는 탁월한 수련장 수녀가 될 수 있을 것이다. 일본어 공부를 하라는 제안을 처음으로 받았을 때, 베르크만스 수녀는 놀랐다. 누가 그렇지 않겠는가? 보통 수녀라면, 라틴어 공부를 할지도 모른다는 상상만 해도 다소 이유를 댈 수 있을 만한 공황 상태에 빠지기 십상이다. 적어도 라틴어는 익숙한 문자나 음절들로 쓰여 있으며, 서양에서 우리가 쓰는 현대 언어와 같은 방식으로 되어 있다. 그러나 여기서는 복잡한 문법과 구문을 알기도 전에, 끔찍한 상형 문자의 모든 체계를 섭렵해야 하는 데다, 이제껏 자기 귀로 들어본 적이 없는 완전히 낯선 소리를 조음할 수 있도록 자기 입과 목구멍 모양을 만들려고 노력해야 했다. 또 하나의 복잡한 문제는 그녀의 스승이 훌륭하신 로베르 신부였다는 사실이다. 그의 비꼬는 말투와 그녀의 소심함에 관대하지 못한 태도는 그녀를 더욱 혼란스럽고 놀라게 만들 뿐이었으며, 어려움을 점점 더 극복할 수 없게 만들고 있는 것 같았다. 그들이 함께 하기에 엄청난 어려움이 있음을 안 것도, 둘이 응접실에서 일본어 문법을 가지고 만났을 때였다는 사실은 의심의 여지가 없다. 로베르 신부가 그녀의 불완전함을 들먹거릴 때, 일본어에 대한 그녀의 부족을 설명할 때보다 더 신랄한 적은 없었다. 그가 수업 시간에 지면에서 보이는 것처럼 그렇게 절제되어 있지 않다는 것을 짐작할 수 있다. 처음에 베르크만스 수녀가 새롭게 다가온 이 시련과, 성소를 위해 열렬히 기도하는 것과의 사이에 어떤 관련성이 있다는 것을 알아보지 못했다고 해도 놀라운 일은 아니다. 이는 그녀가 감실 앞에서 생각했던 것처럼, 봉쇄 수도원의 선교사로서 지니고 있었던 자기 성소에 대한 개념과 잘 맞아 들어가지 않았던 것이다. 그러나 그것을 그녀와 수녀원에 대한 하느님 계획의 본질적이지 못한 부분으로 만들지는 않았다. 공부의 어려움은 그녀의 정신을 짓눌렀고, 기도할 때는 산만하게 만들었다. 그 안에서 진보할 수 없으며 자기 스승에게 짐이 되고 있다는 느낌으로 고통받으며 괴로워하였다. 날이 갈수록 자기 취향에 극도로 맞지 않는 이 일에 집중한다는 것이 점점 더 어려워졌다. 매일 자기 약함과 무능력을 더욱 극명히 대면하게 된 그녀는 이러한 일에 자기가 맞지 않으며, 오히려 수도원 안에서 잊혀진 삶과 가장 천하고 낮은 자리를 위해 정해져 있다는 사실을 지적하면서 자기 스승과 원장 수녀에게 자주 표현하기 시작했다. 그녀는 타인들에게 방해되지 않도록 적당히 한쪽 구석에 남아 있어야만 하는 다소 쓸모없는 존재였다. 자신이 무능력하다는 사실은 그녀에게 너무 분명하였기 때문에, 그녀의 진정성에 대해 어떤 어려움을 제기할 필요는 없다.

그러나 로베르 신부는 이렇듯 지나친 겸손을 보면서, 그것은 힘겨운 학업과 일본어를 배움으로써 분명하게 뒤따라오는 책임을 회피하고자 하는 갈망과의 사이에 어떤 관련성이 있음을 알아볼 수 있었다. 물론 그러한 갈망은 그녀 안에서 전혀 의도된 것은 아니었다. 구체적인 책임에 직면하여, 그렇게 뒤로 물러나는 특성이 미덕으로 간주되었던 성인 성녀들이 참으로 많이 있었다.

어느 날 정문에서 종이 울렸을 때, 문지기 수녀는 젊은 일본인 소녀의 근심스러운 얼굴을 보았다. 분명히 어머니로 보이는 사람을 동반하고 있었으며, 자기 소유물이 든 작은 보따리를 들고 있었다. 최초의 청원자가 찾아온 것이다. 스콜라스티카 원장 수녀는 청원자들을 받아들이는 데 있어서 그렇게 급히 서두르는 기색을 보이지 않았다. 그녀는 매우 신중해야만 했다. 가장 철저하게 그리스도교 교육을 받은 여성들이라 할지라도, 관상 수녀가 된다는 것이 무엇인지, 그것이 의미하는 바에 대해 분명한 생각을 가지는 것과는 매우 동떨어진 상태에 있었다. 한 명이라도 그리스도교 생활과, 그것이 실제로 포함하고 있는 것이 무엇인지, 가장 모호한 개념일지언정, 그것을 가지고 있다는 것은 매우 보기 드문 일이었다. 그러나 여성들은 도시 뿐만 아니라 산중이나 바닷가 멀리 떨어진 곳에서도 들어오기 시작했다. 그들은 무엇을 찾고 있었을까? 평화, 행복. 그것은 거의 확실했다. 그들 모두가 마음 깊은 곳에서 불타는 것 같은 진정성, 무한한 것에 대한 진실한 열망, 확인할 수 없는 어떤 막연한 선과 행복에 사로잡혀 있었다. 어떤 이는 이곳 수녀원에서 그것을 발견할 수 있을 것이라고 그들에게 말했다. 불행하게도, 규정할 수 없는 막연한 행복에 대한 열망은 너무 보편적이었기 때문에, 그렇듯이 엄격한 수도회에서 그 성소의 시발점마저 되지 못하였다. 결국은 모든 이가 행복을 원하고 있기 때문에, 청원자는 이 행복에 도달할 수 있는 수단이라고 여기는 것에 대해 어떤 개념을 가지고 있었다. 모든 경우마다, 스콜라스티카 원장 수녀가 받아들이거나 거부해야 했으며, 이렇게 분명히 드러나는 진실함과 기본적인 신앙 그리고 애덕과 그리스도교적 미덕들을 제외하고 별로 찾아볼 수 있는 것이 없었다. 그녀는 자신이 할 수 있는 한 최선을 다해 선택했으며, 수도원에는 곧이어 헌신자의 복장을 한 3~4명의 작은 일본인 자매들이 존재하게 되었다. 착한 스위스인 수녀로, 베르크만스 수녀와 같이 일본어와 씨름하고 있던 레오니 수녀가 이 가련한 이방인들을 돌보는 수련장 수녀로 임명되었다. 스콜라스티카 원장 수녀는 얼마 동안 그들의 법적 수련기를 시작하지 않게 하려 하였다. 사실 그러했듯이, 그들이 헌신자로 남아 있어야 했던 이유가 더 있었는데, 실제로 그들에게 말할 수 있는 사람은 그 수도원의 첫 번째 장상밖에 없었기 때문이다. 스콜라스티카 원장 수녀는 끊임없이 보다 중요한 임무에 몰두해 있었는데, 그럼에도 일꾼들이 수도원에 필요로 하는 어떤 일을 하기 위해 들어올 때마다, 규칙에 따라서 외부인들을 동반하기 위해 모든 일을 희생해야만 했다. 물론 그녀만이 일본어를 알고 있었기 때문에, 그 일을 하는 사람은 언제나 스콜라스티카 원장 수녀가 되어야만 했다. 그런데 주간 중에 원장 수녀가 자기 방을 조수녀들에게 넘겨 주는 때가 세 번 있었다. 그들은 그곳을 자신들의 교리 교실로 사용했다. 일본인 헌신자들은 그 기회를 통해 자신들이 받아들이고자 하는 삶의 규칙과 관행에 대한 가르침을 받았다. 가엾고 어리둥절해하는 지원자들을 받아들여 개인적 지도를 하게 되었을 때, 스콜라스티카 원장 수녀는 이 삶이 그들의 기대와 전혀 다르다는 사실을 얼마 안 되어 발견하였다. 이 사실은 곧 공동체의 다른 모든 이들에게 분명히 드러났다. 헌신자들은 내버려진 채 속수무책으로 길을 잃고, 점점 더 공동체 안에서 어울리지 못하고 의지할 곳 없이 따로 분리된 그룹을 형성하는 경향이 있었다. 말하자면 엄격한 생활과 대면하면서 동정을 구하기 위해 서로 모여 다녔는데, 누구도 그들을 이해시키기 위한 시간도 없었고 그렇게 할 수도 없었다. 수녀들과 조수녀들은 작은 일본인 헌신자들에게서 드러나는 낙담에 마음이 아프기도 했지만, 문제를 더 호전시키지 못하는 자신들의 무익함에 더욱 그러했다. 미소나 수화로 동정심을 표현하려고 했던 것이 모두 매우 좋았다고는 하지만, 수화가 의미하는 것을 설명한 책을 읽을 수도 없는 이들에게 수화가 무슨 소용이 있었겠는가? 잘못된 수화는, 모든 수도자들이 한 나라와 한 문화권에서 왔고 삶에 대해 다소 동일한 태도를 가지고 있는 수도원에서도 충분히 혼란과 고통을 야기시킬 수 있다는 것을 경험은 보여 주고 있다. 어떤 헌신자들은 트라피스트 수녀원은 다소 학교와 같다는 인상을 받고 입회를 청하였다가, 곧바로 추위와 가난, 심한 노동과 교육적 기능이 결여되어 있는 것에 매우 놀라워하였다. 이제 혼란스러워진 그들은 말없이 실의에 빠진 태도로 가대에 서 있었다. 일할 때 그들의 움직임은 점점 더 느려졌으며, 그들의 시선은 점점 더 창문 쪽과 금역 울타리 너머로 떠돌아 다녔다. 누군가 그들에게 어떤 것을 설명하려고 하면, 그들은 절망으로 더욱 공허해지고 이해하지 못한 채 응시할 뿐이었다. 그들은 위로를 받지 못했으며, 설령 그렇다 치더라도 너무 창백하고 가련한 미소를 띠었기 때문에, 자매들을 울고 싶게 만들었다. 그 다음에 그들은 한 명씩 한 명씩 떠나갔다. 그러나 그들을 대신해서 새로운 지원자들이 들어왔다. 물론 많지는 않지만 수도원에는 언제나 세 명이나 네 명 혹은 여섯 명을 유지할 수 있는 정도였다. 조만간, 어려움이 있음에도 불구하고, 한 달이나 두 달만이 아니라 일 년 그리고 이 년 그 이상도 남아 있는 사람이 한두 명 있게 되었다. 마침내 그들은 수련자들이 되었고 서원하였으며 영원히 남아 있게 되었다. 그들 중 한 명은 현재 그 수도원의 원장 수녀이다. 그러나 당시에는 그렇게 되리라고 예상할 수 없었으며, 새 헌신자들로 인해 수녀원 모든 수녀들 중에 베르크만스 수녀보다 더 침울한 사람은 없었다. 거기에는 몇 가지 이유가 있었다. 우선, 그녀를 위한 하느님의 섭리로 특별히 계획된 정화의 일부분이라는 사실을 쉽게 알아볼 수 있다. 그녀가 그토록 사랑했으며, 이곳의 불쌍한 사람들에게 가져오기를 매우 열망했던 성심과 성심의 사랑이 그녀에게 다시금 가르쳐 주고 있었다. 그분의 존재인 사랑은 이 지상의 어둠과 황량함 속에서 타올라야 하며, 시련과 고통을 통해 그분 자신으로 본질이 변화될 때까지 단순한 자연적 애정이나 갈망의 움직임을 용납하지 않으리라는 사실이다. 그녀가 진정으로 일본인들을 사랑했다면, 감실 앞에서 단지 말이나 거룩한 열망이나 갈망만으로가 아니라, 구원하기를 원했던 민족의 개별적 영혼들에 대해 있는 그대로 구체적이고 실제적인 애덕을 통해 증거하라는 것이었다. 그녀가 이러한 애덕을 지녔다는 것과, 불행한 이방인들을 온 마음으로 돕고자 했다는 것은 의심의 여지가 없다. 그렇기 때문에 점점 더 커져가는 그들의 낙담과 무응답 상태는 그녀에게 더욱 더 고통스러웠다. 그런 다음에는, 불행한 모습으로 전율하고 당혹스러워하는 이 작은 헌신자들과, 라발에서 함께 지냈던 지적이고 행복한 그 수련자들이 어쩔 수 없이 대조되고 있었다. 이들은 생명과 기쁨과 거룩함으로 충만해 있었을 뿐만 아니라, 더욱이 순결과 강인함과 목적에 대해 매우 분명한 안목을 지니고 있었다. 천사의 성모 수도원의 수련자들이 사용하는 차가운 스크립토리움에서는 기쁨도 별로 없었고, 슬픔과 혼란 밖에는 어떤 것도 찾아볼 수 없었다. 베르크만스 수녀는 한 편지에서 그 상황을 설명한다.

"작고 가엾은 우리의 일본인 자매들은 아량이 크지 않습니다. 노동은 육체적이고 도덕적인 고통이며, 그들은 모든 것에 짓눌리고 있습니다. 자신들은 행복을 찾고자 한다고 말합니다. 누군가 행복은 수도 생활에서 찾을 수 있다고 그들에게 말해 주었습니다. 그러나 그들은 참된 행복이 단지 마음의 평화나 하느님의 뜻을 행함으로써 발견될 수밖에 없다는 것을 믿을 수 없어 합니다. 불쌍한 자매들이지요! 사실 그들을 탓할 수는 없습니다. 그들은 너무 먼 곳에서 왔으니까요. 끊임없는 포기의 이 생활은 그들에게 너무 새로운 것입니다."

아닌 게 아니라 수도 생활로 들어온 지원자들에게서 드러나는 약함 때문에 놀라고 의기소침해지는 것은 베르크만스 수녀가 정말로 경험이 없다는 사실을 보여 주는 것이라고 로베르 신부는 지적하고 있다. 자연적, 초자연적 모든 면에서 성숙함을 지니고 있었기에 좀 더 성숙했던 스콜라스티카 원장 수녀는, 자신의 헌신자들을 인내하며 온유하고 부드럽게 대했다. 그녀의 인내는 하느님 당신 자신의 무한한 인내를 비춰 주고 있었다. 베르크만스 수녀가 그녀에게 와서 그러한 상황 때문에 심지어 눈물을 흘리기까지 하자, 원장 수녀는 그것에 관해서 라발 수녀원으로 편지를 썼는데, 루드가르디스 원장 수녀의 답장은 이 행복하지 못한 수녀를 빗대어 가리키고 있다. 그녀는 이렇게 썼다.

"이방인이 아직 온전하게 희생하지 못한다고 해서 놀랄 것이 있습니까? 공경하올 원장님, 저는 당신의 인내를 칭찬하며, 온갖 친절함으로 당신이 사랑하는 청원자들을 대하는 것은 매우 옳은 처사입니다. 그것은 선하신 하느님이 우리를 대하시는 방식이기도 합니다. 만약 그분이 이렇게 하지 않으셨다면, 결점투성이인 우리는 어떻게 되었겠습니까? 그리고 우리는 우리의 종교적 원칙들을 요람에서부터 받아온 사람들이지요."

베르크만스 수녀가 과도한 감정으로 헌신자들을 좀 더 엄하게 다루어야 한다는 의견을 주장했을지 모른다고 추측할 수 있다. 결국, 그것은 그녀 자신의 약함을 바로잡는 길이 되었다. 자신이 느슨해지거나 방종한 상태가 되었다고 여겨진다면, 그때는 강철 같은 힘을 휘두르게 되는 것이다! 그녀는 자신의 경우나 어떤 특별한 경우에도 엄격함으로는 충분하지 않다는 사실을 발견하게 되었다.

그러나 그녀에게 특별히 불행을 야기시켰던 이 상황에는 또 다른 것이 있었다. 어느 날 아마도 조만간 이렇게 엄청난 책임의 무게를 전적으로 자기 어깨에 짊어지게 되리라는 사실이 점점 분명해졌다. 청원자들에게는 삶이 점점 더 어려워졌고, 그녀는 점점 더 약해지고 무력해졌다. 그녀가 어떻게 수련장 책임을 받아들일 수 있었을까? 불가능하다! 그것은 그녀를 훨씬 더 멀리 초월한 곳에 있었다! 그녀는 그 직책에 있을 만한 사람이 전혀 아니었다! 그것은 무모한 일이다! 그래서 그녀는 원장 수녀와 로베르 신부에게 자신의 나약함과 무능함을 재차 새롭게 드러내기 시작했다. 의문의 여지 없이, 그녀는 이제 방해가 되지 않도록 뒤로 물러나 작은 구석에서 그저 자신이 있던 자리에 있어야 했다! 물론 그것은 시간이 지남에 따라서, 일본어를 공부하고자 하는 그녀의 노력이 점점 더 열성을 잃어갔다는 것을 의미했다. 결국 그녀는 다음과 같이 쓰고 있다.

"공경하올 원장 수녀님(루드가르디스), 다음에는 제게 잘못에 대한 좋은 말을 해 주어야겠다고 쓰셨는데, 사실 문제는 이렇습니다. 저는 아직 일본어 공부에 진지하게 임하고 있지 않았으며 당신은 그 이유를 아셔야 합니다. 많지는 않지만 제 편에서 그 문제에 대해 말할 것이 있다는 것을 아실 것입니다. 지금 네 명의 일본인 청원자가 있습니다. 수련실이 없는 관계로, 그들은 모든 시간 공동체와 함께 하고 있습니다. 그러한 용도의 공간이 없기 때문이 아니라, 부족한 것은 스승이 없다는 것입니다. …… 우리 작은 자매들은 전적으로 이 때문에 고통받고 있습니다. 그들은 상당 부분 자기 자신에게 내맡겨진 상태입니다. 어떤 수녀가 일본어를 완전히 습득하는 것이 절대적으로 필요합니다. 공경하올 원장님은 제게 조금 의지하고 있으며, 그것은 제가 온 마음의 힘을 다해서 사랑하고 있는 이 작은 영혼들을 위해 헌신할 수 있는 기회가 될 것입니다. 그러나 그 책임은 저를 두렵게 만들고 있으며, 그야말로 제 정신을 마비시키고 있습니다! 이 외딴 곳에서 수련장 수녀가 된다는 것은 프랑스에 있는 것보다 훨씬 더 큰 책임이 있음을 의미합니다. 이 영혼들은 수도 생활 모든 면을 너무 낯설어합니다. 처음 받는 인상들이 너무 깊어서 언제까지 잊혀지지 않을 것이며, 그들의 양성은 수련실에서 받은 지침에 따라 달라질 것입니다. 이 직책을 진정으로 잘 완수하기 위해서는 또 하나의 마리아 마르가리따가 되어야 할 것입니다. 이 젊은 영혼들 안에서 무엇이 진행되고 있는지 읽을 필요가 있으며, 참으로 하느님의 영에 의해 인도되어야 합니다."

로베르 신부가 경악하게도, 그녀는 이렇게 덧붙인다.

"공경하올 원장 수녀님, 당신의 작은 딸을 위해 기도해 주십시오. 두 어깨에 그렇게 두려운 짐을 결코 지지 않도록 말이지요."

약간 영웅적이지 못한 이 선고가 공허한 겸손밖에 아무것도 아니라는 것을 보여 준다고 말했을 때, 아마도 그녀의 착한 고해 사제가 옳았을 수 있다. 그러한 겸손의 탈은 실제로 하느님께 대한 무의식적 신뢰의 결핍을 가장하고 있다. 그러나 분명히 베르크만스 수녀가 잘못한 것은 아니었다. 자기 영혼을 들여다보았을 때, 타고난 적성도 초자연적인 은총도 심지어는 그 일을 시작할 힘도 없음을 알았기 때문이다. 그러나 나중에 같은 하느님의 성령께서 당신이 마련하신 적절한 시기에 그녀가 필요로 했던 모든 빛과 힘을, 그녀가 필요했던 때 필요한 만큼 주실 수 있었다. 그래서 그녀는 이러한 시련을 통해 지금도 배우고 있는 신앙과 포기의 보다 완전한 정신으로 그 책임을 받아들일 뿐만 아니라, 10명 혹은 15명의 일본인 그리스도인들을 거룩하고 완전한 트라피스트 수녀들로 양성하게 되었다. 굳건하고도 길이 남을 체계의 기틀을 마련했던 수녀들로서, 한 세대 안에 유럽의 원조 없이 해낼 수 있게 되었으며, 본회에서 가장 큰 수녀원이 된 공동체를 이루었다.

시간이 흐름에 따라 베르크만스 수녀의 건강은 눈에 띄지 않게 악화되었기 때문에, 스콜라스티카 원장 수녀를 설득해서 공동체와 함께 두시에 일어날 수 있었다. 그녀는 버티어냈다. 몇 년 동안 그렇게 하면서 자기 고통을 무시하다가 배탈이 나고 두통이 생기게 되었으며, 심지어는 매달 첫 금요일마다 늘 찾아왔던 특이성 발작까지 있게 되었는데, 그때는 힘없이 의식을 잃고 바닥에 쓰러지곤 하였다. 천사의 성모 수도원 가대는 소리가 거의 나지 않았고 빈약했다. 평상시 말할 때도 베르크만스 수녀는 그들 가운데 가장 약했는데, 지금은 밤 시간 야간 기도에서 아예 소리를 내지도 못하고 음을 낼 수 없는 상태가 빈번해졌다. 그녀가 할 수 있었던 것이라고는 자기 가대에서 입술을 움직이는 가운데 감실에 계신 하느님께 가슴과 머리의 통증을 희생으로 바쳐드리며 서 있는 것뿐이었다. 가대가 너무 약한 것을 보고 베르크만스 수녀에게 목소리가 다시 날 수 있도록 기도해야 한다고 제안했던 사람은 칸톨장(성가 지도자)이었던 안젤리카 수녀였던 것 같다. 어쨌든 수녀들 가운데 한 사람은 그렇게 했으나, 베르크만스 수녀는 선하신 하느님께 그것을 맡겨드리고자 했다.

"그분은 이 십자가를 제게 주셨습니다." 라고 말하며 그 상태 그대로 두었다. 그것은 그녀가 겪는 모든 어려움들, 특히 육체적 아픔 중에 있을 때 그녀가 취하는 방식이었다. 다른 사람들이 원한다면 자신이 회복되기를 바라며 기도하도록 그대로 두었으나, 자신은 단지 순종으로 그렇게 할 뿐이었다. 사실 그녀는 이미 결핵을 앓고 있었던 것 같다. 그것이 있다는 어떤 실질적 징후를 발견할 만한 의사들도 없었다. 그녀의 생애 마지막 시기에 가래를 분석해 보았을 때, 그녀의 폐는 사전에 한 번 혹은 몇 차례까지 결핵에 걸렸었다는 인상을 주었으며 부분적으로 회복된 상태였다. 1904년은 앞서 언급했던 큰 폭풍이 있었던 해로, 이 작은 수녀원은 또 다른 위험으로 위협받았다. 이번에는 러시아와 일본 사이에 일어난 전쟁이었다. 이제 그들은 어느 날엔가, 러시아 순양함이 해협으로 들어와서 도시와 주변 언덕을 향해 대포를 돌려댈지도 모른다고 걱정하게 되었다. 게다가 천사의 성모 수도원은 바다에서 2마일도 채 되지 않았다. 청색, 흰색, 적색의 프랑스 국기가 무방비 상태에 있던 수녀원 위에 휘날릴 수 있도록 준비하라고 임명되었던 사람은 베르크만스 수녀였다. 아마도 한 번의 포탄으로도 전 공동체를 휩쓸어서 모든 수녀들을 천국으로 보내기에 충분했을 것이다. 그러나 그런 일은 일어나지 않았다. 국기를 만들면서, 베르크만스 수녀는 평온하게 이러한 것들을 성찰해보았다. 그리고 보니 그렇게 함으로써 그녀의 마음 안에는 어떤 기쁨과 행복한 자부심이 있었다. 그녀는 프랑스를 너무 사랑하고 있었다. 이 색상들은 그녀에게 너무 많은 것들을 말해 주었다. 프랑스에서 새로 온 이들이 있었다. 그들 중 어떤 이들은 분명히 베르크만스 수녀가 이제까지 겪었던 것보다 훨씬 더한 희생의 비통함을 느끼고 있었던 것 같다. 그들 중 한 명에게 한 그녀의 행동은 이색적이었다. 그 가엾은 수녀는 눈물로 범벅이 되어 코를 훌쩍거리고 흐느끼며 순교사에 나오는 성 아르세니우스처럼 자기 손수건을 휘두르면서 홀로 정원을 거닐고 있었다. 그러나 그 거룩한 고행자에 비해 동기 면에서 훨씬 무가치한 것이었다. 베르크만스 수녀는 마침내 상냥하고도 유머 있게 빨리 그녀에게 다가가 그 손수건을 낚아채서 물웅덩이에 던졌다. 결국 그것을 흠뻑 젖게 하는 데는 가장 효과적인 방법이었다. 그 수녀는 그 뜻을 알아들었으며 눈물은 절로 그쳤고 대신 미소로 바뀌었다. 베르크만스 수녀는 이렇게 기록하였다. "특히 그 누구도 말할 수 없는 트라피스트 수녀원에서 사람들이 우는 것은 보고 싶지 않습니다. 저는 늘 공동체 안에 살면서 눈물의 은사를 받았던 성인들에 대해 매우 유감스러웠습니다. 그것은 제가 은둔자에게서만 인정할 수 있는 은사입니다."

이제 애덕이 베르크만스 수녀의 영혼 안에서 보다 큰 행동의 자유를 주고 있었기 때문에, 그녀는 하느님 계명의 길을 보다 신속하게 달리면서 보다 큰 가능성을 지니고 분명하지 않지만 그녀의 숨은 일상 생활을 트라피스트 수녀로서 성화시켰던 포기와 희생의 수많은 작은 행위들을 실행하기 시작했다. 일단 무엇보다, 그녀의 하루는 어땠을까? 로베르 신부는 다행히 그녀의 사적인 매일의 "시간표"를 찾아서 함께 짜 맞출 수 있었다. 착한 수도자들처럼 그녀도 그것을 만들어서 허락을 받기 위해 자기 지도자에게 제출했으며 이를 충실히 따랐던 것이다. 이는 우리의 의지를 일상의 틀에 사로잡히도록 하는 길이 아니라, 변덕과 자기 탐닉이라는 폭군으로부터 자유롭게 하는 길이기 때문이다. 정당한 장상들의 승인에 우리의 욕망과 판단을 복종시키는 것은 수도 생활의 권태를 거스를 수 있는 하나의 확실한 방어책이다. 권태는 자기 뜻이 존재하는 곳 밖에는 있을 수 없기 때문이다. 매일 아침 2시에 개인방의 뗑그렁거리는 종소리가 자신의 사랑에게 슬픈 신호를 울릴 때부터 7시에 종이 다시 울리고 짚으로 된 요와 판자로 된 침상 위에 자기 아픈 몸을 누일 때까지, 베르크만스 수녀의 하루는 끊임없이 하느님께로 마음을 들어 올리는 것이었다. 그것은 끊임없는 사랑의 행위였다. 나중에 수련장이 되자 조금의 빈 시간도 더 이상 자기 것이 아니었기 때문에 해묵은 시간표가 큰 도움이 되지 못했을 때, 한 수련자가 그녀에게 물었다.

"당신의 개인적인 시간표는 어떻게 되어 있습니까?" 그녀는 대답했다. "나의 시간표는 사랑입니다."

그녀는 온 종일 사랑의 행위를 하였다. 그녀가 떼는 모든 걸음, 쉬는 숨 하나 하나는 사랑의 행위였다. 모든 행동이 하느님께 대한 사랑의 행위였다. 이 모든 행위들은 형식적이거나 노골적이거나 의식적이지 않았고, 오직 그녀의 하루 전체가 무엇을 하고 있든지, 소리 내어 바치는 기도나, 하느님께 단순하게 마음과 정신을 들어올림으로써 매시간 새롭게 되고 하느님과의 애정 어린 일치를 이루는 것과 다름없었다. 어느 날, 분명히 묵상을 충분히 했을 것이지만, 많은 기도 후에 펜을 들고 이렇게 기록하였다.

"하느님의 더 큰 영광과 내 영혼의 영적 선익을 위해, 나는 무엇보다도 나 자신을 거룩한 순종에 종속시키고자 하는 갈망으로 환경이 허락하는 한 다음의 시간표를 따르기로 결심하였다."

진정 베네딕도적 첫걸음이다. 순종 없이는 애덕도 없다고 성 토마스는 말하는데, 애덕은 인간과 하느님 사이의 의지가 일치되는 것이기 때문이다. 그녀의 하루가 사랑의 행위가 되는 것이었다면(그녀가 그것을 자기 결심으로 하지 않았다면), 먼저 끊임없는 온전한 순종의 하루가 되어야 했을 것이다.

"나는 첫 번째 종소리에 일어날 것이다."

그녀는 그렇게 했다. 공동체 전체가 증언하고 있다. 종이 울린 다음, 즉각 가대에 첫 번째로 와서 하느님을 경배하며 무릎을 꿇는 이들 무리에 변함없이 들게 됨으로써 회헌의 행복한 은사를 지닌 수도자들 가운데 한 명이 된 것이다. 중요한 것은 일어나는 첫 순간부터 자기 마음이 천상을 향하도록 주의를 기울였다는 것이다. 그녀는 십자 성호를 긋고 침상 옆에서 잠시 무릎을 꿇은 다음, 어머니의 강복을 받기 위해 하루를 위한 첫 번째 청원을 하느님의 어머니이자 천상의 여왕이신 마리아께 드렸다. 쉽고 간단했으며 전혀 복잡하지 않았다! 그런 다음, 같은 지향으로 이렇게 기도하였다.

"성당으로 가는 중에 제 마음을 하느님께 드리겠습니다."

여러 곳에서 베껴놓은 것으로, 염경 기도와 소망이 담긴 작은 책을 가지고 있었다. 그것들을 다 읽어보면, 그녀가 이를 늘 입에 올리고 다녔다는 인상을 받을 것이다. 분명히 여가 시간을 좀 받을 수 있는 특별한 경우에 활용되었을 것이다. 그러나 그 기도의 본질은 정신과 의지가 곧장 그리스도의 마음을 향해 끊임없이 재빠르게 비상하는 것이었다. 온 존재로서 자신의 단순한 봉헌을 말보다는 의지로 반복했다. 아직도 말이 있었고 그녀는 말을 좋아했지만, 주된 것은 아니었다. 성당 입구에서 성수를 찍을 때, 자신이 무엇을 하는지 깨닫기 위해 주의를 기울였다. 그런 다음 무릎을 꿇고 하느님의 현존 앞에 머물면서, 성무일도와 자신의 하루를 바침으로써 성심께 자신의 봉헌과 흠숭을 보다 깊게 하였다. 그 후 하루가 시작되었다. 스콜라스티카 원장 수녀가 신호를 주면, 자매들은 어둠 속에서 무릎을 꿇은 채 거의 마룻바닥까지 닿을 정도로 절을 하면서 아베 마리아 그라시아 플레나(Ave Maria gratia plena 은총이 가득하신 마리아님)를 듣게 된다. 세상이 동터오는 추운 아침마다 침묵과 고독 속에서 모든 시토회 수도자들의 영혼에서 솟아나오는 첫 번째 외침이다.

"주님께서 너와 함께 계시다!" 라고 하면 주님은 베르크만스 수녀와 함께 하셨으며, 특별히 그녀의 묵상 중에 그러했다. 이때 그녀는 마음껏 마음이 가는 대로 내버려 두었으며, 심지어는 마음이 어디든지 그곳에 가서 어떤 것을 행하고 말하는 것을 거부하는 것 같은 날에도, 아주 평화롭게 마리아의 사랑과 훌륭한 가치들을 바쳐드리면서 하느님께 자신의 쓸모없음을 봉헌할 수 있었다. 그녀는 언제나 정신적인 기도 소재를 마련해 두었다. 어떤 때에는 책에서 도움을 구했으나, 늘 그렇지는 않았으며 규칙도 아니었다. 그녀의 기도는 대부분 감정적이었으며, 예상할 수 있듯이 사랑에서 나오는 행위였다. 그러나 그녀는 늘 단순한 것을 선택하면서 다양성을 믿고 있었다. 이에 관해 다른 곳에서 좀 더 살펴보겠다.

법적 시간경 동안(그녀는 비록 자신의 시간표 안에서 이를 언급하지 않고 있지만), 그녀는 보통 자신의 정신을 그리스도의 수난으로 가득 차게 하였다. 다른 수도자들처럼 육신의 나약함 때문에 종종 하느님 찬미에 대한 가치를 파괴시키는 방향으로 가게 하는 산만함 및 일상의 모든 시련들과 맞서 싸워야 했다. 라발에서 그 첫날부터, 먼저 자신의 외적인 감각을, 그 다음에는 자신의 상상력을 경계함으로써 그 문제를 뿌리까지 공격하였다. 그녀 역시 자신의 마음을 수난받으시는 그리스도로 채우는 단순한 수단을 통해, 두 가지를 처리하였다. 자기 마음을 시간경에서 멀어지게 하는 어떤 것을 보지 않도록 시선을 아래로 유지하는 습관을 가지게 되었는데, 빌라도 진영에서 경비병에 의해 눈을 가리운 채 조롱받고 계셨던 예수님을 떠올리면서 그렇게 하였다. 그때에도 그분은 그 모든 격분과 고통과 모욕을 당하셨던 사실 그대로의 육체를 지니고서 그녀 곁에 계시지 않으셨겠는가? 그럼에도 불구하고 분심이 들면, 자신의 정신보다 마음을 수난받으시는 그리스도께로 한 번 더 되돌렸다. 어떤 대단한 노력이 필요했을까? 그녀는 그분을 자신에게로 내려오게 하기 위하여, 올라갈 수 없는 최고의 천상 하늘까지 가야만 했을까? 아니다. 그분은 그녀의 마음 안에 계셨다. 창조되지 않으신 영원한 하느님의 말씀은 그녀의 영혼 안에 거처하셨다. 그리고 지금 뿐만 아니라 과거 그분의 지상 생활이 이루어졌던 매 순간마다, 영원성 안에서 영광스러우셨던 그리스도의 영혼과 살은 그 말씀과 일치되어 있었다. 세상과 당신 백성들로부터 버림받은 채, 가시관을 쓴 그리스도의 얼굴은 수천 세대에 이르기까지 살인자들과 간음한 자들과 강도들의 엄청난 죄의 무게를 지고 죽기까지 피를 흘리는 모습으로 그녀 영혼의 아주 깊은 곳에서 그녀를 바라보고 있었다. 그분의 눈은 그녀 내면의 어두운 곳에서 그녀를 살펴보고 있었다. 그리고 그분 자신은 물론 그녀가 알 수 없는 수천명의 영혼들인, 그분의 살인자들에 대한 동정심을 강요하고 있었다. 그녀는 그리스도의 현존 안에서 노래하였을 뿐만 아니라, 목소리가 나지 않아도 성령에 의해 감도된 말을 속삭이려고 노력하였다. 그러나 그녀 안에서 그 말을 하고 노래하며 고통받고 있는 사람은 그분이었다. 목말라하시는 그리스도의 갈증과도 같이 그녀의 입술은 갈라지고 목이 탔기 때문에, 시편 말씀들은 거의 잘 들리지 않았다. 그래서 그분은 당신 자신을 위해 어떤 것을 소유하는 것이 아니라, 영혼들이 은총의 생명수를 마시고 영원히 살 수 있도록 그녀 안에서 여전히 목말라하셨다. 이것이 어려웠을까? 아니다. 그러나 그녀의 정신은 그것을 언제나 생각할 수 없었으며, 그녀의 기억 역시 그것을 다시 떠올리지 못했다. 터무니없이 혼란스럽게 했던 분심으로 어떤 것을 생각할 수 있는 사고력을 모두 빼앗겼을 때조차도, 그녀의 의지는 고뇌 속에 체념하면서, 골고타에서 죽어가는 당신의 몸으로부터 벗어나기 위해 그리스도의 영혼이 벌이는 투쟁을 다시 체험하였다.

삼종 기도 후, 4시경에 그녀는 천사의 성모님 앞에 무릎을 꿇었다. 매일 그녀는 여름과 겨울 그곳에 있었다. 겨울철에는 가대가 비어 있었지만, 베르크만스 수녀를 위해서, 모든 창문들을 열고 신선한 공기가 조금 들어오게 해야 했다. 눈이 불어와서 그녀의 약한 어깨 주변을 날아다녔으며, 눈송이들이 열기가 있었을지도 모르는 그녀의 볼 위에 떨어져서 녹아들었다. 그러나 매일 그녀는 그곳에 있었다.

영성체가 없을 때만 제외하고 미사와 영성체가 있었다. 그러나 미사는 늘 있었으며, 그녀는 자신의 텅 빈 마음을 적어도 영적인 영성체로 따뜻하게 하려고 노력하곤 하였다. 영성체 후, 평화. 어둡고 고요한 성당 안에서 오랫동안 감사드렸다. 마치 그녀가 시간 속에서 빠져나와 고요하고 깊은 영원의 놀라움 속으로 들어갔던 것처럼 보인다. 그런 다음 그녀는 눈을 떴으며, 연중 대부분, 새벽녘에 새로 떠오르는 희미한 서광으로 어슴푸레해지는 창문을 바라보곤 하였다. 영성체가 있는 미사에서 그녀는 언제나 영원히 바치는 희생양, 봉헌 제대 위에 홀로 완전하신 희생양이신 하느님과 자신의 봉헌을 일치시켰으며, 이때 자신의 세례와 수도 서약을 갱신하였다. 하루 동안 각 성무의 영광송을 할 때 이러한 봉헌을 갱신하는 것은 그녀의 지향으로, 분명히 보다 실제적인 것이 되곤 하였다. 대부분의 아침 시간은 기도에 헌신하였다. 본(本) 수도회가 단식하는 시기에는 아마도 집회와 정찬 사이에 기도와 독서를 위해 한 시간 반에서 두 시간 사이의 자유 시간을 가졌던 것 같다. 이 시간은 성체 조배와 묵주 기도, 일본어 공부와 잠시 개인적인 신심 기도를 위해 할애하였다. 겨울에는 6시과 후에, 여름에는 집회 후에 아침 작업을 하였는데, 베르크만스 수녀는 자신이 좋은 지향으로 결심한 바에 따라서 나자렛의 작은 목공소에 계시는 예수님과 요셉, 집안에 계시는 마리아의 일과 일치시킴으로써 그 일을 성화시켰다. 그 일이 바느질과 같이 조용하고 생각할 여유를 주는 것이라면, 일할 때 쉽게 기도할 수 있었다. 반면에 밭에서 땅을 갈거나 들판에서 꼴을 던질 때, 빨래판에 몸을 구부리고 부푼 비누 거품 속으로 팔을 깊숙이 집어넣고 그 주간 세탁물을 문지르고 세탁해야 할 때면, 의식적인 기도보다는 고행으로 그 일을 봉헌할 수 있었다. 그러한 일은 해가 갈수록 그녀의 약한 몸에 점점 더 수고로움과 긴장을 가중시켰다. 그럼에도 불구하고 일하는 문제에 있어서 그녀가 선호하는 것이 있었다면, 거칠고 힘들며 몸과 정신까지도 지치게 하는 것이었다고 로베르 신부는 말하고 있다.

베르크만스 수녀가 식당에서 유일하게 뛰어났던 점은, 몇 년을 지켜보아도 자매들의 단순한 메뉴판을 접했을 때 그녀가 무엇을 좋아하고 싫어했는지를 누구 하나 분간할 수 없었다는 것이다. 그녀는 자신에게 주어진 모든 것들 중에서 조금씩 가져갔다. 그녀는 자신에게 맞지 않아도 어떤 것이든 먹지 않는다고 거절한 적이 없으며, 심지어 아플 때에도, 위장이 작은 양의 음식도 받아들이지 않았을 때에도, 어떻게 해서든지 먹었다. 그녀에게 맞지 않는 것이 있었지만, 언제나 그것들을 먹었다. 본 수도회 수도승들처럼 수녀들도 언제나 낙농가들이기 때문에 치즈는 시토회의 식단 중에 중요한 항목이다. 불행하게도 베르크만스 수녀는 치즈만 먹으면 조금이라도 아프지 않은 적이 없는 사람들 중 하나였다. 누군가 이것을 발견하기까지는 오랜 시간이 걸렸다. 치즈가 건조해지고 상하게 되는 여름철에도 껍질을 벗기려 들지도 않고 그것을 그대로 먹곤 하였다. 하느님은 껍질을 그대로 둔 채 그녀에게 주셨는데, 왜 그것을 잘라야 하는가? 라고 그녀는 설명했다. 어떤 수녀들은 일본의 행상인들이 수녀원에 가져온 과일이면 어떤 것이나 껍질을 잘 벗기는 습성을 지혜롭게 발전시켰지만, 베르크만스 수녀는 그런 수고를 하지 않았다. 파리 한 마리가 우연히 그녀의 국그릇에 빠졌다거나, 그녀가 먹던 사과에서 벌레가 나왔다 해도, 그녀는 남은 것을 모두 그냥 집어삼켰을 것이라고 로베르 신부는 단언하고 있다. 좀 더 많은 수의 일본인 청원자들이 찾아들기 시작하면서 어떤 이들이 주방으로 가게 되었다. 그렇게 되자 일본 식기들이 식탁에 등장할 때가 있었는데, 이것은 프랑스 수녀들의 취향에 늘 맞는 것은 아니었다. 그러나 베르크만스 수녀는 언제나 그것들을 반드시 먹었다. 여름철 동안에도, 그녀는 강요받지 않은 한 식사 시간 사이에 어떤 것을 마시지 않았다.

 수녀들의 회헌은 건강을 위해 연중 내내 식사 후 바깥에서 산책을 조금 하도록 규정하고 있는데, 트라피스트 수녀들은 수도승들처럼 외부 작업을 그렇게 많이 하지 않기 때문이다. 물론 이러한 산책은 다른 관상 수도회 안에서 이해되는 것처럼 오락적 의미는 아니다. 수녀들은 침묵을 계속 지키면서 함께 어떤 놀이나 게임에 빠져들지 않는다. 그들은 함께 로사리오 기도를 하면서 평화로이 거닐거나 마당에 있는 갖가지 지

성소에서 따로 기도하였으며 책을 가지고 가기도 했다. 여름철에 이 산책은 때때로 덥기는 했지만, 천사의 성모 수도원에서 매우 즐겨 했던 일이었다. 자매들은 자신들의 작은 정원을 벗어나 그늘진 골짜기까지 가서 꽃을 따온 다음 제대 장식을 위해 사용하곤 하였다. 꽃으

로 가득한 언덕배기로 나가서 베르크만스 수녀는 짙푸른 계곡의 놀라운 장관과 그 위로 바라보이는 산맥들로 인해 자기 영혼이 하느님께 들어 올려진 채 흠숭하곤 하였지만, 이렇듯 해악이 없는 자연적 기쁨에 집착하는 실수를 저지르지 않았다. 그 밖에 꽃들과 사랑스런 시골 정경을 자신들만을 위해 스스로 즐기지 않았으며, 자매들이 꽃 뭉치를 건네며 향기를 맡아보라고 할 때는 미소 지으며 머리를 돌리곤 하였다.

겨울철 산보는 또 달랐다. 눈이 지면에 두텁게 쌓이고 살을 에는 것 같은 시베리아와 북극의 얼얼한 바람이 산마루를 휩쓸 때면, 대부분의 수녀들은 각자 책을 들고 집회실에 즐겨 앉아 있곤 하였다. 그러나 수녀들은 산책을 해야 한다는 규칙이 있었기 때문에, 베르크만스 수녀는 언제나 산책을 하러 밖으로 나갔다. 여름 동안에는 산책을 위해 규정된 시간이 끝났을 때 책을 들고 있지 않으면, 보통 집회실에서 자신이 앉는 자리에서 발을 모아 옷자락 안으로 끌어당기고, 손은 언제나 두꺼운 모직 쿠쿨라 소매 안에 두고 차분하고 고요하게 바른 자세로 앉아 있었다. 그녀를 보면, 누구도 그렇게 있으면 더울 것이라고 생각하지 못할 것이다. 그녀는 열린 창문 쪽으로도 움직이지 않았다. 이때는 영적 독서를 하는 시간이었다. 그녀는 대단한 독서 애호가가 아니었으므로 분명히 호기심이 많은 이는 아니었는데, 책이나 정보에 대한 호기심 어린 탐욕 같은 것은 진정한 영적 독서를 불가능하게 한다. 그녀는 최신의 모든 소설들을 탐독하는 자로 이해되는 의미에서 독서하는 것보다는, 좀 더 기도의 형태로 독서하는데 헌신하였다. 그녀는 다른 수도회의 거룩하고 관상적인 자매들의 삶을 주의 깊게 연구하였다. 대부분 성삼위의 엘리사벳이나, 하느님의 어린양의 마리, 거룩한 성심의 마리, 제르트루드 마리 수녀와 같이 자신과 가까운 세대의 신비가들이었다. 이들의 삶으로부터 생각과 숙고한 것들과 기도들을 사랑하는 마음에서 사본으로 만들었는데, 특히 주님 친히 이 거룩한 여성들에게 계시하셨던 것들이었다. 이 모든 자료는 그녀가 "내 영혼의 거울"이라고 불렀던 모음집을 구성하게 되었다. 그러나 처음부터 그녀에게 가장 커다란 신심과 활기찬 관심을 불러일으켰던 것은 성녀 제르트루드와 성녀 마르가리따 마리아 알라콕의 삶과 계시에 있었다. 후자는 베르크만스 수녀 시대에는 아직 시성되지 않았다. 참으로 성심의 이 위대한 두 사도들의 삶과 교의를 너무도 깊이 기도하는 마음으로 연구했기 때문에, 이제 그녀는 더 이상 그들을 읽지 않게 되었다. 마르가리따 마리아 알라콕에게 계시된 성심의 내용들을 대부분 암기할 정도로 잘 알고 있었다.

매일 그녀는 성심의 소성무를 암송하였다. 그것은 성녀 마르가리따 마리아 알라콕에게 하신 주님의 말씀으로 이루어져 있으며 이것들은 언제나 마음속에 있었다. 그것은 그녀의 전 생애를 형성하고 있었으며, 그녀의 신심과 기도와 성소에 그 말씀들이 지니고 있었던 사랑과 보속의 강한 성격을 부여하고 있었다. 그녀의 전 생애 동안 강력하게 타오르는 갈망 - 즉 하느님의 사랑을 위한 희생양이 되고자 하는 바람을 그녀에게 주었던 것이다. 그리스도의 무한한 사랑의 마음에 가해진 무례함과 모욕에 대한 보속의 희생양이다. 그러나 희생양이 되고자 하는 이 갈망이 성녀 마르가리따 마리아 알라콕이 심어놓은 전통적인 선보다 더 나아가는 것이 아닌 한, 베르크만스 수녀의 영성은 불완전하였다. 거기에는 하느님께서 특별히 당신을 사랑하도록 그녀를 창조하셨던 방식으로 그렇게 사랑하기 위해 그녀의 모든 힘을 자유롭게 하기에는 아직 부족한 것이 있었다. 그녀는 이것을 아주 짧은 시간 만에 어느 가르멜 수녀, 라발 수도원에서 그리 멀지 않은 북부 프랑스의 어느 수녀원에서 몇 년 전에 사망했던 작은 수녀의 자서전 안에서 발견하였다. 그것은 아기 예수의 데레사 수녀의 『한 영혼의 이야기』였다. 그 책을 읽는 순간부터, 베르크만스 수녀는 그 책의 저자가 얼마 되지 않아 "수녀"가 아닌 성녀 데레사로 불리게 될 것임을 전혀 의심하지 않았다. 그렇게 그 시간은 흘러갔다. 영적 독서에 전념하는 시간에 이어 오후 작업이 이루어졌으며, 그 다음에  는 늘 그렇듯이 자기 마음을 하느님께로 들어 올렸다. 시계가 울리는 소리를 들을 때면 언제나 잊지 않고 이렇게 하였으며, 오후 3시에는 십자가에서 죽으신 예수님께 조용히 작은 기도를 드렸다. 또한 매일 작업이 끝난 다음에는 큰 사랑과 기억으로 십자가의 길 기도를 드렸다. 태양이 언덕 뒤로 넘어가고 긴 그림자가 서서히 작은 목조 수녀원을 감싸고 돌 때, 베르크만스 수녀는 다시금 마리아 상 앞에 무릎을 꿇고 다음날 아침 묵상 기도를 위해 자기 정신과 마음을 준비시키곤 하였다.

이제 그녀의 시험기는 그 끝을 향해 가고 있었다. 그녀의 고통이 없어진 것이 아니라, 정반대로 막 시작되려 하고 있었으며, 다만 그녀의 신앙이 시험받았다. 이 어둠 속에서 그녀는 자신이 깨달았던 것보다 더 강하게 되었다. 자기 것이 아니었으며 결코 그렇게 될 수도 없고, 자기 자신으로부터 나올 수 없는 어떤 힘 안에서 그녀는 견고하게 되었기 때문이다. 이러한 모든 반감들과 싸웠던 동안, 하느님은 보이지 않게 더 단단히 거머쥐시고 그녀의 영혼에 은총의 힘을 깊여 가셨다. 이제 그 반감들은 자신 안에서 발견하게 된 새로운 애덕의 강렬함 앞에서 시들어 버렸다. 그래서 보다 위대한 신앙의 이 힘으로, 자신의 유배 생활을 받아들이는데 주저하던 모든 것들이 멈추게 되었다. 그녀의 감정은 여전히 프랑스에 대한 그리움으로 넘쳐났지만, 그 그리움은 쉽게 무시할 수 있었으며 그렇게 하다가 결국에는 점차로 모두 사라졌다. 천사의 성모 수도원에 도착한 지 얼마 되지 않았을 때, 그녀는 라발에서 가져왔던 모든 것들을 없애려고 하였다. 그녀는 다른 기도서를 얻었으며, 자신의 종교적 첫 고향을 강하게 기억하게 만들 수 있었기 때문에(그나마 얼마 되지 않은!) 다른 모든 작은 물품들도 바꾸었다. 그러나 이제 그녀는 온종일 자신을 그곳으로 끌어당겼던 의지의 불안도 마침내 떨쳐내게 되었다. 초기의 이러한 싸움의 끝이 보였던 것은 이 작은 수녀원을 책임지고 있는 더 높은 장상, 모원장이 정규 시찰을 하기 위해 프랑스에서 왔을 때였다. 브리크베크 시토 수도원 아빠스인 동 비탈 르호디였다. 이 사람은 새로이 활기를 얻게 된 엄률 시토 수도회의 많은 기둥들 가운데 하나였다. 그는 독특한 신중함과 지혜를 지닌 아빠스이자 참된 관상가였으며, 특별히 하느님과의 친밀한 일치를 위해 선택된 이들이 겪는 시련에 대해서 폭넓고 깊은 지식을 지녔던 영혼의 지도자였다. 동 비탈이 베르크만스 수녀를 다시 만나서 함께 이야기 하였을 때, 그는 즉시 그녀가 순결한 삶을 사는 사람으로서 높은 성덕으로 부름받고 있으며, 그 소명에 응답하기 위해 관대한 마음으로 최선을 다하고 있다는 것을 단번에 알아보았다. 그녀의 내적 삶을 좀 더 깊이 알고 난 다음, 그녀가 오랜 기간 정화의 시련을 겪고 있다는 것을 그는 알아보았다. 그가 얼마나 깊이 그녀가 지닌 영적 삶의 문제 속으로 들어갔는지 우리는 잘 모르지만, 분명히 그녀의 상황에 대한 분석을 지연시킬 필요는 없었다. 거기에는 그녀의 정신을 위로하고 평화와 안정을 주기 위해 긴 담화를 할 필요도 없었다. 이 평화와 안정은 그녀 자신의 노력으로 얻을 수 없으며 로베르 신부도 처음에는 그 영혼에 좀처럼 가져올 수 없게 보였던 것이다.

그러나 아니다. 모든 것이 그녀에게 잘 되어갔다. 그녀의 시련이나, 나약함, 향수나 반항하는 내적 움직임 안에는 놀라운 것이 없었다. 하느님이 그녀의 영혼 안에서 활동하고 계셨다. 그분은 그녀와 함께 기뻐하셨다. 그녀는 그분이 일하시도록 했으며, 자신 안에서 치솟는 감정들에 너무 당황하지 않았다. 그분을 신뢰하고 사랑하며 앞만 바라보고 뒤돌아보지 않게 하였다. 그런 다음 그는 그녀에게 물었다.

"당신은 여기 일본에서 정주 서원을 새로 발하기를 원합니까?"

그 시간이 도래하였다. 그녀의 온전한 희생이 마침내 완성되었다. 그녀를 라발 수도원과 묶어 주었던 마지막 끈, 그녀를 아직 공경하올 루드가르디스 원장 수녀와 그녀의 후계자들에게 종속되게 했던 순종의 법적인 유대가 단절될 것이다. 그녀는 장엄하게 자신의 서원을 갱신하였으며, 죽기까지 홋카이도에 있는 산중의 작은 땅에 자신을 묶어두었다. 그녀는 결코 다시는 집으로 되돌아가지 못할 것이다. 지금이 그 끝이었다. 되돌이킬 수 없으며 결정적인 것이었다. 그러나 그녀의 대답에는 어떤 망설임도 없었다.

"물론입니다, 공경하올 신부님. 언제 그렇게 할 수 있을까요?"

10

새로운 정주(定住)

베르크만스 수녀는 성심 대축일에 라발 수도원에 도착하였으며, 죄에 대한 희생양으로 죽으시어, 언제나 제대 위에서 고요히 무력한 밀떡의 어둠과 비참함 속에서 우리 가운데 늘 살아 계신 사람이 되신 하느님의 사랑과 고통에 매우 특별한 방식으로 봉헌된 바로 이날 수도 생활을 시작하였다. 당시 성인이 아니었지만, 그리스도에 의해서 당신 성심의 사도로 선택된 이의 축일에, 그녀는 일본의 새 창립 수도원으로 가는 지원자로 자신을 봉헌하였다. 이러한 신심을 도입하였던 사람으로 위대한 신비가 중 하나인, 대 성녀 제르트루드의 축일에 베르크만스 수녀는 자신을 온전하게 영원히 하느님께 바쳐드리면서 종신 서원을 하였다. 이제는, 먼 타향 생활을 한 지 4년이 지난 다음 1906년 성심 대축일에, 그녀는 자기 수도 생활의 요람, 자기 고향과 자기 민족으로 되돌아 갈 모든 자유를 포기함으로써, 최종적으로 온전히 철저하게 헌신하며 이 희생을 완성시키게 되었다. 낯선 땅 후미진 창립 수도원의 그 모든 불안정과 어려움과 시련 그리고 위험에 번복할 수 없이 자신을 묶어 두게 되었다. 그녀는 자기 성소가 고통과 죄에 대한 보속의 삶이라는 것을 언제나 알고 있었다. 희생 없이는 이 지상에 어떤 사랑도 없기에 사랑의 삶에 특별한 방식으로 부름받고 있는 그녀는 고통과 희생의 삶으로 부름받고 있음을 늘 깨우치고 있었다. 이렇게 기록하였다.

"사랑하는 것은 고통받는 것이다. 고통은 사랑하는 것이다. 참된 사랑은 희생 위에서만 살아날 수 있다."

라발에 있는 한 수녀에게 보낸 편지에서 이렇게 말했다.

"기억하세요, 나의 사랑하는 어머니, 거룩한 스승이신 분께서 위대한 사랑에로 불러 주신 영혼들의 모상을 만드시는 것은 바로 십자가의 틀 안에서라는 것을요. 오, 우리가 진정으로 천상 조각가의 손 안에서 유순해질 수만 있다면, 그분은 당신의 작은 정배들을 얼마나 뛰어난 걸작품으로 만드실까요! 그때 우리가 사랑과 포기로 조각될 수 있도록 합시다. 이 지상의 위로는 우리에게 합당하지 않습니다. 예수님은 완전한 희생을 원합니다. 그분이 원하시는 대로 행하실 수 있도록, 그분이 바라시는 한 그렇게 하시게 합시다."

어느 날 오후 집회실에서 그녀는 어떤 신비가의 생애 안에서 그 영혼에게 주님이 하시는 다음의 말씀을 읽었는데, 그것을 자기 "거울"에 옮겨 쓰고 나서 자기 것으로 삼았다. "나의 자녀여, 가능한 천상과 그곳의 즐거움 …… 을 잊어 다오. 나의 모든 약속과 보상들을 잊어 버리고, 나를 기쁘게 하며 나의 영광을 위해 고통받음으로써 오는 기쁨만을 생각하여라."

그것은 마치 예수님께서 나타나시어 그녀에게 그렇게 말씀하시는 것 같았다. 그래서 또 다른 편지에서 이렇게 기록하였다.

"제가 예수님을 사랑한다고 말씀드릴 수 있기 위해, 저는 고통받아야 합니다. 결코 고통받지 않는다면 사랑은 무엇 때문에 있습니까?"

라발 수련실에서 자기 노트에 같은 것을 기록하였다. 위로가 없기를 기도하였다. 그녀의 기도는 응답을 받았으며, 어떤 면에서 그것은 그녀를 놀라게 하였다. 그녀는 참으로 고통받기 시작했으나 영웅적으로 혼자서 고통받을 수 없다는 무능력을 실감하게 되었다. 오랫동안 그녀는 자신의 시련들이 예기치 못한 형태로 오는 것 때문에 혼란스러워 하였다.

그러나 이제는 다시 한 번 고통에 대해 기록하고 있으며, 고통받기를 기도하고, 점점 더 많은 고통을 위해 자신을 봉헌하고 있었다. 그래서 이 시기에 그녀의 목소리에 안정감이 새롭게 자리 잡고 있었다. 그녀는 자신이 말하고 있는 바를 알고 있는 것 같다. 자신이 묻고 있는 바를 인식하고 있는 것 같다. 그녀의 말에는 큰 평화가 깃들어 있다. 그 목소리는 보다 평온하고 힘이 있다. 그것은 더 이상 낭만적인 청년기의 소리가 아니다. 그녀의 기도가 이번에도 받아들여지고 있었다. 사실 바로 이루어지는 것은 아니지만, 곧 그 응답이 있었다. 이번에는 정말로 고통스러운 것들이었다. 지금까지 겪었던 모든 시련들이 아무것도 아닌 것은 아니었지만, 지난 세월 그녀를 시험했던 역경들은 그렇게 극심한 충격을 주는 것은 아니었다. 최악의 것일지라도 기억해야 할 것은, 이 모든 것들이 결코 특별하거나 볼 만한 구경거리가 아니라는 것이다. 평범하고 모호한 것들, 다소 모든 수도자들에게 공통된 몫인 노동과 적막함과 질병의 정화시키는 시련들로 고통받고 있었다. 그러나 그녀는 비범한 신뢰와 사랑과 포기로 그것들을 겪어내고 있었다.

아직도 여전히 자기 희생의 주된 요소들 중 하나가 언제나 자신의 유배 생활이었다는 사실은 고국을 잊어 버리게 하기는커녕, 이러한 희생에서 한 나라로서의 프랑스를 모든 지향의 맨 앞자리에 두게 일조하였을 뿐이었다. 그토록 강하게 고국 땅과 사람들에게 밀착되어 있는 자신의 모든 자연적 본성과 반대로 그리스도께서 그녀를 본향 땅에서 뿌리째 뽑으셨다면, 그것은 그녀의 희생이 그 땅의 죄를 보속하게 하고 더 큰 재앙에서 구원할 수 있는 은총을 얻게 하기 위한 것임을 확신하였다. 베르크만스 수녀는 가톨릭 신자이면서도 프랑스 가톨릭 신자였다. 가톨릭이라는 말이 보편적인 사랑과 신앙의 개념을 담고 있다 할지라도 프랑스, 영국, 아일랜드, 미국 가톨릭이라고 말한다고 해서 모순되는 것은 없었다. 베르크만스 수녀는 자신의 프랑스적 영혼 안에 모든 사람들에 대한 하느님의 사랑이라 할 수 있는 이 보편적 사랑을 키우도록 운명지어져 있었다. 그러나 그녀는 언제나 프랑스인이었으며, 같은 피를 나누고 같은 나라에 속하지 않은 누군가가 할 수 없는 방식으로 자기 자국민들을 사랑했다. 그것은 누가 결코 충만하게 공유할 수 없는 이해였다.

그녀의 영혼은 고국의 과거 가톨릭 역사에 깊은 뿌리를 두고 있었다. 자기 희생을 자기 나라가 빠져 있는 엄청난 혼돈에 대한 보속으로 인정하는 것은 어렵지 않았다. 그리스도의 신앙이라는 비옥한 들판에서 자기 나라를 온통 뒤집어 버린 이들의 죄를 보상하기 위해 그녀는 자기 본고장에서 떨어지게 되었다. 그녀의 마음은 잔다르크 안에서 타올랐던 깨끗하고 열렬한 사랑으로 하느님을 사랑했다. 그녀는 성 베르나르도가 하느님의 어머니께 봉헌되었던 수도원들로 가득 채웠던 땅에 속해 있었다. 프랑스는 어제도 오늘도 천상 지참금으로서 여왕의 가장 탁월한 보석이며, 루르드와 살렛트, 프랑스 어느 곳에 마리아님께서 누군가에게 발현하지 않았던 숲이나 언덕, 산이 있는가? 그러나 이러한 유산은 어디에 있었는가? 그 죄는, 그것을 잃어 버린 엄청난 죄는 누구의 것이었는가? 이 죄악의 심판관은, 이 큰 재앙의 원인을 캘 사람은 어떤 사람이 되겠는가? 그리스도께서 빠라이-르-모니알에서 성녀 마르가리따 마리아 알라콕에게 나타나셨을 때, 그분은 당신이 선택한 사람들, 사랑받는 프랑스뿐만 아니라 전 세계의 수도원이나 사제직에서 가치로 따질 수 없으며 특별하고 무한한 성소의 은총을 받았던 이들로부터 받았던 상처들을 그녀에게 보여 주시지 않았겠는가? 세기에 걸쳐 늘어나는 잔인함, 불공정, 탐욕으로 인해, 하느님을 위한 봉사자들 중 어떤 이들은 나약함 때문에, 어떤 이들은 사악함 때문에 그분과 그분의 복음을 다소 배반하게 되었다. 그래서 벌로써(혹은 오히려 악이 퍼지지 않도록 자비로써), 그리스도께서는 신앙이 없는 이들이 프랑스에 있는 당신 신비체 안에서 다시금 당신을 공격하고 십자가에 못 박게 하는 구실이 되도록 허용하셨다. 결백한 자 무해한 자의 피가 잔인하게도 이 선택된 나라의 모든 도시와 시가지마다 흘러내렸으며, 수도원들의 문과 텅빈 수도원들은 영원히 폐쇄된 것 같았다. 하느님의 아드님의 몸은, 그분의 감실에서부터 찢겨지고 거리의 진흙 속에 흩어져 버렸으며 개들이 집어삼켜 버렸다. 그것은 그분의 은총을 남용하면서 수백 년 동안 당신을 감사나 사랑 없이 받아들였거나, 그분을 사랑한다고 고백하면서 가난하고 결핍된 자, 감옥에 갇힌 자, 열병으로 죽어가는 자, 불구자, 절름발이, 굶어 죽어가는 농부 안에서 그분을 경멸하고 내버렸던 이들의 차가운 가슴과 완고한 의지를 보속하기 위한 것이다.

 그리고 이제 선택받은 이 아름다운 나라가, 비열하고 교묘한 관료 족속에게 속하게 되었다. 틀니를 하고 조심스레 콧수염을 감아올린 약간 살찐 무신론자들, 몇 시간이고 자신들의 초점 흐린 안경을 통해 사회주의 신문들을 보면서 카페에 앉아 있는 인색한 사람들, 경찰서에서 끝없이 카드놀이를 하는 사람들, 냉소적이고 정규적인 폭로로 자신들의 결혼을 배반하는 사람들에게 속한 것이다. 그리스도는 이 나라 사람들의 영혼 안에 있는 그분의 생명이 정직하지 못한 대리인들과 지사의 하수인들의 변덕과 신뢰할 수 없는 관용에 의존하도록 만드셨다. 아이들의 첫영성체는 프리메이슨의 기분에 달려 있었다. 공산주의자들의 선한 기쁨에 대한 그들의 신앙 교육과 그들의 인내는 어느 순간 중독된 것 같았으며, 초기 파시즘의 손에 죽었거나 관능과 물질주의에 대한 수천 가지 호소들에 의해 질식당한 것 같았다. 그것들은 모든 카페와 극장, 모든 거리의 구석구석마다, 신문 판매대에서 온통 국기처럼 펄럭이는 신문들과 잡지들의 페이지마다에서 들을 수 있었기 때문이다. 1903년 베르크만스 수녀는 이렇게 기록하였다.

"불쌍한 프랑스! 그게 아니다. 선하신 하느님은 자신의 계획대로 하도록 이 나라를 그냥 내버려 두실 수 없다. 이 나라는 마리아님의 왕국이 아닌가? 그렇다면 위험에 처한 것은 그분 어머니의 영예이다. 공경하올 어머니인 당신이 그것을 알고 계셨는지, 가끔 나는 예수님께 화를 내고 있다. 바로 지금 그분이 크세르크세스 왕보다 더 가혹해지는 것처럼 보인다! 나는 그분의 작은 에스텔이 아닌가? 나는 고국을 버리고 그분을 위해 내 동포를 떠나지 않았는가? 그분은 나의 요청을 들어 주시는 대신, 당신 행위로 한때 복되신 어머니께 주셨던 그 답변을 내게 주시는 것 같았다. '여인이여, 그것이 내게 그리고 당신에게 무슨 상관이 있습니까?' 그러나 이렇게 가혹한 어조에 내가 어떻게 해야 하는가? 나는 그분이 당신의 홀을 뻗치시고 불쌍한 프랑스에게 자비를 베푸실 때까지 계속 끈질기게 청할 것이다!"

그래서 정말로 그분은 빠라이(Paray)에서 하신 발현과 약속, 프랑스에 대한 복되신 어머니의 사랑과, 고대 교회와 프랑스의 결연, 그리고 수천 명의 프랑스 성인들의 이름으로 당신 백성을 가엾이 여기시고 당신의 은총을 내려 주시며 돌보아 주시도록 계속 주님께 간청하였다. 그러나 이제는 자신을 최종적으로 증여할 날이 다가오고 있었기 때문에, 그녀는 프랑스의 비극에 대한 생각이 점점 더 강하게 마음속으로부터 떠오르고 있는 것을 알았다. 자기 고국을 성심께 늘 새롭게 봉헌하고자 했던 그 진심 어린 갈망의 마음을 강조하기 위해 무엇을 할 수 있었을까? 그녀가 봉헌할 수 있는 어떤 것이 있었는가? 어떤 것이 남아 있다면, 그것은 그녀, 오직 그녀의 생명밖에 없었다. 예수님께서 하시고자 한다면 어떤 상황 속에서도 당신이 원하시는 어떤 고통과 함께 그것을 그녀로부터 빼앗으실 것이다. 그녀는 기꺼이 희생양이 되고, 그분이 선택하신 것이라면 그 어떤 십자가에라도 즐겁게 다가서고자 했다. 자신의 이 봉헌문을 작성한 것은, 새로이 정주 서원을 발하기 바로 며칠 전인 1906년 6월 6일이었다. 그것을 접어서 나머지 생애 동안 작은 갑 속에 보관하고서, 자신의 심장 곁에 두었다. 그것은 이렇게 시작되었다.

"오, 저로부터 사랑받으시는 소중한 나의 예수님, 저는 흠 없으신 어머니의 인도를 받고, 이제까지 당신의 성심께 드릴 수 있었던 봉헌과 헌납을 모두 새롭게 하며, 또 사랑의 희생 제물로서 당신의 거룩한 자비에 제 자신을 새롭게 드리기 위해 당신께 나왔습니다. 당신께서 불행한 제 조국에서 맛보시는 비통함과 무례함에 대한 보속으로, 저는 당신의 거룩한 사랑의 불꽃 안에 저를 온전히 정화시키고 성화시키며 희생할 수 있도록 기도하고 기원합니다. 오! 저의 선하신 예수님, 당신이 반드시 이 나라 전체로부터 사랑받으시고 참된 프랑스인들 모두로부터 환영받으셔야 합니다. 오, 예수님, 겸손해지고 비참해진 프랑스 정부는 당신 앞에 무릎을 꿇고 당신의 용서를 빌며 나라 전체를 당신의 성심께 봉헌할 필요가 있습니다. 그것을 위해 오, 나의 선하신 예수님, 경멸당하시고 무시당하신 당신 사랑에 희생물이 필요하다면, 탄원하오니, 저를 받아 주소서. 제가 가진 모든 것, 제게 아직 남아 있는 모든 것을 받아 주소서, 여기 이 몸이 대령했나이다. 저의 모든 핏방울과 제 심장, 제 영혼, 제 모든 것이 있습니다. 저의 희생을 당신이 온 인류의 구원을 위해 십자가 상에서 완성하셨던 것과 일치시킵니다. 이 제물 안에서, 제 영혼에 대한 당신 사랑의 계획과 대치되는 어떤 것이 있다면, 그것을 모두 포기합니다. 오로지 한 가지만을 갈망합니다. 당신의 거룩한 뜻이 온전히 이루어지는 것입니다. 지금부터는 관대하게 모든 고통과 십자가를 받아들일 결심입니다. 저를 보내심으로써 당신을 기쁘게 할 것입니다."

"오, 나의 예수님, 선택된 제 나라를 위해 당신의 무한한 자비에 탄원하나이다. 당신의 거룩한 마음으로부터 한 줄기 빛이 이 나라에 쏟아지게 하사, 이 나라를 삼키고 있는 오류의 그림자를 흩으시고, 당신 우리 안에 모여든 잃어 버린 모든 양들을 굽어보시고 당신 교회에 위로를 주소서."

"오, 마리아님, 나의 선하시고 부드러운 어머니, 저를 타오르는 불과 같은 예수님의 마음에 놓아 두소서. 그러면 제가 제 안에 있는 자연적인 모든 것을 태워 버리고, 좀 더 무가치하지 않게 그분께 바쳐질 수 있을 것입니다. 몸소 저를 당신의 거룩한 아드님께 바치소서. 그 보상으로 그분을 위해 제가 구하고자 갈망하는 모든 영혼들에게 저항할 수 없이 강력하고 큰 은총을 내려 주시도록 그분께 빌어 주소서.

    마리 베르크만스 수녀
    예수 성심의 정배이자
    티 없으신 마리아의 사랑받는 자녀"

그러한 성향은 그녀 안에서 지금 더욱 더 강렬해지고 있었다. 그녀는 갈망만으로는 만족할 수 없었다. 모든 것을 빼앗긴 채 십자가에 못 박혔던 주 그리스도의 영이, 성실함에 대한 보증으로 그녀에게서 좀 더 구체적이고 분명한 어떤 것을 요구하심으로써 그녀 안에 계속 역사하고 계셨다.

집회실에서 그녀에게 할당된 작은 개인 상자 안에는 자기 노트와 종이 한 뭉치와 소소한 잡동사니들을 보관해 두고 있었는데, 상당한 부피의 편지 다발도 있었다. 그것들은 모두 라발의 수녀들과 이전 장상들로부터 온 것이었다. 그녀는 자주 그것들을 꺼내 들추어 보면서 가끔은 기도를 바치는 가운데 여린 마음으로 읽어보곤 하였다. 그녀는 특히 수도승들을 위한 베네딕도의 규칙에 규정된 대로, 일이 매우 고되거나 더위가 견디기 힘든 여름철 점심 식사가 끝난 후인 오후 휴식 시간에 이렇게 하기를 좋아했다. 그 교부는 특별히 누구도 잠을 자야 할 의무는 없지만, 전원이 숙소 침대에 조용히 있거나 독서를 하거나, 다른 사람들을 방해하지 않는 한 마음껏 잘 수 있다고 언급하고 있다.

그러나 지금 그녀는 이렇게 결백한 즐거움이 더 이상 그녀를 위한 것이 아님을 느끼기 시작했다. 그녀가 자신의 모든 것, 그녀를 이 지상에 집착하게 했던 모든 것을 진정으로 포기하고자 했다면, 그 모든 편지들은 무엇이란 말인가? 그래서 어느 날 그것들은 모두 가지고 가서 불 속에 던져 버렸다. 그리고 나자 조금 평화스럽게 되었다. 물론 그렇다고 라발에 편지 쓰기를 그만 두었다는 것을 의미하지는 않았다. 그와는 전혀 달랐다. 그녀가 정말로 루드가르디스 원장 수녀에게 자신의 모든 편지 왕래를 매 년 한 두 번 최소한도로, 이를테면 감사와 자녀됨의 애덕상 요구되는 최소한도로 줄일 수 있도록 스스로 납득하기까지는 아직 오래고 더딘 투쟁이 남아 있었다. 다음에는 그녀가 라발의 원장 수녀에게 희생에 대해 말한 내용이 들어 있다.

"예수님은 제가 가진 모든 것을 가져가고 계십니다. 그분의 거룩한 성심의 원의를 만족시켜드리기 위해서, 저는 그 모든 편지들을 불태워야 합니다. 공경하올 원장님 당신의 것과 공경하올 원장님 앙뜨와네뜨로부터 온 것들과 선하신 폴리까르프 신부님의 것들까지도 포함됩니다. 그리고 제가 떠나올 때부터 모아놓았던 그 작은 꾸러미들이 어떤 것들인지를 당신은 아십니다. 그것은 저에게 참으로 보물과 같은 것이었습니다. 때때로, 특히 오후 휴식 시간 동안 그것들을 읽고 또 읽으면서 즐거워했습니다. 그런데 이제는 모든 것이 끝났습니다. 어떤 때 예수님은 매우 엄격하십니다!"

로베르 신부는 그녀의 정주 서원에 대해서 약간 자세한 설명을 해 준다. 그녀는 그 일에 관해 어떤 기록도 남기지 않았다. 이 최종 서약을 함께 발했던 몇 명의 수녀들과 조수녀들을 위해 한 주간 정도의 열렬한 피정이 있었다고 추정할 수 있을 뿐이다. 예식 자체는 부족할 정도는 아니지만, 극도로 단순하였다. 그래도 그날은 조그마한 천사의 성모 수녀원에 기쁨이 가득하였다. 한 수도원에 열심한 수련자들이나 정주하지 않은 수녀들이 아무리 많다 해도, 공동체의 마음과 영혼은 자신의 모든 서약에 묶여 있고 정주 서원에 의해 굳건히 그곳에 뿌리를 내린 핵심과 같은 성대 서원 수녀들 안에 있다. 오로지 죽음만이 단호한 이 영혼들의 견고한 대열을 갈라지게 할 수 있으며, 그때는 그 희생의 폭과 비례하는 특별한 은총을 누릴 것이다. 유기 서원을 발한 선한 수도자들이 아무리 많을지라도, 그들은 공동체 안에 있을 뿐이다. 그러나 종신 정주 서약에 의해 묶인 이들은 공동체를 이룬다.

그리하여, 1906년 성심 대축일 아침에(그날이 맑았는지 비가 왔는지, 날씨가 어떠했는지 알지 못한다), 7명의 수녀들이 베르크만스 수녀와 함께 작디 작은 집회실로 줄지어 들어왔고, 얼굴을 완전히 땅에 대고 스콜라스티카 원장 수녀 앞에서 마룻바닥에 엎드려 하느님과 공동체의 자비를 청하였다. 그들에게 행한 원장 수녀의 훈화 말씀은 쉽게 짐작해 볼 수 있을 것이다. 많은 말이 필요 없었다. 그들은 자신들이 직면해야 하는 것이 무엇인지 알고 있었다. 오랜 세월을 걸쳐 그것을 알게 된 것이다. 그들은 또한 얼마나 많은 것들이 그들에게, 관대한 그들의 희생에 달려 있는지를 알고 있었다. 절반이 비어 있는 방의 좌석들을 둘러볼 때, 그것은 너무 명백했다. 아니, 그러한 상황에서 희생에 대한 의미가 그들에게 이해하기 어려운 것이 아니었다! 성당에서 이루어진 주된 예식은 형식적인 면에서 전혀 부족하지 않았다. 미사의 복음 낭독 이후 격자창까지 행렬한 다음, 좁은 가대 중앙에서 가능한 줄지어 있었다. 자신의 새로운 정주 예식서를 받았을 때, 베르크만스 수녀의 손은 떨리지 않았던 것 같으나 그녀의 약한 음성은 많이 떨고 있었다. 그때는 종신 서원한 날과 같은 감정은 없었다.

"나 마리 베르크만스 수녀는 엄률 시토 수도회의 수녀로서, 하느님과 그분의 성인들 앞에서 성 베네딕도의 규칙에 따라 종신토록 금역과 순종 안에서 정주할 것을 서약합니다."

불어로 두 번 낭독하고 깊은 절을 하며 그 종이를 로베르 신부의 손에 놓았다. 모든 것이 끝났다. 완성되었다! 이제 그녀는 운명하는 그날까지 이곳이 자신의 몸이 있을 집이요 안식처라는 사실을 알게 되었다. 프랑스를 결코 다시 보지 못할 것이다. 그것은 완전히 되돌이킬 수 없게 되었고 끝나 버렸다. 그녀의 인간적인 본성과 애정에 관련되는 한, 죽음의 상태가 될 수도 있었다.

그러나 그녀의 삶은 이날부터 비로소 진정으로 시작되었다. 이제야 전에 경험해본 적이 없었던 보다 순수하고 진귀한 평화를 알기 시작했다.

"내가 정주를 서약했던 것은 예수님의 마음 안에서이다." 라고 그녀는 나중에 간략하게 기록하였다.

"그분 친히 나에게 응답해 주실 것이다. …… 온 마음으로 그렇게 하였기에, 그날 이후부터 내가 발하였던 서약에 대해 추호도 후회하지 않았다."

자신의 그 모든 성실함에도 불구하고, 전에 보여 주었던 것보다 더 새로운 깊이와 훨씬 더 심오한 겸손을 지닌 감사의 말을 덧붙였다.

"당신의 무익한 정배의 마음이 얼마나 약한지를 알고 계신 예수님은 그녀에게 소중했던 모든 이들의 시선에서 그녀를 빼내어 당신의 거룩한 질투 안에 숨겨 두셨다."

자기 영혼의 이 새로운 빛으로, 그녀의 삶은 빠르고 철저하게 변화되기 시작했다고 로베르 신부는 말하고 있다. 이제부터는 더이상 어떤 후회나, 조금이라도 뒤를 돌아볼 생각도 없었다고 그는 전한다. 겉치레나 인위적인 것과 이중성에 매우 치를 떨었기 때문에, 서약한 이후에는 프랑스를 향한 마음의 조그마한 움직임도 대참사 속에서 일어나는 강탈처럼 보였다.

그 서약의 효과는 라발에 대한 자신의 모든 집착을 최종적으로 완전히 절단하는 것이었다. 자신의 온 마음을 다해서 서약했기 때문에, 후회하게 하는 더 이상의 실질적인 유혹이나 향수가 없었다. 다만 잠시 지나가는 감정이 이따금씩 정서 표면으로 올라오기는 했는데, 이는 그 누구라도 미리 막아낼 수 없는 것으로 당연한 일일 것이다. 그렇다 해도 이것이 어떤 의지나 그와 관련되는 문제에 깊은 영향을 주거나 건드릴 수 없었다. 그녀의 새로운 이탈은 아주 빨리 시험받게 되었다. 어느 날 사랑하는 라발에서 몇 명의 더 많은 수녀들, 그녀가 그곳에서 알고 있었고 사랑했던 수녀들이 일본 천사의 성모 수녀원으로 파견될 것이라는 이야기를 들었다. 아마도 스콜라스티카 원장 수녀가 그녀에게 개인적으로 말했거나, 그 소식이 집회에서 발표되었던 것 같다. 그녀가 기뻐하는 것은 당연했다. 그녀의 마음은 기쁨과 기대로 가득 차 있었다. 그들은 누구일까? 아마도 수련실에서 자신과 같이 지냈던 사람일 수도 있다! 이러한 모든 추측들은 어떤 것이었든 간에 헛된 것이었다. 그것들은 아무것도 아닌 것으로 드러났다. 그 소식은 잘못된 것으로 판명되었으며, 그녀의 기대는 근거 없는 것이었다. 약간 실망했으나, 그것이 자신의 평화에 영향을 주거나 어떤 다른 방식으로 혼란을 주지는 않았다. 그녀는 완전히 만족스러운 상태에 있었다. 그 일은 정말로 그녀에게 별반 다를 게 없었다. 하루 이틀 만에 모든 일은 완전히 잊혀졌다. 이는 진보했다는 명백한 표징으로 보였다. 일본에 온 첫 해 동안 혹은 그 이후에, 이러한 일은 실재하는 재앙으로 다가오면서 그녀에게 큰 고통을 일으켰을 것이다. 루드가르디스 원장 수녀에게 이렇게 썼다.

"그 모든 것은 아무것도 아닌 그저 좋은 꿈이었을 뿐임을 발견했을 때, 제가 갑자기 일깨우곤 했던 것을 생각한다면 아마 당신은 걱정했겠지요. 오! 안심하세요! 선하신 하느님은 그것을 원하지 않기 때문에, 저 역시 원치 않으며 어떠한 고통도 제게 일으키지 않습니다. 그때 그것을 날카롭게 느꼈다는 것을 인정합니다. 저의 기쁨이 너무 컸기 때문에 더 날카로웠습니다. 그러나 그것은 다음과 같이 말하게 되는 동안만 지속되었습니다. '예수님, 당신이 원하는 것은 무엇이냐!' 그래서 지금은 사실 행복합니다. 그분이 제게 이러한 위로를 거절하셨고, 저의 희생을 온전한 모양으로 두었기 때문입니다. 저는 내내 매우 겁쟁이처럼 행동했습니다. 그러다가 마침내 저는 이곳에 정주하게 되었고, 지금은 제가 그러한 점에서 작은 보속을 할 때입니다. 사랑하는 라발을 떠나온 후, 모든 진실을 걸고 이렇게 말할 수 있습니다. '주님, 저는 모든 것을, 예 그렇습니다, 모든 것을 포기하였습니다.' 이제는 제 자신을 온전히 희생하는 것밖에 아무것도 남아 있지 않습니다. 오, 언젠가 그곳에 도달할 수만 있다면!"

그러나 시간이 지날수록, 그녀의 평화는 매일 점점 더 깊어졌고, 더욱 순수해졌다. 그녀는 곧이어 이렇게 기록하였다.

"오, 예, 그렇습니다, 유배는 아름다운 것입니다! 그 안에서 우리는 훨씬 더 순수해진 사랑으로 예수님을 사랑합니다. 우리의 진정한 고향인 천상에는 특별히 자원해서 유배 생활의 고통을 겪었던 이들을 위해 보유된 은밀한 즐거움이 있을 것이라고 저는 믿습니다. 예수님은 이 아래에서 겪는 그들의 모든 곤궁을 보상하시기 위해 모든 것을 하실 것입니다."

"이곳 일본에서 우리는 똑같은 예수님을 발견합니다. 아니 오히려 훨씬 더 사랑스럽고 부드러운 예수님, 모든 것을 버리고 그것도 그분에 대한 사랑 때문에 모든 것을 버린 영혼들에게 그 어느 때 보다 더 많이 애타게 당신 자신을 내어주시고자 하시는 예수님이라고 말해야 할 것 같습니다!"

이 평화는 참된 평화, 그리스도만이 영혼에게 가져다 줄 수 있고 세상이 줄 수 없는 평화였다. 그것은 고통이 없는 곳에 있지 않았고, 하느님에 대한 사랑 때문에 고통받으며 그 사랑 때문에 모든 고통을 아무것도 아닌 것으로 치부하는 바로 그 기쁨이었기 때문이다. 그녀는 또 다른 편지에서 다음과 같이 덧붙이고 있다.

"공경하올 원장님, 당신은 언제나 자신을 타인들에게 기꺼이 내주고자 하는 당신 자녀의 부드럽고 애정 어린 마음을 아십니다. 그래서 예수님은 당신의 작은 정배의 마음을 질투하시며 조금씩 저의 가련한 본성을 만족시켜 주는 모든 것들을 단절시킵니다. 그러나 저는 이에 대해 불평하기는커녕 즐거워하고 있습니다."

이 시기와 나머지 생애 동안 그녀를 힘들게 했던 것이 있다면, 그것은 그녀가 정주하기에 앞서 자신의 비겁과 불충으로 여겨졌던 점들을 점점 지각하는 것이었다. 망설임과 향수와 회한으로 이루어진 그 당시를 돌아보면 볼수록, 그녀는 자기 본성에 얼마나 속임을 당했는지, 영혼 속에 있는 은총의 빛이 커짐에 따라서 점점 더 분명하게 보았다. 얼마나 많은 무의식적 약함과 감상주의와 자기 연민이, 그동안 자기 행동과 판단에 영향을 주었는지를 좀 더 깨닫게 되었다. 그녀는 자신의 "불순종"과 "유순함의 결핍" "반감"으로 장상들에게 큰 십자가가 되었다고 자신을 비난하기 시작했다. 이러한 생각이 너무 컸기 때문에, 생애 마지막에 병실 침대에 누워 있었을 때 자신의 모든 불완전함에 대한 깊은 슬픔을 표현하며 스콜라스티카 원장 수녀에게 글을 썼다. 그것은 지극히 단순하고 진실한 마음으로 쓰여 있다.

"공경하올 원장님, 이곳에서 지낸 첫 몇 해 동안 제가 얼마나 당신을 고통스럽게 했는지를 생각하면 매우 슬퍼집니다. 저를 용서해 주시기를 당신께 청합니다. 예수님은 당신의 모든 고통을 생각해 주셨으며, 저에게 죄과가 있을지라도 천국에서 당신이 받을 영예에 기여하게 하셨습니다. 저는 좋지 않은 밤을 보내게 될 것처럼 보입니다. 그 모든 것을 당신의 지향을 위해 바쳤습니다. 그것으로 당신에게 불러일으켰던 모든 고통에 대해 당신께 보상할 수 있기를 바랍니다."

물론 스콜라스티카 원장 수녀는 이에 전혀 동의하지 않았다. 그녀가 규칙이나 장상들에게 불순종 하는 것을 결코 보지 못했다고 말하는 것을 볼 때, 그녀가 베르크만스 수녀를 얼마나 순종과 유순함의 모범으로 평가했는지를 알게 된다. 로베르 신부는 그녀가 대단히 어려웠고 "불완전"했던 시기에도, 그녀의 기준에 따라 살 수 있다면 많은 수도자들이 아주 만족해할 것이라는 점을 상기시켜 준다. 자신의 나약함과 비참함에 대한 통렬한 감각은 날이 갈수록 더 커져갔다. 그렇다고 그것이 그녀에게서 평화를 앗아가거나, 자기 편집과 교만에 지나지 않은 것으로써 불안하고 어두운 생각의 알을 품는 수치스러움으로 자기 영혼을 방해하지는 않았다. 정주하는 시기까지 자신을 "겁쟁이 같은 사람"이었다고 인정하면서, 그때는 보속의 시기였다고 선언하였던 동일한 편지에서 그녀는 계속해서 이렇게 말하고 있다.

"아, 다시 시작할 수만 있다면!"

그러나 즉시 단지 시계를 거꾸로 돌릴 수 없기 때문이 아니라, 무엇보다도 그분만이 우리의 비참에서 우리를 구원할 수 있다는 겸손하고도 사랑스런 신뢰 안에서 그분께 좀 더 가까이 다가설 수 있도록, 과거의 잘못과 현재의 헛됨을 이용하게 하시는 하느님의 자비 때문에, 이러한 회한이 소용없다는 것을 깨닫게 되었다. 그래서 그녀는 이렇게 외치고 있다.

"그러나 아닙니다. 저는 차라리 저의 약함과 비겁함을 예수님께 바치고자 합니다. 그분의 무한한 자비가 제게 요구하는 것이 그것입니다."

이 문장만으로 그녀의 모든 평화와 평온한 용기, 목표로 충전되어 있는 새로운 감각과 모든 장애물 앞에서도 굳건한 결심을 설명하기에 충분할 것이다. 그녀는 더 이상 자신의 미덕이나 관대함에 의지하면서 자신을 신뢰하지 않았다. 그녀는 하느님을 신뢰하였다. 그녀는 완전한 신뢰와 그분의 자비하신 사랑을 위해 포기하는 비밀, 교만한 이는 결코 배울 수 없는 비밀을 발견하였다. 왜냐하면 그것은 지혜롭고 신중한 이들에게는 감추어져 있고 작은 이들에게만 계시되기 때문이다. 복음이 예수님(하느님의 아드님으로서 그분의 말씀과 결합되시며, 언제나 복된 관조를 즐기셨던 분)께서 말 그대로 황홀경 안에서 당신 자신으로부터 나오셨다는 것을 우리에게 말해 주기 위해 커다란 고통을 향해 가고 있다는 사실은 놀라운 것이다. 그것은 성부의 자비 안에서 영적인 기쁨과 즐거움의 그러한 움직임과 함께 인간이 되신 하느님의 정신과 마음을 불태우는 어떠한 빛, 어떠한 영광의 직관이었음에 틀림없다! 그러나 그것은 당신 자신도 모르게 "당신은 이 모든 것은 지혜롭다는 자들에게 감추시고 철부지들에게 드러내 보이셨습니다. 그렇습니다, 아버지, 그것이 당신께서 원하시는 것이었습니다!" 라고 예수님께서 성령의 힘으로 외칠 수밖에 없었던 것으로 보였을 때 일어났던 것이다.

이러한 진실, 어쩔 수 없는 무력한 상태, 겸손, 그분께 대한 신뢰는 하느님이 저항할 수 없는 것이다. 이제야 베르크만스 수녀의 영혼에 감미롭고도 꿰뚫는 빛이 쏟아지기 시작했다. 이러한 발견은 참으로 최고는 아닐지라도, 그녀의 생애 중 가장 큰 은총들 가운데 하나였다. 아마도 그녀의 주님과 정배께서 자신이 정주함으로써 희생한 것에 대해 보답해 주시고 그녀가 겪은 모든 고통 뒤에 위로를 베풀어 주실 뿐만 아니라, 앞으로 있을 더 큰 고통에 대비해서 그녀를 준비시키려고 그녀를 위해 이를 간직해 두셨던 것 같다.

　이 발견의 때는 어떠했을까? 그녀는 이러한 진실을 얼마나 절실히 느꼈을까? 어떠한 환경에서 이렇게 위대한 은총이 그녀의 영혼에 부여되었을까? 이제는 하느님께서 얼마나 놀라운 방식으로 당신의 성인들을 통해서 일하시는지를 살펴볼 때이다.

11

더 깊은 내면의 성소

아기 예수의 데레사 성녀의 자서전이 일본 북부 구릉지에 자리한 프랑스 트라피스트 수녀원의 가난하고 고립된 곳에 전해지기까지는 오랜 시간이 걸렸다. 1907년 봄이 되어서야, 자매들의 한 친구가 주목할 만한 이 책 사본을 주었다. 그때는 베르크만스 수녀가 정주 서원을 발한 지 거의 한 해가 지난 뒤였다. 그렇다 해도 모든 수녀들은 즉시 그 교의에 승복하였다. 로베르 신부는 이 작은 수녀원을 휩쓸었던 열정에 대해 들려 주고 있으며, 그 자신도 공유했던 부분이다. '한 영혼의 이야기'에 대한 하나의 사본은 분명히 완전판과는 전혀 달랐다. 그것은 손에서 손으로 참회자에게서 고해자에게로 전달되고 또 다시 반복되면서 곧장 닳고 헤지게 되었다. 그러나 오래지 않아서 좀 더 완전한 판본들이 자매들의 "공통함"에 들어왔다. 몇 년 만에 베르크만스 수녀는 모든 판본과 접하게 되었으며, 그것들을 실제로 암기하면서 모두 통달하게 되었다. 그녀가 원했다면, 따로 나온 인쇄물과 여러 가지 판본들에 관해서 그 본문을 상세하게 비평했을 수도 있었을 것이다. 게다가 그녀는 소화(小花)의 교의에 관해서 깊고도 감동적인 영적 논평을 기록했을 수도 있었을 것이다. 천사의 성모 수도원의 모든 자매들 가운데 그 누구도 베르크만스 수녀처럼 그렇게 영적 어린이의 "작은 길"에서 도움과 위로를 필요로 하는 사람은 없었으며, 그녀보다 더한 것을 그로부터 얻었던 사람은 없었다. 그래서 우리는 또한 이렇게 말할 수 있다. 그곳에 살고 있었던 그 누구도 그녀가 그랬던 것만큼 이 교의를 받아들이고 이해하기 위해 더 잘 준비되어 있었던 사람은 없었다고. 단지 그녀가 자신의 커다란 문제들을 해결하는데 있어서 전통적인 방식에 실패함으로써, 단순하고 근본적인 이 영성에 잘 부합되고 조율되어 있었다는 것은 아니다. 그것은 오랫동안 지적으로 건전한 준비를 받았기 때문이다. 리지외의 데레사의 영성은 많은 점에서 성녀 마르가리따 마리아 알라콕의 것에 의해 영향을 받고 있다. 어떤 면에서 그것은 하느님의 사랑을 위해 희생양이 되라는 마르가리따 마리아 알라콕의 성소에 대한 개념의 발전이었다. 그래서 성녀 마르가리따 마리아 알라콕은 지금까지 베르크만스 수녀의 생애 전체를 형성해왔던 것이다.

젊은 트라피스트 수녀는 또한 대 성녀 제르트루드를 연구함으로써 그러한 가르침을 잘 이해할 수 있는 준비가 되어 있었다. 이 시토회 신비가는 주님의 입술에서 직접 신뢰를 배웠으며, 그것은 성 바오로와 같은 방식이었다. 성녀 대 제르트루드는 자신의 비전에도 불구하고, 하느님으로부터 유혹을 받을 허락을 받게 되었다. 그것은 자신의 나약함과 허약함을 여실히 절감하게 해 주었다.

베르크만스 수녀가 성 베르나르도, 특히 아가서에 대한 그의 마지막 강론을 읽지 않았을 수도 있지만, 만약 읽었다면, 그녀는 영적 생활의 이 위대한 스승의 신비적 교의 안에서 신뢰가 얼마나 중요한 자리를 차지하고 있는지를 깨달았을 것이다. 그녀는 클레르보의 아빠스를 따르는 참된 추종자였으며, 부지불식간에 그의 참된 자녀가 되었다. 사랑에 관한 그의 가르침과 성녀 제르트루드와 성녀 멕틸드와 그녀의 영적 지도자들을 통해서, 시토회 전체의 신비적인 전통을 흡수하고 있었다.

 성녀 데레사를 읽고 가장 위대한 결실을 가져오기 위해서, 그보다 더 잘 준비될 필요가 없었을 정도였다. 그러나 이것이 충분하지 않은 것처럼, 주님은 그녀의 영적 토대가, 아직은 당신이 뿌리고자 하시는 좋은 씨앗을 받아들이기에 너무 무르다고 보셨다. 베르크만스 수녀가 새로 정주하는 시기에, 우리 시대에는 알려져 있지 않고 숨은 생활을 하면서 영혼들을 위해 자신을 성화시키고, 말로 다할 수 없는 은총을 받았던 가난한 클라라회의 한 수녀, 봉헌의 셀린의 생애가 그녀의 손에 들어왔다. 로베르 신부는 이 두 영혼 사이의 유사성 때문에, 이 책이 베르크만스 수녀에게 깊고 지속적인 영향을 미칠 수밖에 없었다고 지적했다. 그가 말하기를, 그들 두 사람은 하느님으로부터 민감하고 부드러우며, 애정 어린 본성과 허심탄회함, 결백함과 열정을 부여받은 선택된 영혼들이었다. 두 사람은 하느님만을 위해 살면서, 그분의 영광을 위해 고통받고 죽고자 하는 거룩한 갈망으로 불타고 있었다. 그들은 모두 관상과 고행의 숨은 삶으로 부름받고 있었으며, 그들은 똑같이 하느님의 손에서 그들에게 다가왔던 모든 고통을 받아들임에 있어 관대하였다. 그들 두 사람은 그분의 무한한 사랑에 대한 목마름으로 똑같이 불타올랐다. 그러나 이 성스러운 수녀의 생애를 읽으면서, 베르크만스 수녀는 자신의 성소에 대한 어떤 것을 깨닫게 되었다. 전에는 결코 분명하지 않았던 것이다. 성녀 마르가리따 마리아 알라콕의 특별한 내적 외적 시련들과 고통들, 비전들에 집착하면서, 베르크만스 수녀는 무의식적으로 성성(聖性)은 일상적인 삶과는 결코 완전히 양립될 수 없다는 사실을 당연하게 여기고 있었다. 그녀는 결코 이 모든 것을 잘 공식화된 신념으로 만들지는 않았지만, 영혼 안에 편견이 존재하였다. 그녀의 고해 사제들도 그녀의 환상을 깨뜨리도록 드러나게 어떤 것을 하지 않았다. 정 반대로 폴리까르프 신부는 고의는 아니었지만, 제2의 마르가리따 마리아 알라콕으로서 놀라운 미래를 고대하도록 그녀를 격려함으로써, 이러한 성장을 호의적으로 생각했던 것 같다. 봉헌의 셀린의 생애에서, 베르크만스 수녀는 먼저 완전히 새로운 가치 기준을 발견하였다. 그럼에도 그것은 복음의 순수한 가르침이었다. 이 가난한 클라라회 수녀는 결코 비범한 어떤 것도 행하지 않았다. 그녀는 다른 수녀들이 했던 모든 것들을 행함으로써 자신을 성화시켰다. 그러나 어떻게 그렇게 했을까? 그 차이는 지향의 강도와 완전한 순수성에 놓여 있었다. 그 안에서 그녀는 하느님의 사랑을 위해 이 모든 일상 행위들을 했으며, 모든 것들 안에서 그분을 보았고, 믿음과 희망과 사랑 안에서 하느님과의 일치를 크게 하고 깊여가며 완전하게 하는 수단으로써, 자신이 겪는 일상의 모든 사건들과 드러나지 않는 공동체의 책임들을 이용하였다. 완전한 단순성, 혹은 순수한 신앙의 영웅주의는 그녀의 것이었다. 그녀는 "작은 영혼"으로 알려진 어떤 존재였다. 그것이 의미하는 것은, 그녀가 사람들에게 이해될 수 있는 어떤 영웅주의를 성취하기 위해 노력하려고 하지 않았던 영혼이라는 말이다. 그녀는, 자신 안에 머무르시면서, 그분의 모든 거룩한 의지로 자신을 통해 자신 안에서 일하시는, 하느님 친히 그녀 자신의 영웅과 성성이 되게 하는데 만족하였다. 그녀는 언제나 그분의 갈망과 기쁨에 온전히 자신을 내려놓고 있었으며, 그분 영의 감화에 완전히 조율되어 있는 악기였다. 이같은 진실은, 계시의 온갖 힘을 지니고 베르크만스 수녀에게 그 영향력을 미쳤다. 로베르 신부는, 그녀의 경우에, 그 책은 성령으로부터 커다란 은총과 빛이 들어오게 된 사건으로 드러났다는 사실을 우리에게 들려 준다. 그녀는 눈을 반짝이며 상기된 얼굴로 스콜라스티카 원장 수녀에게 가서 자신이 찾아낸 것을 이야기하였다. 그녀는 물었다.

"실제로 주목할 만한 것이 조금도 없었던 이 작은 수련자가, 어떻게 그렇게 높은 완덕의 정상에 도달할 수 있었다는 말입니까? 그녀가 빠르게 진보할 수 있었던 단 한 가지 가능한 이유는, 그녀가 한 행위들의 강렬함이었습니다."

강렬함이란 개념은, 그녀의 제반 문제들에 대한 해결책을 담고 있었다. 그것은 많은 행위들이나 외적인 크기, 혹은 난이도의 문제가 아니었다. 중요했던 것은 사랑의 강도였다. 하느님에 대한 한 번의 순수한 사랑의 행위는, 신앙인의 영혼 깊은 곳에서, 말없이 고요하지만, 교회를 위해 더 많은 일을 할 수 있으며, 더 많은 은총의 가치가 있고, 하느님에 대한 사랑 없이, 혹은 적은 사랑으로 큰일을 하며 고통을 겪는 것보다 하느님께 더 큰 영광을 드릴 수 있었다. 사랑의 힘을 알고 있었고, 하느님은 사랑이심을 알고 있었으며, 설령 작은 실수나 불완전함을 보았다고 해서, 그분의 자비를 깨닫고 있던 영혼에게 그 이상의 어떤 슬픔이나 낙담이나 당혹스러움이 일어날 수 있을까? 진실하고도 신뢰심 있는 사랑의 가장 작은 행위, 모든 뉘우침과 슬픔과 개선의 목적과 훨씬 많은 것들을 포함하고 있는 진지한 사랑이 그것들을 당장 닦아내지 않았겠는가? 이러한 사랑, 그러한 사랑의 반복적 행위들이 우리의 실패를 극복하는 가장 분명한 길이 아니겠는가? 참으로, 불완전함과 결점들은 이 사랑을 우리 안에 성장시키기 위해서 필요했다. 봉헌의 셀린은 이렇게 기록하였다.

"우리가 결코 나가떨어지지 않는다면, 우리의 신뢰와 사랑이 어떻게 시험받게 될까요? 작은 영혼들은 언제나 떨어지기 마련입니다. 가히 예상될 수 있는 일입니다. 아이들은 끊임없이 넘어집니다. 우리는 애써 성장하려고 하지 맙시다. 몇 개의 흠집이 있는 게 차라리 더 낫습니다. 좋으신 하느님은 마지막 날에 그 모든 것들을 치유시켜 주실 것입니다. 당신의 작은 자녀를 닦아 주시고 장미처럼 새롭게 만들어 주시는 일은 그분에게 오래 걸리지 않습니다."

착하고 결백한 베르크만스 수녀는 반항심과 조급함으로 돌아가 버리는 자신의 내적 동요와 인간적 집착과 애정, 좀처럼 억누르기 어려웠던 강한 판단으로 너무 고통받았기 때문에, 감사하는 마음으로 이것을 자기 "거울"에 적어놓았다.

이제부터, 그녀는 소화가 발견했던 것처럼, "선하신 하느님을 전혀 거스르지 않는 결점들"이 있다는 것을 발견할 만큼 잘 준비되어 있었다. 그것들은 단지 약함이나, 성격의 결함이지 죄의 형태를 띠는 것은 아니다. 그때부터 그녀의 진보는 확실해졌다. 비로소 그녀가 믿음과 희망과 사랑의 길에서, 자신의 쓸모없음과, 아주 작지만 고집과 불완전함과 함께 사소한 모든 집착에서 해방되어, 오로지 하느님과 그분의 완전함과 강함에 자기 시선을 고정시키고 진보하게 되었기 때문이다.

베르크만스 수녀가 "한 영혼의 이야기"를 읽으면서 첫 번째로 깨달았던 것은, 이 겸손하고도 작은 가르멜 수녀의 성성은 불가피한 사실이었다는 점이다. 그러나 동시에 그녀는 훨씬 더 중요한 어떤 것을 알게 되었다. 이 리지외의 데레사는 진정으로 성인이었다. 그러나 또한 본성적으로도 그녀의 생애와 성격까지도 베르크만스 수녀의 것과 매우 닮아 있었다. 그녀는 특출한 것은 어떤 것도 하지 않았다. 단순히 자기 수녀원의 정상적인 일상 생활을 살았다. 규칙을 지켰으며 자신이 할 수 있는 만큼, 모든 의무 사항을 이행하였다. 또한 다른 모든 이들이 언제나 완벽히 만족할 정도로 행하지도 않았다. 그녀는 성 안토니오나 시에나의 성녀 카타리나의 유혹들이나, 악마로부터 가시적인 공격을 받은 것이 아니라, 열렬한 모든 수도자들과 많은 이들이 대수롭지 않게 여겼지만, 끊임없이 찾아오는 보잘것없는 시련과 정화로 인해 성화되었다. 의심할 것 없이 성녀 데레사는 수동적 정화의 시련들을 겪고 주입된 기도의 확실한 은총을 누리면서, 하느님과 높은 일치를 이루었던 신비가였다. 그러나 그녀는 수많은 다른 수도자들이 실제로 무엇인지도 모르고, 또 어떤 전문적인 명칭으로 위상을 부여할 수도 없는 상태에서 그것들을 즐기고 고통받았던 것처럼, 이러한 것들을 즐기면서 이 시련의 고통을 겪은 것 같다. 베르크만스 수녀는 그러한 것들을 분석하고 서술할 수 있는 전문적인 지식도 없었고, 또 그렇게 할 필요도 없었다. 데레사도 베르크만스 수녀에게서 마음의 모든 평화를 앗아가 버리도록 위협했던 소임인 수련장 직책으로 자기 공동체에 봉사해야만 했다. 물론 이 젊은 가르멜 수녀는 정식으로는 부수련장에 불과했지만, 실제로 그녀가 자신에게 맡겨진 영혼들을 완전히 책임지고 있는 사람처럼 모든 영향력을 행사하였으며, 그들에 대한 모든 책임을 어깨에 짊어지고 있었다는 사실은 잘 알려져 있다. 마지막으로, 가장 중요했던 것은 아기 예수의 데레사도 베르크만스 수녀가 지닌 대부분의 약함과 작은 결함들을 공유하고 있었으며, 게다가 베르크만스 수녀가 한 번도 걱정해본 적이 없는 한두 가지 것들을 가지고 있었다. 데레사는 그 사실을 숨기려 들지 않았는데 예컨대, 아이였을 때 소화(小花)는 약간 버릇없고 아주 굉장한 울보였다는 것을 부인하지 않았다. 베르크만스 수녀는 나쁜 성질을 부렸으나 심하게 울지는 않았다. 그런데다가, 소화는 초기에 베르크만스 수녀가 늘 그랬던 것보다 본성적인 허영이 더 많았다. 그러나 그 두 사람 안에서 결함과 불완전함은 단순히 민감하고 다정하며 생기발랄한 기질에서 나오는 산물이었다. 둘 다 사랑을 위해 창조되었고, 부드러움으로 가득하며 자신들의 친척들과 종교적 자매들의 존재와 애정 안에서의 즐거움을 지니고 있었다. 베르크만스 수녀가 라발 공동체에 대한 본성적 집착이 드세어질 때 맞서 싸워야 했다면, 데레사는 한 골육으로 태어나 같은 뿌리로부터 자라나서 수도원에 합류하게 되었던 자기 친 자매들과 함께 너무 많은 시간을 소요하는 유혹과 대항해서 싸워야 했다. 참으로 데레사는 베르크만스 수녀가 행했던 것과 같은 희생을 결코 치르지 않았다. 데레사가 인도차이나의 가르멜 성소에 대한 생각을 묘사하는 것과 같은 페이지를 읽을 때, 그 느낌은 어떠했을 것이며 그 기쁨과 위로는 어떠했을까. 소화는 이렇게 기록하였다.

"제 마음은 무감각하지 않은데, 그것은 분명 매우 많은 고통을 감당할 수 있기 때문일 것입니다. 그래서 저는 마음이 감내할 수 있는 가능한 모든 종류의 고통을 예수님께 바치고자 합니다. 여기에 어머니 당신의 사랑과 모든 자매들의 사랑이 있으며, 이 애정은 제게 참으로 감미롭습니다! 그렇기 때문에 저는 제가 알려지지 않은 수도원을 꿈꾸는 것입니다. 그곳에서 저는 마음에서 유배되는 고통을 겪어야 할 것입니다. ……"

동시에 베르크만스 수녀는 이 책 안에서 자연적인 애정과 관련하여 자기 마음속으로 오랫동안 느꼈던 사실을 읽었다. 결국 그것은 자연적인 선함이었다. 하느님에 의해 어떤 목적을 위해 우리 영혼 속에 심어졌던 것이다. 하느님은 언제나 한 가지 목표만을 가지고 계시다. 바로 우리를 그분 자신께로 데려가는 것이다. 데레사는 자기 가족들을 사랑하지 않았던 성인들을 결코 이해할 수 없었다. 그녀는 이 자연적인 사랑이 으스러져 버리거나 뿌리째 찢기지 않고 거룩한 애덕의 봉사 안에서 완성되도록 우리에게 주어진 것임을 알고 있었기 때문이다. 그것은 우리 자신의 마음을 만족시키는 것보다 더 높은 목적으로 변화되어야 한다. 그리스도께 봉헌하면 우리가 사랑하는 이들에 대한 그분 사랑의 수단과 도구로 이를 친히 활용하실 것이다.

데레사는 이렇게 기록하였다.

"마음이 하느님께로 갈 때, 자연적인 부드러움을 상실하지 않습니다. 그와는 반대로 이 부드러움이 점점 더 순수하고 거룩해지게 되면서 커지게 됩니다."

그러나 이를 위해서, 우리의 자연적인 욕구들과 만족을 희생시키는 것이 절대적으로 필요하다. 그것들이 우리와 하느님 사이를 가로막고 있다면 말이다. 아마도 그 때문에 데레사는 프랑스를 떠나 인도차이나로 가라는 요구를 받지 않았던 것 같다. 그녀의 사랑은 이미 충분히 이타적이었다. 친자매들의 존재는 하느님과의 일치를 방해하는 대신에, 오히려 순수하고 완전한 모습으로 더 성장하도록 일조하였다.

이 두 영혼이 공유하고 있었던 부드럽고 섬세하며 다정한 기질로부터 나오는 가장 중요한 하나의 결과로써, 또 다른 것이 있었다. 아마도 베르크만스 수녀는 지금까지 그 사실을 전혀 깨닫지 못했던 것 같다. 그러나 그녀는 성녀 데레사와 함께 이렇게 말할 수 있었을 것이다.

"두려움만이 나의 본성을 뒤로 물러나게 할 수 있습니다. 그렇다 해도, 나는 사랑으로 앞으로 나아갈 뿐만 아니라 하늘을 날고 있습니다."

소화의 이 문장을 살펴보면, 그녀가 걸은 작은 길의 심리적 바탕을 그 안에서 찾아볼 수 있다. 어떤 영혼들에게는 그것이 필요한 자연적인 이유이다. 포기와 신뢰의 작은 길은 심리적 관점에서, 하느님이 원하시는 일을 영혼들이 자유롭게 할 수 있도록 촉진하기 위해 초자연적으로 계획된 것으로 간주될 수 있다. 하느님은 영혼들 안에서 수동적인 것만 원하시지 않기 때문이다. 사랑은 행동해야만 한다. 성 그레고리오는 이렇게 말했다.

"당신이 하고 있는 일을 보여 줌으로써 사랑을 증거하십시오."

그리고 주님 친히 이렇게 말씀하셨다. "내 양식은 나를 보내신 분의 뜻을 실천하고, 그분의 일을 완수하는 것이다."(요한 4,34).

"나를 보내신 분의 일을 우리는 낮 동안에 해야 한다. 이제 밤이 올 터인데 그때에는 아무도 일하지 못한다."(요한 9,4).

"…… 두려움만이 나를 뒤로 물러나게 하며 …… 사랑은 나를 앞으로 나아가게 하고 비상하게 한다."는 성녀 데레사의 이 말씀은 거룩한 합일, 사랑하는 분의 소유, 그 목표를 향해 나아가는 자신을 방해하는 것은 일절 피하는 것에만 성녀의 관심이 있음을 보여 준다. 그러나 의견이라는 성령의 은사 안에서 하느님의 성인들을 찾아오는 영적 천재의 꿰뚫는 시선으로, 성녀 데레사는 성성에 있어서 우리의 진보에 가장 위험하고, 가장 보편적이면서도, 자주 숨겨져 있는 장애물은, 바로 우리가 은총의 도움 없이는 초자연적인 질서 안에서 어떤 선업이 절대로 불가능한 자신의 힘에 의지하고 자기의 비참한 수고로움에 신뢰를 둔다는 사실임을 알아보았다. 그녀 이전에 성 베르나르도가 보았듯이, 그녀는 너무 자연적 차원에서 살아가는 이들은 부득이 두려워할 수밖에 없는 운명에 있음을 알게 되었다. 그들의 삶은 결국 그들을 속이고 배반해 버리는 것들, 즉 변화되며 지나가는 비본질적인 것들에 너무 많이 잡혀 있기 때문이다. 행동을 마비시키고 사랑을 병들게 하며 완전한 애덕을 불가능하게 만드는 이 두려움에서 구원되는 유일한 길은 피조물과 우리 자신의 미약한 힘으로부터 우리의 신뢰를 거두고, 전적으로 우리를 결코 실망시킬 수 없는 유일한 분 하느님께 그것을 두는 것이다. 왜냐하면 그분만이 전능하시며 무한한 사랑으로 우리를 사랑하시기 때문이다.

다른 한편, 하느님은 사람의 약한 판단과 노력만을 신뢰하는 교만을 싫어하시는데, 그 이유는 단순하다. 교만은 본질상 그분을 저항하며 그분의 은총에 대한 단정적인 거부를 내포하고 있다. "착한 이는 주님에게서 총애를 받고 교활한 자는 단죄를 받는다."(잠언 12,2). 그리스도는 단식과 율법 준수, 자기네의 지혜와 큰 성성을 너무 신뢰했던 경건한 바리사이들에게 말씀하셨다. "그러자 예수님께서 그들에게 이르셨다. '너희는 사람들 앞에서 스스로 의롭다고 하는 자들이다. 그러나 하느님께서는 너희 마음을 아신다. 사실 사람들에게 높이 평가되는 것이 하느님 앞에서는 혐오스러운 것이다.'"(루카 16,15).

바리사이주의와 펠라지우스 주의에 대한 성녀 데레사의 응답은, 그리스도께서 지상에 오셔서 가르치신 완전한 겸손이다. 그녀의 자매 셀린에게 편지를 쓰면서 이렇게 말하고 있다. "언니 자신으로 만족하지 않을 수 있는 시험을 평화롭게 받아 안고자 한다면, 언니는 우리의 거룩한 스승께 감미로운 사랑의 은신처를 내드릴 수 있을 거예요."

한눈에 소화는 어떤 종교인들의 삶을 지상의 지옥으로 바꿀 수 있는 모든 걱정과 비참, 불안과 고뇌를 통찰하였다. 그 모든 것은 그들의 교만에서 오는 헛된 투쟁에서 나오고 있다. 그 교만은 하느님의 은총 없이는 초자연적 선익을 받아들일 수 없고, 그들이 무능력하고 쓸모없다는 사실을 거부하고 받아들이지 않게 하고 있다. 그들은 자신들의 방식으로 일하고자 한다. 그들은 하느님이 뜻하신 대로 상황을 받아들이지 않는다. 결과적으로 그들이 그분과 함께 협력한다 하더라도, 그들에게 하느님이 주시고자 계획했던 은총들을 얻지 못하게 된다. 그래서 오류와 죄악으로 떨어지면서 완전히 실추하게 된다. 그래도 그들의 교만이 계속 버틴다면, 그들은 점점 더 수렁에 빠지다가 마침내는 고칠 수 없을 만큼 고집불통으로 경직되면서, 그들의 모든 이웃은 물론 그들 자신에게도 더 큰 고행거리가 되게 할 것이다. 만일 그러한 과정이 극한 선까지 가도록 허용된다면, 그들은 완전히 바리사이가 될 것이다.

리지외의 데레사는 작은 이들에게만 주어지는 지혜를 가지고, 하느님이 보시기에 혐오스러웠던 위대함과 자만심을 거부하며 이렇게 외쳤다. "나약함 속에서 십자가를 지고 가는 것은 얼마나 기쁜가!" 이렇게 계속한다. "우리는 관대하고 세련된 태도로 고통받고자 한다. 우리는 언제나 떨어지지 않고 나아가고자 한다! 이 얼마나 환상적인 것인가! …… 그러나 작은 모래알인 저로서는 용기도 힘도 없이 일하러 가고자 합니다(일하고자 한다는 말에 주목하라). 그러면 바로 이 힘없는 상태가 저를 위해 그 일을 더 쉽게 해 줄 것입니다. 왜냐하면 저는 사랑을 위해 일하기를 원하기 때문입니다." 이것은 대체 무슨 이상한 역설이란 말인가? 어떻게 약함이 우리의 짐을 더 가볍게 해 준다는 것인가? 어떻게 쓸모없는 상태가 우리의 일을 어렵지 않게 할 수 있으며, 전적으로 무능력한 상태가 보다 신속하게 우리가 원하는 목적지까지 데려다 줄 수 있단 말인가?

이 역설의 해결책은, 바로 역설이 전혀 존재하지 않는다는 사실에 있다. 우리의 약함, 무력함, 비참함, 무능함에 대한 깨달음은 우리 자신의 지혜와 성성이라는 환상에서 우리를 구원하여 준다. 그래서 이 깨달음이 이 성녀가 생각한 대로 은총에서 나온 것이라면, 우리 자신에 대한 진실을 알게 되는 그 순간, 신앙의 희미한 빛 안에서 우리에게 전달되는 전능하신 하느님 사랑의 진실도 보게 될 것이다. 그때는 신뢰와 결코 타협하지 않는 사랑이 우리로 하여금 그분의 자비로부터 모든 것을 기대하며 자연스럽게 그분을 향해 방향을 돌리도록 가르쳐 줄 것이다. 그러면 그분이 그 일을 하실 것이다. 그때 우리는 성 바오로와 같이 이렇게 말할 수 있을 것이다. "내가 궁핍해서 이런 말을 하는 것은 아닙니다. 나는 어떠한 처지에서도 만족하는 법을 배웠습니다. 나는 비천하게 살 줄도 알고 풍족하게 살 줄도 압니다. 배부르거나 배고프거나 넉넉하거나 모자라거나 그 어떠한 경우에도 잘 지내는 비결을 알고 있습니다. 나에게 힘을 주시는 분 안에서 나는 모든 것을 할 수 있습니다."(필립 4,11-13).

하느님의 어머니를 반향하며, 리지외의 데레사는 이렇게 외칠 수 있었다. "전능하신 그분께서 저에게 위대한 일을 해 주셨습니다. 그중에 가장 위대한 것은 저의 작음, 그 모든 좋은 것에 대한 무능함을 보여 주신 것입니다." 그녀는 이렇게 말했다. 그녀의 온전한 기쁨은 하느님의 시선에 보이는 그대로 자신을 보는 것이었다. 다만 보잘 것 없는 작은 자에 불과한 것일지라도 그렇다.

그러한 것을 이해할 수 없는 이들에게는, 이 기쁨의 엄청난 현실이 자유의 감각에서부터 솟아나온다는 것이 설명되어야 한다. 영적인 어린이다움의 길을 발견한 영혼은 전에 결코 상상할 수 없었던 방식으로 행복하다. 자신의 허무를 발견함으로써, 마침내 영혼은 무익한 내향성과 헛된 자신의 생각에서 자유롭게 되면서, 자신을 온통 필요한 것 한 가지, 즉 위대하고 무한한 선이신 하느님에 대한 앎과 사랑에 헌신할 수 있기 때문이다. 얼마나 행복한 일인가. 우리의 무의미함과 그분의 무한하심이 서로 대조되어 나타날 때, 다른 어떤 것보다도 우리에 대한 그분 사랑의 무한한 경이로움을 말해 줄 수 있을 것이다.

로베르 신부는 영적 어린이다움의 작은 길을 "두 번째 소명"과 "성소 중의 성소"로 말하고 있다. 그것은 분명히 베르크만스 수녀를 위한 것으로 드러난 것이었다. 작은 길로 들어가는 것이 그녀에게는 수도 생활 안에서 보다 새롭고 완전한 삶을 시작하는 것이었다. 마침내 그녀는 자신을 하느님께 전적으로 헌신함으로써 자신이 발한 모든 서약의 목적을 완성시킬 수 있는 길을 찾아냈다. 이제야 그녀는 참된 관상가들의 길이 될 수밖에 없으며, 시토 수도회의 가장 특징적인 단순함의 길로 들어서게 되었다. 그녀의 삶은 결국 오롯한 마음으로 한 가지 일, 하느님께 대한 사랑에만 전념하게 되었다. 그녀에게 이렇게 될 수 있는 길을 보여 주었던 이는 바로 리지외의 데레사 성녀였다.

그래서 베르크만스 수녀는 진정으로 작은 길을 따랐다. 그녀는 실제로 그것을 이해하고 있었고 실행하였다. 소화의 제자들이라고 생각하는 사람들에게는 말로 형용할 수 없는 것이다. 그녀에게 영적 어린이다움은 단지 영적인 아이 상태에서 말하는 것 이상의 어떤 것을 의미했다. 그저 귀엽게 행동하며 구닥다리 같은 것, 바리사이의 자기 중심적인 경건함으로 겉치장하기 위해 달콤한 말과 태도를 많이 부리는 문제는 아니었다.

참으로 시험이 될 수 있는 것 한 가지는 자신의 무(無)에 대한 사랑이며, 그 사랑은 긴장과 실패와 시험의 시기에 내적 평화로 증명되고 있다.

자신의 나약함, 고착된 불완전함, 자기 눈에 너무 크게 보였던 실수들,

너무 오랫동안 고통스럽게 했던 이 모든 것들이 이제 그녀에게 있는 그대로 하느님 자비의 사랑의 화염에 던질 연료로서 그 불길이 그것들을 모두 태워 버릴 수 있도록 드러난 것을 베르크만스 수녀가 발견하게 되었다.

이렇게 말하곤 했다. "나무가 더 말랐을수록, 더 빨리 탈 것입니다!"

그녀가 아직도 피조물에 애착하고, 가대에서 자만하거나 분심에 빠져들며, 성마른 기질이거나 혹은 일본의 가난하고 작은 창립 수도원의 예기치 못한 불편함에 반감을 느낀다 한들 그것이 무슨 문제가 있겠는가? 하느님의 자비는 무한하시다. 그분은 오직 청하는 바를 들을 필요만 있으며, 그분이 정하신 적절한 때에 그분만의 지혜로운 방식으로 이러한 모든 결함들을 없애 주실 것이다. 절망을 주기는커녕, 그것들은 미래에 하느님의 자비에 대한 희망과 더 큰 신뢰를 위한 동기밖에 그 무엇도 아닐 것이다. 그녀의 실패와 작은 오류들, 불완전한 움직임들이 하느님으로부터 물러나게 하면서 높은 성성에 대한 열망을 포기하게 했을까? 조금도 그렇지 않았다. 성성은 하느님의 은사였다. 오로지 필요로 했던 것은, 자신이 넘어질 때마다 그것을 인내하며 청하고, 확고한 뉘우침으로 자신을 추스르며, 그분 사랑의 힘으로 당신께로 들어올려 주실 좋으신 하느님을 사랑스러운 마음으로 신뢰하는 것이었다. 그녀는 단지 나약해지는 일 때문에 싸움을 포기할 필요가 없었다. 그와 반대로 그 나약함은, 이제 하느님께서 그녀가 청하는 순간마다 빠짐없이 도와 주실 것이라는 보증이 되었다. 다른 방식으로 믿는 것은 그분의 무한한 사랑에 위배되는 모독이 될 것이다.

그래서 그녀는 이렇게 기록했던 것 같다. "저 또한 (데레사 성녀처럼) 사랑으로 죽고 싶습니다. 그러나 저에게는 너무 높은 이상이 아닐까요?

저는 너무 교만하고 비참으로 가득합니다! 그러나 나무가 말랐을수록 더 빨리 탈 것이라고 여깁니다. 저의 경우 사랑의 길은 더 가파를 것이라고 확신합니다. 천사가 되기는 고사하고 – 그러나 무슨 상관이 있습니까? 어쨌든 저는 사랑으로 죽어야 합니다."

"소화와 만나면서, 제 영혼은 힘과 용기를 다시 얻고 있습니다. 그렇습니다. 그녀의 작은 길은 그녀가 이렇게 말했던 바로 그것입니다. 신뢰와 사랑으로 가득한 길입니다. 그녀는 거침없이 한 가지 길을 그려 주었으며, 우리는 곧장 우리의 모든 비참을 넘어가게 되고, 성부의 가장 부드러운 마음의 무한한 사랑밖에는 아무것도 보지 않으면서 지나가게 되었습니다."

그렇다. 그녀는 자신감으로 넘쳐흐르면서 성성을, 그것도 높은 성성을 지속적으로 청할 수 있었다. 또 다른 편지에서 다음 내용을 볼 수 있다.

"그래서 저 또한 비참이라고 하는 작은 자매이지만, 자신감을 가질 수 있습니다. 예수님께서는 저를 위해서도 (성성의) 그와 같은 기적을 일으키실 것입니다. 그러나 저의 유배 생활이 끝나갈 때라야만 …… 얼마나 위로가 되는 생각입니까. 그렇다고 놀라지 마세요, 더 빨리 그리고 영영 예수님께만 속하기 위해 제가 서둘러 죽게 되더라도 말이지요."

루드가르디스 원장 수녀에게 이렇게 썼다. "당신이 제 영혼 속으로 들어와서 둘러보신다면, 아마 기겁해서 뒤로 물러나 버릴 것입니다. 그러나 상관없습니다. 저는 그 모든 비참함을 넘어서 구애받지 않고 예수님께 그분을 사랑하게 해 달라고 청하고 있습니다. 오, 제가 제 영혼을 당신께 열어 보일 수만 있다면! 당신은 비참함의 심연을 발견할 것입니다. 그렇다 해도 우리의 큰 사랑이신 예수님께 그분의 사랑으로 채워 주시기를 청하는 것은 바로 이 심연입니다."

어떤 제한을 느끼는 것과 전혀 달리, 베르크만스 수녀는 하느님을 사랑하고자 하는 자신의 갈망으로부터 모든 한계선을 제거하였다. 그 이후로는, 성 베르나르도와 함께 하느님에 대한 우리 사랑의 척도는 무한히 그분을 사랑하는 것임을 알게 되었으며, 이 위대한 시토 회원과 함께 이렇게 외칠 수 있었다. "자유의 정신 안에서 우리에게 얼마나 큰 신뢰감이 주어졌는가? 그리고 완전한 애덕이 두려움을 몰아냈다는 것 이상으로 분명해진 것은 무엇인가?" 여기에서 성인은 영혼이 "그 사랑에 너무 흠뻑 취한 나머지, 하느님의 엄위하심에 대한 생각을 더 이상 멈출 수 없는" 사랑의 단계에 대해 말하고 있다(아가 설교 3).

베르크만스 수녀는 폴리까르프 신부가 그녀에게 "많이 사랑하도록 부름받았다."고 말해 주었던 것을 전 원장 수녀에게 상기시켰다. 그러나 이렇게 덧붙이고 있다. "제게는 그것으로 충분하지 않습니다. 저는 그 부르심에 응답하며 예수님 마음인 사랑의 화덕 속으로 제 자신을 던지고 싶습니다. …… 오, 저는 이 아래 지상에서 예수님을 매우 많이 사랑하고 싶습니다. 제가 그분의 그 위대하심에 참여할 수 있게 하심으로써, 그분을 좀 더 사랑하게 될 수 있기를 청하고 있습니다." 하느님의 본성인 그분 사랑의 광대함만이, 그녀의 가난한 마음을 단순성과 기쁨의 비밀로 완전히 감싸 주셨던 예수님을 사랑하고 흠숭하고자 하는 그녀의 갈망을 만족시킬 수 있었다!

그녀는 이렇게 계속한다. "저를 위해 기도해 주십시오. 당신의 작은 딸을 위해 기도해 주십시오. 사랑하는 예수님을 사랑하게 되고, 사랑으로 죽을 때까지 그분을 사랑할 수 있기를 간원합니다. 저는 목말라 합니다. 사랑을 갈구합니다. 그분이 지상에 그렇게 주시고자 갈망하셨던 거룩한 불길에서 조금이라도 제게 나누어 주실 수 있도록 예수님께 청해 주십시오."

그녀가 자신했던 성성에 대한 갈망과 완전한 사랑이 커감에 따라, 그녀의 마음에서는 세상 구석 구석마다에서 희생과 사랑의 숨은 삶으로 하느님께 헌신하고 있다고 알고 있던 다른 모든 "작은 영혼들"과의 엄청난 유대감도 성장했다. 이 영혼들은 누구였는가? 그들은 모든 계층에 속해 있었다. 어떤 이들은 세상의 가난한 사람들이고, 윤락 여성들이며, 가족의 어머니들이고 그리스도라는 이름을 혀 짧은 소리로 겨우 낼 수 있을 정도이지만, 벌써 그분을 사랑할 수 있는 작은 어린이들인지도 모른다. 그들 가운데 많은 이들은 사제들이었다. 이제 그녀는 사제들과 점점 더 친밀하게 일치되어 있음을 느꼈다. 그것은 데레사 성녀가 자기 제자들의 마음속에 영감을 주었던 것으로 여겨지며, 그래서 아마도 그녀가 모든 선교의 보호 성인으로 지명되었던 이유인 것 같다. 그들 중에 많은 이들은 그녀와 같이, 수녀원에서 활동적으로 가르치며 환자를 돌보는 수녀들의 수도회들이거나, 봉쇄 관상 수도자들의 수도회에서 살아가는 영혼들이었다. 무엇보다도 그녀는 이전에 자기 수도원이었던 라발에서 기도와 고행의 숨은 희생으로 그리스도를 흠숭하고 있던 관상적 영혼들과 연대감이 커가는 것을 의식하게 되었다. 이제 그 공동체는 시토회 안에서 가장 열렬한 곳들 중 하나가 되고 있었다. 계속해서 수련실에서는 선택된 영혼들을 점점 더 많이 이끌어 들이고 있었으며, 소화가 그러했던 것처럼 그중 많은 수가 일찍부터 천상으로 부름받고 이미 자기 희생을 완성하였다. 이 모든 것 안에서 명백했던 것이 있다면, 그것은 다시금 리지외의 데레사의 보편적 영향력이라 할 수 있었다.

몇 달밖에 지나지 않은 일로, 베르크만스 수녀가 알지도 못했던 한 젊은 신자가, 소화 성녀의 제자로서 성성의 향기 속에 라발에서 사망하였다. 프랑스 최고 귀족 가문의 일원으로 태어난 마리 앙뜨와네프 드 라뚜르 도베르뉴가 자기 성소를 결정하기 위해 고투하다가, 하느님의 분명한 뜻이 그녀를 라발로 데려갔을 때, 리지외의 가르멜로 입회하고자 하는 자기 갈망을 접었다. 그곳에서 육화의 마리 수녀로서 수련자가 되었으며, 수도원 전체를 자신의 단순성과 겸손과 순종 – 한마디로 "작은 길"을 따랐던 그 완전함으로 고양시켰던 장본인이었다. 지금은 천상 고향에로, 즉 영광의 빛 속에서 완전하고도 거침 없으며 영원히 지속되는 관상의 기쁨에로 부름받게 되었다. 어떤 면에서 가난한 베르크만스 수녀를 거룩한 선망으로 가득 채웠던 것이다. 그러나 그녀는 자신감을 새롭게 다지면서, 자기 차례가 오리라는 생각으로 스스로를 위로하였다. 그동안 그녀는 사랑의 모든 희생자들은, 죽음의 순간에 성인이 될 것이라는 데레사의 예언이 이렇게 완성된 데 대하여 더더욱 기뻐하였다.

작은 영혼들의 군단 안에 자기 자리가 있다는 생각은, 리지외의 가르멜 성녀의 제시로 지상의 모든 곳에서 솟아나오게 되었으며, 그것은 베르크만스 수녀 자신의 성소에 특별한 사항을 부가하게 되었다. 그녀는, 크게는 세상뿐만 아니라 특별하게는 지금 자신의 삶을 변모시켰던 은총을 나누도록 부름받은 다른 영혼들을 위해서, 자신을 희생하고자 하는 강한 갈망으로 가득 차기 시작했다. 그녀는 정확히 지금 그녀가 누리고 있는 것으로써, 새로 발견한 자신감과 사랑을 타인들을 위해 얻어낼 수 있도록 자신의 전 존재, 자신의 작음을 하느님의 자비로운 사랑에 바치고자 하였다. 자기 잘못으로 절망에 빠지는 유혹으로부터 다른 사람들을 구원해서, 사랑하는 마음으로 부드럽게 그들을 작은 길로 데려가는 것이 자기 역할이라고 그녀는 믿었다.

그러므로 그녀는 작은 영혼들의 군단에서 "모범적인 대리자"로서 자신을 간주하기 시작했다. 이 개념은 그녀의 정신 안에서 매우 결정적인 의미를 지니고 있었으며, 그것을 너무 진지하게 여겼기 때문에, 리지외의 가르멜에 생존해 있는 데레사의 친 자매들 중 한 명으로부터 온 편지를 통해 어느 정도 증명될 때까지는 안심할 수 없었다. 그녀의 개념은 단순하기 이를 데 없었다.

그녀는 이렇게 말했다. "모범적인 대리자는 비록 싸우지 않을지라도, 다른 누구보다 더 많은 위험을 무릅써야 합니다. 왜냐하면 그는 기치를 내걸고 다니면서 자신을 방어할 수 없기 때문입니다. 그냥 지나가게 하기보다는 오히려, 스스로 산산조각이 나도록 내버려 두어야 합니다."

달리 말하면, 작은 영혼들의 모든 군단 가운데 그녀는 가장 작은 이, 가장 속수무책인 사람, 가장 완전하고 전적인 신뢰와 포기 안에서, 예수님께 가장 의지할 수밖에 없는 이가 되어야 했다. 그녀의 이러한 신앙에 대한 보답으로, 그녀가 사랑하는 분은 절망과 자신들의 비참함에 대한 헛된 집착으로부터 그들을 구원하기 위해, 그분의 은총을 수도원 곳곳마다 영혼들 위에 부어 주실 것이다. 그럼으로써 그들은 그분의 위대한 성인들의 수를 늘려갈 것이다.

그녀는 이렇게 말했다. "그렇습니다. 저는 버려진 이들을 일으켜 세워서 그들에게 새로운 용기의 열정을 불붙일 수 있도록, 사랑의 기준과 잣대를 높이 끌어 올리겠습니다."

그녀의 갈망이 전달되지 않은 것은 아니었다. 계속되는 편지들이 증명하고 있듯이, 그녀는 이 영혼들을 위한 은총을 얻어내기 위해, 어둠과 영적 메마름의 많은 시간을 고통스럽게 지나가야 했다.

베르크만스 수녀와 같이 열정적인 영혼은, 소화에 대한 자기 마음의 내적이고 본질적인 헌신으로 만족할 수 없었다. 그녀는 다른 많은 방식으로 자신을 표현해야 했다. 참으로 작은 길에 대한 교의를 전파하는 그녀의 열정과 에너지, 데레사에 대한 헌신이 그 정도로 멀리 나아갔기에, 그녀의 원장 수녀는 마침내 이렇게까지 말하였다. "당신의 이 작은 데레사로 인해, 당신 정신이 나간 것 같군요!"

베르크만스 수녀는 이것을 모욕으로 간주하지 않았다. 아마 어떤 면에서 그것은 상당히 맞는 말이었다. 그녀는 우르바노 8세의 칙령에 조금도 주의를 기울이지 않았으며, 그녀가 데레사 앞에 성인이란 칭호를 붙이기 시작하기 전에, 로마의 발표를 기다릴 의향도 없었다. 그래서 그녀는 훌륭하고 새로운 성 유물함을 말끔히 단장해서 소화의 첫 번째 유물을 받을 수 있도록 제의실에 두었다. 그녀는 진정으로 요청했는데도, 그녀가 사랑하는 보호 성녀의 첫 등급 유물을 아직 얻을 수 없다는 것에 대단히 놀라워했고 실망했다.

교회의 전례적 주기에 더하여, 베르크만스 수녀는 데레사의 개인적 축일들의 전체 주기를 생일부터 가르멜 입회, 착복, 서원 등 성스러운 죽음에 이르기까지 지켰다. 그녀가 실제로 한 영혼의 이야기를 암기하고 있었음을 이미 언급하였다. 당가가 되었을 때, 그녀는 바깥 외부 세상과의 접촉을 이용해서 자기 수녀원을 위해 그리고 선교회들과 그들의 양무리들 사이에 배포하기 위해 상당량의 소화의 사진들과 기념품들을 청하였다. 정말이지 소화에 관한 한, 베르크만스 수녀는 거의 활동적인 사도가 되고 있으며, 간접적이기는 하지만 천사의 성모 수녀원의 수녀들과 접촉하게 된 선교사들을 통해서, 일본 가톨릭에 성녀 데레사에 대한 신심을 도입하는데 실질적인 역할을 했다고 해도 과언은 아닐 것이다.

그래도 가장 중요한 것은, 그녀가 수련장이 되었을 때 자신이 작은 길에서 배웠던 위대한 모든 것들에 의지할 수 있었다는 것이다. 이제 그녀는 자신이 직접 살아냈기에 타인들을 가르칠 수 있었으며, 견고하고 일치된 교의를 지니고 있을 뿐만 아니라, 배울 수 있는 모범을 지니고 있었다. 그녀는 더이상 영혼들을 양성하는 엄청난 책임인 그 소임을 두려워할 필요가 없었다. 그녀는 성녀 데레사가 리지외의 가르멜 수련자들을 책임지게 되었을 때 언급했듯이, 이렇게 말할 수 있었다. "이제는 나 혼자서 어떤 것을 하는 것이 불가능하다는 것을 이해합니다. 나의 소임은 단순하게 된 것 같습니다. 나는 그 외의 나머지 모든 것이 내게 주어지리라는 것을 알면서, 내적으로 오롯하게 좀 더 하느님께 나 자신을 일치시키는데 전념하고 있습니다."

모든 활동을 필요 없게 하거나 우리의 모든 노력을 애초부터 없애 버리는 것과는 판이하게, 작은 길은 초자연적 활동을 위한 최고의 준비이자 우리의 노력이 열매 맺게 하는 가장 효과적인 길이다. 참으로 실천에 옮기지 않고 작은 길을 가식적으로 따르는 체하는 이들은, 그것을 무기력과 정적주의의 그릇된 복음으로 바꾸어 버리고 만다. 그러나 정말로 그 의미를 파악하고 관대한 마음으로 이에 헌신하는 이들 안에서는, 곧 어떤 변화가 분명히 드러난다. 고착된 불완전함은 점차 은총의 신비롭고 은밀한 영향력 아래 굴복하기 시작하며, 그것이 필요하다고 여기는 바로 그때 그들은 자신을 극복할 용기와 힘을 부여받았다고 느낀다. 다양하고 경건한 그들의 모든 실천, 완덕을 향한 자의식적이고 부산한 그들의 모든 노력이 이전에는 그들을 실망시켰던 곳에서, 이제 그들은 오로지 사랑하는 예수님께 자신들의 시선을 둘 필요가 있으며, 심지어 그들 스스로 어리둥절해하는 길로 진보하고 있음을 깨닫는다.

그렇게 해서 베르크만스 수녀가 마침내 자신의 모든 결함 가운데 가장 고집스러웠던 바로 그것, 거의 8년이나 되었는데도 옛날에 있었던 자기 수녀원과, 그곳에서 살고 있는 사랑하는 수녀들에 대한 애착을 완전히 극복하게 되었던 것이다.

1908년 할 일이 너무 많았고 수많은 책임을 지고 있었던 때, 그녀의 활동은 시토회 생활과 엄밀히 말해서 부합하지 않았던 편지를 쓰는데 귀중한 시간을 소요하는 것과 다투기 시작했다. 그때 그녀는 감실 앞에서 기도할 수 있기 위해 가능한 모든 순간을 필요로 하였다.

비록 스스로 그것에 대해 인정하기를 주저하였을지라도, 확실히 이 모든 편지 쓰기는 그녀에게 짐이 되어가고 있었다. 그것은 그녀의 삶에 깊고도 중대한 하나의 필요성을 방해하고 있었다. 바로 모든 생명과 기쁨의 원천이자, 하느님의 말씀으로서 성부의 창조되지 않은 기쁨과 영광이시며, 모든 영혼의 구원자요 모든 이에게 생명을 주시는 분 그리스도와의 친밀한 접촉, 즉 기도에 대한 필요였다.

그러나 그때 예수님 친히 크고 분명하게 그녀의 영혼 안에서 틀림없이 말씀하기 시작하셨다. 그녀가 신앙과 사랑으로 눈을 크게 뜨고, 자신을 위해 영원히 항상 현존하시는 하느님 친히 행하시는 희생을 바라보면서 십자가의 길을 바치고 있었을 때였다. 각 처마다 서 있으면서, 수백 년 전, 고통 한가운데에 계시는 그분에게 다가가 함께 현존하고 있었음을 분명히 의식하고, 한발작씩 한발작씩 골고타 언덕 위로 그리스도의 피어린 발자국을 따라갔을 때, 자신의 영혼 속에서 들려오는 소리 - 그분의 희생과 그녀의 희생을 일치시키며, 그분을 위로하고, 좀 더 완벽하고 철저하게 갈림 없는 마음으로, 희생하라는 재촉의 소리에 어찌 귀

머거리가 될 수 있었겠는가?

　마침내 베르크만스 수녀는 자신으로부터 기대되고 있었던 바를 분명히 깨닫게 되었으며, 그렇게 마지막 희생을 바쳤다. 한 편지가 안젤라 수녀에게서 왔다. 그녀는 기쁘게 그것을 읽었다. 기도 안에서 안젤라 수녀를 하느님께 맡겼다. 그러나 그 편지에 답신하지 않았다.

　이내 또 하나의 편지가 안젤라 수녀에게서 왔다. 베르크만스 수녀는 그것을 기쁘게 읽었다. 그녀는 친애하는 안젤라 수녀를 위해 기도하였다. 그러나 그 편지는 답장을 받지 못한 채로 있었다. 라발에 있는 다른 자매들에게도 상황은 마찬가지였다.

　그러나 루드가르디스 원장 수녀에게 쓸 때는, 자신이 침묵한 것에 대한 약간의 해명과, 안젤라 수녀와 다른 자매들에 대한 애정의 작은 메시지를 담지 않을 수 없었다. 게다가 이는 참으로 애덕상 요구되는 것이었다. 그녀가 말했던 내용을 살펴보자.

　"저의 작은 마리 안젤라 수녀는 어떻게 지내나요? 그녀가 제게 화내고 있지는 않겠지요? 여기에 그녀로부터 온 편지가 두 통 있습니다만, 답장하지 않고 있으며, 그렇게 그대로 두어야 할 것 같습니다. 경애하올 원장님, 저는 그 이유에 대해 당신을 신뢰하며 은밀히 말씀드리겠습니다. 오랫동안 저는 당신 외에 그 누구에게도 편지 쓰기라는 희생을 하고 싶지 않았습니다. 십자가의 길을 기도할 때마다, 저는 우리 구세주께서 당신의 나무 십자가를 지고 가실 수 있도록 도와 준 키레네 사람 시몬을 보면서, 다음과 같이 생각하지 않을 수 없었습니다. 그분 마음의 십자가는 어떻게 합니까? 누가 그분이 그것을 지고 가실 수 있도록 도울 수 있을까요? 올리브 동산에서 그분은 혼자였습니다. 그러고 나서, 저는 그분이 제게 기꺼이 보내 주신 내적인 모든 고통들을 받아들임으로써, 그분

더 깊은 내면의 성소

의 고뇌에 동반자가 될 수 있도록, 제 자신을 사랑하는 예수님께 바쳤습니다."

"그러나 그분의 거룩한 마음에 가장 쓰라린 상처를 주는 것은, 바로 그분 자신이 별로 사랑받지 못하고 있음을 보는 것으로 제게 생각되었습니다. 이를 알고 있는 제가, 피조물들에 대한 애착을 찾아 나서겠습니까? 오, 저는 사랑하는 수녀님들과 자매들에 대한 애착이 허용될 수 있고 정당하다는 것을 잘 알고 있습니다. 그러나 좀 더 넓은 마음으로 그것을 희생하기를 원하기 때문에 그러는 것입니다."

전갈을 통해서, 라발에 있는 다른 수녀들에게 편지를 쓰지 못했던 것에 대해 사과하면서 이렇게 썼다. "예수님께 더 가까이 다가갈수록, 영혼에 대한 애정도 더 강해집니다. 그 안에서 인간적인 모든 것이 사라짐으로써, 하느님 마음의 깊은 곳에서부터 나오는 거룩한 숨결인 영혼밖에는 아무것도 남아 있지 않습니다."

12

마리아의 자녀

새로운 정주 서원 이후, 베르크만스 수녀의 내적 시험이 모두 끝난 것으로 보았다면, 이제 그러한 인상을 교정할 때가 되었다. 라발에서 지낸 첫 번째 가을 어느 날, 폴리까르프 신부가 일본에 있는 작은 새 창립 수도원에 자원하여 가서 도와 주라고 그녀에게 말했던 이후로, 그녀의 삶은 끊임없는 신앙의 시련이었다. 그 시련은 강도에 있어서 여러 가지로 달랐던 것은 사실이지만 결코 중단되지 않았다. 그녀의 아름다운 영혼이 육체적, 도덕적 고통에 의해 훨씬 더 크게 정화된 다음, 마침내 자기 육신으로 얼굴과 얼굴을 맞대고 완전하신 하느님에 대한 비전 속으로 날아갈 때까지도 중단되지 않았다.

그녀가 그 공동체의 물질적인 생계 유지를 위해 지치도록 부산하게 일하며 보냈던 매 순간마다, 보다 완전한 신앙의 수행이 참으로 요구되고 있었음을 보게 될 것이다. 여러 가지 책임과 일로 가장 분주했을 때, 십자가의 성 요한이 "독한 양잿물"에 비유했던 것으로, 정신의 깊은 곳을 닦아 주는 더 깊고 내적이며 더 무서운 시련들을 위한 여가를 그녀는 좀처럼 낼 수 없었다. 결국, 물리적으로 많은 일 때문에 무겁게 짓눌린 영혼은, 그러한 정화의 무서운 힘을 느낄 수 있는 깊이까지는 드물게만 들어갈 수 있었다. 비록 깊은 곳에서 그 시련들이 계속됨에 따라, 영혼이 그것을 매우 가혹하게 느낀다 할지라도, 책임 맡은 일들이 그 충격을 어느 정도 흡수한 것으로 보인다. 그녀의 영혼의 수동적인 정화가 이 시기에 계속 증가되었을지라도, 베르크만스 수녀는 자신을 거의 표현하지 않았다는 사실에 대해, 지금 인용하게 될 문구와 같은 말로, 하나의 가능한 설명을 제시해 보려 한다.

달리 말해, 그녀가 한 걸음씩 한 걸음씩 좀 더 깊은 완전한 신앙의 어둠 속으로 진보하게 했던 영혼의 정화는, 날이 갈수록 점점 더 단단하게 그녀를 붙잡고 있었다. 그러나 갑작스런 큰 고통의 혼란 속에서가 아니라 보이지 않게 꾸준히 성장하는 가운데, 그러한 붙듦은 커져 갔다.

그녀는 이렇게 말할 수 있었다. "일본에서 나는 어떤 위로도 받지 않았습니다. 순수하게 벌거벗은 신앙으로 살았습니다." 위로에 대해서는, 로베르 신부가 지적하고 있듯이, 과도한 감각적 위로들을 의미했다. 일본에서 그녀의 삶과 영성의 성장에 관해 연구해보면, 그녀의 영혼이 희생의 완성도에 따라 비례해서 성장했던 더 깊고 기쁜 평화를 얻어 누리게 되었다는 것은 아주 분명했기 때문이다. 그러나 그것은 그녀가 "벌거벗은 신앙"으로 언급하고 있는 것이다. 알게 되겠지만, 나중에 여기에서 그녀가 사용하고 있는 말의 의미에서, "위로들"이라고 불릴 만큼 강하고 눈에 띄는 특혜를 받았던 한두 가지 경우가 있었다. 그러나 매우 드물었다.

어쨌든 일단 하느님의 자애로운 섭리는, 적어도 그녀의 영혼 위에 좀 더 철저하고 두려운 어둠의 베일을 드리우면서, 그녀를 극도의 황량함 속에 내버려 두었지만, 그녀는 종이 위에 그 상태를 표현함으로써 어떤 안도감을 찾았다. 이런 일이 한 번뿐이었을까? 오, 아니다. 분명히 그렇지 않다! 이 시절에 그녀는 좀처럼 완전한 영적 여정이나, 자신의 내적 삶의 다른 어떤 기록을 할 수 있는 틈을 낼 수 없었다. 성령께서 그런 시기에 자신이 느꼈던 것을 기록하도록 그녀를 움직이신 것에 감사하며, 발치 앞에 입을 벌리고 있는 심연을 본 것이 이번이 유일한 경우는 아니었음을 짐작할 수 있게 된다. 그러나 로베르 신부는 그렇게 강한 시련은, 그녀에게 비교적 드문 편이었다고 확인해 주었다.

그녀는 다음과 같이 기록하고 있다. "으스러뜨릴 만큼 강하게 나를 붙들고 있는 고뇌 안에서, 천상을 향해 시선을 들어 올리며 용기를 얻고자 한다. 그러면 하늘은 나에게 놋쇠가 되어 버린다. 그 다음 나의 몫으로 운명지어진 것으로 보이는 지옥에게 나는 묻는다. 그러면 지옥은 이렇게 대답한다. '내가 정말 존재할까? 천국과 지옥이란 것들은 말에 불과하다. 이 삶이 끝나 버리면 아무것도 없다 ….' 절망하려는 순간, 나는 예수님의 감미로운 이름을 입으로 말했다. 그로부터 상처받은 마음마다 위로해 주는 향유가 흘러나왔다. 그분의 십자가를 붙잡으려고 노력하였지만, 아쉽게도 나는 공허함 속에 빠지고 말았다! 때는 밤, 골고타의 무시무시한 밤이었으며, 죽음의 그림자가 사방에서 내게 다가왔다."

이 글은 1907년에 기록되었는데, 그때는 그녀의 남은 생애 동안 다른 때에 허용되곤 했던 것보다 자신 안으로 들어갈 수 있는 기회를 아직 많이 가지고 있었다. 아마도 그녀는 앞으로 다가올 바쁜 시절에 순수한 신앙을 매우 많이 필요로 하고 있는 상황이었기 때문에, 지혜로우신 주님은 이 시기를 이용해서 그녀의 영혼에 모든 빛을 감추시고, 아주 잠시 동안 극도의 어둠과 같은 강한 괴로움을 맛보도록 하셨다. 이것으로 보나, 새로운 정주 후 계속된 시기와 성녀 데레사의 작은 길을 발견했던 이 시기와 관련된 다른 증거로 보나, 하느님은 최종적으로 그녀의 성화라는 비상한 체계를 위해, 강하고 깊은 기초를 놓도록 1907년을 택하셨다.

그러한 추측에 대한 가장 비중 있는 근거로, 그 해에 이전에 했던 것보다 더 장엄하고 특별하게 자신을 성모님께 봉헌하였다는 사실이다. 성심밖에는 능가할 수 없는 마리아의 영향력이, 베르크만스 수녀의 영적 삶에서 매우 중요하였다는 것은 인지의 사실이다. 하느님의 성령께서, 그분의 영감으로 그 어느 때보다 천상 여왕에게 좀 더 가까이 다가가도록 그녀를 이끌어 주셨다는 사실은, 대단히 의미깊은 것이다. 이 봉헌은, 마리아께서 그녀를 위해 신앙과 확고함을 얻어 주실 수 있도록, 살아 계시고 힘 있는 어머니이자 모든 은총의 전구자이신 분과 그녀를 더 친밀하게 일치시켜 주었던 것 같다.

하느님의 어머니께 대한 이 새로운 봉헌은, 천사의 성모 수도원에서 보낸 첫 번째 기간, 그 시험의 시기 동안, 또 다른 것에 의해 벌써 대충 알려지게 되었다. 자신을 종으로 성모님께 처음으로 봉헌한 것을 손수 기록해서 간직하고 있는 문서는, 단지 나중에 그녀의 영적 성숙의 시기를 꽃피우게 했던 보다 완전한 헌신을 스케치한 것에 지나지 않았다.

초기에 이루어진 그녀 자신의 증여는, 나중에 이루어진 봉헌의 특징이라 할 수 있는 충만한 빛과 이해 없이 이루어졌다. 그녀는 아직 자신의 봉헌을 말하거나 공식화하고자 하는 바를 표현할 수 없었던 것 같다. 얼마나 내어주고자 하는 뜻이 있는지를 이해하지 못하는 것은 아니었다. 그녀가 남김없이 모든 것을 내어주고자 갈망한다는 것을 잘 알고 있다. 그러나 아직 그녀는 그러한 증여가 가질 수 있는 가장 깊은 동기들을 파악하지 못하고 있는 것 같았다.

1903년에 마리아의 종으로 자신을 봉헌하면서(때는 주님 탄생예고 대축일로, 자신이 구속 수녀원, 성 빈센트 드 폴의 자매들에게 맡겨진 지 23년이 지난 다음이었다), 이렇게 기록하였다. "좋으신 어머니, 이제는 당신 종이 됨으로써, 당신으로 말미암지 않고서는 결코 행동하지 않게 된 당신 딸을 축복하소서." 그리고 이것은 마리아와의 일치와 그분의 힘 있고 사랑스런 중재에 의탁한다는 뜻으로써, 숭고하고 완전한 이상을 표현하고 있다. 그러나 그녀의 봉헌은, 그녀의 충실성이라는 다소 외적인 표징이나 서약 안에서 상실되어 버리는 것 같았다. 그 안에 그지없이 아름다운 단순성과 진지하고도 어린아이 같은 신앙이 있다 해도, 1903년에 이르러, 자신이 나중에 여행하게 될 성성의 바른 길로 가는 길을 분명히 알아보기까지는, 아직 자신이 쓸모없다는 것을 비교적 드러내고 있다. 이렇게 기록하였다. "종이라는 표지로, 오, 온화하신 어머니, 저는 당신의 7가지 슬픔을 기리기 위해, 7개의 매듭으로 된 줄을 제 목에 걸고 있겠으며, 죽기까지 그렇게 하기를 청합니다." 이후 동일한 증여 양식서에 이렇게 덧붙이고 있다. "언제고, 제가 제 자신의 의지를 뻗치려 들 때면, 좋으신 어머니 제 약속을 기억할 수 있도록, 이 줄을 세게 잡아당겨 주소서. 특히 제가 죽는 순간에, 당신께로 아주 강하게 당겨 주시어 아무것도 예수님과 당신으로부터 저를 떨어지지 않게 해 주소서." 그렇게 해서 그 증여(donation)는 신앙으로부터 나오는 사랑스럽고 단순한 한

편의 상상 속에 할애되고 있다.

　1907년이 다가왔다. 그녀는 멀리까지 여행하였다. 수많은 시련의 혼돈으로부터 나오게 되었다. 자신의 인간적 약함을 두려워하거나, 유혹에 당황하지 않는 법을 배웠다. 믿음과 희망과 사랑 안에서 강인하게 되었다. 영적인 아이가 됨으로써, 영적으로 성숙해지게 되었다. 그녀는 그분의 성령과 그분이 주시는 은사의 힘 안에서, 훨씬 더 예수님께 친밀히 결합되어 있었다. 1907년에, 이제까지 살펴보았듯이, 1903년에 그러했듯이, 자신이 시련과 고난의 불꽃 속에 있음을 보았다. 그러나 사실 일본에서 지냈던 모든 세월 동안 그렇다고 볼 수 있었다.

　아마도 이 새로운 자기 증여는, 방금 기록했던 신앙에 대한 유혹과 같은 시기에 일어났던 것 같다. 강한 시련이라는 술틀 안에서, 으깨어진 영혼으로부터 솟아 나온 것이라고 믿을 만한 여러 가지 이유가 있다. 우리는 신앙적 유혹에 관한 그녀의 일기 안에서 기록된 날짜를 알지 못한다. 다만 1907년 경이었다는 것밖에 없다. 하느님의 어머니께 자신을 봉헌한 것은 그해 성모 승천 대축일에 이루어졌으며, 두 개의 사건이 일치될 정도로 근접해 있다는 사실을 믿을 만한 근거는 여러 가지가 있다. 이 믿음에 대한 가장 강력한 동기는, 그 양식서가 베르크만스 수녀 자신의 피로 기록되었다는 것이다.

　요즘 보통 사람은 아주 강한 확신이나 감정의 힘으로 휘몰리지 않는 한, 문서나 봉헌서를 자신의 피로 기록하지 않는다. 그리고 일반적으로 그러한 동기는 시련들, 특히 신앙이나 순수함에 저항하는 유혹들로 격렬하게 공격받는 영혼에 의해서 되찾게 된다. 우리는 성 베네딕도가 수비아코에서 가시와 쐐기 덤불 속에 나체로 자신을 내던짐으로써, 자신 안에 생긴 육의 유혹들을 어떻게 죽였는지 상기할 수 있다. 우리 시대에, 아직 대학생으로 있었을 때, 동 쇼타르가 신앙을 거스르는 유혹을 극복하기 위해 자신의 피로 "Credo(사도신경)"라는 말을 적었다.

그러나 이와 같은 충성 맹세에 너무 큰 신뢰를 두는 경향이 있는 이들에게 주의시키는 것인데, 동 쇼타르가 에그벨 수도원에서 트라피스트 수련자가 된 다음에도 신앙에 저항하는 또 다른 유혹이 있었다는 점을 덧붙일 수 있다. 그것 역시 강력한 유혹이었다. 그래서 그는 동일한 수단에 의지하였다. 그는 자신의 살에 상처를 내고 다시금 자신의 피로 "Credo"를 새겼다. 불행하게도, 그렇게 한 후에도 신앙에 거스르는 유혹은 그 전에 그랬던 것만큼이나 격렬하기는 마찬가지였고, 그렇게 계속 지속되었을 뿐만 아니라 더 증가되었다. 그렇게 되자 그는 가서 자신의 아빠스에게 모든 것을 알렸다. 이는 그가 무엇보다 먼저 했어야만 하는 것이다.

그렇게 하는 것은 적잖은 용기를 필요로 하는데, 마리아께 대한 자신의 사랑을 증거하고자 하는 베르크만스 수녀의 깊은 갈망에 관해서 우리를 가장 놀라게 했던 것은, 자신의 피로 기록된 봉헌문의 길이이다. 그것은 단지 "Credo"라는 말로 그치지 않았다. 그 문서는 무려 600개의 단어로 되어 있으며, 로베르 신부의 원고로 두 페이지 분량을 차지하고 있다.

우리를 동요시키는 것은, 단지 그녀의 피로 기록되었다는 사실만이 아니다. 베르크만스 수녀가 우리에게 남긴 모든 기록물 중에, 이것과 견줄 수 있는 것은 거의 없다. 어디에서도 그렇게 완전한 성실성과 단순함, 보다 큰 신앙의 완전함, 좀 더 타오르는 사랑의 강도, 참된 겸손의 보다 심오한 깊이를 보이지 않고 있다. 그녀의 문서들 가운데 하나를 골라야 한다면, 베르크만스 수녀의 가장 특징적인 것으로 그리고 그녀의 성인다운 영혼을 가장 참되게 표현한 것으로, 이것을 독자들에게 제시할 것이다. 분명히 이것이 될 것이다.

　여기에서 그 어느 때보다도 이 트라피스트 수녀의 순수한 마음 안에 타오르고 있던 것이, 얼마나 강하고 투명한 사랑의 불꽃이었는지를 보게 된다. 이렇듯 겸손하고 영웅적이며 헌신적인 작은 수녀는, 전적으로 천상 어머니의 사랑에만 의지하고, 예수님께서 그녀의 생명 자체가 되게 해 주셨던 안내자이자 보호자요 교사이신 그분을 신뢰하면서, 자신의 관대함은 전혀 아랑곳하지 않았으며, 위로와 열정으로부터 날아오르는 가장 순수한 형태의 초월적 비상마저도 아무것도 아닌 것으로 간주하였다. 참으로 여기에서 인간의 모든 한계를 초월한 초자연적 신앙의 완벽함 그 자체 속으로 날아오르는 포기의 신념을 그녀에게서 볼 수 있다. 그리스도께서 티 없는 어머니의 태내에서 순수한 육신으로 지음 받으셨을 때, 그 안에 사셨던 대로, 마리아 안에서 그분으로 말미암아 살고자 갈망하는 것이다. 다시금 그것이 그녀의 피로 기록되었다는 것을 기억하기를 ….

　그것은 이렇게 시작되고 있다.

　"오, 마리아여, 오, 가장 사랑하올 어머니, 제가 그토록 따라가고자 하는 그곳 천상으로 당신께서 영광스럽게 승천하신 오늘, 가능하다면 이전에 했던 것보다 더욱더 친밀하고, 더욱더 돌이킬 수 없는 방식으로, 제 자신을 당신께 봉헌할 필요성을 느낍니다.

　그래서 그 목적을 위해, 오 참으로 사랑하는 저의 어머니, 저는 오늘까지 제가 당신께 할 수 있었던 모든 봉헌과 헌신을 갱신합니다.

　저는 당신께 완전히 제 자신을 넘겨드립니다. 그럼으로써 저는 더 이상 당신의 생명으로 말미암지 않고서는 살지 않게 될 것입니다. 마치 어머니의 태내에서 살고 있는 어린 아기와 같습니다. 저는 제 마음과 몸, 감각과 정신, 이성과 기억, 이해와 의지, 저라는 온 존재로 늘 그렇게 반항하는! 그 가련한 의지와, 저의 모든 과거 현재 미래와 영원을 당신께 내려놓습니다. 그럼으로써 당신은 그 모두를 당신의 거룩하신 아드님의 성심께서 더 큰 영광을 받으시도록 적절하게 사용하실 것입니다.

가장 사랑하는 어머니, 저는 또한 무엇보다도 먼저, 예, 그렇습니다. 가장 먼저, 제가 세례받던 날 예수님께서 제 마음속에 두셨지만, 제 교만의 잿더미 아래에 묻혀 있는 거룩한 사랑의 작은 불꽃을 당신께 봉헌합니다. 감미로운 사랑의 어머니, 그것을 돌보아 주십시오, 그것이 성장할 수 있게 해 주십시오. 이 불꽃이 힘차게 타오르게 하시어, 저를 재빨리 태워 버림으로써, 당신이 죽으셨듯이, 제가 사랑으로 죽을 수 있게 해 주십시오. 사랑하올 어머니, 저는 당신과 다른 어떤 죽음을 원하지 않기 때문입니다! 그때 제가 예수님을 전적으로 온전하게 사랑할 수 있게 해 주십시오. 제가 사랑에 굶주리게 해 주십시오. 사랑이 아닌 다른 어떤 것도 결코 생각하지 않게 해 주십시오. 저로 하여금 오로지 사랑을 위해 살게 해 주십시오. 제가 하는 모든 일이 거룩한 사랑의 인장을 지닐 수 있게 하시고, 저의 온 삶이 다만 사랑으로 늘어나는 행위가 되게 해 주십시오. 오, 예, 그렇습니다. 감미로운 사랑의 어머니, 저는 예수님의 사랑으로 희생자가 되고자 합니다. 저는 그분의 티 없는 어머니의 사랑으로부터 나온 자녀이기 때문입니다.

저는 보속의 희생자가 되기에는 너무 약하기 때문에, 사랑의 희생자가 되기를 바랍니다. 제가 온 마음으로 그것을 갈망한다 할지라도, 고통은 두려움으로 저를 가득 채울 것이기 때문입니다. 저에게는 너무 덕이 없는 상태입니다! 영웅적인 영혼들이 십자가를 지게 하십시오. 저의 몫은 사랑하는 것입니다.

그래서 이제, 오 소중하고 사랑하올 저의 어머니, 다시금 당신께 대한 저의 모든 사랑을 말하게 해 주십시오. 오, 예, 그렇습니다. 마리아여, 저는 세례받던 날 당신이 저의 어머니가 되시고 제 후원자가 되셨기에, 당신의 감미로운 이름이 요람에 있는 저를 보호해 주셨고 저의 유년기를 흐뭇해 하셨으며, 제 마음을 하느님께로 이끌어 주셨기에 당신을 사랑합니다.

예, 저는 마리아 당신을 사랑합니다. 당신께서 보호해 주셨고, 위험과 유혹에 처한 저를 지탱해 주셨으며, 시련 속에서는 위로해 주셨고, 약해졌을 때 힘을 주셨으며, 어디에서나 모든 것 안에서 저의 어머니가 되어 주시기 위해, 당신 자신을 드러내셨기 때문입니다. 오, 그렇습니다. 상냥하신 어머니, 지금 그리고 앞으로도 늘 가장 부드러우시고 감미로우시며, 지극히 사랑하시고 가장 헌신적이며, 모든 어머니들 가운데 가장 어머니다우실 것이기에, 저는 당신을 사랑합니다. 그래서 당신을 통해서 당신과 함께 저는 예수님을 사랑하고자 합니다. 당신께서 몸소 그분을 사랑하시는 그 사랑으로 그분을 사랑하고자 하오며, 이곳까지 유배되어 있는 동안, 그리고 영원히 천상에서 당신의 마음으로 그분을 사랑하고자 합니다.

성심의 정배이자
티 없으신 마리아의 사랑으로부터
태어난 자녀,
마리 베르크만스 수녀."

현대 성인들의 연보에서도, 유배된 이 트라피스트 수녀의 마음에서 나온 사랑의 열정적인 분출보다 더 감동적이고 더 영감을 받은 기도는 없다. 제대의 명예를 걸고 고양되기는 했었지만, "너무 약해서 보속의 희생자가 될 수 없기에 사랑의 희생자"가 되기를 원했던 이 작은 수녀처럼, 그렇게 온전하고 타협하지 않는 단호한 겸손을 표현할 수 있었던 이들이 많지 않았다. 그녀는 자신의 피로 써 내려간 문서의 35번째 줄 정도에서 이렇게 말하고 있다. "고통은 저를 두려움으로 가득 채우고 있습니다." 그녀는 자신이 기록했던 것이 매우 진실하였고, 자신의 그 두려움과 나약함이 그분께 청하기만 한다면, 겟세마니와 십자가상에서 얻어낼 수 있는 그리스도 그분 자신의 모든 힘을 그녀에게 보장해 준다는 것을 분명히 알고 있었기에, 그 상황에 대한 거룩한 역설을 보지 않았다.

"영웅적인 영혼들이 십자가를 지게 하시고, 저의 몫은 사랑하는 것입니다." 라고 말했을 때, 그녀는 천상에 들어가기를 원하는 모든 이들의 피할 수 없는 의무(고통받는 것)를 포기하려 하지 않았다. 그와 반대로, 그리스도께서 그녀에게 보내고자 했던 어떤 고통의 희생자로서, 가장 그분 마음에 드는 길로 자신을 바치고 있었다. 그분께 봉헌할 힘이 없다는 것을 알고 있었기에, 그분께서 당신의 은총으로 그것들을 변모시켜 주시고, 아버지의 영광을 위해 그녀 안에서 당신 스스로 고통받으시도록, 그녀는 그분께 자신의 나약함과 무력함을 바치고 있었다. 그래서 이러한 방식으로 성성을 위해 분투하는 모든 이들의 기본적인 전제 조건들을 채웠다. 성 베르나르도가 언급했듯이, 언제나 그리스도를 위한 순교자로서 죽을 수 있게 하는 유일한 것은 겸손이다.

그러나 그리스도께 이르는 가장 짧은 지름길은, 마리아를 통해서 가는 것임을 베르크만스 수녀는 잘 알고 있었다. 그리스도께서 당신 자신의 은총으로 그녀 안에서 고통받게 되셨고, 성부께서 하시는 모든 일을 보았던 대로 그분이 하셨듯이, 그분이 행하신 모든 일을 보았던 대로 행함으로써, 거룩하신 아드님과 함께 마리아께서 모든 은총의 중재자이자 인류의 공동 구속자가 되셨다면, 그녀도 사랑으로 고통받으며 순교자로서 죽게 된다면, 마리아는 그녀 안에서 고통받으시며 죽으셔야 할 것이다.

로베르 신부의 원고 사본은, 베르크만스 수녀 자신의 손으로 기록된 것으로, 마리아와 일치하는 삶에 관한 그녀의 독특한 원칙에 관해서 풍부한 자료를 전해 주는데, 그것은 그녀의 내적 삶 전체에 요지를 형성해 주었다. 낮 동안 행하는 모든 것, 모든 행위들 안에서, 해야 할 어떤 것을 그분 안에서 그분을 위해서 할 수 있도록 습관적으로 마리아께 청하는 지향을 마음속에 충실히 간직하고자 하였다. 그분 안에서 기도하고 일하며, 고통받고, 말해야 할 때 그분 안에서 말하고, 종일토록 예수님을 그분 안에서 사랑하기 위한 것이다. 그녀의 기도 생활은 기억의 생활이 되었다. 그녀의 모든 기능들은, 마리아께 넘겨짐으로써 그분에 의해 티 없이 유지되었고, 예수님이나 그분의 뜻이 아닌 모든 것에서 보호받게 하였다.

그 시절을 지내면서, 그녀에게 다가왔던 모든 것은, 쓰거나 달거나, 쉽거나 어렵거나, 모든 은총의 중재자, 사랑하는 어머니의 마음으로부터 은총의 도구들이 되어 다가왔다. 거기에는 어떤 위로나 유혹도 없었으며, 크건 작건, 중요하건 하찮은 것이건, 그때는 그분 사랑의 뜻 안에서, 예수님과 일치하는 수단이 아닌 것은 아무것도 없었다. 그녀가 사랑하고 늘 그녀 곁에 계시며 굽어보시는 어머니의 손에 의해서, 그녀에게 제시된 수단들과 더불어 그것을 사용할 수 있는 필요한 은총도 함께 하고 있었다. 그녀는 다음과 같은 말을 적어놓고 늘 묵상할 수 있도록 간직하고 있었다.

"마리아의 손에서 제게 온 것임을 알지 않고서는, 천상이나 지상에서 제게 오는 어떤 것도 받아들이지 않겠습니다. 저는 먼저 제가 사랑하는 어머니의 손 안에 두지 않고서는, 하느님이나 피조물에게 어떤 것도 바치지 않겠습니다."

행성들이 태양 둘레를 회전하듯이, 그녀의 삶은 천상 여왕, 그녀의 사랑과 삶의 중심이었던 별, 마리아라는 별에 의해 끊임없이 이끌리는 형태였다.

"오, 마리아! 당신은 제 인생의 원을 그리는 사랑의 별입니다!"

그녀의 심장 옆에 있는 작은 갑은, 또 하나의 작은 문서를 담고 있는 것으로 우리가 이미 언급했던 것이다. 그 안에는 그녀가 기록하였고, 실로 의기양양한 말들에 밑줄을 쳐 놓았던 종이도 간직되어 있었다. 교황 비오 11세가 하느님의 어머니에 관해서 원죄없이 잉태되신 성모의 영광스런 교리의 뜻을 밝히고 선포하였던 말씀이었다. 교황께서 이 말씀들을 선포하셨을 때, 마리아의 순수성에 대한 초자연적 직관을 받으셨다고 전해지는데, 너무 투명하고 힘차며 강력한 것이기에 그의 영혼을 몸에서 거의 분리시킬 정도였다고 한다. 그가 하느님의 특별한 은총으로 지탱되지 않았던들, 그의 생명이라는 대가를 지불하게 했을 정도였다. 이 말씀들은 이 고요한 수녀의 순수하고 겸손한 마음 위에 밤낮으로 머물러 있었다.

13

문간에서

베르크만스 수녀가 영적 생활 안에서 그렇게 완전하고 철저한 준비를 했던 것은 잘한 일이었다. 이제 그녀는 진정으로 그것을 필요로 하게 될 것이기 때문이다. 일본에 온 이후 그녀는 이 작은 수도원에서 분주하게 일하는 구성원이었으나, 이제는 그 안에서 아주 중요한 자리를 차지하게 될 시기가 다가오고 있었다. 게다가 그녀는 동시에 몇 가지를 하게 되었다.

과거 4년여 동안 제의실 담당으로 있으면서, 가끔씩 부(副)선생 자격으로 레오니 수녀의 수련자들을 도와 주었다. 그러나 그녀가 할 일은 대수롭지 않았다. 알다시피 아직 수련실이 체계화되어 있지 않았다. 청원자들은 나머지 수녀들 주변을 따라다녔으며, 공동체 안에서 그들이 할 수 있는 일을 하였다. 어느 날 너무도 분명하게 그녀의 것이 된 그 직무의 어려움 때문에, 이것이 가엾은 베르크만스 수녀를 완전히 질겁시키기에 충분했다.

새로 정주 서원을 발하기 얼마 전에, 베르크만스 수녀는 제의실과 부선생 직책에 더하여 또 다른 소임을 받게 되었다. 그것은 천성적으로 그녀에게 잘 맞는 일은 아니었지만, 그녀의 건강 상태에 적합한 것이었으며, 더 강한 수녀들 중 한 명이 수도원의 좀 더 힘든 일에 헌신케 하였다. 이 일은 회계와 낙농장 보조였다.

시토회 수도원들과 수녀원들은 치즈로 잘 알려져 있는데, 수도승들이 "화이트 치즈"라고 말하며 다소 무시하며 지칭하는 것이, 미식가들로부터는 "포르 뒤 살뤼"와 같이 어느 정도의 경외심을 가지고 언급된다. 세상에서 트라피스트 치즈는, 라발의 모원장으로 있으면서 베르크만스 수녀를 일본까지 가게 하는데 간접적 책임이 있었던 아빠스의 수도원 이름으로 유통되었다.

천사의 성모 수도원 수녀들은, 일본에 올 때 이 단순한 기술도 함께 들여왔으며, 늘 그렇듯이 유럽과 일본 양쪽 모두에서 그 치즈에 대한 작은 평판을 쌓게 되었다. 일본이 아직 중립적이었던 무렵, 1차 세계 대전이 발발하였을 때는, 정말로 하코다테 인근에 정박해 있던 독일 군함의 어떤 장교들이 해안까지 들어와서, 그 유명한 치즈를 좀 얻으려고 수녀원을 찾아왔다. 베르크만스 수녀는 그들을 환대하는 것이 기뻤다. 이는 다소 차갑지만 정중한 태도로 그녀의 애국주의를 잠식시킬 기회를 주었다.

1905년 혹은 1906년부터 베르크만스 수녀는 수녀원에서 치즈를 운송하는 책임을 맡게 되었다. 창고에서 금역(禁域) 밖에 있는 목수 형제의 가게와 맞닿아 있는 지점까지 치즈를 운반하는 방식으로, 어느 정도의 손노동이 있음을 의미했다. 그러면 목수 형제는 치즈를 해상 운송할 수 있도록 박스로 포장하였다. 베르크만스 수녀는 치즈 판매와 선물에 대한 모든 계산서를 정리하였고, 이 판매와 관련해서 수도원 고객들과 친구들과 필요한 편지 왕래를 하였다. 그녀가 사업적인 여성이 아니라는 사실은 분명히 말할 수 있다. 영적 지도자가 실제성이 부족한 그녀를 보고 다소 얕보는 태도를 취한 것으로 볼 때, 그녀가 회계에는 둔하였다는 것을 판단할 수 있다. 그러나 가끔 훌륭한 편지를 쓰곤 했으며, 전반적으로 볼 때 영혼들을, 오직 치즈보다는 더 높은 어떤 것에 대한 사랑에로 움직여가기 위해 상업적 전문 용어는 한두 마디로 줄이려 했음을 알 수 있다.

그녀의 건강에는 전적으로 쉽지 않은 일이었다. 저장고에서 목수 형제에게 돌리는 곳까지 왔다 갔다 하면서, 얼음장 같은 외풍에 시달려야 했지만, 그것은 큰 치즈들을 한 아름 운반하는 중압감보다는 덜 힘들었다. 사실 어느 날 잘못에 대한 고백을 하는 집회 시간에, 낙농 부서 판매 관리자로서 자신의 직무 이행 과정에서, "너무 많은" 치즈를 운반하고 있다는 말을 듣게 되었다. 그녀에게 이 선언을 했던 애덕 많은 그 수녀가, 베르크만스 수녀보다 치즈 손상을 더 우려했는지, 의아스러울 수도 있을 것이다. 그 답은 그녀가 양쪽 모두를 똑같이 우려했을 것이라는 사실이다.

동시에 그녀는 제의실에서 제대보를 세탁하고 다림질하는 일을 모두 해야 했다는 사실을 기억하라. 그녀는 초를 단장해서 야간 기도의 불을 켜야 하고, 모든 제병을 구워야 했다. 제의를 수선하고 성당을 쓸고 닦으며 제대를 장식해야 했으며, 게다가 셀 수 없이 많은 다른 작은 의무들을 지켜야 했다.

이 모든 것이 충분하지 않은 것처럼, 1908년 연간 소임 변경이 이루어지는 봉헌 축일이 다가왔을 때, 베르크만스 수녀는 이런 일들에서 경감되지 않았을 뿐만 아니라, 수녀원에서 가장 무거운 짐들 가운데 두 가지나 더 그 빈약한 어깨에 지게 되었다. 말이 두 가지지 사실상 세 가지나 마찬가지였다. 그녀는 문지기가 되었는데, 그것은 객실 담당이자 동시에 내부 당가이기도 하다는 뜻이었다.

참으로 봉헌 축일이었다! 시토회 수녀들은 매년 그날 공동체에서 모든 것을 변화시킬 때, 가벼운 전례적 역설의 어떤 형식을 실행하고 있는 것 같았다.

그래서 1908년 2월, 베르크만스 수녀는 제의실, 치즈 판매 관리자, 문지기, 객실 담당, 그리고 당가 자리를 가지게 되었다. 결핵 징후가 분명한 체질과, 오로지 하느님과 함께 하면서 세상과 물질적인 것들의 소음이나 산만함을 모두 잊어 버리기 위해 수도원으로 들어왔던 순수한 관상가로서의 기질 위에 이 모든 것이 놓이게 된 것이다.

새로운 문지기 자리는 매우 활기찬 것이 될 수 있음을 약속해 주었다. 과거 그녀는 가끔씩 자유 시간이 없어지는 것을 탄식했지만, 지금은 심지어 하느님의 일 자체, 성무일도를 위해 앉아 있을 때도, 늘 정문 벨 소리가 울리면 가대에서 급히 떠나지 않으면 안 되었다. 하느님의 일에도 방해를 받았다면, 사람의 일은 훨씬 더 그러했을 것이다. 제의실 다림질이나, 치즈 회계 장부 혹은 훨씬 더 복잡한 당가 일을 하려고 하면, 벨이 다시금 울리기 시작하였다. 정확히 같은 시간에 반대 방향에서, 하나는 정문, 다른 하나는 제의실 "통로"로부터 두 개의 벨이 들려올 때의 상황은 훨씬 더 흥미롭게 되었다. 그녀는 번민의 순간에 멈추어 서서 신속히 결정한 다음, 그 상황에서 좀 더 긴급하게 보이는 쪽을 향해 달려가곤 하였다.

이제까지 천사의 성모 수도원에서 맡은 일 가운데, 아마도 이 문지기보다 더 큰 희생을 베르크만스 수녀에게 요구했던 일은 없었을 것이다.

그 일은 당연히 그녀에게 잘 맞지 않았다. 그 문제에 대해 그녀가 말하는 내용을 들어보자.

"정문 벨 소리를 듣고 가대를 나가야 했던 첫날, 나는 점점 화가 나는 것을 느낄 수 있었습니다. 그 벨을 거의 떼어내려고 하였습니다. 그러나 오늘은 다시금 가대에서 달려나가고 있으며, 그다지 큰 희생을 요구하지 않습니다. 벨 소리를 듣는 순간 마음을 예수님께 들어 올렸으며, 그분을 위해서 침착하게 미소까지 지으려고 하였습니다. 거룩한 무심(無心)과 자아로부터의 실질적 이탈에 도달하기까지 이 일을 떠나지 않기를 바랍니다. 그것은 시간을 필요로 할 것이라고 감히 말할 수 있습니다."

물론 가끔씩 힘이 쇄진될 만큼 육체적으로 약한 상태에 있는 그녀에게, 왔다 갔다 하는 이 모든 달음질이 쉽지 않았다는 것을 기억해야 한다.

그 다음으로 분명하게 보이는 어떤 어려움이 더 남아 있었다. 실제로 정문까지 가서 쪽문을 열었을 때, 그녀가 겪는 어려움은 단지 시작에 불과했다. 십중팔구 그녀는 가로대를 통해서 다소 정중한 일본인의 얼굴을 들여다보았을 것이며, 그 입에서는 즉시 낯설고 익숙하지 않은 소리가 계속 나오기 시작했을 것이다. 그녀는 이를 어떻게 해서든 알아들어야 했다.

"문지기 자리는 탁월한 소임이 될 것입니다." 로베르 신부는 만족스럽게 말했다. "그 일은 당신으로 하여금 일본어를 할 수 있게 해 줄 것입니다."

다른 어떤 것보다도, 아직 일본어를 얼마나 많이 알아야 할 필요가 있는지를 발견하게 해 주었다. 침묵하는 트라피스트 수녀가 되기 위해 수녀원에 들어왔다. 그러나 이제 6년 동안 도움을 주러 온 이들이나, 제의실 통로를 통해 의사 소통을 하게 된 이들과 다소 말할 필요성이 포함된 일을 하게 되었다. 불어로 말하는 것도 그리 좋지 않은 편이었는데, 배울 능력이 전혀 없는 것으로 간주하는 유혹에 빠지기도 했던 이 말의 어려움으로 허둥대는 것은 훨씬 더 좋지 않았다.

그러나 자신의 감정을 잘 다스림으로써, 그 일이 요구했던 모든 일을 하느님에 대한 사랑과 단순함으로 잘할 수 있었다. 말 그대로 수녀원 정문을 찾았던 모든 이들을 매료시켰다. 베르크만스 수녀는 언제나 아주 기뻐하고 정중하며 친절했다! 그녀와의 단순한 만남이 수도원 방문객들에게 어떤 영향을 주었는지 그녀는 결코 알지 못했다.

어떤 일본 행상인들은 수도원 정문에 찾아와서, 그녀가 지닌 전혀 다른 방식의 단순함을 알아보게 되었다. 달리 말하면, 그들은 머지않아 상업적인 일에 있어서, 순 먹통인 그녀를 발견하게 되었다는 것이다. 그녀는 문지기인 동시에 당가였기 때문에, 한꺼번에 두 가지 일을 하면서 수녀원에서 필요했던 물건들, 혹은 오히려 그녀가 필요하다고 생각했던 물건들을 사는 경우가 자주 있었다. 그녀는 자신의 이러한 사업 처리들 가운데 한 가지를 설명하고 있다.

이렇게 기록하고 있다. "어느 날, 나는 멋지고 훌륭한 거래를 하고 있다고 생각했습니다. 생선을 좀 샀는데, 그것들은 죽어 있었지만, 좋은 상태였습니다. 제 말뜻을 이해하실지 모르겠지만, 그것들은 살아 있었습니다. 거의 일어나서 제 발로 걸어나가려 하고 있었습니다. 풍기는 냄새 때문에라도 달리 생각해 볼 수 있었지만, 저는 흥정하는 말을 전적으로 신뢰하였습니다. 원장 수녀님께 그것들을 가져가서 그 장사꾼이 말한 것을 바로 전달하였습니다. '이것은 소금에 절인 물고기랍니다.'"

"그 장사꾼이 떠나기 전에, 매주 다시 들르라고 하였습니다. 그러나 그는 나만큼 그런 왕바보는 아니었던지, 다시는 나타나지 않도록 매우 주의하였습니다."

객실 책임자로서 활약한 면모는, 스콜라스티카 원장 수녀가 외부에서 로베르 신부와 함께 방문한 어떤 수도회 장상에게 정찬을 대접하고 있던 날 그 빛을 발했다. 그들이 백포도주를 내달라고 요청하자, 그녀는 조금 찾아보려고 저장고로 급히 내려갔다. 백포도주처럼 생긴 병 하나를 발견하고, 되돌아와서 뚜껑을 개봉하지 않은 채, 식탁에서 봉사하는 형제에게 그것을 건네 주었다. 그녀는 모든 일이 어떻게 돌아가는지 들으려고 "돌아가는 모퉁이" 안쪽에서 대기하고 있었다. 코르크 마개가 펑 터진 다음, 첫 번째로 그녀에 귀에 들렸던 소리는 로베르 신부의 음성이었다. "식초!" 분개한 그 사제는 외쳤다. "그녀가 식초병을 내놓았어요!"

오후에 짬이 나는 동안, 모든 수녀들이 밖으로 나가서 정원을 산책하고 있었는데, 베르크만스 수녀는 더 이상 소나무와 삼나무 아래 있는 언덕을 따라 나가며 꽃을 따거나, 반짝이는 바다와 청록색 산들, 그 아래로 저 멀리 펼쳐진 도심지를 응시하면서 묵주 기도를 바칠 수 없었다. 그녀는 정문에서 가까운 범위 안에 있는 공기만 마셔야 했다. 그뿐만 아니라 이 시간을 이용하여, 제의실에서 필요로 하는 나머지 일을 하였다. 수녀원의 목조 건물 앞을 따라 이리저리 거닐거나, 초 심지를 만들면서 긴 2층 건물 주변을 다녔다. 이렇게 할 수 있으려면, 세 가지 실을 함께 모아서 땋아 놓아야 했다. 그래서 실끝을 이빨 사이에 물고, 줄을 팽팽하게 당기기 위해 앞으로 팔을 내뻗치면서, 이리저리 거니는 모습이 보이곤 했다. 그동안 자기 손가락으로 그것들을 함께 땋아 내렸다. 그것은 산책하기에 가장 편하거나 즐거운 방식이 아니었으므로, 목을 몹시 뻣뻣하게 하거나 어깨에 많은 통증을 일으켰다. 자기 코앞에서 세 가닥 실을 사팔뜨기로 쳐다보아야 하는 긴장감은 말할 것도 없다.

그러나 문지기로서 하는 모든 일들이 희생의 대가를 치르게 한 것은 아니었다. 1908년 프랑스의 수녀원들, 대부분 웁시 수녀원에서 자원한 이들로 이루어진 또 다른 파견대를 환영하기 위해 천사의 성모 수도원 문을 활짝 열게 된 것은, 참으로 그녀의 기쁨이자 특권이었다. 아마도 자신 안에서는 여전히 나약함과 무력함을 지긋지긋하게 많이 느꼈겠지만, 6년 전 그녀가 도착한 이래로 이루어낸 진보는 그녀가 새 지원자들에 주었던 영향력으로 분명해졌다.

그들 가운데 한 명인 제르트루드 수녀는 나중에 그 수도원의 원장이 되기까지 하였으며, 일본어로 베르크만스 수녀의 전기를 기록하였는데 성인다운 자매에 대한 첫인상을 이렇게 회고하고 있다.

"착한 베르크만스 수녀가, 당신 생애 마지막 시절에 그러했던 것처럼, 언제나 완벽하지는 않았지만, 정주 서원을 한 이후부터 큰 진보를 이루었으며, 점진적으로 마지막에 도달했던 높이까지 올라가셨다는 이야기를 들었다. 나는 1908년에 도착해서 그녀의 생애 마지막 시기에 그러했던 모습대로, 작고 소중한 우리 수녀님만을 보았기 때문에, 이를 보증할 수 없다. 즉 비범한 경건함과 모든 자매들에 대한 애덕, 수도원 봉사에 있어서의 힘찬 순종, 희생과 자기 포기 그리고 나머지 모든 것들이 한결같았다. 이렇듯 어떤 것을 뒤로 물리거나 잠시도 그치지 않고, 모든 일을 너무 완벽하고 열정적으로 행하는 습관과 이를 지속적으로 끊임없이 실행했던 점은 나로 하여금 베르크만스 수녀가 성인으로서 애초부터 영웅적이었으며, 그러한 선을 계속 지켰다는 사실을 확신하게 해 주었다. 그녀는 거룩한 사랑의 불이 자신 안에서 결코 꺼지게 하거나 소멸하게 하지 않았다. 그 불은 그녀의 병고가 그랬던 것보다 훨씬 더 많이 그녀를 집어삼켰던 것으로, 그녀는 매우 초자연적인 정신과 거룩한 지향으로 그렇듯 고양되어, 끊임없는 희생과 모든 일상 행위들로 끊임없이 번제 될 그 먹잇감을 대주고 그것을 살려냈다.

"내가 처음으로 일본에 왔을 때, 그녀에 대한 큰 존경심을 느꼈기 때문에, 스스로 매우 행복하다고 여기면서, 성인과 함께 나란히 옆에서 살 수 있도록 불러 주심으로써 그분이 내게 베풀어 주신 은총에 대해, 선하신 하느님께 어떻게 감사드려야 할지 잘 모르고 있었다. 그러한 연고로, 때때로 나는 다음과 같은 작은 기도를 하곤 하였다. '나의 하느님, 그분과 함께 베르크만스라는 사람을 두신 것에 대해 당신께 축하드립니다. 그러나 당신이 저와 같은 제르트루드를 두셔야 하기 때문에 유감입니다.'"

계속해서 공동체를 위한 베르크만스 수녀의 봉사에 대해 언급하면서, 선량한 제르트루드 원장 수녀는 이렇게 기록한다.

"그녀는 첫째가는 일류 노동자였다. 그녀의 앞선 지성, 재능, 무엇보다 공동체에 대한 그녀 자신의 감탄할만한 헌신은 모든 자리에 잘 어울렸다. …… 그래서 나는 그렇게 건강이 좋지 않은 사람이 모든 일을 완벽하게 하면서, 어떤 사소한 것에 있어서도 자신의 영적 의무나 규칙의 요구들을 결코 무시하지 않고, 너무 엄청난 몫의 힘든 일을 분담할 수 있다는 것을 보면서 어안이 벙벙해졌다." 아마도 이 시기에 베르크만스 수녀의 가장 큰 책임과 가장 복잡한 일은, 당가와 관련된 것이었으리라. 내부 당가로만 있었으며, 농장과 관련된 모든 일까지 책임지고 있지 않았다는 것이 참으로 다행이었다. 그녀는 분명히 그렇게 그대로 하고도 남았을 것이다. 내부 당가로서 전 공동체를 먹이고 입히며, 수도원 주변의 다른 모든 고용인들이 필요로 하는 물건과 도구를 공급받을 수 있도록 보살피는 것은, 그녀의 일이었다. 달리 말하면 그녀는 천사의 성모 수도원의 전체적인 관리자이자 회계 담당이었다. 게다가 그것은 그 일 자체만으로도 어떤 한 개인에게 충분히 큰일이었다.

그것은 문지기 일보다 훨씬 더한 기술을 요구했다. 결국 쪽문 쇠창살을 통해, 몇 마디 부담 없는 말로 낯선 사람을 보내는 일은 상대적으로 쉬웠다. 그러나 수도 생활하는 동료들이 가장 필요로 하는 것들을 처리해야 할 때는, 많은 애덕과 요령과 지칠 줄 모르는 인내력을 요했다. 단지 도시적인 성향과 세상적인 정중함과 외교만으로는 충분하지 않았다. 시토회 수도원에서 수도자들이 그러하듯, 사람들이 그렇게 좁은 공간에서 함께 살 때는, 오로지 참된 인내와 진정한 애덕에서 나오는 갈망으로 타인들의 필요를 이해하고, 그들의 짧은 생각들을 저마다 용인할 수 있는 것만이, 당가로 하여금 그 자리가 요구하는 흠 없는 친절과 상냥함으로 모든 이들을 대하게 할 수 있다.

베르크만스 수녀가 경제학에서 박사 학위를 소지하지 않았고, 수녀들의 공동체를 위해 공급 물자를 구입하는 것에 대해 기초조차 모른다 할지라도, 그녀는 순종적이었고 겸손하며, 타인들의 필요에 대해 참을성 있는 이해심으로 가득한 마음을 지니고 있었기 때문에 탁월한 당가가 되었다. 우선 그녀는 이렇게 자신에게 맞지 않는 소임에서는 아무것도 보지 않고 오직 하느님의 뜻만을 보았다. 완전함은 하느님의 뜻과 온전히 일치하는 것 속에 존재하며, 그 때문에 수녀원에 왔으므로, 그녀가 분명히 해야 할 일은, 그저 좋은 당가가 되기 위해 최선을 다하는 것이었다. 그것이 성성으로 가는 그녀의 길이었다.

그녀는 루드가르디스 원장 수녀에게 이렇게 썼다. "이러한 모든 소임들은 저를 약간 놀라게 합니다. 그것들이 몰고 온 그 모든 어수선함 때문에, 내적 생활은 제게 몹시 힘들어 보입니다. 그렇기 때문에 당신의 선한 기도에 의탁합니다. 그렇다면, 어떤 것을 잃어 버리게 될지라도, 저는 제 일에 대한 더 큰 헌신으로 제 자신과 저의 모든 취향을 더 담대히 포기하면서 그것을 보상할 수 있게 될 것입니다."

당가로서 그녀는 조수녀들과 더 많이 관계하게 되었다. 그녀의 가장 중요한 책임 중 하나는 저녁 끝기도 시간 직전까지 다음 날 작업 배정을 주관하는 것이었다. 농장 일과 관련되는 모든 것은 당가 보조에게 의지하면서, 물리적인 편리보다는 애덕의 빛 아래서 책임을 할당하였다. 언제나 신중하게 고려해서, 어깨에 부담을 견딜 수 있는 이들에게만 짐을 얹어 주었다. 수도원에서 살고 있는 모든 사람은 완전하지 않으며, 어떤 이들은 손 노동 문제에 있어서 싫고 좋은 취향을 너무 분명하게 지니고 있었다. 그것은 그들에게 별로 득이 되지 않지만, 당가는 애덕상 이러한 약함도 고려해야만 했다. 다른 곳과 마찬가지로, 여기에서 베르크만스 수녀의 애덕과 기지는 큰 성공을 거두게 해 주었다. 어쨌든, 그녀는 작업을 배정해 주는데 오랜 시간을 끌지 않았으며, 인간적으로 가능한 한 빨리 자매들로 하여금 끝기도를 위해 성당으로 갈 수 있게 해 주었다.

그녀는 다른 시간, 혹은 밤중에 일했던 이들뿐만 아니라 별도의 일을 해야 했던 수녀들의 책임을 가볍게 해 주기 위해, 할 수 있는 모든 것을 다했다. 어떤 이들은 너무 편하게 그들을 대우하는 것에 대해서, 약간은 드러나게 그녀를 비판하는 경향이 있었다. 그러나 그녀의 대답은 다음과 같았다. "나는 그 자매들에게 너무 심하게 대하기보다는, 차라리 연옥에 갈 정도로 과할지언정 친절하게 하는 편이 더 낫습니다."

이 모든 일을 맡으면서, 그녀는 육체적인 어려움을 조금도 모면하지 못했다. 비록 그녀의 일이 집안에 머물 수 있게 했을지라도, 헛간이나 들판을 돌아다니면서 몸을 움직이며 사용했던 이들만큼, 어쩌면 그보다 더한 겨울의 추위를 느꼈을 것이다.

6시경 후 자신의 쿠쿨라를 벗고, 방으로 가서 낙농 회계에 관한 일을 하였다. 그녀는 작은 방에 불도 없이 앉아서 쓰기 시작하곤 하였다. 홋카이도의 날씨는 따뜻하지 않다. 그녀는 자주 쓰는 것을 멈추고 두 손을 비벼서 손가락의 냉기를 녹여야 했다. 그동안 차가운 바람이 창문 틈새로 스며들었으며, 작고 단출한 방의 한기는 얇은 옷과 스카풀라를 뚫고 살과 뼛속까지 파고들었다. 그러다가 마치 얼음 덩어리로 변하고 있는 것처럼 느낄 지경에 이르렀다. 그러나 실제로 잉크가 얼어 버려서 더 이상 쓸 수 없을 만큼, 어쩔 수 없는 상황이 벌어질 때까지, 그 방을 떠나지 않았다. 그때에야 자신의 서적들과 책상을 집어 들고 작업실로 이동하곤 하였다. 거기에는 불이 있었다. 그렇게 할 때, 올리브 동산에서 고통 받으시는 예수님의 작은 상본을 같이 가져갔는데, 작업할 때면 늘 자신 앞에 두었던 것이다.

 분명히 성심은 노동하고 희생하는 시간들 안에서, 이 가장 열렬하고 헌신적인 자녀로부터 위로가 없지 않았을 것이다. 아마도 그때 그분은, 감실 앞에서 그녀가 가장 열심히 기도했던 순간과, 그 옛날 라발에서의 감각적인 열정 안에서 그분께 드렸던 것보다, 더 많은 사랑을 받으셨을 것이다.

14

감사의 찬미

　세월은 더 빠르게 지나가기 시작했다. 그녀의 하루하루는 점점 더 많은 일과 책임들로 빼곡하게 채워졌다. 건강은 점차 약해지고 있었으나, 그에 아랑곳하지 않았으며, 아프고 지쳤다고 해서, 가대로 가서 늘 하던 대로 기도하고 일하는 그녀를 막을 수 없었다. 시간이 지나가는 동안 제의실 보조가 생겨서 그녀의 일은 가벼워졌다.

　일본에서 그녀가 지냈던 7년 동안, 이 작은 수녀원은 꾸준히 성장했다. 불확실했지만, 첫 번째 일본인 청원자들이 마침내 몇 안 되는 종신 헌신자로서 열매를 맺었다. 그들은 하루 하루, 한 주 한 주, 한 해 한 해를 가대와 공동체의 모든 행사 안에서 자기 자리에 충실히 머물렀다. 그러다가 마침내, 그 작은 가정에서 행복하고 기쁜 마음으로 성인다운 구성원들이 되었다. 사실, 그들 가운데 어떤 이들은 스콜라스티카 원장 수녀와 모든 공동체에 큰 위로가 되었으며, 가장 완전하고 교화적인 단순성과 거룩한 기쁨의 정신을 보여 주고 있었다. 평화롭고 인내롭고 사랑스러운 마음으로 유순하게 미소 지으며, 이 작은 헌신자들은 적절한 지도를 받은 다음, 성령의 은총과 시토회 생활에 대한 철저한 양성으로,

성성의 정점으로 가는 길을 보여 줄 수 있게 되었으며, 서원을 증거했다. 오랫동안 희생에 젖어 있던 창립 베테랑인 연로한 유럽인 수녀들에게는, 아직 꿈도 꿀 수 없는 것일 수 있었다.

　이제 일본어로 이루어지는 베르크만스 수녀의 수업은, 그 어느 때보다, 교회법적 수련기를 시작할 필요가 너무 절실하였던 8~10명의 헌신자들과 직접적으로 관련되었다. 이전에는 이 낯선 말의 가장 단순한 기초들을 숙지하는데 몹시 붙들려 있던 상태였다. 지금은 동양 언어로 영적 생활에 대한 모든 본질들을 표현하는 방법을 배워야 하는 문제가 있었다. 그녀는 영적 지도자가 될 책임과 직면해야 할 뿐만 아니라, 교회에서 가장 엄격한 관상 수도회들 가운데 하나인 곳에서, 수도 생활에 대해 영혼들을 양성시킬 책임을 지고 있었기 때문이다. 그것은 본질적으로 작지 않은 책임으로, 추상적 진실이나 기도 생활의 모든 미묘함은 고사하고, 가장 단순하고 평범한 일상의 문제들을 표현하는데도 익숙하지 못할 뿐만 아니라, 익히는데도 남달리 어려웠던 언어로 그렇게 해내야만 했다.

　게다가 지금은, 임시 수도원 금역 울타리 바로 밖으로 일꾼들이 와서 새 수녀원 건물의 기초를 다지기 시작함에 따라, 복잡하고 불편하게 된 상황 안에서, 베르크만스 수녀는 이 작은 공동체에서 또 하나의 중요한 일을 맡게 되었다. 어떤 면에서 이제까지 했던 어떤 것보다 더 어려운 것이었다. 새로운 자리는 그녀가 영혼들의 지도에 대한 실제적 경험을 하도록 분명히 선택되었다. 제의실에서 물러났으나, 평소처럼 당가 자리를 유지하고 치즈 회계를 하면서 조수녀들의 수련장이 되었다.

　결론적으로, 미래의 어느 날 완전히 일본인들로 이루어진 공동체가 거주하게 될 천사의 성모 수도원의 영구적인 건물을 짓기 위해 기초를 놓은 그 다음 해에, 베르크만스 수녀 또한 성령의 은총과 빛으로 견고하게 도배된 실제 경험의 확고한 기틀을 다지게 되었다. 그 위에, 그리스도께서 수백만이나 되는 그 민족으로부터 그분께로 불러 주셨던 이 선택된 봉헌자들의 영혼 안에, 참된 시토회적 단순함과 굳건함의 영적 체계를 쌓아갔다.

그녀가 규칙에 관해서 해 주어야 했던 첫 번째 "되풀이" 혹은 강화는 그녀에게 매우 어려웠다. 그런 식으로 어떤 것을 해야 했던 것은 처음이었으며, 서둘러 빛과 힘을 청하는 기도로, 하느님께 자신의 무력함을 바치는 기회를 많이 가졌다.

그녀는 루드가르디스 원장 수녀에게 이렇게 썼다. "오늘 저는 첫 번째 강습을 했습니다. 얼마나 큰 부담을 주고 있는지, 그것을 극복해 가는데 얼마나 참을성이 없는지 당신이 아신다면. 저는 선하신 하느님이 저를 어떤 모양으로 만들려고 하시는지 정말 모르겠습니다! 저는 침묵과 고독의 삶을 열망하며, 그것을 엄청나게 필요로 하고 있는데, 여기에서 저는 아침부터 밤까지 말하고 있습니다. 아직도 당가나 낙농 관리, 문지기와 같은 저의 낡은 딱지들을 달고 있기 때문입니다."

표딱지들! 그 말은 로베르 신부에게 굉장한 충격을 주었다. 고참 상사와 자신을 비교한 작은 지도자의 암시는 그의 기호에 맞지 않았다. 그녀는 언제나 군인들의 취향을 가지고 있었다고 그는 회고했지만, 한 수녀를 적합하게 표현한 말은 아니었다. 정말로 딱지들이라고 말이다! 어떤 군대에서 은유적인 암시를 차용하고자 했다면, 그녀는 세라핌과 케루빔 같은 천상 군대를 올려다보는 게 차라리 더 나았을 것이라고 그는 느끼고 있었다.

그러나, 그는 이야기의 골자로 곧 되돌아갔다. 이 새로운 직무는 영혼을 지도해 본 체험이 없는 이에게는 결코 쉽지 않았다. 33세의 젊은 수녀가, 갑자기 조수녀들의 그룹에서 영적 어머니 역할을 맡게 된다는 것은 어린아이의 장난이 아니었다. 그들은 본성과 은총의 은사에 있어서 그녀보다 축복받지는 못했지만, 모두 그녀보다 나이가 많았으며, 오랜 세월 종교 생활을 체험한 상태였다. 게다가 그들 가운데 몇 명은 다른 국적을 지닌 이들도 있었다. 라인 강 건너편 뷔르템베르크와 짜아르에서 온 독일인이나 완전히 독일인이 된 알사스인들이 바로 그들이었다.

그녀가 이 자매들의 말을 들을 수 있었을까? 그들의 존경과 신뢰를 얻을 수 있었을까?

놀랍게도 그렇게 하는데 전혀 어려움이 없었는데, 그 이유는 아름다운 단순성과 겸손, 참된 애덕이었다. 이 자매들은 베르크만스 수녀가 자기들의 수련장이 아니라 같은 자매로서, 그들 가운데 한 사람이 되어 그들을 사랑한다는 사실을 즉시 깨달았다. 그녀가 그들을 사랑하고 신뢰하였으며, 의심이나 주저함으로 그들을 대하지 않는다는 것을 즉각 알아보았기 때문에, 그들 역시 사랑과 신뢰로써 응답하였다.

그들의 필요에 늘 인내하고 동정하였으며, 아무리 말이 많아도 상관하지 않고 끝까지 들어 주곤 하였다. 그래서 그녀의 도와 주겠다는 약속은 믿을만한 것이라고 신뢰할 수 있었다. 그녀는 자신을 위한 자유 시간을 조금만이라도 낼 요량으로 그러한 것들을 처리하려 들지 않았다.

실제로 베르크만스 수녀는 겸손과 자기 포기를 실행할 기회를 곧 가지게 되었다. 겉으로 보기에는 아무것도 아닌 것처럼 보였을지라도, 정말로 드러나지 않은 영웅적 비하를 요구했다. 그녀의 첫 번째 강의는 자신에게 하나의 시험이 된 게 사실이지만, 따뜻한 성향과 열정적인 마음, 활기찬 지성과 상상력, 하느님께 대한 열렬한 사랑과 영혼들에 대한 열정으로, 그녀는 곧장 이 작은 영적 담화 속에 큰 아량을 지니고 빠져들었음을 쉽게 이해할 수 있다. 제르트루드 원장 수녀가 우리에게 들려 주기를, 그녀는 자기 청중이 잠에 빠져드는 것을 불가능하게 만드는 목소리 톤으로 말했다고 한다.

베르크만스 수녀는 자신의 작은 강화에서, 하느님께 대한 신뢰와 더불어, 넘어진 뒤에도 늘 다시 일어서는 것의 중요성을 특히 강조하였다. 자신의 무력함과 나약함을 사랑하라고 가르쳤으며, 영적인 어린아이다움을 설파하였다. 리지외의 데레사 수녀의 이름이, 갈색 수도복의 노련하고 숙련된 이들로 밀집되어 있는 그룹과 곧 친숙해지게 되었다. 그들은 공경하는 수녀님의 방 둘레에서 그녀와 마주하고 앉아 있었다. 이 경우 그곳은 그들의 집회실이었다. 바로 그렇다. 사실 이 둔감한 알사스인들은 보췌의 소나무 숲에서 성장하였으며, 그 중에는 전투에서 간호원으로 봉사했던 이들도 있었는데, 작은 군단, 작은 희생자들, 작은 영혼들의 말을 듣기 시작했다.

그들 중 몇 명에게는 약간 미덥지 않게 보였는데, 그것이 교리 자체 때문이었는지, 아니면 단순히 한 두 명이 어떤 새로운 소리에 극도로 당황해지는 기질을 타고 난 것이었는지 모르겠으나, 베르크만스 수녀가 전달하고자 하는 '메시지'가 순수한 열정으로 모두에게 잘 받아들여지지는 않았다.

헌신 그리고 하느님과의 합일에 도달하는 수단에 대한 문제에 있어서, 어떤 사람에게 약이 되는 것이, 다른 사람에게는 독이 되는 경우가 종종 있음을 경험할 수 있다. 그래서 주님이 장차 시토회 생활(그리고 때로는 그리스도교 생활)과도 완전히 초면인 영혼들의 지도자가 될 사람을 위해 저장해 두셨던 첫 번째 교훈들 가운데 하나는, 자신의 자연적인 열정을 가장 거룩한 일 안에서도 자제하는 것이 얼마나 필요한지를 보여 주시는 것이었다.

그녀는 찾게 될 것이다. 그것도 아주 빨리 그렇게 될 것이다. 그렇듯 대단한 영혼의 기쁨과 평화로 자신을 채워 주었고, 그녀의 마음에서 그렇게 많은 사랑과 믿음과 희망의 행위들을 이끌어 주었던 사고와 말과 구절과 개념들이, 단지 다른 사람들을 자극하거나 혼란스럽게 했을 뿐이며, 혹은 불안하게 만드는 경우가 많았다는 것을 말이다. 이 선량하고 굳건한 조수녀들 가운데 한 두 명은, 이 작은 군단에서 작은 희생자들이 된다는 생각으로 냉담해져 있었을 뿐만 아니라, 데레사 수녀에 대해 너무 많은 소리를 들어서 싫증이 나기까지 하였다.

분명히 이는 그 나름의 미묘한 방식으로, 베르크만스 수녀가 직면해야 하는 가장 큰 희생 가운데 하나가 되었을 것이다. 그래서 그 일은 분명히 그녀의 덕과 청렴함을 참으로 시험하는 것이 되었다.

일단 실패한 것을 놓고 우울해하지 않으면서, 이단의 어두운 풍자를 많이 곁들이고, 작은 길을 거부함으로써 기대했던 것과는 판이하게 다른 운명으로 갈 수 있다는 것을 암시하는 가운데, 자신의 교리에 대해 반감을 갖는 이들에게 강제로 주입시키려고 힘썼던 것은, 정말이지 대부분 그녀의 좋은 감각과 무엇보다도 초자연적인 정신의 공로에 기인하고 있었던 것이다. 자신에게 동정적이었던 이들에게 개인적 심중을 털어놓거나, 그녀의 교리를 받아들일 수 없는 이들의 정신적 퇴행에 관해 생각했던 바를 길게 이야기 할 요량으로, 자신이 좋아하는 주제에 대해 내키지 않는 공적 침묵으로 빠져들지 않았다.

정확히 말하면 리지외의 데레사의 가르침을 수용하고 이해하는 것은 참으로 초자연적이었기 때문에, 그녀는 자신의 인간적 약함으로 다른 영혼들의 또다른 필요성을 제대로 고려하지 않고, 자신에게 특별히 호소력 있었던 내용을 과도하게 강조했다는 것을, 완전한 평정심 안에서 인정할 수 있었다. 자기편에서 좀 더 객관성을 가지고, "작다"는 형용사와 "사랑스런 작은 데레사"에 관한 일화들의 사용에 절제가 있었다면, 작은 길의 본질을 가르치는데 도움이 되었을 것이며 더 효과적일 수 있었을 것이다. 결국, 중요했던 것은 작은 희생자의 언어라기보다는, 하느님의 힘에 대한 신뢰와 희망, 거룩하고 형제적인 애덕에 대한 견고하고 객관적인 진실이었다. 이는 데레사의 가르침뿐만 아니라 관상 생활에도 본질적인 것으로서, 이 모든 것의 근본 바탕인 복음에는 더욱이 그렇다.

어떤 비통함이나 원한, 순교자와 같은 태도를 지니지 않고, 가장 완전하고 초자연적인 겸손과 포기 안에서, 베르크만스 수녀는 불안감을 가지고 있었던 한두 명을 생각해서, 조수녀들에게 한 강화 안에 데레사 수녀의 이름에 대한 언급을 완전히 중지하였다. 또 하나의 미묘한 유혹이 같은 "강화"안에서 생겨났다. 베르크만스 수녀는 규칙과 관례들로 자매들을 지도해야 했기 때문에, 자기 견해나, 라발에서 지켜졌다는 이유로 특히 와 닿았던 해석들을 제시하고 강조하는 경우가 많았다. 어쩌다보니 그들 모두는 그녀보다 더 많은 햇수 동안, 규칙과 관례들을 학습하고 있었던 상황이었다. 본회의 관례들 안에는 의견 차이가 불가피하게 일어날 수밖에 없는 곳이 수없이 많은데, 특히 그 규칙이 여러 가지로 다른 지역과 공동체와 건물에 적용되어야 할 때에 그렇다.

그러나 그녀는 궤변에서 탁월해지거나 미묘하고 사소한 문제를 따지고 듦으로써, 다른 어떤 사람이 현재 지키고 있는 것보다 규칙을 더 잘 지키는 새로운 길을 보일 수 있는 이 절호의 기회를 거부했다. 또다시,

신앙과 참된 애덕에서 나오는 그녀의 분명하고 나무랄 데 없는 직관이 즉각 그녀에게 말해 주었다. 관례에 있어서 유일하게 중요한 것과 총체적 규칙의 개념의 기저가 되는 한 가지 원칙은, 애덕 안에서의 일치라는 것이다. 그러나 어떤 토론이나 견해의 다양성은 피할 수 없기 때문에, 또 다른 원칙이 있을 수 있다. 그러나 그것은 생길 수 있는 어떤 일까지도 포함하면서, 그러한 때에도 일치를 보존하고 있다. 이는 모든 문제에 대한 베르크만스 수녀의 해법이 되었다.

그녀는 수도원의 첫 번째 원장, 스콜라스티카 원장 수녀의 생각과 해석을 단순하게 따랐다. 그렇게 함으로써 그 모든 것에 종지부를 찍었다.

그녀는 지치지 않고 자매들을 주의시켰다. "희생"을 가장하고 기도와 독서를 위한 시간에 순종하지 않고 비밀리에 행하는 노동뿐만 아니라, 다른 일을 해야 할 시간에 은밀히 행하는 그들의 기도와 억지로 경건해 보이는 행위들을 반대하였다. 자기 뜻은 우리를 위해 규정되어 있는 것보다, 해야 하는 수천 가지의 더 나은 것들로 우리를 넘어가게 할 수 있다. 그러나 이 모든 것들은 유혹이다. 선한 것은 단 하나밖에 없으며, 그것은 하느님의 뜻이다. 그 외 모든 것은 아무리 좋은 것이라 할지라도, 악한 것이다.

수도 생활의 경건한 동료였던 제르트루드 원장 수녀의 회고가 담긴 어느 작은 사본에서, 그녀는 단순함의 매력을 가지고 한 사건을 고백하고 있다. 그녀는 베르크만스 수녀가 교리 가운데 어느 부분을 조수녀들에게 전달하고 있었을 때, 그것을 우연히 듣게 되었다.

제르트루드 원장 수녀는 같은 자매의 짐을 덜어 주도록 제의실을 인수 인계받는 가운데, 그 일과 일이 수행되고 있는 환경이 다소 힘들다는 것을 알게 되었다. 결과적으로, 그녀는 실수와 잘못을 저지르게 되었고,

그 모든 것에 대해 약간 심하게 자신을 질책하기 시작했다. 그녀는 자기 뜻을 너무 과도하게 행하고 있으며, 자기 일이 하느님의 마음에 들지 않으리라는 "두려움으로 고통받고" 있었다는 사실을 들려 주고 있다.

어느 날 오후, 이런 생각들로 약간 의기소침해진 그녀는 문밖 계단으로 가서 앉아 있다가, 창문을 통해서 들려오는 조수녀들의 수련장의 목소리를 듣게 되었다. 그녀는 이렇게 쓰고 있다. "그녀는 하느님의 뜻과 합치하는 것에 대해 말하고 있었습니다. 그녀로 하여금 그렇게 하도록 한 것은, 의심의 여지없이 위로부터 오는 영감이었습니다."

그런 다음 제르트루드 원장 수녀는 그녀의 말을 인용하고 있다.

베르크만스 수녀는 말하고 있었다. "가장 경건하게 최상의 지향을 지니고 행한다고 해서 무슨 소용이 있겠습니까? 우리가 하느님의 뜻을 벗어나서 그것들을 행한다면 말이지요. 그러한 상황에서 그것들이 주는 것은, 우리의 허영과 자기애밖에 없습니다. 선하신 하느님께서 뜻하시는 시간에 일하도록 합시다. 그분이 우리가 하기를 원하시는 것보다 더 많이 행하지 맙시다. 심판 날에, 그분은 어떤 큰일을 했느냐고 묻지 않으실 것입니다. 다만 그분의 거룩한 뜻을 행하였는지를 물으실 것입니다."

시간이 지남에 따라서, 눈에 띄게 건강이 악화되었는데, 거의 산산 조각나게 할 만큼 만신창이가 될 정도로 기침을 해대는 바람에, 베르크만스 수녀의 강화나 강습은 자주 중단되었다. 그러나 그녀는 자기 몸을 아끼고 돌보라는 어떤 제안도 그저 웃어넘겼다.

그러나, 많은 책임을 맡고 있다고 여겨지는 자매들의 필요에 언제나 특별히 친절한 관심을 보였다. 단지 그들의 건강이나 본성적인 만족을 위해서가 아니라, 그들 영혼의 관심사들을 고려하기 위해서였다. 온전하고 완벽할 만큼 순수하고 겸손했던 그녀 스스로가 단순한 관대함의 완벽한 모범이 되어 주었으면서도, 앓고 있거나 좋지 않은 상태에 있거나 힘겨운 일에 짓눌린 자매들에게 해 줄 때는, 그들이 원하는 것을 그대로 들어 주며 마음껏 베푸는 방향으로 기울었다. 그녀는 그렇게 할 수 있었다. 단지 전 공동체에 대한 관대함의 정신 때문만이 아니라, 그녀 자신의 모범에서 나오는 힘이, 그녀의 건강을 과도하게 염려하도록 유혹받았을 수도 있었던 이들을 만류하고 억제하는데 강력했기 때문이기도 했다. 어떤 자매들에게 편애를 드러냈다면, 육체적으로나 정신적으로 고통을 겪고 있는 이들을 위한 것이었다.

틈틈이 비는 여가에도, 필요한 일 때문에 바쁘게 쫓기는 수녀의 옷을 수선하는 일은, 조수녀들의 수련장에게 그리 대수롭지 않게 여겨졌다. 베르크만스 수녀는 종종 따로 앉아서, 흰색이 아닌 갈색 양말을 가지고 바늘과 실로 일하는 분주한 모습을 보여 주었다.

그녀의 사후, 베르크만스 수녀와 관련해서, 조수녀들 사이에 의심의 여지없이 분명하게 일치되는 의견을 기록하였던 로베르 신부는, 이렇게 말한다. "그들은 수련장 수녀에게서 사랑이 아닌 행동을 본 적이 한 번도 없었던 것 같습니다. 그녀에 대한 모든 것은 사람들의 마음을 선하신 하느님께로 고양시켰으며, 모든 것이 교화적이었고, 그녀를 만나러 왔던 이들의 마음 안에 행복과 용기를 우러나오게 했습니다. 그녀가 했던 모든 일은 완전히 자신을 망각해 버린 사랑에서 흘러나오는 것 같았으며, 타인들의 선과 그들 가운데 형제적 사랑이 완전히 지배하는 것밖에는 아무것도 구하지 않았습니다."

지나온 세월을 통해 그녀의 생애를 계속 짚어 가다 보면, 한 가지 특징이 점점 더 선명하게 드러나는 것을 볼 수 있다. 그녀의 삶은 사랑의 삶이다. 감상이나 감정, 열정적인 느낌이 아닌 참된 사랑, 하느님의 영에 사로잡힌 이들의 마음 안에 타오르는 애덕의 삶이었다.

1909년 봄 사순절, 긴 단식과 가대에서의 긴 시간경 전례 기도를 바쳐야 했어도, 자신이 하는 모든 일에서 그 어느 때보다 더 열심히 일하는 것을 막을 수 없었다.

힘들고 분주한 사순절이 지난 다음, 베르크만스 수녀는 어떤 피정을 하면서 위로를 받았는데, 그녀의 전 생애에서 가장 영적인 피정 중 하나였다. 강사는 그때에 더할 나위 없이 좋은 분으로, 그들의 모원장이었던 동 비탈 르호디였다. 이 기회를 통해, 그녀가 일본에 온 이후 두 번째로 방문하게 된 브리크베크의 선한 아빠스는, 먼저 작은 공동체에 정규 시찰을 실시한 다음, 피정을 지도하였다.

그 주간, 베르크만스 수녀는 그와 몇 차례 면담을 하면서, 영적인 문제에 있어서 전보다 그의 풍부한 지혜와 조언을 받을 수 있는 더 좋은 기회를 가지게 되었다. 그로서는 순수한 그녀의 영혼 안에서 일어나고 있던 크나큰 발전이 인상적이었다. 베르크만스 수녀의 생애가 끝날 때까지, 동 비탈 르호디는 거룩한 일치를 향해 그토록 빠르게 진보하는 이 수녀의 성성에 점점 더 큰 관심을 가지게 되었다.

그러나 이 피정 시기에, 영혼의 현명한 아빠스이자 아버지는 베르크만스 수녀에게 올바른 길을 가고 있으며 그것을 하느님께서 기뻐하고 계심을, 그녀가 맡은 모든 책임과 분심과 시험들에도 불구하고 …… 오히려 그것들을 수단으로 활용하시면서, 참으로 그녀를 그분 자신께 더 가까이 이끌어 주실 것임을 완전히 확신시켜 줄 수 있었다. 무엇보다도, 자신이 발견한 작은 길과, 하느님의 자비로운 사랑의 손 안에 새롭고 완전히 내맡기는 것에 대해 말하였다. 그녀는 하느님 자비를 위한 희생양으로서 자신이 헌신한 것에 대해 그로부터 완전한 승인을 받았다.

　그녀의 마음은 은총과 빛과 힘으로 충만해졌으며, 이 피정을 정점으로 이 헌신을 갱신했을 뿐만 아니라 새로운 봉헌을 하였다. 비록 서약의 특별한 효력이나 명확성은 없었을지라도, 동 비탈 르호디의 명백한 승인이 있었던 만큼, 이는 가장 완전한 것을 어떤 환경에서도 언제든지 가능하게 할 수 있도록, 실제로 서약한 것에 비길 수 있었다. 분명한 것은 불완전하거나 죄의 고통 중에 있는 상태에서, 자신이 가장 완전하다고 여기는 것을 언제나 하겠다며, 명시적으로 이에 구속받거나 얽매이지 않았다는 것이다. 베르크만스 수녀는 허점투성이마다 물샐틈 없는 법적 제재로 막아놓은 계약으로 맹세하는 식의 영혼을 지니고 있지 않았다. 그것은 그녀가 어떤 허점도 고려하지 않았기 때문이다. 그녀는 자신이 약하고 실수할 수 있다는 것을 알고 있었지만, 다시 일어나 모든 장애물을 넘어갈 수 있도록, 앞으로 데려다 주시는 예수님의 은총과 자비를 신뢰하면서 계속 나아갔다. 이때 그녀가 했던 것은, 특별한 방식으로 하느님 사랑에 자신을 좀 더 온전하고 새롭게 헌신하는 것으로, 이전에 헌신하였던 행위에 얼마나 긍정적인 해석을 부여하고 있는지를 보여 준다.

　하느님은 오래지 않아, 그녀의 봉헌에 대단히 기뻐하고 계시며 그것을 받아들이고 계시다는 표징을 보여 주셨다. 피정을 종료하는 장엄 미사 때 모든 자매들의 영성체가 있었는데, 베르크만스 수녀의 헌신이 특별한 호의의 표지와 함께 자비로우신 주님께 받아들여졌다.

　거룩한 사랑과 신뢰로 부풀어 오르고, 하느님의 영에 의해 감도된 갈망의 세찬 힘으로 넘쳐흐르는 그녀의 마음은, 별안간 특별히 강력하게 유입되는 초자연적 빛을 받았다. 그 안에서 그녀는 어떠한 방식으로 그녀의 봉헌이 마리아에 의해 예수님께 드려지게 될지 분명히 이해하였다. 결과적으로 그녀는 그분과의 짧고도 표현할 길 없는 특별한 만남의 감각과 가까운 일치를 누릴 수 있는 특혜를 받았다.

그녀는 이러한 체험을 어떻게 표현하고 타인들에게 어떻게 전달해야 할지 좀처럼 알 도리가 없었다. 그것은 상상 속의 비전이 아니라 갑자기 실현된 것이었기에, 그녀는 자신의 영혼 안에서 어떻게 해야 하며, 차후 일기장에 어떤 것을 표현해야 할지를 몰랐다. 그녀의 적은 말수마저 그대로 멈추어 버렸을지라도, 그 체험의 강도와 현실을 충분히 잘 판단할 수 있었다. 그녀의 말들이 그 현실을 우리에게 전달해 주기 보다 오히려 감소시키는 경향이 있었음에도 불구하고, 중요한 것은 예수님 그분 자신과의 생생한 만남에 대한 강렬한 의식이었음을 즉시 알아볼 수 있다. 그것은 어떤 사고나 개념 혹은 상징이나 비전이 아니라, 사람이 되신 하느님과의 만남이었으며, 그분의 영혼과 그분의 성심과의 생생한 접촉이었다. 그녀의 마음과 영혼은 실제로 다섯 개의 감각적인 방식을 따르지 않고, 그녀의 가장 내밀한 존재 안에서 갑자기 빠르게 움직이는 신앙과 사랑 안에서 생명의 근원인 영혼에 가 닿고 있었다.

간단히 말해서 그 장면은 이렇다. 장엄 미사 동안, 그녀는 자신을 바치면서, 언제나 예수님께 대한 순수한 사랑으로 행동하겠다는 결심과 약속을 봉헌하였다. 그런 다음 하느님의 어린양 전례 성가가 울려퍼졌다. 자매들은 천천히 가대에서 줄지어 나오기 시작했다. 조용한 성당에서 발의 조용한 움직임으로 자매들이 장중하고 고요하게 절할 때, 베일이 부드럽게 팔락거리는 소리들, 평화의 입맞춤으로 서로를 상냥하게 안아주는 것 외에는 아무 소리도 들리지 않았다. 그런 다음 무릎을 꿇었다.

제대의 아빠스는 그들에게 돌아서서 죄 사함에 대한 선언을 해 주었으며, 다시 한 번 유배의 길에서 부득이 긁어모은 인간적 먼지와 자연적 불완전함의 마지막 흔적들까지 모두 그녀에게서 씻겨졌다. 그런 다음 그녀는 다시 일어나서, 열렬한 갈망과 기대감으로 가득 찬 영혼으로, 단순하게 거의 말 없는 사랑의 영감으로 자신의 애정에 따라 부드럽게 움직이면서 쇠창살을 향해 나아갔다.

마지막으로 그녀는 흠숭드리기 위해 장중히 엎드렸다. 그런 다음, 수도복(쿠쿨라)의 긴 소매가 거의 발까지 닿도록 내려뜨려 십자형으로 앞에 모은 채, 하느님 아드님의 몸을 영할 수 있도록 무릎을 꿇었다.

그때 어떤 일이 일어났던가? 그녀는 더 이상 자기 주변에 있는 것을 의식하지 못했지만, 큰 기쁨과 평화에 깊이 잠겨, 마치 꿈속에 있는 것처럼 자기 앞줄에 있는 사람을 따라 자기 자리로 되돌아갔다. 세상은 그림자가 되었으며, 늘 그렇듯이 영성체 후에는 하나의 현실만이 존재했다. 바로 그녀와 함께 계시고 그녀 안에 계시는 하느님이시다. 그분 안에서 그녀는 존재했고, 그분은 그녀 안에 사셨으며, 그녀는 그분 안에서 살았다. 그러나 이제 그녀의 마음은, 가장 진심 어린 단순함 안에서, 그 날로부터 그녀의 삶에 대한 것, 즉 그분께 자신을 내어드린다는 큰 집념으로, 그분을 기쁘게 해드리고자 하였다. 그녀는 언제나 늘 그곳에 그분과 함께 계셨던 마리아와 함께, 그분께 이야기하였다. 그래서 이제는 그녀가 어떻게 말해야 하는지, 그 해야 할 바가 떠올랐다. 그녀는 하느님의 어머니께, 이 증여를 봉인해 주시고, 그녀를 위해 영원토록 아드님 심장의 책에 기록해 주시기를 청할 것이다. 이렇게 청하고 나자, 별안간 거룩한 마음에 가닿는 생생한 현실감, 짧고 순간적인 일치의 강렬하고도 피할 수 없는 감각, 이 증여로 그녀의 생명과 영혼이 무한한 선과 자비의 생생한 현존으로 말쑥하게 단장되고 있다는 의식이 생겨났다. 잠시 일어났던 일에 대한 그녀 자신의 설명을 읽어 보자.

"1909년 4월 28일. 오, 사랑하는 예수님! 당신의 가련한 피조물에게 얼마나 다정하고 부드러운 사랑을 보여 주시는지요! 저는 당신의 그 모든 친절함에 대한 기억을 간직하고자 합니다. 그러면 어두운 날에도, 제 영혼은 여전히 당신께 희망을 둘 수 있을 것입니다. 오늘 아침 거룩한 영성체로서, 제 영혼 안에 당신을 가까이 소유할 수 있는 행복을 표현할 길 없었을 때, 제가 얼마나 당신을 사랑하고 있는지를 다시금 당신께 말씀드리고, 성심의 자비로운 사랑에 저의 온 존재를 다시금 새롭게 봉헌하고자 하는 갈망을 느꼈습니다. 가장 사랑하올 어머니께 가서 말씀드렸습니다. '감미로운 어머니, 착한 사업가는 자신에게 전달된 모든 물건들에 대한 장부를 기록해 둡니다. 그러하오니, (어느 날 그분께서 복녀 마르가리따 마리아 알라콕에게 말씀하셨듯이) 당신의 거룩한 아드님의 마음인 생명의 책에 기록해 주십시오. 오늘 당신의 작은 딸이, '아주 특별한 방식으로 그분의 거룩한 사랑에 자신을 넘겨드리며, 오로지 그분의 사랑만을 위해 살고자 갈망하며, 그녀가 어떤 것을 하든지 그분에 대한 사랑이 아닌 다른 이유로는 결코 이루어지지 않을 것임'을 기록해 주십시오. 저의 무익함은, 대조적으로 그분의 사랑을 고양시킬 것이며, 저의 나약함과 부족한 관대함은, 그 사랑에 주의를 기울이도록 탄원할 것입니다."

"곧바로, 당신의 거룩한 어머니는, 저

자신의 온전한 이 증여를 불로 된 문자로 당신의 성스러운 심장에 기록 하셨습니다. '그런 다음, 제 손을 잡으시며, 그분은 방금 그곳에서 말했 던 모든 것을 제가 인정했다는 사실을 드러내도록, 이 성스러운 기록 위 에 그 손을 두게 하셨습니다. 그리고 난 다음, 당신도 그렇게 하셨습니 다. 오, 사랑하는 예수님.' 행복하게도, 그와 동시에 아직 제대에 머무르 셨던 공경하올 신부님께서 가대 쪽으로 돌아서서 곧바로 우리를 강복 해 주셨습니다. 이렇게 해서, 흠숭하올 성삼위께서는 하느님의 아드님 과, 그분의 작디작은 피조물 사이를 지나갔던 모든 이들을 인정해 주셨 습니다."

  이 체험의 영향으로 큰 힘을 가지게 된 그녀의 신앙은, 모든 것 안에서 하느님 당신 자신으로부터 그러한 확증을 보지 않을 수 없게 되었다. 그 러나 그분도, 그분의 자비 안에서, "행복한 일치의 이 순간"보다도 더 강 력한 그분 승인의 증거를 그녀에게 주셨다. 그리스도께서 살아 계시며, 그녀의 장상들 안에 머무르고 계시다는 사실에 대한 베르크만스 수녀 의 깊은 신앙심과, 그녀에 대한 그들의 모든 바람과 갈망 안에서 드러나 는 주님의 말씀과 주님의 뜻에 대한 그녀의 특별한 공경심을 알고 있기 에, 미사 직후 서둘러 식사를 준비하기 위해 객실로 간 다음, 동 비탈 르 호디를 만나 감사를 드렸을 때, 그가 한 말씀에 그녀가 애착했던 그 의 미를 쉽게 이해할 수 있다.

  그녀의 일기는 다음과 같이 계속된다. "오, 흠숭하올 예수님, 제 봉헌 의 수락에 대해, 당신이 제게 주시고자 했던 확신은 그곳에서 그치지 않 았습니다. 저는 곧 가대를 떠나 공경하올 신부님의 점심 식사를 준비하 기 위해 객실로 갔습니다. 제가 들어갔을 때, 그분이 제게 건네셨던 첫 마디는 이러했습니다. '당신을 강복합니다. 사랑의 천사가 될 수 있도록 말이지요.' 오, 예수님! 이 말씀이 당신에 의해서, 당신 사제의 입에서 들려왔을 때 저는 얼마나 좋았는지요! 오, 제 사랑이시여! 예, 저는 사랑의 최정점에 이르기까지 한순간도 쉬지 않겠다고 당신께 약속합니다. 예, 저는 사랑에 대한 갈증으로 타오르면서 목말라하고 있습니다!"

그러나 이 두 개의 "표징들"과 더불어, 그러한 일에 결코 열광하는 법이 없었던 로베르 신부가, 세 번째로 좀 더 설득력 있는 것을 보여 주었다. 그것은 그녀가 살아 있는 동안, 완벽하게 자기 봉헌에 부응함으로써 그에 합당하게 살았다는 사실이다. 영혼 안에서 이렇듯이 비범한 움직임을 알아보는 유일하고도 확실한 길은, 그 열매를 보는 것으로, 이 경우 그 시험은 완벽히 만족스러운 상태였다. 사실, 로베르 신부는 이 서약에 대한 그녀의 비범한 충실성은, 그 자체가 오로지 하느님의 특별한 은총에서 비롯되는 중대한 것임을 지적하고 있다. 하느님이 그녀의 봉헌을 받아들이지 않고, 수락의 증거로서 그것을 지켜나갈 은총을 주지 않으셨다면, 그녀는 결코 자신의 서약에 맞추어 살 수 없었을 것이라고 그는 결론짓고 있다.

아마도 지금이, 베르크만스 수녀의 기도에 대해서 간략한 설명을 시작함으로써, 주입된 기도 혹은 신비적 질서로부터 오는 현상들의 은총에 의해, 그녀의 삶 안에서 어떤 부분이 작용하였는지를 물어볼 수 있는 적절한 때가 아닌가 싶다.

분명하고 쉽게 확인할 수 있는 어떤 경계선에 의해, 신비적인 기도의 삶을 흔히 "평범하거나 능동적인" 기도라고 부르는 것과 엄격히 분리되는 것으로 생각하는 이들에게, 두 번째 문제를 대답하는 것이 쉬울 것이다. 베르크만스 수녀에게는 상상의 비전이나 황홀경, 위대한 신비가들의 생애에서 읽을 수 있는 것 같은, 극적이거나 쉽게 알아볼 수 있는 현상이 없었기 때문에, 그녀를 그들처럼 여길 수는 없다. 다만 주의 깊고, 매우 보수적인 로베르 신부가, "내적인 말투"로 받아들인 한 두 번의 경우들이 있는데, 그녀의 생애 말년에 있었던 일이다.

그러나 사실상 "능동적" 기도에서 "수동적" 기도로 옮아가는 지점을 확인하는 것은 거의 불가능하다. 기도하며 하느님과 일치하는 삶을 이끌어가고, 그분의 사랑을 위해 자신을 극복하며, 그분을 기쁘게 해드리기 위해, 진지하게 투쟁하는 열렬한 영혼들이, 종교 안팎으로 많이 있지만, 결과적으로 다년간 신비주의의 경계선 위에서만 떠돌면서, 그것을 거의 깨닫지 못하고 만다. 베르크만스 수녀가 신비가였다는 사실을 문헌상 증거하기는 어렵지만, 특히 1907년 이후, 그녀의 신앙 생활 안에서 전체적으로 하느님과의 친밀한 일치의 표지가 보인다는 결론은 피할 수 없다. 자주 성령에 의해 이끌리고, 그 은사의 지배 아래 살아가면서, 그녀는 그 말뜻의 진정한 의미에서 신비가였다. 그녀의 삶은 하느님 안에서 그리스도와 함께 숨겨져 있었다. 그것은 가장 순수한 신앙이자, 온전히 관대한 희생의 삶이었다. 너무 초자연적인 사랑의 삶이었기에, 성령의 친밀하고 끊임없는 중재와, 그녀의 영혼 안에서 역사하시는 그분께 "수동적" 순종을 자주 바쳤던 것만이 그것을 충분히 설명할 수 있다.

신비적 혹은 주입된 기도가, 결코 완덕에 도달하지 못한 채, 여전히 수많은 작은 결점들과 성급함과 같은 타고난 허물들을 지닌 영혼들에게, 아주 빈번하게 주어지고 있을지라도, 그것은 늘 덕과 평화의 증가로 열매를 맺는다. 신비적 기도는 언제나 빛과 위로의 형태로 주어지지 않는다. 사실 혹독한 수동적 정화나 내적 시련들 자체가 신비적인 상태로써, 영혼 안에 주입된 빛의 존재에서 나오는 결과일 때가 많다. 매우 낯설고 힘찬 상태는 인간적 본성에 고통을 불러일으키는데, 특히 아직 영혼 안에 내재된 그 모든 나약함과 불완전함을 드러내 주기 때문이다. 주입된 기도는 비전이나 황홀경을 수반하는 경우가 빈번할지라도, 그것을 반드시 필수적으로 포함하지는 않는다. 그것은 언제나 평화와 그리스도교적 덕 안에서의 성장, 특히 겸손과 애덕, 하느님과 친밀하게 합일하는 길로 인도한다.

로베르 신부는, 이런 신비주의의 개념을 마음에 두지 않았다. 결과적으로 베르크만스 수녀가 신비가였을 가능성을 고려하게 되었을 때, 그는 그렇다고 대답하였지만, 다만 두 가지 "내적인 말투"의 경우를 근거로 한 것이다. 우리가 방금 이야기했던 것으로, 1909년 4월 28일 영성체 후에 있었던 체험에 관해서, 그 선한 사제는 자신이 늘 지니고 있던 신중함을 지니고, 개입하기를 거부하였다. 그는 그것이 상상에서 나오는 비전이 아닌 것으로 보았다. 그리고 그 이상 말하지 않았다. 이것이 함축하고 있는 의미는, 그것이 신비적인 은총이 아니라는 것이다.

베르크만스 수녀의 기도를 고려해 볼 때, 대부분의 문헌들이 시사해 주는 바가 별로 대수롭지 않을 때가 많다. 그녀는 성녀 마르가리따 마리아 알라콕이나 성녀 대 제르트루드, 혹은 그들과 같은 이들이 바쳤던 기도문들을 많이 복사해서 자주 읽고 그것을 묵상했기 때문에, 로베르 신부는 대단히 풍부하게 그것들을 인용할 수 있었다. 그러나 이는 그녀의 내적 생활에 대해서 왜곡된 생각을 주입시킬 소지가 있었는데, 이와 관련해서, 실제로 유일하게 중요한 원천인 그녀의 마음 기도에 대한 아주 작은 정보를 가지고 그가 균형을 잡아 줄 수 있기 때문이었다.

그녀의 기도가 전적으로 지적이지 않은 것은 아니었다. 그와 반대로 그녀가 자주 복음의 한 문장이나 혹은 예수님께서 성인들 중 한 명에게 해 주신 몇 가지 말씀들을 자주 차용해다가, 자신의 이성으로 파고들거나 분석적으로 연구하지 않고, 다만 단순하게 그 의미를 개략적이고 일반적으로 자신의 생각 속에 차분히 가라앉게 하고, 그것들이 불어넣는 단순한 정감들을 맛보면서, 평화롭게 자신의 정신과 마음 안에서 그것들을 되새기곤 하였기 때문이다. 이러한 식의 묵상은 지적인 것에 비해 훨씬 더 풍성한 열매를 맺으며, 어떤 상당한 연구나 집중된 분석보다, 더 큰 빛을 하느님의 은총을 통해서 발산시킬 때가 많다.

이 목적을 위해서, 그녀는 때때로 한 책자를 사용했지만, 그것을 하나의 규칙으로 여기지는 않았다. 그녀는 한때 상당한 기간, 묵상할 때면, 성녀 제르트루드의 계시들과 기도문들로 이루어진 책을 자기 곁에 두고 있었다. 그것들은 모두 단순히 사랑의 몇 가지 행위들을 위한 양식이 되었다. 메마름이 그녀를 마비시켰을 때, 대부분 그녀는 성인들의 저술에서 따온 경건한 생각들이나 기도문들로 이루어진 자신의 선집에 의지하곤 하였다. 그것은 소위 그녀가 "내 영혼의 거울"이라고 지칭하였던 것이다.

그래서 그녀의 기도는 몇 개의 문장으로 간단명료하게 잘 기술되었으며, 수도원 곳곳에서 자신이 직접 가르치는 이들이나 우연히 만나게 되는 다른 이들에게 무작위로 말로 전달하였다.

"예수님께서 그분의 성인들에게 말씀하셨던 사랑의 몇 마디 말씀들은, 모두 저의 묵상 기도를 위해 제가 필요로 한 것입니다." 라고 어떤 사람에게 말했다.

또 다른 사람에게는, 그 모든 기도를 바쳐도 자신의 행동거지가 별다름 없이 늘 똑같았다고 털어놓기도 하였다.

그녀는 자신의 수련자들 가운데 한 명에게(이 점에 대해 약간 예상할 수 있는데) 이렇게 말한 것 같다. "기도를 길게 하지 마십시오, 성모송도 너무 깁니다(즉, 쉬지 않고 한꺼번에 즉시 바치라는 것). 내 경우는 계속 이렇게 되풀이 합니다. '거룩하신 동정 마리아님, 저는 당신을 온 마음으로 사랑합니다!'"

또 다른 사람은 마음의 기도에 관한 안내서를 보고, 언제나 청원의 대상에 어느 정도 제한을 설정하도록 권하고 있다는 사실을 염두에 두면서, 베르크만스 수녀에게 마음 기도에서 어떤 은총을 청했는지 물었다. 대답은 단순했다. "나는 사랑을 청했습니다."

이제까지 긴 시간 동안 관상 생활을 이끌어가고자 진지하게 노력했던 사람은, 누구나 멈추어 서서 어떤 은총을 청해야 할지를 생각할 필요가 없다. 하느님은 늘 그에게 갖은 어려움과 시련, 그가 필요한 것이 완전히 드러나는데 요구되는 유혹들을 보내신다. 베르크만스 수녀 자신으로서는 다년간 시련의 도가니 안에서 검증되었기 때문에, 이제는 자신이 필요로 하는 여러 가지 다른 은총들을 모두 잘 알고 있을 뿐만 아니라, 무엇보다도 그 자체 안에 모든 것을 종합하고 포함시키는 하나의 은총이 있음을 깨우치게 되었다. 그 문제에서 환상적일 만큼 탁월한 단순성을 보고 그녀는 마음 안에서 미소를 지었을 것이다.

같은 수련자가 고집스럽게 물었다. "수녀님, 당신은 누구에게 이 은총을 청하십니까?" "나는 가장 복되신 동정녀께 청합니다. 선하신 하느님의 마음을 상해드리는 불행이 생기기 전에, 사랑의 희생자로 죽을 수 있는 은총을 그분께 청하고 있습니다. 나의 고뇌 안에서 그분이 도와 주시기를 청하고 있습니다."

기도가 무미건조해지는 것에 대해 수련자들에게 말했다. "마음 기도를 하면서 어디에도 가닿을 수 없을 때, 복되신 동정녀의 마음과 모든 성인들의 마음을 하나로 일치시켜서 그것들을 모두 하느님께 봉헌하십시오."

다시금 그녀는 말했다. "마음 기도 때 어떤 것도 할 수 없다면, 묵주 기도나 몇 마디 말로 화살 기도를 바치십시오. '저는 예수님을 사랑합니다.' 라고 말이지요."

사실 이 마지막 진술은, 그녀의 모든 마음 기도와 온 생애를 설명하고 있다. "저는 예수님을 사랑합니다." 그녀가 했고, 그녀가 해야만 했던 모든 것이었다.

마음 기도의 어려움 때문에, 그녀를 찾아왔던 또 다른 수련자는, 어떤 마음 기도를 해야 하는지 물었을 때, 다음 대답을 받았다. "우리 주님은 올리브 동산에서 어떻게 기도하셨습니까? 세 번이나 같은 기도를 바치셨습니다. 여러분도 열정을 지니고 같은 기도를 곧잘 반복할 수 있을 것입니다."

무엇보다, 그녀는 자신의 수련자들이 기도의 어떤 엄격한 방식을 따르거나, 다른 어떤 것에 매료되었다 해도, 늘 같은 기도를 고수하도록 강요하지 않았다. 그녀는 성령의 인도하심과, 그분이 적절히 여기시는 때, 각자에게 다른 은사를 주시면서 어떻게 원하시는 대로, 오고 가시는지를 알 만큼, 그분의 일하심에 충분히 익숙하게 되었다.

"언제나 같은 음식을 먹는다면, 당신은 그것에 물릴 것입니다. 그래서 당신이 늘 같은 주제를 가지거나 같은 행위들을 한다면, 지루해질 것입니다." 라고 그들에게 말했다.

우리는 한 트라피스트 관상 수녀로서, 자신의 모든 활동과 일 안에서, 더 완화된 봉쇄 수도회나 침묵 규칙이 부분적으로 지켜지는 곳의 수녀가 가지는 몫보다 훨씬 더 분심거리가 없고 말하는 경우가 별로 없었던 인물에 대해 쓰고 있다. 베르크만스 수녀는 위대한 기억과 회고의 삶을 살았으며, 자신의 시선과 모든 감각을 보호할 줄 알았다. 자신의 상상력을 지배하고 다스렸으며, 그녀의 영혼은 정갈하였고 내면 안에서 평화를 누리고 있었다. 우선 그녀의 마음은, 언제나 온전하게 순수하고 죄 없이 깨끗하였으며, 수많은 기도의 난관들과 그 뿌리에 존재하는 거친 열정으로부터 나오는 어떠한 혼란도 알지 못했다. 그녀는 끊임없이 하느님의 현존과 중단 없는 일치 속에서 살았다. 결과적으로 말하면, 단지 그래 보이기 때문만이 아니라 거의 확신할 수 있는 것은, 그녀의 기도에 대한 평범하고 진부한 이 몇 마디 진술 안에서 단순하게 드러난 겉 표면 안에, 위대한 깊이가 있음을 가늠해 볼 수 있다는 것이다.

베르크만스 수녀가 천사의 성모 수도원으로 왔을 때부터, 아니면 그 보다 조금 빠른 시기로서, 아직 라발 수녀원에서 마지막 수련기를 보내고 있던 몇 달 동안, 그녀는 아마도 십자가의 성 요한이 소위 "감각의 밤"이라고 지칭했던 상황으로 들어갔던 것 같다. 이는 수동적인 정화의 시기로서, 신비적인 상태로 들어가는 입구이자 관문이며, 이 위대한 가르멜 회원과 그와 동시대 사람인 성녀 데레사에 의하면, 기도와 순수한 삶에 헌신한 신앙인들 안에서는 비교적 일반적인 것이다. 그때는 영혼들이 여러 가지 다양한 방식으로 시험받는 시기이다. 이러한 시련들을 관대하면서도 불평 없이 받아들이고, 성령의 작용이 그들 안에서 경솔한 조언으로 방해받지 않는다면, 거룩한 합일에 있어서 빠른 진보를 보증할 수 있다. 베르크만스 수녀가 새로 정주하기 이전의 시기들에 있었던 시련들은, 모두가 전형적으로 이러한 상태이다. 인내하지 못하며 기도의 무미건조함, 감각적인 모든 위로의 결핍에 저항하고자 하는 유혹들은, 여기저기에서 불쑥불쑥 기웃거렸으며, 하루나 이틀만이 아니라 한 번에 몇 달간이나 심지어 몇 년 동안 계속되기도 했다. 정신의 어두움, 영적인 것들 안에서 자신의 길을 보고 이해할 수 없는 무능력, 무엇보다도 고통에 대한 끊임없는 느낌들과 하느님의 비전에 대한 목마름, 자신이 하느님을 기쁘게 해드리고 있는지 아닌지에 대한 염려와 불안감, 게다가 날이 갈수록 점점 더 약해지고 가진 것이 없어 빈약해 보이는 자신의 영혼의 상태에 관한 염려 등, 이 모든 것들이 한꺼번에 그녀의 삶 안으로 들어와서, 심중을 가르며 분명히 알 수 없는 막연한 어떤 고통들로 가득 채웠다. 그러한 시련들이 큰 신앙의 정신과 연결되어 있는 영혼 안에서 일어날 때, 또한 삶의 모든 의무에 대한 강한 충실성과 거룩한 성성 안에서 진보하고 기도에 항구하며 하느님이 원하는 것은 어떤 것이나 흔들림 없이 하고자 하는 진지한 갈망으로 타오르는 이들에게 이러한 시험의 도가니가 들이닥칠 때, 전체적으로 다소 "건조하고" 부정적인 상태로 조합되어 보일지라도, 이는 분명히 주입된 관상이 이미 시작되었음을 가리키고 있다. 적어도 그리스도교 신비주의의 가장 위대하고도, 안전하게 믿을 수 있는 권위자인 십자가의 성 요한의 가르침은 그렇다.

그의 견해에 따르면, 사실 주입된 관상, 감각의 밤은, 베르크만스 수녀에게서 훨씬 더 분명하지 못한 양상으로 드러날 때 존재할 수 있다. 언제나 그 영혼 안에는 하느님을 기쁘게 해드리고자 하는 진지한 갈망이 존재하기 때문이다. 그것은 규칙성과 겸손, 순종과 선행들로 증명되고 있다. 이러한 갈망이 없다면, 기도 안에서의 메마른 상태는 게으름과 불충실로부터 솟아나올 수도 있으며, 다른 모든 시험들, 예컨대 인내에 대한 저항은 단순히 의도적인 미지근함이나 잘못된 교만의 결과일 수도 있다.

로베르 신부는 주저 없이 말하고 있다. 베르크만스 수녀의 얼굴은 때때로 완전히 변모된 것처럼 보였으며, 기도의 은총으로 빛을 발하고 있었다. 그 자신은 분명히 그녀가 그렇다는 것을 보았다. 신앙 공동체 안에서 살아가는 이들, 특히 같은 사람들이 함께 일생을 봉쇄 안에서 살아가는 관상가들로 이루어진 곳에서는, 수련자가 다소 외적인 모습으로 기도하는 분위기를 드러냄으로써, 자신이나 공동체의 일부분을 잠시 속이는 것은 가능할 수 있을지 모르나, 10년이나 20년이 지난 뒤에도 같은 의견이 대부분의 자매들 사이에서 지배적이고, 명백한 덕행이 보장될 때는, 그렇게 잘못된 것이 아닐 수 있음을 깨닫게 될 것이다. 보통 평범한 관상가가 동료 형제들의 경건함 속에서 잘못되거나 속이는 부분에 대해 곧잘 날카로운 시선을 가지게 된다고 해서, 냉소하는 것은 아니다. 다만 두려워할 수 있는 것은, 아마도 타인들과 관련된 곳에서는 너무 민감해지는 반면, 자기 자신에게 돌아설 때는 예외적일 만큼 무디어져 버린다는 사실에 있을 것이다.

로베르 신부의 보수적이고도 신중한 검토로부터 나온 최종적인 결과는, 모든 수녀의 증거와 의견을 바탕으로 한 것이다. 그것은 바로 주입된 관상의 질서 안에서, 그에 따라오는 진보와 향상이 없었다면, 베르크만스 수녀가 그렇게 높은 덕에 도달할 수 없었을 것이라는 점을 말하고 있다. "완덕의 길에서 베르크만스 수녀가 이루어 낸 커다란 진보는, 별다르게 특별한 방식으로 설명하기는 어려울 것입니다." 그는 자신의 사본에서 이렇게 말하고 있다. "실질적으로 그녀의 덕은 단순히 보통 수준의 기도와 비교할 수 없습니다." 그런 다음 그는 계속해서 자신이 알게 된 것으로써, 그녀가 "신비적"이라고 간주했던 두세 가지의 은총을 기록하고 있다. 하나는 그녀가 1911년에 즐겨 했던 내적인 말이며, 다른 하나는 분명히 신비적인 체험으로, 그녀가 1915년 9월에 병자 성사를 받을 때였다. 1909년에 우리가 묘사했던 그 체험은, 로베르 신부가 분류하기를 망설였던 것이다. 그러나 거기에는 베르크만스 수녀가 열렬히 갈망했던 은사, 즉 "주입된 사랑"의 은총을 받았을 가능성이 다분히 존재하고 있다. 분명하게 그 시기를 알아보거나 깨닫지 못하고 있지만, 사실을 따지고 보면, 청하기도 전에 그것을 받았다는 것이 전혀 불가능하지는 않다.

어느 날 수녀들을 위한 교리 시간에, 로베르 신부는 그리스도와 그분의 복되신 어머니의 영혼 안에 주입된 사랑을 설명하고 있었다. 성삼위를 통해서 그 영혼들 안에 쏟아 부어지는 것은, 다름 아닌 사랑으로써, 일상적으로 평범하게 다가오는 은총과 협력함으로써 얻어낼 수 있는 어떤 사랑과 대비할 때, 그 힘과 강도가 훨씬 초월적인 사랑이라고 설명했다. 말하자면, 복자들이 천상에서 하느님을 사랑하는 것과, 거룩한 영혼들이 지상에서 그분을 사랑하는 것 사이의 중간에 위치한 사랑이다. 그것은, 이를 받아들인 영혼 안에서, 하느님에 대한 주입된 지식에서 나오는 것과 비슷한 효과를 내는데, 신비가들과 연옥 영혼들에게 주어지는 것으로, 지복 직관을 하도록 준비시키며, 그들 안에서 놀랍고도 힘찬 변모를 이루어 가게 하는 것이다. 그는 교의적인 신학 이론의 용어를 차용해서 이 사랑의 개념을 말할 때, 어쩔 수 없이 극소수의 성인들을 제외하고 다른 모든 이들의 체험과는 동떨어진 별개의 것으로 드러날 수밖에 없다는 식으로 제시하였다. 그럼에도, 그의 설명에 넋을 잃을 만큼 매료된 베르크만스 수녀는, 이러한 사랑이 때때로 아직 유배된 채 죽을 운명에 처해 있는 인간들에게 부여된다는 사실을 깨달은 순간, 그것을 매우 열정적으로 갈망하기 시작했다. 그녀의 마음 안에서 보통 볼 수 있는 은총의 움직임이 아니었던 것이다.

그녀는 그 주제에 관해서 로베르 신부에게 문의하였다. 그는 분명히 그녀가 바라는 것을 얻으리라는 어떤 희망을 갖지는 않았다. 그러나 그녀는 생각했다. 분명, 하느님께서 당신 아드님께 특별한 영광을 주시기 위해 이 특별한 은사들을 보여 주시는 것이 아니라면, 그분께서 그것들을 영혼들에게 그렇게 부여하셨을까? 여기에서 그녀는 무엇보다도 하느님께서 그녀에게 이 은사를 보여 주시고자 한다는 사실에, 얼마나 큰 신뢰감을 두고 열렬히 갈망하고 있는지를 보여 준다. 하느님께서 주입된 사랑의 은총을 그녀에게 부여하고자 하지 않으셨다면, 그녀로 하여금 그렇듯이 강렬하게 그것을 열망하도록 영감을 불어 넣으셨을까? 그분은 이렇게 "청하라, 받으리라."고 말씀하시지 않으셨을까?

아마도 로베르 신부는, 그 은사가 그녀에게 해를 끼칠 것 같으면, 하느님께서 그녀의 청원을 거절하실 것이라고 지적한 것 같다. 그러나 그녀에게는 그렇지 않았다. 그녀는 그것을 충분히 잘 알고 있었다. 그러나 하느님이 그녀의 지향을 보고 계시며, 그녀가 원하는 모든 것은 그분을 더 사랑하는 것이고 그분께 더 영광을 드리며, 더 완전하게 그분께 속하는 것임을 또한 잘 알고 있었다. 그래서 그분은 동의하고 승낙해 주셨다.

그 순간부터 베르크만스 수녀는 자신의 기도로 천상을 폭풍처럼 휘몰아치기 시작했다. 그날부터 그녀는, 거룩한 영성체 때 사랑하는 마음속에 예수님을 가두어 놓는 그 순간부터, 사랑과 겸손이 깃든 신뢰를 가지고, 그러나 상냥한 태도를 잃지 않고 그분께 말하며, 고집스러울 만큼 끈질기게 계속 청하기 시작했다. 주입된 사랑의 이 은총을 얻기 위해, 그분의 이름으로 어떤 것이든지, 이를 청하는 이들에게 약속하신 모든 것을 그분께 상기시켜 드렸다. 이것이 그녀가 갈망했던 만큼, 아니 오히려 그분이 그녀로 하여금 갈망하게 했던 만큼, 그분을 사랑할 수 있는 유일한 길임을 그분은 알고 계셨다.

그녀는 어느 편지에 이렇게 기록하였다. "유배되어 있든지, 천상 집에 거처하고 있든지, 내가 갈망하는 그만큼 예수님을 사랑할 수 있다면, 주입된 사랑의 그 모든 충만함으로 그분을 사랑할 수 있다면 무슨 걱정이랴? 내가 주입된 사랑이라고 말한 것은, 완전히 무상으로 주어지는 이 사랑 안에서는 영혼이 갈라지지 않으며, 선하신 하느님께 더 큰 영광을 드리는 것으로 보이기 때문이다."

주입된 사랑을 청하면서, 베르크만스 수녀는 열렬한 갈망으로 십자가에 못 박힐 수 있기를 청하였다. 골고타에서 죽어 가시는 그리스도께서 외치도록 만들었던 바로 그 목마름을 겪고자 하는 마음으로 청했던 그 기도에 대한 응답으로, 그녀는 자신의 깊은 심중에서부터 "목마르다"고 하셨던 구세주의 목소리가 새삼 처절하게 울려 나오는 것을 알아듣게 되었다. 죽어가는 그 목소리는, 십자가 발치에 서 계셨던 하느님의 어머니께는, 마치 타오르는 불꽃과도 같은 예리한 칼끝이 그 영혼의 바닥과 생명의 심부까지 꿰뚫어 놓는 것 같았을 것이다.

이렇듯 주입된 사랑으로부터 나오는 소리를 듣는 순간 그 즉시, 이것이야말로 다른 무엇보다도 그녀가 원했던 것이라는 확신이 들었다고 해서, 놀라워할 이유는 없다. 라발에서 헌신자(獻身者 oblate)가 되었던 이후로, 늘 주입된 사랑이 무엇인지도 모른 채, 이러한 갈망을 표현하려고 노력했다. 예수님이 사랑받으실 만한 분인 만큼, 그분을 사랑하고자 하는 자신의 열망을 표현해 주는 어떤 기도의 틀을 갖추려고 했으며, 이것이 유일한 길이었다.

그녀가 천사의 성모 수도원에서 지냈던 초기 몇 년 동안, 여러 차례 보앗듯이, 죽음과 이렇게 유배된 삶으로부터의 해방에 대한 베르크만스 수녀의 열망은, 주입된 사랑의 표현이었을까?

  그 자체만으로 볼 때, 이러한 갈망은 그러한 해석을 충분히 보증해 주지 않는 것 같다. 예수님을 완전히 사랑하고 모든 것을 그분께 드리며, 그분을 위해 자기 생명을 내놓고자 하는 끊임없는 갈망이 있었다는 사실이, 더 설득력 있을 것이다. 그러나 이 역시 그 자체로는 충분하지 않다. 어쨌든, 희생 안에서 관대한 마음이 되어, 타인들과 그리스도의 관심사에 자신을 헌신할 수 있도록 자신의 모든 육체적인 고통을 깡그리 잊어 버리며, 자신의 일기와 편지들 안에서 그토록 자주 표현했던 모든 열망들은, 하느님의 영이 이미 그녀의 영혼 안에 강렬한 초자연적 사랑의 은사를 쏟기 시작했음을 짐작해볼 수 있는 좋은 근거를 제공해 주고 있다. 몇 년이 지난 뒤에야 비로소, 그녀는 그것이 무엇이었는지, 그리고 그러한 은사가 실제로 존재하였다는 사실을 떠올리며, 부분적으로나마 의식하게 되었다.

  그것을 위한 그녀의 열렬한 기도가 계속되었던 시기를 고려해보면, 그녀가 이러한 은총을 받았는지 아닌지에 대한 의구심이 조금 줄어들게 된다. 다음 장부터는 자기 희생과 자기 망각, 그리스도를 위한 사랑의 제물로 죽고자 하는 갈망 안에서의 끊임없는 성장밖에는 아무것도 찾아볼 수 없다. 그러나 무엇보다도 가끔 이러한 관대함 이면에 있는 동기들의 깊이를 들여다보게 될 것이다. 그래서 언제나 가장 순수하고 초자연적인 사랑 이외에는 아무것도 그곳에서 발견하지 않게 될 것이다. 그것은 너무 깊고 강한 사랑이어서, 영혼이 은총과 협력하여 평범하게 도달할 수 있는 모든 한계선을 능히 초월하는 것으로써, 분명한 성령의 특별한 개입을 증명하고 있다.

이 시점에 그녀의 편지들에서 한두 개의 사건이나 문구만 기록하겠다.

"저는 예수님을 정말로 많이 사랑하고자 합니다! 제가 완전히 사랑이 되어 버린다면 좋겠습니다. 그러나 아, 저는 얼음장 같은 빙산밖에는 아무것도 없을 때가 너무 많습니다."

"저는 제게 질병을 달라고 청하였습니다. 장기간의 유배 생활은 단지 고질적으로 그 뿌리만 더 깊어지게 하는 사랑의 불치병입니다. 그것은 제가 사랑하는 분을 소유함으로써 낙원에 도달할 때까지 결코 치유될 수 없을 것입니다."

"오, 제가 예수님을 정말로 많이 많이 사랑하게 될 수 있도록 기도해 주십시오. 가련한 제 민족의 범죄로 그렇듯이 심하게 상처 입으신 그분의 거룩한 심장을 위로할 수 있도록, 사랑의 작은 천사가 될 수 있게 말이지요."

"오, 저는 사랑하기를 갈망하며, 그것도 대단히 사랑하고자 합니다. 그러나 저의 갈망과 실제적인 사실 사이에는 얼마나 큰 차이가 있는지요!"

"오, 제가 예수님을 많이 사랑할 수 있도록 그분께 청해 주십시오. 그분은 가난한 일본에서 사랑을 너무도 필요로 하십니다. 이곳에서 그분은 거의 알려지지 않았으며 사랑받고 있지도 못합니다. 이 모든 것을 보상할 수 있기 위해, 제가 불꽃으로 타오를 수 있으면 좋겠습니다. 제가 예수님을 많이 사랑하고, 따로 분리될 수 없는 그분의 작은 가르멜의 정배의 사랑과 경쟁할 수 있도록 그분께 청해 주십시오. 저도 그분을 정말로 많이 사랑하고자 한답니다! 저는 가능하다면 그분을 완전히 사랑하고 싶습니다."

"오, 예수님! 제가 갈망하는 만큼 제 영혼의 온 심혈을 기울이고, 제 마음의 온 힘을 다해 당신을 사랑함으로써 그 은총에 보답해드릴 수 있으면 좋겠습니다. 저는 완전한 사랑의 그 충만함을 원합니다. 오! 대가를 치르지 않고서는 그 지점에 도달할 수 없음을 저는 깨닫고 있습니다. 저의 가련한 심장은 분명히 그 때문에 많은 시간 피를 흘릴 것입니다. 그러나 그렇듯 위대한 은사와 비교해 볼 때 고통이 무엇이란 말입니까?"

"그러나 그것을 얻기 위해, 제가 하는 일이 얼마나 보잘것없는지를 알게 될 때, 그 모든 것 앞에서 막막해지고 까무러치게 됩니다. 저의 비겁함은 저를 그저 경악하게 만들어 버립니다."

"오, 예수님께서 모든 비참함을 무시하시고, 그분을 사랑하며 그분과 하나가 되기를 너무도 원하고 있는 그분의 작은 정배의 갈망만이 아니라, 제가 그분을 사랑하기를 원하시는 그분의 거룩한 마음의 갈망을 채워 드릴 수 있다면 좋겠습니다."

그녀는 부르짖었다. "오, 사랑, 사랑이여, 어서 오시어 저를 태우소서! 오, 사랑! 빨리 오사 제 갈망을 채우시고 당신이 시작하신 바를 끝마치소서!"

다시금 그녀는 다음과 같은 말로 기도했다. "당신의 쓸모없는 자녀가 하느님의 사랑 안에서 살아갈 뿐만 아니라, 사랑으로 변모됨으로써, 자신이 다만 사랑 외에 아무것도 없으며 다만 사랑이 될 수 있기를 바라고 있음을 기억해 주십시오(그녀는 자신의 전 원장 수녀에게 쓰고 있다)! 오, 그렇습니다. 저는 사랑을 목말라 합니다! 그것은 모든 것을 희생해서라도 얻고자 하는 값진 진주입니다."

그녀가 자신의 수련자들에게 자신을 위해 기도해 달라고 청하자, 그들이 그녀를 위해 어떤 은총을 구해야 하는지 알고자 했을 때, 언제나 이렇게 말하곤 하였다. "사랑 안에서 열렬해지고, 사랑으로 죽는 것입니다."

그녀는 마리아의 아픔, 즉 "사랑의 병과 그로 인해 죽을" 수 있기를 바란다고 말하면서, 새벽 야간 독서기도 후, 추운 시간에 자매들의 가대 중심에 서 있는 천사의 성모상에 가까이 다가갔던 자신의 모습을 설명하곤 했다. "딸이 어머니와 같은 병에 걸리게 되기를."

한 번은 매우 단순한 수련자가 그녀에게 질문하였다. "수녀님, 어떤 병으로 죽기를 원하세요, 결핵입니까?"

그녀는 말했다. "저는 사랑으로 죽고자 합니다."

차후, 고통 중에 병실에서 점차 죽음으로 침잠되고 있었을 때, 그녀는 결코 자신의 육체적 고통에 대해 염려하지 않았으며, 자연적인 어떤 반항에도 동요하지 않았다. 오직 전쟁 중인 프랑스와 벨기에 땅에서 복된 성사를 거슬러 자행되는 폭행 때문에, 비통하게 울고 있을 때가 있었다. 그 당시 1차 세계 대전은 그녀가 사랑하는 고국을 집어삼키고 있었고, 금세기 한 세대만이 아니라 여러 세대를 피바다 속에 빠지게 했던 불경한 세상의 긴 십자가형을 개시하고 있었기 때문이다.

또 한 번은 어떤 수련자가 작업이 끝난 다음, 베르크만스 수녀의 방으로 들어갔는데, 그녀가 눈물을 흘리고 있는 모습을 보았다. 무슨 문제가 있는지 물어보자, 그녀의 영적인 딸은 이런 대답을 받았다. "오늘 당신은 우리 주님의 수난에 대해 묵상했습니까? 아! 선하신 하느님은 끊임없이 우리를 생각하고 계시는데, 우리는 불행히도 그분을 망각해 버립니다!"

병을 앓고 있었던 중에, 그녀는 자주 이렇게 말하곤 하였다. "선하신 하느님의 마음을 상하게 하지 않을 수만 있다면, 제가 고통받는다 해도 무슨 문제가 되겠습니까! 선하신 하느님이신 그분은, 너무 많은 상처를 입고 계십니다!" 성인이 되고자 했다면, 그것은 순전히 고통받는 그리스도를 위로해드리고, 특히 신앙 안에서 그분께 봉헌된 영혼들의 배은망덕을 보상하기 위한 것이었다. 즉 그분이 "선택하신 사람들", 그분의 특별한 목장에서 선택된 무리들이 지니고 있는 마음의 차가움과 완고함을 갚기 위한 것이다. 그들은 너무 자주 바리사이적 늑대들로 변해서, 그들 자신의 목자이신 분을 집어삼키려 들었다.

그녀는 이렇게 기록하였다. "오, 그분을 사랑하지 않는 모든 이들을 위해 기도하며, 대신 우리가 그분을 사랑하게 해 주십시오. 가난한 예수님, 그분은 그렇듯 슬퍼할 이유가 충분히 있습니다! 사랑이신 그분은 너무 적게 사랑받고 계십니다! …. 오, 그분을 사랑하지 않는 모든 이들을 대신하여 우리가 그분을 사랑하게 해 주시기를, 그래서 우리 사랑으로, 그렇듯 많은 영혼들의 불충실로 그분의 거룩한 마음에 입힌 상처들이 치유되기를."

또 다른 이에게 그녀는 청했다. "우리 모두를 위해 성녀 데레사에게 부디 기도해 주십시오. 우리가 사랑하고 있기는 하지만, 지금 이 시대에 너무도 많이 상처받고 계신 예수님의 성심을 위로해드리기 위해서, 우리를 성인들로, 위대한 성인들로 만들어 주시도록 그분께 청해 주십시오."

여기서 이야기의 가닥을 끊고, 그녀가 수련장으로 있었던 시기로 되돌아가 볼 필요가 있다. 이렇게까지 하는데 대해 납득할 만한 이유를 대자면, 그녀의 생애 중 가장 중요했던, 최후 시기로 곧바로 들어가 보자는 것이다.

그러나 아직 문지방에 서서 미래를 대기하고 있는 동안 그녀는, 1909년 주님의 축일에 예수 성심께 바쳤던 감사의 행위로써, 자신의 영적인 진보에 있어서 더 발전된 단계를 기하는 모습을 보여 준다. 로베르 신부가 "감사의 찬가"로 지칭하는 이 작고도 아름다운 문헌은 과거, 특히 신앙으로 입문하기 이전 시기에 거쳐 왔던 세월을 회상한 것과 같은 형태이다. 그것은 자신의 삶에서 일어난 아주 작은 일까지도, 거룩한 섭리로부터 오는 끊임없는 인도와 충만한 사랑의 큰 힘이라는 것을 베르크만스 수녀가 얼마나 강렬하게 깨닫고 있었는지를 보여 준다. 감사드리고자 하는 그녀의 마음은 33년의 모든 세월을 뒤돌아보면서, 모든 발걸음마다, 숨 쉴 때마다, 몸과 마음을 움직일 때마다, 함께 해 주셨던 수많은 은총과 은사와 축복, 셀 수 없는 사랑의 표지들을 모든 이들 안에서 알아볼 수 있었다.

그녀는 이렇게 기록하고 있다. "오, 예수님! 저의 소중하고도 사랑하올 예수님! 당신 작은 정배의 영혼 안에, 당신 성심으로부터 무한히 샘솟는 사랑을 결코 중단 없이 쏟아 부어 주시니, 당신께 봉헌된 이 날, 제 마음에 넘쳐흐르는 깊은 감사의 정감들을 표현하게 하소서. 오, 그렇습니다. 사랑하는 나의 예수님, 당신께서 오늘까지 그토록 많은 것을 풍성히 제 영혼 안에 알게 모르게 넣어 주셨지만, 아, 너무도 자주 오용한 그 모든 은총에 대해, 저는 그저 당신께 감사드리고자 하는 마음뿐입니다. 저는 고귀하고 부유하게 태어난 아이와도 같습니다. 언제나 은총의 바로 그 근원지에서 그 수액을 마셔왔기 때문에, 제 자신이 둘러싸여 있는 호화로움에 감사할 줄도 모르고 살았습니다. 예수님 저를 용서하소서. 저는 사랑과 감사의 찬송을 노래함으로써 이 모든 것을 보상하고자 하는 마음뿐입니다."

"가장 소중한 나의 예수님, 아무것도 아닌 것에서 저를 끌어내시어 당신과 닮은 모습으로 빚어 만드시고, 세례의 성스러운 물로 다시 태어나게 하심으로써, 성 교회의 자녀로 삼아 주심에 감사드립니다."(1876년 9월 22일).

"가장 소중한 나의 예수님, 저의 어머니와 보호자로 당신의 자애로운 어머니를 내어주시고, 아주 특별한 방식으로 그분의 어머니다운 배려에 저를 맡겨 주심에 감사드립니다."

"가장 소중한 나의 예수님, 이곳까지 유배된 저의 동반자가 되어 주시고, 제 영혼을 돌보도록 맡겨 주신 수호천사들의 충직함에 감사드립니다."

"가장 소중한 나의 예수님, 제 영혼이 선악을 분별할 수 있기도 전에 세상에서 저를 데려 내오시고, 가장 허약했던 시절에 덕행으로 양성받을 수 있도록, 당신이 소중히 여기시는 정배들에게 저를 맡겨 주심에 감사드립니다."(1880년 3월 24일).

"가장 사랑하는 예수님, 요람에서부터 약속하고, 장래 배우자가 될 이들의 눈길 아래 성장하는 옛적의 작은 공주들처럼, 당신 보호의 그늘 속에서 당신과 한 지붕 아래 살 수 있도록 저를 불러 주심에 감사드립니다."

"오, 참으로 사랑하는 나의 예수님, 성스러운 제병을 통해 당신으로부터 사랑의 입맞춤을 처음으로 받았을 때의 잊을 수 없었던 날과, 고독했지만 많은 시간을 감실 앞에서 즐겁게 보냈던 순간들에 대해 감사드립니다. 그 안에서 당신의 사랑은, 한 때 저에게는 돌아오지 않았던 가정 생활에서, 상실되고 잃어 버린 기쁨과 애정을 정말로 풍성하게 갚아 주셨습니다."(1888년 4월 26일).

"가장 사랑하는 예수님, 당신의 자애로우신 어머니의 특별한 자녀가 될 수 있도록 저를 선택해 주시고, 그분의 거룩한 섬김의 옷을 제게 입혀 주심에 감사드립니다."(1891년 12월 6일).

"감미로우신 예수님, 거룩한 속죄의 심판 법정에서, 제가 받았던 모든 죄 사함과 함께, 이러한 성사와 당신 사제들의 조언으로부터 얻어냈던 강인함의 은총에 대해 감사드립니다."

"오, 참으로 가장 사랑하는 나의 예수님, 이날까지 행복하게 영했던 그 모든 거룩한 성체와, 제 영혼이 사랑하는 분과 이렇듯이 친밀한 합일 안에서 저의 거룩한 정배와 마음과 마음으로 이렇듯 달콤하게 대화함으로써 발견했던 은총의 보화들에 대해 감사드립니다."

"나의 예수님, 당신이 사랑스럽게 방문하시던 날 중 어느 때인가, 제 영혼이 들었던 첫 번째 부르심과 당신이 제 마음속에 수도 생활을 향한 저항할 수 없는 이끌림을 심어 주셨던 것에 대해, 언제까지나 당신께 감사드립니다."

"가장 소중한 예수님, 이 지상의 모든 것들을 초월하여 제 영혼을 들어올려 주시고, 저로 하여금 피조물 안에서 속임수와 권태밖에는 아무 것도 발견하지 못하게 해 주심에 감사드립니다."

"가장 사랑하는 예수님, 제 마음이 어떤 것에도 집착하지 않고, 다만 당신의 사랑과 당신만을 소유하려는 유일한 갈망만을 지니게 하시면서, 이 세상의 사막 속에서 저를 데려 내오심에 감사드립니다."

"사랑하는 나의 예수님, 제가 가는 길마다 당신이 뿌려놓으신 그 모든 기쁨과 위로, 또한 제 마음에서 피를 흘리게 했지만, 최고의 선이신 당신이 아닌 모든 것에서 이탈할 수 있도록, 도움이 되었던 그 모든 가시덤불에 대해서도 감사드립니다."

"나의 사랑 예수님, 세상에서 어린 소녀였던 시절, 제 삶의 마지막 시간을 루르드의 성소에 머무르는 동안, 당신의 자애로우신 어머니의 발치에서 위로해 주셨던 일에 감사합니다. 그곳에서 저는 수도 생활을 그분의 어머니다운 보호에 맡겼습니다."(1899년 5월 23일).

"가장 감미로우신 예수님, 제 성소의 길을 가로막고 서 있던 모든 장애물들을 평탄케 해 주시고, 당신과 복된 봉쇄 수도원으로 저를 이끌어 주는 길을 보여 주기 위해, 당신의 천사를 보내 주심에 감사드립니다. 그곳에서 당신의 작은 정배는 당신 사랑을 위해 행복하게 희생되었습니다."(1899년 4월 30일) (그 천사는 당연히 폴리까르프 신부였습니다).

"오, 나의 유일한 사랑이신 예수님, 마침내 제가 사랑하는 이들과 저를 묶고 있던 사슬이 끊어지고, 사랑하는 분이 부르시는 곳으로 제 영혼이 자유롭게 날아갔던 그 위대한 날에 대해 감사드립니다."(1899년 6월 7일).

"가장 사랑하는 예수님, 당신의 작은 정배에게 봉쇄 수도원 문을 열어 주셨던 날로 당신 성심 축일을 영원으로부터 선택해 주시고, 당신 스스로 성체 조배실에서 이 작은 이의 개인적인 축일을 누구보다도 깊이 배려해 주시고, 주례해 주심에 대해 감사드립니다."(1899년 6월 9일).

"가장 감미로우신 예수님, 그때 당신이 사랑하는 새 가족을 제게 주셨던 것에 대해 감사드립니다. 그 안에서 제 마음은 필요로 했던 모든 애정을 찾아냈습니다. 그리고 제 마음이 또다시 세상 피조물에 집착함을 보셨을 때, 역시 그 모든 것을 가져가 주심에 감사드립니다."

"사랑하는 예수님, 오, 그렇습니다. 제 마음에 당신 십자가를 놓아 주심에 감사드립니다."(여기에서 로베르 신부는 단지 그녀가 자신의 "특별한 시험" 즉 그녀의 전 생애 동안, 너무 많은 고통을 주기 시작했던 그 십자가에 대해서만 언급하고 있다고 하면서, 아직 그 비밀을 말해 주지 않고 있다. 그 내적인 십자가의 본질에 대해서는 다만 추측할 수 있을 뿐이다).

"사랑하는 예수님, 거룩하신 질투로, 저의 수도 가족에 대한 희생뿐 아니라 사랑하는 저의 조국 프랑스, 제 마음의 예루살렘을 위한 희생을 제게 요구하심으로써, 당신과 좀 더 같아지게 하셨음에 감사드립니다."(1902년 1월 6일).

"마지막으로, 흠숭하올 나의 예수님, 오늘까지 제 마음에 알게 모르게 부어 주셨던 모든 은총에 대해 감사드립니다."

"오 마리아, 가장 감미로운 어머니! 당신이 마니피캇(Magnificat 마리아의 찬가)의 영광스러운 찬가를 부르셨을 때, 당신 마음에서 흘러넘쳤던 것과 같은 감사로 제 마음을 채워 주소서. 그렇게 함으로써 제가 좀 더 가치 있는 감사 표현을 예수님께 드릴 수 있게 해 주소서!"

6월 어느 날 자신의 펜을 놓았을 때, 감사의 찬가가 이제 겨우 시작되었다는 사실을 그녀는 분명히 깨달았을 것이다. 가장 큰 은총은 아직 오지 않았다. 그것들은 주로 십자가의 형태로 자신에게 오리라는 것을 알고 있었다. 늘 점점 더 큰 십자가들이기도 했지만, 또한 언제나 잘 드러나지 않고, 외적으로 영웅적이지 않으며, 별로 볼 것 없는 십자가들이기도 했다. 그것들은 마리아의 자애로운 손으로부터 그녀에게 찾아오곤 하였는데, 그것을 견뎌냄으로써 영혼을 성화시키며, 매번 그녀의 정배이신 예수님께 일치될 수 있는 은총도 함께 따라 왔다. 그리고 곧이어(얼마나 빨리 왔는지 분명히 밝히지 않았지만) 마지막 십자가가 찾아왔다. 그녀의 영혼은 비통한 고뇌 속에 고통과 황폐함이라는 문을 통해 천상으로 들어가기 위해, 육신의 마지막 힘을 다해 싸우고 있었다.

그녀는 알고 있었다. 이러한 모든 것이 그녀 앞에 놓여 있지만, 지금은 그것을 안다 해도, 평화와 기쁨 밖에 다른 아무것도 느끼지 않았다. 그녀는 바오로 사도와 함께 울 수 있었으며, 그녀가 믿고 있는 분이 누구인지를 알았다. 그분이 그녀를 얼마나 사랑하고 계신지 알고 있었다. 어느 날, 그녀는 울었다. "나의 예수님, 당신은 저를 너무 사랑하셨습니다!"

그녀는 그분의 사랑에 보답할 기회를 이제껏 찾아야만 했을까? 사실은 그렇지 않다. 1909년 막바지에 이르고, 새해가 되었다. 그때부터 앞으로 다가올 단 십수 년의 시간 동안 그녀가 죽게 되고 세계 역사상 가장 비극적인 사건이 비롯되었을 때, 자신의 생애에서 이제까지 했던 일 가운데 가장 중요하고도 어려운 일을 부여받게 되었다. 그것은 한때 그녀가 너무도 두려워했던 직무였다. 그녀의 능력을 훨씬 능가하였고 어쩔 수 없이 그렇게 해야만 했던 책임이었기 때문에, 자신의 약한 어깨를 짓누르고 그녀의 몸과 영혼을 완전히 부수어 버린다고 생각했었다.

겸손하며 앞으로 나서지 않는 관상가인 그녀는, 단지 가장 비천한 일과 드러나지 않는 처지에 있는 것이 자신에게 걸맞다고 믿었지만, 이제는 혼란스러운 상태에서도 열정적이었던 일본인 헌신자들 10~15명에게 도덕적이고 영적이며 지적인 양성을 책임져야만 했다. 그들은 수녀원에 온 첫날부터 불어를 배우려고 시도했지만, 그저 몇 마디 말로 중얼거리며 더듬거리기만 할 뿐, 그중 누구도 전혀 이해시킬 수 없었다. 그들 모두는 하느님으로부터 그 나름의 정신과 관점을 통해 바라보는 견해와 타고난 특성들을 부여받고 있었다. 그것들은 그녀의 프랑스적인 영혼에게 있어서 전혀 이해될 수 없는 때도 있었다. 가장 두려웠던 것은, 일본 트라피스트 수녀들의 모든 미래가 아무것도 모르는 이 영혼들을 양성하게 될 그녀의 책임에 달려 있다는 것이었다. 참으로 하느님은 그녀에게 적지 않은 책임을 주셨다. 그러나 이제, 그분이 그녀를 위해 그녀 안에서 그 일을 하고자 하시며, 그렇게 원하신다는 것을 알았다. 그녀가 해야 할 일은, 그저 지극한 단순성과 신앙으로부터 오는 평화 안에서 그분의 뜻에 자신의 시선을 한 치도 떼지 않고 굳건하게 고정시키는 것이다. 그러면 그분은 그 나머지 일을 하실 것이다.

15

수련장

1910년 봉헌 축일, 베르크만스 수녀에게 예고되었던 일은 놀랍지 않았다. 그녀는 1월 말에 라발 수도원으로 편지를 썼다.

"다가오는 일요일, 정말이지 천사의 성모 수도원에서는 큰 '정화'를 하게 될 것입니다. 공경하올 원장님은 많은 변화가 있을 것이라고 말씀하십니다. 저는 문지기와 당가 책임을 떠나게 됩니다. 아마도 저는 우리의 착한 조수녀들과 치즈 창고를 관리하게 될 것이며, 더 나아가 너무 낯설어서 감히 말하기 어려운 것, 수련실 어린 양들의 목자가 될 것입니다. 그렇습니다. 제가, 그것도 일본어라고는 조금 더듬거리기조차 어려운 상태에서, 우리의 작은 가대 수련자들의 수련장이 될 것입니다. 옛적에 선하신 하느님은 필리스티아 사람들을 쳐부수기 위해, 나귀 턱뼈를 이용하셨습니다. 지금 그분의 정배들을 가르치시려고 그 동물을 통째로 사용하려 하십니다. 공경하올 원장님, 저는 이 책임에서 어떤 허영의 유혹도 두려워하지 않는다는 사실을 확신시켜 드립니다! 제가 소중한 이 작은 영혼들에게 어떤 선한 행동을 하게 된다면, 그것은 제가 아니라 복되신 동정녀로부터 오는 것일 것입니다. 저는 그분께 당신의 작은 양들을 친히 풀밭으로 이끌어 주시기를 청하면서, 그분을 그들의 목자로 모시려 합니다. 가엾은 작은 자매들! 그들은 이해받을 수 없다는 사실을 깨닫고, 많은 희생을 하게 될 것입니다. 그러나 예수님은 그곳에 계실 것이며, 저는 그분의 거룩한 마음에 머무르면서 온전히 그분의 거룩한 뜻에 의탁하렵니다."

로베르 신부는 이렇게 말하고 있다. "몇 년 전 그러한 책임을 예감했을 때, 그녀는 확실히 언짢아했던 것 같습니다. 그러나 지금은 모든 것이 달라졌습니다. 사랑이 그녀의 영혼 안에서 성장하였고, 그와 더불어 포기하게 된 것입니다. 매우 어렵고, 어떤 의미에서 기겁할 만한 이 직책이 하느님의 뜻에 따라 평화롭게 수용되었습니다." 이제부터, 그녀의 모든 영적 생활은 이 중요한 책임과 희생을 중심으로 해서 맴돌게 되었다. 그녀는 더 이상 자신에게 속해 있지 않았다. 로베르 신부의 말대로 "이제, 그녀의 가장 위대하고도 가치 있는 희생은, 자신이 맡은 일에 전적으로 헌신하는 것이었습니다."

그녀 자신이 말하는 내용은 극도로 단순한 것이지만 상당히 많은 것을 담고 있다. 2월 6일, 그녀는 자신의 일기에 이렇게 기록하였다. "좋으신 예수님! 저는 당신을 사랑합니다. 저는 저 자신을 당신께 내맡깁니다."

새로운 책임을 시작하기 전에, 그녀는 결코 잊지 못할 이야기를 로베르 신부와 길게 나누었다. 로베르 신부는 유명한 도미니코회 설교가 라꼬르데어(Lacordaire)를 선호하고 있었는데, 당일 영혼들의 탁월한 이 지도자가 쓴 기록들에서 아주 건전한 원칙들을 몇 가지 그녀에게 건네 주었다. 바야흐로 그녀 자신이 짊어지게 될 책임이 얼마나 엄청나게 중요한 것이었는가. 그 얼마나 많은 이들이 그녀에게 의지하고 매달려 있었는지를 그녀가 실감하고 있었다면! 좋았을 것이다.

"한 수도회의 삶과 죽음은 수련자들을 양성하는 방식에 달려 있다."고 그는 그녀에게 말하였다. "우선 첫째로, 당신은 자신이 보여 주는 모범으로 가장 큰 영향력을 행사할 것입니다. 당신이 순종적이면, 그들도 순종적이 될 것입니다. 당신이 판단과 의지에 있어서 장상들에게 복종한다면, 그들도 그렇게 될 것입니다. 당신이 참회의 정신을 가지고 있다면, 그들도 같은 것을 얻게 될 것입니다."

"또 한 가지는, 20명의 수련자이든 아니면 한 명밖에 없든, 그것은 중요하지 않습니다. 인원수가 어떤 차이를 가져오지 않습니다. 단 한 명밖에 없다고 합시다. 그녀는 수도 생활로 부름을 받은 선택된 영혼입니다. 다른 많은 영혼들이 그녀의 견인에 달려 있습니다. 만일 그녀가 나쁘게 양성받아서 실패하게 된다면, 그 때문에 얼마나 많은 다른 사람들이 지옥으로 떨어지게 될지 생각해 보세요! 그녀가 규칙을 지키지 않는 수도자가 된다면, 전 수도회가 고통받게 될 것입니다!"

"무엇보다도, 이를 잊지 마십시오. 이제 수련자들을 돌보는 것은 당신의 모든 삶이 되었습니다. 그밖에 모든 것, 독서나 개인적인 신심, 당신의 건강이나 일, 이런 것들은 단지 장식물이나, 그저 한때 잠시 지나가는 일에 불과합니다. 언제고 수련실에 대한 책임이 장식물로 되어 버리는 일이 일어나고, 다른 어떤 것이 당신 삶 안에서 중요한 것이 된다면, 그 때부터 당신은 영원히 유죄 판결을 받는 지경에 처할 것입니다. 당신이 보살피는 영혼들에 대한 그런 배신에 그렇게 큰 징벌은 없을 것입니다."

그 착한 신부는 계속했다. "그들에게 너무 유약해지지 마십시오. 그들이 당신을 쥐고 흔들지 못하게 하십시오. 그들이 일을 자기네들 뜻대로만 하지 않게 하십시오. 상냥하게 하되 단호하게 하십시오. 당신은 개를 쳐내면서도 돌아서서 그들을 토닥거려 주어야 합니다. 그에게서 좋은 것을 키워 주기 위해서입니다. 그러한 방식은 수련자들도 똑같습니다. 그들을 치십시오. 그런 다음 그들을 토닥거려 주십시오. 너무 많이 치지도, 너무 많이 토닥거리지도 마십시오. 그러나 그들이 당신을 마음대로 조정하면서 자기네들 방식대로 하지 않도록 하십시오. ……."

베르크만스 수녀는 첫 시작부터, 온 마음으로 자기 일에 완전히 헌신하였다. 로베르 신부와 라꼬르데어가 그려놓은 엄격한 비율 안에서, 응징과 위로를 결합하려 하였는지 아닌지는, 잘 모른다. 그러나 그녀는 곧 그들의 마음을 얻으며, 사랑으로 그들을 다스리고 양성시키게 되었다. 그 사랑은 부드럽지만, 결코 제멋대로 내버려 두지 않는 것이었다. 방종은 사랑이 아니기 때문이다. 영혼의 행복과 평화에 도달하는 확실한 길로서, 하느님이 그들에게 주셨던 규칙을 무시하도록 결코 내버려 두지 않았다. 다만 그녀는 늘 처벌에 대한 두려움과 위협보다는, 사랑으로 규칙을 지키게 하였다.

불평이나 자기 연민의 말 한마디 내뱉지 않고, 엄청나게 어려운 책임을 평화롭고 기쁘게 시작하였다. 33세에 다다른 그녀는, 수도 생활 11년 동안 좋지 못한 건강으로 약해진 상황에 더하여, 자기 몫으로 떨어진 수련자들의 지도를 맡게 될 만큼 철저히 "일본인으로 동화"되지 못하고, 언어도 무지하며, 체험도 전혀 없는 상태인데도 불구하고 두렵지 않았다.

그녀는 브리크베크의 어느 나이든 트라피스트 수도자에게 편지를 썼다. 그녀가 당가로 있는 동안, 편지를 왕래하면서 친우지간이 되었던 사람이다. 그때 그는 모원(母院)에서 절실히 필요했던 몇 가지 물품들을 배송하는 책임을 지고 있었다. "당신도 알고 있듯이, 숲속의 그 작은 새는 자신의 고독을 떠나서 예수님의 명령으로, 작은 새집에 들어가게 되었습니다. 그곳에서 그녀는 떠오르는 태양을 찬미하면서, 새들이 지저귀는 소리를 가르치고, 자신들의 날개로 날아오르거나, 그들의 작은 머리를 드높이 잘 들 수 있는 법을 가르치게 되었습니다. 그럼으로써 우리가 사는 이 세상의 슬픔을 보지 않도록 하기 위함입니다."

지긋이 나이든 그 트라피스트 수도자는, 베르크만스 수녀처럼 "작은 군단"의 열정적인 한 구성원으로서, 그녀의 편지 쓰는 스타일을 좋아했으며, 거기에 흠뻑 빠져서 완전히 매료되어 있었다.

그 숲속의 작은 새는 계속해서 이렇게 쓰고 있다. "그것은 허약한 그녀에게 너무 어려운 책임이며, 더구나 이 작은 가수들의 지저귀는 소리를 이해하지 못한다는 사실 때문에 어려운 것입니다. 그녀의 새장이 황금과도 같이 하느님의 번쩍이는 뜻으로 온통 도배되어 있다 할지라도, 그녀의 작은 심장은 아직도 피를 흘리고 있습니다. 거룩한 사랑의 불꽃의 먹이가 되도록, 불타는 장작 속으로 모든 것을 던져 버립시다. 데레사 수녀와 같이, 가시가 더 길고 날카로운 만큼, 보다 좀 더 감미롭고 아름답게 노래합시다."

그녀가 문법을 모두 학습하지 않은 것은 아니었다. 그러한 것에 별 흥미가 없었음에도 불구하고, 로베르 신부가 모든 규칙을 철저히 연습시켰다고 믿을 만한 근거는 다분히 많이 존재하고 있다. 무엇보다 그녀는 연습할 필요가 있었으며, 그렇게 함으로써, 극동의 언어들에서 의미에 영향을 주는 발음의 톤과 변조의 미묘한 모든 차이를 파악할 수 있도록, 자신의 귀를 만드는 것이었다. 그 언어에 대한 무지에서 생겨났던 수천 가지 오해들 가운데, 오직 한 가지만 우리에게 전해지고 있다.

라발의 수녀들이 수련자들을 위해, 몇 가지 핀들을 보내 주었던 일이 있었다. 그 핀들은 착색된 도자기 머리를 하고 있었는데, 어떤 것은 붉은색, 어떤 것은 녹색, 어떤 것은 엷은 청색, 어떤 것은 노란색 등등으로 되어 있었다. 천사의 성모 수도원 수련실에서는 대단히 감탄하였다! 저마다 경외심과 즐거움 속에서 그 핀들을 바라보았는데, 특히 붉은색과 초록색으로 된 것들이 눈길을 끌었다.

그때 베르크만스 수녀는 완전하지 못한 일본어 지식을 가지고 행동으로 옮기기 시작했다. 그 핀들은 베일에 사용되지 않고 식당 냅킨에만 사용된다는 것을 설명한 것이다. (가능한 한 식당 냅킨을 위한 핀들로 사용되기를 원했다는 것을, 단순한 수도승으로서는 알 턱이 없었던 것이다. 그 자매들이 식당에서 물건을 고정하는 방식과 관련해서, 남성적인 관례의 틀을 벗어나는 예쁘고 아기자기한 어떤 귀여움을 특별히 지니고 있었다는 것을 짐작해볼 수 있다.) 그러나 그녀가 다가가서 냅킨이라는 말을 사용했을 때, 음절 한 개를 빠뜨려 버렸는데, 자신이 그런다는 사실도 미처 깨닫지 못하고 있었다.

그녀 앞에 있는 얼굴들은 멍하니 공허해졌다. 모든 것이 잘 되고 있지 않다는 막연한 느낌이, 그녀를 덮치기 시작했다. 그래서 불안하지만 고집스럽게 모든 것을 다시 반복했다. 그 핀들은 베일에 사용되지 않고 식당 냅킨들에 사용된다고 말했다.

그녀는 또다시 같은 음절에서 빠뜨렸다.

그러나 이번에는 수련자들 중 한 명인 프란치스카 자매가 깊은 한숨을 내쉬면서 조심스럽게 삼가는 어조로 말했다. "오, 알겠습니다. 당신은 실수하셨어요. 당신은 식당 냅킨을 말씀하셨던 것이지요."

다른 수련자들의 얼굴에도 한 명씩 한 명씩 빛이 감돌았다. 그리고서 그들은 저마다 자기들의 두 손을 얼굴 앞으로 가져갔다. 그들 중 한 명은 들릴 정도로 키득키득 웃어댔다.

베르크만스 수녀는 자기 심장에 구멍이 난 것 같은 비참한 직감이 들어서 말했다. "왜들 그러지요, 제가 무슨 말을 했습니까?"

"당신은 식당에서 (새와 같은) 우리의 부리를 고정하기 위해서만, 그 핀들을 사용해야 한다고 말씀하셨습니다."

가엾은 수련자들! 그들은 별안간 길고 힘든 사순시기를 보는 것 같다고 생각했을 것이다. 볼 것도 없는 식당 식탁 앞에, 모든 수녀와 함께 앉아서 자기들의 입술을 다물게 하려고 핀을 꽂아 두고서 말이다. 그것도 빨강, 녹색, 노랑, 청색의 도자기 머리를 한 예쁘고 작은 핀들이라니! 그래서 아무것도 전혀 먹지 못하고 그냥 앉아서, 그들이 이해할 수 없는 말로 된 따분하고 긴 책을 누군가 읽을 때, 마냥 두 귀만 기울이고 있어야 하다니.

그러나 로베르 신부가 말했듯이, 불가능이란 말은 시토회 수도자의 어휘에는 존재하지 않기에, 베르크만스 수녀는 자기 수련자들에 대한 인내와 동정 그리고 관대한 허용과 함께, 곧이어 그들과 더불어 막힘없이 유창하게 대화할 수 있는 지점까지 도달하게 되었다.

일본에서 지냈던 8년의 세월 동안 베르크만스 수녀는, 새로 접하게 된 이 나라 사람들의 사고 방식이나 관습에 대해 자세히 알아볼 기회가 거의 없었다. 사실 그녀는 청원자들의 태도에서 특별히 드러난 것으로, 민족적 성격들을 약간 관찰하였을 것이다. 그러나 아직 그들을 이해하려고 더 깊이 파고들지는 못했다. 실제로 관용어들을 포함한 그 언어와 이 민족이 내적으로 가지고 있는 정신적 태도에 대해 어떤 감각을 키우지 못하는 것을 보고, 로베르 신부가 일본어 수업을 하면서 힐책하였을 때, 그녀는 힘을 빼고 온화하게 대답하였다. "글쎄요, 결국 저는 프랑스인인 걸요."

그녀는 자기 종족과 민족에 속해 있는 모든 이들을 끈질기게 사랑하는 참 프랑스인이었다. 그러나 지금 그녀는 또 다른 하나의 민족적인 특질을 더 이상 무시할 수 없었다. 그들을 연구하고 같은 사고 방식에 자신을 맞추는 것이 필요했다. 그것은 어려운 일이었지만, 그녀에게 직접 청하는 일본인들의 어떤 자연스런 덕성으로 인해, 그 일은 생각보다 쉽게 이루어졌다.

예컨대, 그녀는 그들의 타고난 정중함과 섬세함, 민감함과 좋은 감각에 무작정 저항할 수 없었다. 그때는 자신의 수련자들과 헌신자들의 자녀다운 깊은 경건심도 그녀의 사랑하는 마음 안에 동정심을 불러일으켰으며, 그 나라의 진지하고도 이성적인 사랑(이렇게 아무런 해도 끼치지 않는 소녀들은, 대중이 가지고 있는 좀 더 군사적인 요소들과 어떤 국수주의 요소를 띠고 있지 않았다)은 적어도 그녀가 이해할 수 있었다.

이내 자신의 수련자들 안에서 지성과 좋은 감각의 풍부한 은사뿐만 아니라, 깊이 다듬어진 감수성과 타고난 이상주의를 발견하게 되었다.

이것은 그들의 마음이 점점 더 그리스도의 영의 움직임에 따르게 되었을 때, 가장 아름다운 그리스도교적 애덕과 겸손, 단순성으로 발전되었다. 사랑으로 그들을 인도하는 자신의 방식에 응답하는 그들에게서 강한 만족감을 느끼기 시작했다. 얼마나 유순하게 그들이 그녀에게 응하였는지! 얼마나 가르침에 열렬했는지! 하느님을 기쁘게 하고 자신들의 영혼을 무조건 그분의 자비로운 은총의 섭리에 복종시키는 새로운 길을 얼마나 탐내며 배우려 했는지! 비록 그녀가 "영적 어린이다움"의 원칙에 대해 둔감하고 냉담했던 한두 명의 조수녀들로 인해 좌절했다 해도, 대신 수련실 안에서 위로를 찾았다. 관대하고 겸손하며 흐트러짐 없는 이 소녀들은 성녀 소화의 평범한 교의에 의거하여 양성할 수 있는 완전한 대상이었다. 그것은 수많은 유럽 가톨릭 신자들 안에 있는 것처럼, 단순히 반쪽짜리 의식에서 나오는 얀세니즘의 완고한 어떤 흔적도 그 영혼들 안에서는 말끔히 치워져 있었기 때문이다.

그 결과로, 베르크만스 수녀는 일본인의 관습과 태도에 필요했던 그 모든 동정심을 재빨리 획득하게 되었다. 수련자들이 수도원을 들어올 때 자신의 신발을 벗는다거나, 서로에게 과도해 보이는 정중함을 보이며 인사한다고 주장해도, 그녀는 더 이상 놀라지 않았다. 동정심을 가지게 된 결과, 그녀는 재빨리, 양성에 필요한 것, 즉 엄격하게 시토회적이고 베네딕도회적인 것과 불필요한 것, 혹은 좀 더 솔직하게 말해서 그녀의 프랑스적인 훈련과 기질에만 맞추어진 것을 식별할 수 있었다. 자신의 수련자들을 프랑스 여성으로 변화시키는 것은 쓸데없는 일이었으며, 아마도 불가능했을 것이다. 우리 규칙도 민족적인 특성을 없애라고 요구하지 않고 있다. 성 베네딕도의 수도 규칙은 모든 민족을 위해 있는 것이지, 규칙을 위해 민족들이 있는 것은 아니다. 그것을 따름으로써 모든 민족의 여성과 남성들이, 하느님에 의해 그들 안에 심어진 거룩함을 그들만의 특별한 잠재력으로 이루어갈 수 있도록, 모든 종류의 삶을 포용하는 충분한 범위를 두고 계획되었기 때문이다. 성인이 된 일본인은 미국인이나 프랑스인과 다르게 하느님께 영광을 드리게 될 것이다. 그 때문에 하느님은 우리를 완전히 다르게 만드신 것이다. 그럼에도 불구하고 모두가 시토회 관례를 지킬 수 있고, 하느님이 시토 회원들에게 원하는 일치의 어떤 형태로 모두가 그분께 영광을 드릴 수 있을 것이다.

일본인들의 삶 안에 본질상 우리 생활 방식과 양립할 수 없는 어떤 것이 분명히 존재한다는 사실에는 의심의 여지가 없었다. 이러한 것들은 희생되어야만 했으며, 베르크만스 수녀는 그 사실을 다르게 둘러대지 않고 주저하지도 않으며 거리낌 없이 주장했다. 스콜라스티카 원장과 로베르 신부에게는 깊은 절을 행하는 관행을 지속했지만, 저마다 모든 사람에게 깊은 절을 하지 않는다고 해서 그것이 수련자들을 죽이지는 않을 것이다. 자신의 책임을 이행하는데 진지함과 단순성이 그렇듯 컸기 때문에, 베르크만스 수녀는 곧 자신의 수련자들의 마음을 얻게 되었으며, 스콜라스티카 원장의 증언에 의하면 완전한 수련장 수녀가 되었다.

이 책임을 맡게 된 첫해가 끝날 무렵 어느 날 저녁, 한 수련자가 베르크만스 수녀의 방으로 찾아왔는데, 탁자 위에서 성녀 데레사와 젬마 갈가니의 사진을 앞에 놓고 특별히 부드러운 시선으로 응시하고 있는 모습을 발견하였다. 그 자매는 말했다. "수녀님, 오늘 저녁 당신은 그들을 매우 사랑스럽게 바라보고 계시네요, 그 이유는 무엇인가요?"

베르크만스 수녀는 말했다. "내 책임이 변경되어서 2월에 이 직책을 물러나야 한다면, 이들과 떨어져 있어야 한다는 것을 생각하고 있었습니다."

그 수련자는 눈물을 흘리면서 말했다. "변경된다는 말은 하지 마세요. 제가 당신을 잃어 버리는 일은 너무 견디기 힘들 것입니다."

베르크만스 수녀는 말했다. "나는 어떻겠어요. 9명의 아이들을 떠나야 하겠지요."

이 사랑은 무엇을 바탕으로 하고 있었을까? 그저 자연적인 동정심의 문제였을까? 수련자들은 단지 그녀의 자연적인 매력에 굴복했던 것일까? 그녀에게는 자연적인 것보다 더한 어떤 것이 있었다. 수련자들이 자기 삶의 모든 것이 되게 하라는 로베르 신부의 조언을 너무도 심각하게 받아들였던 그녀는, 실제로 어떤 어머니보다 더 자애롭게 그들을 사랑하였다. 그녀가 그들의 말을 부인하곤 했던 것은, 희생이나 보살핌이 없는 것처럼 보이게 하였다.

수련자들 중 한 명이 성당을 청소하면서 실내에서 신는 일본식 신발을 더럽히는 바람에, 될 수 있는 한 빨리 그것들을 깨끗이 닦기 위해 따로 놓아두었다. 저녁 무렵이 되었을 때, 그 자매는 자기 신발을 가지러 갔다가, 완전히 깨끗해진 것을 보았다. 그래서 그녀는 그 신발을 들고 베르크만스 수녀에게 갔다.

"그것을 깨끗하게 해 준 것은 바로 당신의 수호천사인 듯한데요." 라고 베르크만스 수녀는 말했다. 그녀가 그렇게 했다는 고소에 응답한 것이다. 그런가 하면 청원자들 가운데 한 사람은 버거운 외부 작업에 완전히 문외한인데, 노동이 시작될 때부터 이미 지쳐 버렸다. 작업이 끝나기도 전에 피로감으로 거의 기절할 지경이 되었다. 그녀는 "앉아서 조금 쉬고 우유 한 잔만 마실 수 있다면 … " 하고 생각하기 시작했다.

조금 있다가 주변을 둘러보자, 베르크만스 수녀가 우유 한 잔을 가지고 오는 것이 아닌가. 분명히 창밖을 내다보면서 그녀를 살피고 있었던 것이다.

그녀는 그들의 사소한 어려움과 유혹들을 잊지 않았다. 가엾은 자매들 가운데 한 명은 향수병에 걸려 고향을 애타게 그리워하고 있었다. 오로지 생각하는 것이라고는, 왜소한 자신의 소중한 어머니밖에 없었다. 한 번만 어머니와 함께 있을 수 있다면! 그것은 그 삶이 너무 힘겹거나, 혹은 단식과 고된 노동을 꺼려서가 아니라, 자기 어머니와 함께 있을 필요가 있었던 것이다. 베르크만스 수녀는 천상 어머니께 기도하고, 예컨대 가대에 있는 그분 상에 가서 기도함으로써, 어머니와 함께 있고자 하는 습관을 들이는 것이 좋을 것이라고, 그녀에게 확신시켜 주었다. 그날 저녁에도, 그 자매가 딱딱한 침상에서 이불을 턱 위까지 끌어 올리고 눈을 말똥말똥 뜨고 누울 때, 이 자녀의 숙소 커튼을 통해 들여다보고 미소를 지어 보이며 작은 축복의 말을 잊지 않고 건넸다. 때로는 그렇게 작은 자애로운 행동들은 매우 많은 의미를 지니고 있었으며, 자매들은 그것들을 잊지 않았다.

사실 향수나, 대부분의 다른 어려움에 대한 가장 좋은 약은, 베르크만스 수녀가 하느님과의 친밀한 일치를 통해 수련실 안에서 돈독히 다지고 유지할 수 있었던 가족 정신이었음을 수련자들은 알게 되었다.

이는 그녀가 수련자들을 수련시킨 가장 감탄할 만한 특성들 가운데 하나로, 그들에 대한 그녀의 사랑이 얼마나 깊고 초자연적이었는가를 증명해 주는 것이었다. 일종의 영적 본능에 이끌리는 그녀는 자신만의 치우침 없는 사랑의 강하고 순수한 힘 안에서, 모든 수련자들을 그들 서로와 그녀 자신은 물론 하느님과 일치시키는 법을 알고 있었다. 이것만으로도 그녀의 마음이 겪고 있던 정화에 대해 많은 것을 들을 수 있다. 왜냐하면 수련자들이나 수도자들로 이루어진 작은 공동체에서 일단 호감이나 자연적 애정이 들어서게 되는 것 만큼, 그렇게 빨리 평화로운 사랑의 유대를 파괴하는 것은 없기 때문이다.

베르크만스 수녀가 어떤 수련자들에게 편애를 드러냈다면, 그들과 좀 더 즐겁게 대화하거나 그들의 필요에 남다른 관심을 보이려고 다른 이들보다 그들에게 호의를 보였다면, 불가피하게 다른 이들에게 상처를 주면서 사소한 질투나 시기, 경쟁심까지 불러일으켰을 것이며, 그것은 사랑과 평화가 끝장나도록 마력을 부렸을 것이다. 물론 거기에는 맹목적이고 계산적인 평등성의 문제는 없었다. 더 약한 자들은 분명히 더 많은 관심을 받을 필요가 있었다. 어떤 이들이 남달리 더 많은 덕을 지니고 있다는 사실로 인해서 생겨나는 어떤 특별한 만족감을 그녀는 감출 수 없었다. 그러나 그렇게 할 수 있었던 이유는, 그 행동의 동기가 언제나 초자연적 성격을 분명히 띠고 있었기에, 늘 이해받았고 당연한 것으로 받아들여졌기 때문이다.

수련자들에게 그녀가 내주었던 가장 귀중한 것은 그녀의 시간이었다. 누구의 필요도 무시하지 않고 자신이 주어야 했던 모든 것을 주었다. 자신의 수련자들 가운데 한 명에게라도 경청하며 귀를 기울이지 못할 만큼 그녀는 그렇게 바쁘지 않았다. 그들을 위해서라면 전혀 방해될 수 없다는 사실만큼 중요한 것은 없었다.

그녀는 자신의 "휴식 시간"이 없어지는 것에 대해 한탄한 적도 있었다. 성체 앞에서, 하루에 한두 차례라도 10분이나 15분의 시간을 갖기 어려웠던 것이다. 이제는 저녁이나 간식 후 5분, 혹은 천사의 성모상 발 앞에 부복하고 자기 마음을 쏟아낼 수 있도록, 독서 기도 후에 잠깐 틈을 낼 수 있다면 그나마 다행이었다. 과거에는 얼마나 분주하든, 그에 상관하지 않고 늘 평화 중에 묵주 기도를 바치려고 하였다. 아마도 한꺼번에 하지는 않았지만, 어떻게 해서든 그것을 기도하였다. 지금은 숙소에 있는 침상에 몸을 누일 때까지, 그렇게 할 기회가 조금도 주어지지 않았다. 즐겁고 고독한 묵상과 감실에 계신 그리스도와 중단 없는 친교를 나누던 시절은, 지나가고 없었다. 그렇다고 그분과의 일치가 전보다 덜하다는 뜻은 아니었다. 오히려 더욱더 그러한 상태에 있었다. 그분은 그녀 안에서 활동하고 계셨다. 그녀의 영혼은 그분의 영에 속해 있었다. 그녀의 정신과 의지는 다른 영혼들이 그분과 닮은 모습으로 양성되기 위한 도구가 되었다.

그녀는 조수녀들을 포기하지 않았으며, 여전히 그들도 가르쳐야 했다. 게다가 갑자기 건강 상태가 심각하게 되어 병실로 이동한 다음, 처음으로 그곳에서 밤잠을 자게 되는 일이 있었는데, 그때부터 대부분의 날을 아예 그곳에서 주저앉아 지내는 시절이 곧 다가오고 있었다. 그러나 그녀는 늘 수련실로 내려가서 수련자들에게 강화해 주거나 생활 지도를 해 주기 위해, 온갖 고통과 아픔은 물론이며 갖가지 약함이나 장애물에 저항하며 투쟁했다.

친절하고 부드러운 마음으로 재빨리 영적 자녀들의 모든 필요를 알아차리고 그것을 제공해 주며 시련을 겪고 있는 이들을 위로해 주었다면, 그녀는 나약하거나, 그냥 내버려 두는 수련장이 아니었다. 그와 반대로 자신의 친절을 이용해서 의식적이거나, 아니면 어떤 의도가 있는 속임수는 용납하지 않았다.

자기 연민으로 가득 차 있고, 순전히 자기 중심적인 생각에 잠혀 타인으로부터 동정과 관심을 얻으려고 늘 칭얼대며 우는 소리를 내던 한 청원자에 대해, 베르크만스 수녀는 단순히 어깨를 으쓱하면서, 바깥 세상에서 살 수도 있을 것이라고 말했다. 분명히 성소가 없는 지원자들에게는 어떤 격려도 하지 않았다. 그 자매들은 규칙이나 삶에 적응하고자 하는 갈망도 선한 의지도 없이 주변에서 질질 끌려다녔으며, 가능한 모든 일에서 면제받기를 원하고, 그것을 얻지 못할 때는 울부짖었다. 꾀병이나 환상의 고통이 끊임없이 계속되는 이들에게는, 거의 아무것도 하지 않았다. 그것은 새 지원자들이 일어나서 가대로 가는 것을 불가능하게 하였으며, 재의 수요일 아침에는 10시 이전에 빈혈로 약해져서 죽는 것을 두려워하게 했다. 그들에게 가능한 합당하게 여겨지는 허용을 모두 베풀어 주면서, 그들이 진정 조금도 자신을 희생할 뜻이 없음을 알고 난 다음에는, 조금도 지체하지 않고 그들을 집으로 보내야 한다고 제안하곤 하였다. 물론 그것만이 그들에게 할 수 있는 애덕의 유일한 길이었다. 그들은 결국 그곳을 떠나게 되었는데, 시간을 더 낭비하거나 길게 머무름으로써 공동체의 다른 구성원들에게 불필요한 짐이 되지 않게 하는 편이 더 나았다.

그녀는 자신의 청원자들 가운데 고집스럽고 자기 뜻이 강한 이들에게도, 똑같이 단호하였다. 거절할 때는 늘 상냥하고 타당한 방식이었지만, 그들이 자기 방식대로 하기를 원할 때마다, 그것을 허용함으로써 그들에게 해악을 끼치지 않았다. 간단히 말하면, 그녀는 세상에서 갓 나온 영혼들을 다룸에 있어서, 수련장 수녀가 처할 수 있는 모든 상황과 대면하였다. 온갖 신중함과 애덕, 은총으로 인도되는 이에게 주어지는 냉정함과 침착함을 지니고, 자기 지위로 인해 허용된 특별한 빛을 모두 활용하고자 결심하였다.

그들은 그녀 안에서 유머 있는 생명력의 강한 기질을 감지했음에도 불구하고, 수련자들과 분리되는 합당하고 정당한 한계선을 뚫고, 그녀와 산만하고 떠들썩한 친밀감으로 빠져들 수 없었다. 차갑거나 후원해 주는 방식으로 대하는 그녀의 선한 천성을 이용했던 이들도, 어떤 나쁜 의도의 표지를 보인 적은 없지만, 그녀의 평온한 존엄을 뚫고 가거나, 훨씬 더 높은 곳에 자리하고 있는 단순한 겸손과 사랑에서 나오는 평화를 방해할 수 없었다. 그들을 민감하게 느낀 적이 자주 있었을지라도, 그것은 그녀를 놀라게 하거나 방해하지 않았으며, 그것이 누구였든 그 무엇이었든 혹은 그녀에게 어떻게 행동하였든지, 어떤 것도 모든 수련자의 영혼 안에 계신 그리스도를 섬기려는 열망과 초자연적 인내를 변화시킬 수 없었다. 그러나 이러한 일들을 너무 가볍게 지나쳐 버리지 않았는데, 언제나 순수한 사랑의 객관성을 지니고 그들을 바라보고 있었고, 그들이 그녀를 제자리에서 벗어나지 않게 한다고 여겼을지라도, 이들의 영혼 안에 계신 그분의 마음을 상하게 해드린다는 것을 알고 있었기 때문이다.

어느 날, 한 수련자가 다소 그녀를 무시하는 일이 생겼다. 아마도 성급했거나 기분이 언짢았던 순간에 그랬던 것 같으며, 나중에 찾아와서 그에 대해 사과하였다. 세상적인 지혜가 있었다면 입에 발린 말이나 경건한 용서의 몇 마디를 들먹거렸을 터이지만, 그것은 어디까지나 그녀가 얼마나 인내심 있고 도량이 넓은 수련장 수녀인지를 보여 주기 위해 계산된 것에 불과했으리라. 베르크만스 수녀는 자기 이익을 위해 일하지 않았다. 그 경멸은 그녀에 대한 것이었지만, 그로 인해 가장 상처받으신 분은 그녀가 아니었다. 그녀는 말했다. "보십시오." 베르크만스는 계산적이지 않았다. "당신이 무시했던 분은 예수 그리스도이십니다." 그녀는 조용하고 객관적으로 왜 그런지를 설명하였다. 물론 자신도 그렇게 느꼈음을 부인하지 않았다. 이러한 방식으로 그녀는 그리스도인으로서뿐만 아니라, 영혼의 인도자요 어머니로서 용서하였다. 이들의 의무라고 한다면, 그것은 용서함으로써 치유하는 일이었다.

수련장 수녀가 지도하는데 맞서 싸워야 하는 인간적 나약함과 그 모든 잘못들을 열거할라치면, 거의 시작도 못할지 모른다. 예컨대 아첨을 일삼는 알랑쇠들이 있었다. 뻔뻔스럽게도 장상들에 대한 자신들의 모든 태도를 인위적 달콤함의 핑크빛으로 화려하게 채색하며 해대는 모든 말마다 보일 듯 말 듯 노예적 근성의 냄새를 풍기는 이들이다. 베르크만스 수녀는 받은 은총에 의해서나 성격적으로도 그런 말에 대해 중무장을 하고 있었다. 게다가 겸손과 단순성은 물론이며, 좋은 감각과 취향을 가지고 그렇게 하였다. 그녀는 그것을 용납하지 않았으며, 또 애덕에 상처를 줄 수 있는 어떤 말이나 표현에 호의를 보이지도 않았다. 수련자들에 대한 자신의 영적 지도가 공동체 내 다른 이들이 하는 일들에 관해서 다소 비판적으로 한가한 잡담을 하는 모임으로 변질되지 않도록 하였다.

그녀는 조수녀들을 지도하면서, 자신의 열정을 타인들에게 강요하는 것에 주의해야 한다고 배웠기 때문에, 사전에 영적 양성을 거의 받지 못했거나 전혀 받지 못한 영혼들이 찾아와도, 뜻하는 대로 원자료를 가지고 작업할 수 있음에도 불구하고, 영적 생활에서 특히 자신에게 더 다가오는 것들을 그들에게 부담이 될 만큼 과도하게 강조하지 않도록 조심하였다.

소화의 작은 길을 그들 앞에 제시하기는 하였으나 강요하지 않았다. 그것은 가르침의 근간이 되는 중심적 주제도 아니었다. 그와 반대로 그녀가 다른 모든 것보다 그들에게 좀 더 주의시켰던 것이 있었다. 그들의 영성이 어떤 것이든지, 무엇보다도 그것은 베네딕도적인 것이어야 했다. 그들이 자신들에게 특별히 다가왔고 자기들의 관상 생활 방식에 적절한 어떤 신심의 빛 안에서 규칙과 시토회 전통을 가로막고자 했다면 그렇게 할 수 있었을 것이다. 그러나 먼저 그들은 성 베네딕도의 규칙을 살아야 했다. 그녀는 말했다. "성녀 데레사의 길은 분명히 탁월한 것입니다. 그러나 우리는 무엇보다 먼저 우리의 성규를 지켜야 합니다."

로베르 신부에 의하면, 세월이 흐름에 따라서 그녀는 조수녀들이 특이한 경향이나 과도한 싸움, 혹은 긴장을 보이지 않는 만큼 그들에게 점점 더 많은 자유를 관대하게 베풀어 주었다. 그리고 수련자들을 인도할 때는 언제나 확고하고 단호했던 반면, 각자의 마음 안에서 특별히 움직이시는 성령의 감도는 점점 더 존중하였다. 그밖에, 자녀들 가운데에 한 명이라도 내적 삶 안에서 심각하게 문제가 되는 것이 없을 때면, 베르크만스 수녀는 늘 수련장이기보다는 종이 되었다. 수련실에서 가장 나이 어린 헌신자라 할지라도 다만 자신이 책임지고 맡게 된 이들의 갈망과 취향, 이끌림과 필요들을 귀기울여 듣고 자신을 맞추는 법을 연구하였다.

마지막으로, 가장 어려운 시련들 가운데 몇 가지가 다가오고 있었다. 트라피스트 생활을 원하는 지원자 한두 명의 경우를 놓고 장기간 기도하며 고심한 끝에, 그녀는 그 성소가 환상이라는 결론을 내리고 그들에게 세상으로 돌아가라는 제안을 할 수밖에 없었다. 이는 대체로 어떤 수련자들보다도 베르크만스 수녀 자신에게 더 많은 의미가 있었다. 그녀가 라발 수도원 문지방을 처음으로 넘어설 수 있게 되었던 이후 줄곧, 사실상 그 이전에도 몇 달간 그녀의 시토회 성소는 자기 생애의 가장 큰 기쁨이었다. 지금도, 죽음의 침상에 이르기까지 그녀는 언제나 자기 마음속에 냉정하고 은밀한 두려움을 지니고 있었다. 이 큰 은총을 잃어 버리고 인내하지 못하며 자매들과 공동체로부터 떨어져서 다시 세상 속으로 끌려가게 되는 일이 일어날 수도 있다고 생각했다. 이는 그녀가 죄악을 두려워했던 만큼 두려워했던 것이었다. 생각할 수도 없는 일이지만, 하느님의 은총과 영광 안에 있는 무덤과는 정 반대편에 서 있으면서 안전하지 못한 상태로 있는 한, 결코 불가능한 일은 아니었다. 하느님에 의해 순수한 평화와 기쁨과 사랑이 가득한 이 생활로 불리웠다고 여겼던 한 영혼이, 그렇게 되지 않고 외부 세상에 속해 있다고 결정되는 일이 어떤 것인지를 그녀는 알고 있었다.

거기에는 알아볼 수 있는 징표들이 있었다. 근본적으로 결핍된 부분들부터 시작해서, 생활에서 오는 역경과 대면할 수 없는 무능력은 물론이고, 심지어는 정상적인 처분에 대해서도 똑같이 별 변화가 없는 태도였다. 어떤 때는 과도하게 긴장하며 신경질적으로 되거나, 정신적인 문제로 이끌고 갈 수 있는 기도에만 내적으로 지나치게 집중하는 경향이 있었고, 공동 생활 안에서 타인들과 맞추지 못하는 무능력하며, 다른 어떤 이를 바라보며 미소 지을 수 없거나 꺼리기까지 하고, 언제 어느 때나 어떤 이유로든 공손하고 예의 바른 태도를 보이지 못하며, 그 밖에도 단조롭고 우둔하며 산만하게 만드는 게으름이 있는 반면에, 과도하게 주도면밀한 태도를 드러냈으며, 고칠 수 없을 만큼 유별난 신심에 애착하는 것 등등 이 모든 것들을 고려해야 했다. 그녀는 몇 명의 가엾은 자매들에게 빈번하게 떠나야 한다고 말해야 했다. 그리고 나면 참으로 가장 진심 어린 슬픔에서 흘러나오는 눈물을 보았다. 심지어는 무릎을 꿇고 하느님만을 위해 살고자 하는 갈망으로 가득 차서, 매우 진지한 마음으로 수도원에 머물게 해 달라고 애원하며 빌기까지 했다. 그러나 그녀는 그렇게 될 수는 없으며, 달리 말할 수 없다는 것을 알고 있었다.

그것은 애덕의 시험이었다. 그녀가 지닌 사랑이 참으로 초자연적 성격인지 시험하는 것이다. 그래서 그것은 그 사랑을 시험하기 위해, 하느님이 가능한 모든 방법을 시도하시는 것처럼 보였다. 그러나 그것은 공동체와 청원자 안에서, 다소 자연적인 동정에 기울어지고 약해짐으로써 하느님의 참된 관심사들을 희생하는지 아닌지를 다시금 알아볼 수 있는 길이었다. 지원자가 자신이 속해 있지 않은 곳에 오래 머무르는 것은 그녀 자신과 공동체 양자 모두에게 단지 해가 될 뿐이다. 그녀는 자기 양심 깊은 곳에 있는 참된 사랑의 목소리에 귀를 기울였다.

그녀가 지닌 사랑의 비밀은 무엇이었는가? 죽기 일 년 전에 이렇게 기록하였다. "나에게는 아직 사랑하는 우리의 작은 수련자들이 있다. 나는 그들을 너무 사랑한다. 그래서 다시금 여기에 있는 이 작은 영혼들 안에서 예수님을 발견한다. 그들은 내가 사랑하는 분의 살아 있는 성합이 아니던가?" 피조물을 사랑했을 때마저도, 그 안에서 사랑하였던 그녀의 사랑은 오로지 하느님과 그분의 뜻과 그분의 사랑이었기 때문에 언제나 초자연적이었다. 영적인 자녀들의 영혼 안에서 그들을 위한 그리스도의 사랑이 반영되고 있음을 보았다. 그럼으로써 그분은 그들을 당신께로 부르셨다. 그러한 사랑의 빛 안에서 그들의 온갖 약함과 무력함, 그들의 필요를 보았다. 그러나 그렇게 대조되어 보일지라도, 아니 그렇기 때문에, 그러한 상태에 대해 마음을 열고 받아들임으로써 결국 그녀의 마음을 얻게 되었다.

그녀가 그들을 최상으로 사랑할 수 있었던 방법은 어떤 것이었을까? 그녀 스스로 그분을 사랑하고자 갈망했던 것처럼, 성녀 데레사가 그분을 사랑했던 것처럼, 그들도 그리스도를 사랑하고, 그분이 천상에서 사랑받고 있듯이 지상에서도 그분을 사랑하도록 가르침으로써 그렇게 했던 것이다.

그녀는 종종 자기 수련자들에게 이렇게 말하곤 하였다. "여러분은 성인이 되는데 필요한 모든 것을 갖추고 있습니다. 여러분은 사랑할 수 있는 마음과 고통받을 수 있는 몸을 지니고 있습니다. 사랑, 그렇습니다. 사랑, 그것으로 충분합니다. 우리 주님이 여러분에게 요구하시는 것은 모두 다, 바로 그것이라 할 수 있습니다."

지도를 받기 위해 그녀를 찾아왔던 수련자들과 나눈 대화의 주제는 보통 이런 내용이었다. 하느님의 순수한 사랑을 위해서라면, 가장 작고 사소해 보이는 것까지도, 그 모든 것을 습관적으로 행하는 것의 중요성을 아무리 강조해도 지나치지 않게 보였다. 이는 물론 마음의 모든 움직임과 영감을 위한 실제적인 기초로서, 끊임없는 기도의 한 수단으로 제안하였던 것이다. 하느님을 사랑한다고 그분께 말하는 것만으로는 충분하지 않았다. 그런 다음 그들의 행동으로 그것을 부인하고 있기 때문이다. 그러나 그들이 자신들의 마음을 그분께 들어 올리는 때에도, 자신들의 뜻보다는 그분의 뜻을 따르게 함으로써, 자신들의 기도를 참으로 온전히 진정한 것으로 확고히 다질 수 있는 기회는 늘 있었다. 작업장에 있든, 성당에 있든, 식당이나 숙소, 혹은 다른 어떤 곳에 있든지, 그들은 하느님께서 그들로부터 갈망하셨던 어떤 것이 항상 그곳에 있었다는 사실을 확신할 수 있었다. 그것은 그들이 자유롭게 그분께 드리거나 거절할 수 있었던 것이었다. 그분의 뜻을 행함으로써 그분을 언제나 기쁘게 해드리거나, 그렇게 하기를 거부함으로써 그분을 실망시킬 수 있었다. 후자의 경우는 자신들 스스로에게 해를 끼침으로써 그분을 실망시켰던 것이라 할 수 있다. 그분의 뜻을 따르지 않는다고 그분에게서 어떤 것을 빼앗을 수 없으며, 단지 그 방편을 통해 우리에게 주시고자 했던 은총을 우리로부터 앗아가 버릴 뿐이기 때문이다.

기도할 때에는 오랫동안 복잡한 묵상이나, 숭고한 생각들, 혹은 창조적이고 탁월한 생각들이나 직관들을 피하도록 했다. 그녀는 그들에게 이렇게 말하곤 하였다. "사제들이 마음 기도 안에서 이렇듯 아름다운 생각을 하는 것은 괜찮습니다. 그러나 우리 여성들은 바로 우리의 마음 안에서 그 일을 하도록 하는 것으로도 충분합니다."

그들이 겪는 모든 유혹에는, 그래도 한 가지 확실한 피신처가 있었다. 그들을 위한 하느님 사랑에 신뢰를 두는 것이었다. 이는 그분께 사랑을 다시 갚아 드리는 가장 최상의 동기를 부여했다. "여러분이 유혹을 받을 때면 이렇게 기도하십시오. 나의 하느님, 저는 저에 대한 당신의 사랑을 믿습니다! 그러면 여러분은 위로를 받게 될 것입니다."

내적 삶의 순수한 본질들에 대해 베르크만스 수녀는 얼마나 확실하고도 손색 없는 직관을 지니고 있었는가! 우리가 영원히 죄악을 극복할 수 있는 유일한 길은, 사랑으로 말미암아 세상의 다른 모든 것보다 심지어 생명 자체보다 사랑하는 하느님의 뜻을 더 낫게 여기는 일을 통해서 가능할 것이다. 그러나 그분이 우리를 사랑하시고, 결코 우리를 저버리지 않으시며, 우리가 겪는 모든 시련 속에서도 함께 하시며, 그분이 이미 십자가상에서 우리를 위해 이겨내셨다는 사실을 믿지 않는다면, 어떻게 그분께 우리의 온 마음을 무한히 헌신할 수 있겠는가? 그저 우리는 그분께서 베풀어 주시는 은총들을 활용해야 할 것이다. 그렇게만 할 수 있다면 좋겠다. 그분 은총의 수문장을 우리 마음으로 열게 하는 것은 그분 사랑에 대한 우리의 믿음이다. 그 때문에 우리 영혼들 안에서 그분의 은총이 활동하지 못하도록 거의 마비시키는 것은, 그분의 사랑에 대한 신뢰 결핍이다.

베르크만스 수녀에게 사랑, 포기, 신뢰는 늘 적극적이고 긍정적인 형태를 띠었고 언제나 매우 실천적이었다는 사실은, 아무리 여러 번 말해도 지나치지 않을 정도이다. 그녀의 신앙과 신뢰는 희생과 선행 안에서 항상 많은 열매를 가져왔다.

한 번은 어떤 조수녀 수련자가 가대 수련실로 심부름 갔던 일이 있었다. 그녀가 그곳에 있는 동안, 베르크만스 수녀가 다음과 같은 말로 가르치고 있는 것을 듣게 되었다. "하느님의 사랑을 위해서 행하는 것이라면, 몸을 굽혀 땅에서 지푸라기 하나를 줍는 것만으로도 한 영혼을 돕기에 충분할 수 있습니다."

그러한 교리는 완전한 순종을 함축하지 않는다면 이해할 수 없다. 왜냐하면 분명히 한 수도자가 정작 더 중요한 일이 있는 마당에 불필요하게 지푸라기들을 줍는 것과 같이, 자신이 선택한 것을 희생하면서 스스로 즐기기 위해 규칙의 규정들과 장상들의 원의를 무시한다면, 하느님을 기쁘게 해드리지 못하는 것은 물론 자매들을 도울 수도, 영혼들을 위해 어떠한 것을 얻어올 수도 없을 것이기 때문이다. 베르크만스 수녀가 그렇게 작고 무의미한 행위들로 하느님에 대한 우리의 사랑을 보여 줄 수 있다고 믿었다 할지라도, 그녀는 늘 자기 영적 자녀들에게 그들이 관련되지 않는 일에 끼어든다면, 그분을 결코 기쁘게 해드릴 수 없다는 사실을 주지시켰다.

어느 날, 어느 열성적인 꼬마 수련자가 몇 군데 방과 헛간 천정이 먼지와 거미줄로 가득 차 있는 것을 목격하고, 자발적으로 그곳을 깨끗이 치웠다. 베르크만스 수녀가 그 장소에 도착했을 때, 그 수련자가 스스로 작정하고서 시작한 이 작업이 거의 끝나가고 있었다.

그녀는 물었다. "누가 그렇게 하라고 당신에게 말했습니까?"

"어느 누구도 아닙니다, 수녀님. 제가 그냥 그렇게 했습니다."

수련장 수녀는 말했다. "당신은 기도하는 영혼이 아닙니다. 예수님을 충분히 생각하지 않고 있습니다!" 그것은 심한 말이었지만 진실이었다. 이렇듯 개인적인 덕으로 자청해서 하는 일들은 종종 공동체 안에서 타인들에 대한 미묘한 비판을 담고 있는 것으로 진정한 기도 정신과 양립할 수 없으며, 그러한 습관을 발전시키는 이는 얼마 가지 않아서 그리스도와의 참된 일치를 위한 모든 능력을 상실하게 될 것이다. 그러나 베르크만스 수녀는 서둘러 자기의 가혹한 비평을 누그러뜨리기 위해 한마디를 덧붙였다. 그 가련한 수련자가 순종했던 직감적 본능이 얼마나 인간적이고 보편적인지를 알려 줌으로써, 그녀를 관대히 보아 주고 용서해 주었던 것이다.

베르크만스 수녀는 계속했다. "어떤 상태인지 나도 압니다. 그런 것을 보게 되었을 경우를 나도 직접 겪어보았지요. 그러나 내가 관련된 일이 아니었기 때문에, 엄밀히 따져서 그냥 그렇게 내버려 두었지요."

우리가 하는 모든 것 안에서, 하느님을 사랑하고 죄를 보속해야 한다고 말하는 것은 매우 쉽다. 그러나 베르크만스 수녀에게 그것은 무엇을 의미했는가? 사랑에 대한 그녀의 가르침은 그저 막연하고 일반적인 것은 결코 아니었다. 언제나 실제적이고 구체적인 사항들로 들어가서 그것을 다루었다. 어떻게 하면 자기의 손노동을 성화시키고 초자연적으로 만들 수 있으며, 더 나아가 그것을 기도로 변화시킬 수 있는지를 물었던 수련자에게 베르크만스 수녀는 이렇게 말했다.

"일하고 있을 때는 항상 우리 주님을 생각할 수 없다는 것을 압니다. 그러나 일을 시작할 때는 당신이 하고자 하는 바를 그분께 봉헌하십시오. 그런 다음 걸을 때는 그분이 당신 곁에서 함께 걷게 하십시오. 건물 안으로 들어갈 때는 그분이 당신보다 앞서 들어가게 하십시오. 앉을 때는 당신 곁에 그분을 위한 자리를 남겨 놓으십시오."

베르크만스 수녀는 언제나 자신의 하루를 성화시키려고 노력하였으며, 자신의 수련자들도 장상들이 규정하고 명령하는 시간과 방식에 따라 단순히 모든 것을 행함으로써 그렇게 하라고 가르쳤다.

한 번은 한 수련자가 그녀에게 물었다. "쉬는 시간은 어떻게 보내야 합니까?"

"일할 때는, 온 마음으로 하십시오. 시간이 나면, 온 마음으로 기도하십시오. 그렇게 쉬는 시간은 일하는 때가 아니기 때문입니다. 죽음의 시간이 당신에게 다가왔을 때, 우리 주님께 이렇게 말씀드릴 수 있도록 모든 것을 행하십시오. '저는 일하는 시간을 잘 사용했으며, 쉬는 동안에는 열심히 기도하였습니다.'"

그녀는 개인 기도를 강력히 주장하였는데, 그녀가 자유 시간을 가지고 지낼 수 있었던 시절에는 그 대부분의 시간을 기도에 할애하였다는 사실을 우리는 알고 있다. 그러는 한편, 쉬는 시간을 알리는 종이 울리는 순간에, 수련자들이 일이나 엄밀히 말해서 관상적이지 않은 다른 업무는 그만 멈추도록 언제나 요구했다. 그녀는 말했다. "쉬는 시간에 기도하지 않는다면, 우리는 은총도 영적인 힘도 얻을 수 없을 것입니다." 또 다른 수련자에게 말했다. "오늘 무엇을 했나요? 일이 부담스럽지 않았나요? 끝내지 못한 어떤 일이 있을지라도 일손을 멈추는 것을 두려워하지 마세요."

그녀는 기도에 해를 끼치면서까지 쓸모없는 활동에 힘을 쏟으며 일에 과도하게 몰두하거나 호기심을 만족시키는 수련자들은 그렇게 하지 못하도록 엄하게 다스렸다. 이 일본인 자매들은 모두 꽃을 사랑하는 성향을 지니고 있었으며, 아름다운 꽃다발로 그것들을 장식하는 예술적 기질이 있었던 것 같다. 그들은 수련실에 있는 모든 성인상마다 그 앞에

꽃을 가져다 놓는 것을 매우 좋아했다. 만일 그녀가 그것을 허용했다면, 그들은 자신들의 주보 성인들을 모시고 있는 성스러운 자리마다 최고의 정성을 들여 장식했을 것이다. 그러나 베르크만스 수녀는 그들에게 주어진 쉬는 시간을 기도와 영적 독서로 보내는 것이 더 중요하다고 여겼으며, 참으로 관상적인 이 일을 방해하는 것이 있다면, 시간 낭비라고 간주하였다. 결국에는 수련자들에게 수련실 장식을 금지시켰다. 그녀는 내적인 희생과 기도로 부족한 꽃의 빈자리를 채우며, 이렇게 작은 기쁨을 자발적으로 포기하고 헌신적으로 순종할 것을 제시하였다.

수련자들이 관심에 있어서 균형감이 결핍되어 보이고, 일이나 공부에 과도하게 집착하거나 기도보다 다른 일을 선호하는 것으로 보일 때, 그녀는 좀 더 진정한 분배의 감각을 알려 주려고 힘을 기울였다. 한 수련자는 언제나 자신이 했거나 하려고 하는 일에 관해서 그녀에게 말하고 있는 것 같았다.

베르크만스 수녀는 이렇게 말했다. "당신은 언제나 일만 생각하고 있습니다. 그 다음에는 학습과 독서에 대한 이야기가 나오고, 그 다음이 되어서야 비로소 기도에 대한 말이 나오고 있습니다. 다른 방식이 되어야만 합니다. 기도가 당신의 중심적인 일이 되어야 합니다. 그 중요성은 결코 잊지 마세요. 성무일도 시간을 알리는 종이 울릴 때면, 예수님이 당신을 부르고 계심을 깨닫도록 하세요."

실제로 그러했다. 예수님은 그들을 부르셔서 한 가지 일을 하라고 하신다. 그것을 위해 그분은 그들을 세상에서 따로 데려오신 것이다. 성무일도를 단지 의무의 관점에서 보지 말아야 한다. 하느님의 일을 "가대의 의무"로서 언급하는 것은 그녀에게 얼마나 이상하게 들렸는가! 그녀는 분명히 그렇게 한 적은 없었다. 그러한 개념은 관상가답지 않다.

그녀는 어떤 수련자에게 말했다. "하느님을 사랑하는 것, 그 때문에 우리는 성무일도를 노래합니다. 그것은 단지 의무가 아닙니다. 이것이 바로 우리가 그것을 주의 깊게 잘 낭송해야 하는 이유입니다." 사랑은 결코 게으르지 않으며, 사랑은 결코 부주의하지 않다. 게으름과 부주의는 하느님을 기쁘게 해드리고자 하는 갈망과 그분을 놓칠 수 있다는 두려움이, 무관심과 틀에 박힌 일상으로 둔감해진 곳에서만 존재할 수 있기 때문이다. 사랑은 실수할 수 있으며 분심으로 빠져들 수 있으나, 언제나 더 큰 염려와 겸손해진 갈망으로 되돌아와서 어떤 대가를 치르더라도 하느님을 기쁘게 해드리고자 한다. 결국 베르크만스 수녀의 심장에서 타오르고 있었던 사랑도 그러하였다.

그 때문에 그녀는 깔끔하지 못하고 부주의하게 바치는 기도 소리를 그냥 넘기지 않았다. 그녀는 수련자들에게 하나의 성모송도 주의 깊고 열정적으로 바치는 것이, 급하게 서둘러서 열 번을 하는 것보다 낫다는 것을 지속적으로 말했다. 십자가의 길도 급하게 하지 말라고 했다. 십자가의 길을 위해 20분의 시간을 낼 수 없다면, 그것을 아예 하지 말고 차라리 여섯 번 주님의 기도나 성모송, 원죄 없이 잉태되신 성모님께 영광송을 드리는 것이 낫다고 말했다.

마지막으로, 성당에서 조화롭게 하모니를 이루는 수녀들의 가대에 합류할 것을 예상하고 무대 공포증에 사로잡힌 수련자가 한 명 있었는데, 베르크만스 수녀는 무대에서 벌어지는 것과는 어떤 공통점도 없기 때문에 무대 공포증은 근거 없는 것이라고 지적하였다. 그녀는 말했다. "당신이 인간 청중을 위해 노래하고 있다고 상상하지 마십시오. 하느님만을 기쁘게 해드리기 위해 노래하십시오."

16

"십자가의 길(VIA CRUCIS)"

　기억해야 할 것은, 이제까지 수련장 수녀로서 일했던 모든 이야기들이 베르크만스 수녀 생애의 마지막 5년에 해당한다는 사실이다. 그동안 폐에 잠재되어 있던 질병이 점차 악화되면서, 돌이킬 수 없는 치유 불능의 결정적인 상태로 그녀를 더욱 덮치기 시작했으며, 무덤에 이르기까지 가차 없이 끌고 가기 시작했다. 자신의 영적 자녀들의 필요에 유익이 되었던 것으로, 모든 시간을 완전한 희생 제물로 내어놓는 그녀의 봉헌과, 내적 삶을 향한 큰 열망과 갈망에 관한 이야기들은, 그 참된 배경 안에서 보게 될 때에만 진실로 평가할 수 있다. 그러한 일들은 점점 더 커지고 악화되고 있었던 육신의 나약함과 소진, 그녀가 좀처럼 주의하지 않았던 것일지라도 점점 더 커지고 있던 극심한 십자가의 고통을 수반하고 있었다. 한편 그러한 상태는 그녀로 하여금 하나 둘씩 규율을 지키지 못하게 하면서 그로부터 오는 은총을 빼앗아갔으며, 그녀를 한 걸음씩 한 걸음씩 뒤로 몰아댔다. 그러다가 마침내 그녀가 할 수 있었던 것이라고는 수련자들에게 강화를 해 주고 그들에게 영적 지도를 해 주기 위해, 병실에서부터 발버둥치며 힘겹게 씨름하는 것이었다.

골고타로 올라가는 그녀를 따라가기 전, 1910년 수련장 수녀가 되었던 해에, 자신의 삶을 바쳤던 또 다른 봉헌에 대해 고려할 필요가 있다.

그해에는 죄에 떨어진 어떤 사제의 이야기가 그녀에게 전달되었다. 어떤 이야기였는가? 로베르 신부는 우리에게 들려 주지 않았다. 일본에 있었던 한 선교사였는가, 아니면 고향 프랑스에 있었던 누구였는가? 확실히 말할 수 없다. 그러나 그것은 우리가 아주 흔히 들을 수 있는 것으로, 너무 친숙한 이야기들 가운데 한 가지에 불과했다. 모든 이를 통해서 그것도 매우 빈번하게 시토회 수도원의 침묵 속으로 여과되어 온 그 이야기는, 좀 더 열정적으로 기도하고 희생을 바치도록 사람들의 마음을 움직였다. 생명의 원천으로부터 떨어져나갔지만, 잠시 동안 머뭇거리면서 존엄과 품위를 유지하려들고, 열대 지방의 이상한 질병에서 오는 무기력 증세처럼 마비되거나 강력한 마약의 힘에 사로잡힌 채 지옥이 삼켜 버리기를 기다리는 산송장과도 같이, 외적으로 보이는 하찮은 것들 아래 자신들의 죄를 숨기면서 방황하는 이 사람들의 이야기 그 이면에 무엇이 있었는가?

이러한 문제를 체험한 적이 있는 이들은 죄에 떨어진 사제를 다시 찾으려고 하는 것보다는, 이방인이나 무신론자를 회개시키는 것이 차라리 더 낫다는 것을 알게 된다. 도대체 은총에 대한 무관심으로 절망적으로 침체되는 그들의 이 철갑옷을 어떻게 꿰뚫을 수 있을까? 오직 은총으로부터 나오는 어떤 기적을 통해서만 가능할 것이다. 그렇게만 된다면, 하느님께서 베르크만스 수녀를 관상 생활로 부르셨듯이, 그분이 영혼들을 부르시는 한 가지 동기나 사유가 될 수 있을 것이다.

그 당시 불행하게도 이렇게 발뺌하는 이들 중 한 사람에 관한 소식을 들으면서, 베르크만스 수녀는 너무 충격을 받은 나머지, 영혼들에 대한 사랑으로 불타오르는 마음에서 우러나오는 진지한 신앙심으로 하느님 면전에 나아가, 가장 굳센 두 명의 보호자요 옹호자인 성녀 데레사와 젬마 갈가니에 대한 묵상을 통해 자기 주장을 촉구하면서, 다시금 자신의 삶을 그분께 바쳐드렸다. 그녀가 봉헌한 불과 같은 말씀들을 읽어보자.

"내가 사랑하는, 천사와 같은 작은 자매들, 데레사와 젬마에게.

예수님이 사랑하는 한 영혼을 당신들에게 의탁하기 위해 왔습니다. 아아, 슬프게도 가장 중대한 죄에 떨어진 영혼입니다. 죄에 떨어진 X 신부의 영혼입니다. 제 말 듣고 계십니까, 작은 자매님들? 당신들은 절대적으로 제게 이 가련한 영혼을 주셔야 합니다. 그러면 그 보답으로 그리스도의 은총의 도움을 얻어 당신께 어떤 것도 거절하지 않겠다고 약속드립니다. 저의 마지막 핏방울과 마지막 숨결까지 당신께 드립니다. 모든 것을 가져가시되, 다만 이 가련한 영혼을 제게 주십시오. 어떤 대가를 치르더라도 저는 그 영혼을 원합니다. 오, 천사와 같은 작은 데레사, 오, 세라핌과 같은 젬마, 이 지상에서부터 예수님을 너무 사랑하였고 훨씬 더 열렬한 사랑의 불로 높이 타오르셨으니, 당신들의 천상 불꽃으로 저를 타오르게 하시고 제 마음을 사랑의 도가니로 변화시켜 주소서."

이러한 자신의 봉헌을 언급함으로써, 베르크만스 수녀의 생애 마지막 단계를 이야기하기 시작한다고 해서, 그것이 하느님에 의해 받아들여졌다거나 그로 인해 뒤따랐던 고통이 그에 대한 응답이었다는 사실을 암시하기 위한 것은 아니다. 실제로 그러했는지는 잘 모른다. 그렇게 하도록 만들었던 그 사제가 어떻게 되었는지는 잘 모른다. 알고 있는 것은 다만, 베르크만스 수녀의 애덕이다. 그로 인해 바야흐로 그녀가 어떠한 태도를 가지고, 마지막으로 남은 자기의 가장 무거운 십자가를 짊어지며 골고타로 오르기 위해 준비하려 하였는가를 알 수 있다.

그 일은 곧바로 닥쳐오지 않았기 때문에 몇 달이 그냥 지나갔다. 그녀는 수련자들과 함께 하는 일에 몰두하고 있었다. 또 다른 한 해가 끝났다. 이제 1911년이 되었다. 사순절이 되었고, 그 다음 봄철이 찾아들었다. 건강이 악화되는 징후는 아직 없었다. 무엇이 다가오고 있었는지 알고 있었다 해도, 그녀는 그것을 내보이지 않았으며 생각도 하지 않았다.

그러나 주님은 그 해에 곧 어떤 일이 일어나리라는 징후를 보여 주셨다. 보통 큰 시련들은 큰 은총과 위로를 준비하는 것이며, 반대로 강한 은총은 고통과 유혹이 닥칠 때 우리를 강하고 굳건하게 만든다는 것은, 영적 생활의 법칙이다.

우리는 이 특별한 은총이 언제 일어났는지 잘 모른다. 그러나 그것은 수많은 작은 희생 중의 하나라도, 신앙 안에서는 일상적으로 매일 여러 번 우리에게 찾아왔던 기회들로써 뒤따라 왔다. 그녀는 조그마한 그림 카드 꾸러미를 자신의 친 자매와 그 남편에게 몹시 보내고 싶어 했다. 그러나 누군가 다른 목적을 위해 같은 그림을 원하고 있다는 사실이 드러났다. 늘 그렇듯이 민첩하고 재빠르게 베르크만스 수녀는 조금 희생한다는 느낌이 없지는 않았지만, 그것에 대한 모든 요구를 포기했다. 하느님은 완전한 이들도 그분께 드리는 봉헌을 위해서는 조금이라도 헌납하게 하심으로써, 그들로부터 더 큰 영광을 받으시고 그들 자신도 더 많은 이득을 보게 하시는데 그것은 결국 같은 것이라는 사실을 알게 된다.

그러나 이번에 주님은 늘 하시던 것보다, 더 직접적이고 실감나는 방식으로 베르크만스 수녀의 관대함에 보답해 주셨다. 그 다음 날, 그녀는 아마도 그 일에 대해 더 생각하지 않고 있었을 것이고, 성체를 영하기 위해 갔다. 거룩한 제대에 어떠한 자세로 다가갔겠는가? 들은 이야기는 없지만, 항구하고 평화로운 신앙심의 버거운 수행을 하면서, 특별하게 느껴지는 열정도 없이 다소 풀이 죽은 채 무미건조해 있었다는 것은 충분히 짐작해 볼 수 있다. 그녀는 마음 깊이 성체를 영하고 난 뒤 자기 자리로 돌아가고 있었는데, 그때 갑자기 예수님께서 말씀하셨다.

그녀는 그분의 목소리를 알고 있었다. 어떻게 그럴 수 있을까? 신비신학자들에게 물어보라. 그러나 그것은 틀림 없었다. 이것과 그녀 자신의 상상에서 나오는 소리 사이에는, 인간적인 확신과 거룩한 것 사이에 존재하는 것과 같은 그 모든 차이가 존재하고 있다. 그것은 그녀의 내적 외적 감각들을 통해서 다가오지 않았던 목소리였다. 그러나 만질 수 있고 볼 수 있는 것보다 더 권할 만한 것이라고는 아무것도 없음에도 불구하고, 그 증거는 단지 감지만 할 수 있는 어떤 것보다도 더 확실하였다. 엄밀히 말해서 그녀가 "들었던" 것은 목소리가 아니었다. 듣는 것은 감각이기 때문이다. 그것은 소리가 아니라, 그녀 영혼의 핵심과 실체 안에 자리잡고 있는 생명력 넘치는 확신에서 나온 소리였다.

그러나 그것은 말로 발설되지 않았으며 들리는 음절로 이루어진 단어들이 아니었는가? 그렇다. 그 음절들은 다만 어떠한 방식으로 갑자기 영적으로 그 정신의 핵심 실체에 뿌리내리게 되었고, 알려지지도 않고 이해할 수도 없는 원천인 내면으로부터 그렇게 나온 것이었다. 그 말은 어떤 것이었을까?

예수님은 그녀에게 말씀하셨다. "나는 네 마음을 시샘하고 있다."

그것뿐이다. 6개의 단어이다. 그러나 너무 단순하고 직접적이었으며, 그렇듯이 거룩한 원천으로부터 보장받고 있었기에, 그때부터 그것은 그녀의 전 생애에 심오한 영향력을 끼쳤다. 로베르 신부 자신도 이를 하나의 분명한 신비적 은총으로 받아들이고 있다. 그는 말하고 있다. "이러한 말은 결코 잊을 수 없었으며, 그것은 그녀의 영적 생활 안에서 새롭고 좀 더 완전한 단계를 열어 주었습니다." 그러나 이미 언급했듯이, 그녀에게 있어서 갑자기 감지할 수 있는 은총으로 그녀의 작은 희생들을 보상하는 것은 우리 주님의 방식이 아니었다.

여름에서 가을철로 접어들면서 낙엽들이 나무에서 떨어지고 있었다. 추운 바람이 캄챠카와 북극으로부터 아래로 불어오기 시작했다. 납빛을 띤 구름이 차가운 하늘을 타고 질주했다. 11월이 끝났다. 그러자 대림이 다가왔고 단식할 시절이 되었다.

12월 7일 원죄 없이 잉태되신 성모 축일에, 그녀는 세탁실 일을 도우러 가게 되었다. 땅은 눈으로 뒤덮여 있었지만, 공기는 차갑고 건조했으며 태양은 빛나고 있었다. 베르크만스 수녀는 오후 시간 대부분을 뜨거운 증기로 가득한 세탁실에서 차가운 바깥 공기 속으로 무거운 양동이에 옷을 실어 나르면서 보냈다. 그것을 밖에다 놓고 딱딱하고 아삭거리는 눈 위에 옷가지들을 펼쳐서 말렸다. 그런 다음 그 뜨거운 방으로 다시 들어가서, 자매들이 세탁 대야에다 육중한 나무 주걱으로 옷가지들을 후려치는 소음이 들리는 와중에 또 다른 양동이를 채웠다. 그러한 환경에서 일하다 보면, 단 몇 분이라 해도 온몸이 땀에 젖어 옷이 축축해지지 않을 수 없다. 그런 다음 다시 눈 속으로 나왔다. 바람은 칼날처럼 산중에서 불어 왔으며, 갑자기 그녀가 입은 모직 옷이 깅엄(체크무늬 면)처럼 가볍게 느껴졌다.

베르크만스 수녀는 개의치 않았다. 그녀는 하라고 하는 대로 일하고 있었다. 이 일을 원했던 분은 하느님이었다. 그분이 그렇게 덥게도 춥게도 하셨다. 그녀는 그분께 감사드렸다. 그것은 그분의 사랑이었다. 그녀는 사랑으로 행하였다. 자신이 느끼고 있던 것은 전혀 의식하지 않았다. 작업이 끝났다. 가대 자리에 서서 성모님 축일 저녁 기도를 바치는 가운데 아름다운 첫 번째 계응송을 들었을 때, 이미 열이 나서 떨고 있던 상태였다.

숙소 개인 방에서 담요와 베개를 가지고 병실로 천천히 움직여 갔을 때, 다시 돌아오지 못할 것을 알고 있었던 것 같다. 그녀는 어떻든지 기뻤다. 사실 그녀는 이 안에서 자애롭고 힘 있는 중재자이신 성모님의 축일을 기념하면서 그분에게서 오는 큰 은총을 쉽게 알아볼 수 있었다. 이제껏 삶 안에서 그녀에게 찾아왔던 모든 은총은 마리아의 손길에서 온 것이었다. 그래서 이제 이 질병도 그분의 축일이니만큼, 우연의 일치가 아니었다. 참으로 "우연의 일치"라든가 "우연한 기회"라는 말들은 베르크만스 수녀의 어휘에는 존재하지 않았다. 오, 그렇다. 그녀는 자신이 죽어서 즉시 천당으로 가기를 희망할 수 없다는 것을 잘 알고 있었다! 그렇게 희망하는 것은 너무 대단한 것이었다. 아니 더 정확히 말하자면, 주님은 그녀를 너무 사랑하셨기에, 당신의 잔을 마지막 남은 것까지 모두 다 마시지 않고 죽게 하지 않으셨다는 것이다.

지금 그녀는 매우 아픈 상태였다. 의사는 기관지염이라고 진단하였으며, 몸 전체가 계속되는 격심한 기침 때문에 휘청거렸다. 심각한 상태는 아니며 위험할 것도 없다고 의사는 말했다. 그러나 공동체의 정규 행사에 다시 참여할 만큼 충분히 회복된 뒤에도, 그녀는 병실에서 자야만 했다.

이 일이 있기 전 어느 때인가 라발로 보내는 편지를 썼는데, 그것은 이 시기에 그녀의 상태가 어떠했는지를 잘 보여 주고 있다.

그녀는 말했다. "저는 저의 것이 아닙니다. 저는 좋으신 스승님 손 안에 있습니다. 그분이 이 길로 저를 인도하고 계시며, 그것도 육체적으로나 도덕적으로 당신이 원하시는 대로 하십니다. 제가 어떤 마음 기도를 하는 것은 불가능합니다 …. 그러나 좋으신 하느님이 그렇게 되기를 원하시기 때문에, 저는 그저 그분께 감사드릴 뿐입니다." 그렇다. 그녀는 기도하는 게 불가능했다. 병실에서 몇 년을 지내면서 가장 큰 시련들 가운데 하나가 바로 이것이었다. 이 시련은 죽음에 점차 더 가까이 다가갔을 때, 더욱 증폭되었다.

기도의 영혼들이여! 당신들이 마지막으로 겪게 될 병고 안에서 위로와 황홀경에 의지하지 말라. 하느님께서 참으로 당신의 신앙을 시험하기 시작하시는 것은 바로 그때이다. 건강하게 잘 살고 있을 때 혼란스러움과 무미건조를 느꼈던 일이 있다면, 비교적 아무것도 아닌 것으로 치부하라. 하느님이 늘 그러하시듯이 큰 사랑으로 당신을 사랑하신다 할지라도, 무서운 어둠이 덮치고 그러한 시기에 털끝만큼도 선한 생각을 할 수 없는 상태가 당신을 찾아오게 될지도 모를 일이다. 그것이 베르크만스 수녀에게 일어났던 것이다. 그러나 두렵다면(왜 그렇지 않겠는가?), 용기를 가지고 그녀의 모범을 보고 배우기를.

자매들이 고통 중에 있는 그녀를 동정하기 위해 찾아왔을 때, 언제나 웃으면서 손바닥으로 가슴을 쓸어내리는 모습으로 "괜찮다"는 의미의 트라피스트 수화를 했다. 말해도 된다는 허락을 받은 사람이 오면 이렇게 말하곤 했다. "좋아요, 좋아요, 제게 이렇게 하신 분은 하느님이십니다." 로베르 신부는 덧붙이기를, 그녀는 늘 특유의 생기발랄함을 지니고 이렇게 말했다고 한다. 한탄하거나 창백하게 지친 미소를 애써 지어 보이며, 값싼 영화에서 죽어가는 여주인공의 사그라들어가는 과장된 소리로 고통스럽게 체념하는 말을 하는 사람이 아니었다.

의사가 말했던 대로, 그녀의 병이 심각한 상태는 아니지만 단지 병실에서 자야 한다는 말을 들었을 때, 1912년 어느 이른 아침 시간에 그녀가 첫째로 했던 일은 모두를 놀라게 하였다. 말하자면 의사의 지침에 대하여 너무 자구적인 말로만 곧이곧대로 해석을 내린 것이다. 분명 그는 그녀를 다시 방문하였고 더 회복되어서 정상적인 생활로 되돌아갈 수 있다고 결정하였을 것이다. 아마도 그는 "곧"이라는 말을 덧붙였을 것이나, 그녀는 그 말을 잊어 버렸다. 야간 독서 기도가 끝난 후 4시에 병실 담당이 베르크만스 수녀의 방으로 가서, 그날 아침 영성체를 원하는지 알아보려고 하였다. 놀랍게도 개인 방은 비어 있었다. 그렇다. 베르크만스 수녀는 그날 아침 영성체를 원하고 있었다. 사실, 그녀는 이미 가대로 내려간 다음, 관행대로 천사의 성모상 앞에서 휘몰아치는 찬바람 속에 무릎을 꿇고 준비하며 대기하고 있었다.

이 때문에 질책을 받았는지는 잘 모른다. 실상 자신이 "많이 회복되었다"고 하면서 스콜라스티카 원장 수녀를 성공적으로 설득한 것 같다. 결국 1912년 아니면 1913년경, 수련장과 조수녀들의 수련장이라는 자기 직책 이외에 두 개의 새로운 일이 추가됨으로써 그 열정에 대한 보답을 받았다. 첫 번째 일은 잠시 다시금 제의실 담당이 되어 봉사하는 것이었다.

이러한 수용력을 지니고서 그녀는 제의실 물건들을 새 공간으로 이동시키는 비교적 무거운 일을 하게 되었다. 새로운 건물이 이미 완공되었기 때문이다. 그래도 한 수련자가 그녀의 이 모든 일을 도와 주었다.

베르크만스 수녀에게 주어진 또 하나의 다른 소임은, 그 성격상 그녀가 이제까지 수도원에서 했던 일 중 가장 높고 중요한 자리였다. 그러나 사실상 수련실에서 하는 일만큼 까다롭거나 공동체에 가치 있는 일은 아니었다. 그녀는 세 번째 장상이 되었다. 그녀가 라발에 있었다면, 첫 번째가 대원장이기 때문에, 그녀는 부원장의 직함으로 격이 높여졌을 것이다. 이곳에서는 스콜라스티카 원장 수녀가 원장(대수도원이 아닌 경우 아빠티사가 없으므로)이기 때문에, 두 번째가 부원장이며, 공동체에서 세 번째 자리와 집회실의 세 번째 좌석, 그리고 가대에서 스콜라스티카 원장 수녀 다음 가는 자리는 베르크만스 수녀 자리였다.

세 번째 장상의 임무는 보기보다 복잡하지 않으며, 베르크만스 수녀의 시간을 별도로 요구하는 부분이 없었다. 그러나 사실 그녀의 모든 재치와 매력과 초자연적 애덕을 요구하였다.

타인들을 교정하는 것은 언제나 어렵고 불쾌한 일이었는데, 더군다나 수화로 해야 할 때는 더욱 그러했다. 세 번째 장상의 역할에 들어가는 의장직은 보통 누구에게나 무턱대고 말하지 않는다. 베르크만스 수녀의 주된 임무는 모든 일이 질서 정연하게 잘 이루어지고 있는지 살펴보는 것이었다. 가대 합창과 전례에 관련된 모든 것뿐만 아니라, 공동체 생활에 있어서 실질적이고 소소한 모든 부분까지 포함되는 것이었다. 가장 최악의 경우로 그녀가 해야 했던 특별한 직무가 있었으니, 바로 가대에서나 집회실 혹은 숙소 이외의 다른 곳에서 잠든 수녀들을 괴롭히는 일이었다. 그녀는 자신이 병실에서 세시까지 잠을 잔다는 사실에 대해 매우 민감했을 것이다. 그 때문에 긴 시간 힘든 노동과 단식, 자신은 면제받고 있던 가대의 야간 독서 기도로 인해, 지쳐 있는 몇 명의 원로 수녀들에게 다가가 살짝 깨우면서 애덕을 행사해야 했을 때, 정말 큰 희생이 아닐 수 없었다. 그러나 베르크만스 수녀의 양심은 자신을 질책할 만한 근거가 없었다! 스콜라스티카 원장 수녀 다음으로 그녀보다 더 분주하고 활동적이며 온갖 책임들로 버거운 사람은 없었다.

게다가, 의사가 매우 좋은 상태라고 말했을지라도, 그녀는 아무런 문제 없이 그냥 이 모든 일에 자신을 투신할 수 없다는 사실을 곧 발견하였다. 곧이어 그녀는 마치 몇 개의 길고 날카로운 칼날이 자신의 등과 갈비뼈 아랫부분을 찌르는 것 같다고 느끼기 시작했다. 그리고 숨을 들이마실 때마다, 이 칼날의 한두 개가 별안간 내부에서 뒤틀리며 통증을 유발시켰다. 어떤 때에는 차가운 공기를 호흡하면, 마치 뜨겁게 달구어진 다리미처럼 폐를 태우는 것 같았다. 고통은 그녀의 온 가슴으로 퍼졌으며 전체 골격을 왜소하게 만들었다. 그녀는 의사에게 그 사실을 알리지 않을 수 없었다. 그녀를 진찰한 다음, 그는 류머티즘이라고 결론지었다. 어찌 되었건, 그녀는 기뻤으며 평소의 열정을 지니고 그것을 받아들였다. 그것이 아무런 해가 없는 것이라고 한다면, 더 좋을 것이다. 그녀는 죄에 대한 보속으로 하느님께 그것을 바치면서, 깨끗한 양심으로 자신의 모든 직무를 돌보기 시작했다. 과도하거나 경솔한 기운으로 주님께 불순종하지 않았다는 사실에 완전히 만족하고 있었다.

그녀는 생기발랄한 마음으로 이렇게 기록하였다. "당분간, 나는 가슴의 류머티즘이 있는데도, 병실에서 빠져나온 것에 대한 대가를 치르고 있다. 고통스럽지만 심각한 것은 아니며, 조금이나마 고통받을 기회가 되어 아주 즐겁다."

특별히 고통스러운 바로 이 시간에 그녀가 기록한 것을 보면, 그 모든 것을 무관심하고 부주의하게 넘기고 있다. 그러나 다음 해에, 회고하며 기록하였던 것을 통해, 이 고통의 가혹함을 판단해 볼 수 있다. "작년에, 예수님은 분명히 내게 쓰라린 경험을 하게 하셨지만, 천상으로 가는 길을 더 빠르게 갈 수 있게 해 주시리라 여겼다."

로베르 신부는 이렇게 언급하고 있다. "그녀를 알고 있던 사람이라면, 이 몇 마디 말에 많은 의미가 담겨 있다는 것을 알아들을 수 있습니다. 어떤 것이 고통스럽다는 사실을 그녀가 알게 되었다 해도, 그녀의 이러한 평가를 주저하지 않고 받아들일 수 있을 것입니다! 더 쓰라린 고통의 체험을 했다고 한다면, 안심하며 말할 수 있겠지요. 그녀가 겪고 있었던 것은 실질적인 순교라고 말이지요."

비록 단식을 완전히 따라가지는 못했을지라도, 사순절을 지내는 동안, 늘어난 가대 시간 기도가 특히 아침 시간에 집중되어 있다는 것을 바로 느낄 수 있었으며, 자신에게 이 시기는 날로 대단히 힘겨워질 수밖에 없었다. 그래서 성 금요일이 되었을 때, 그녀의 상태에 대한 경고의 형태, 그것도 어김없는 사실의 형태로 또 하나의 "은총"이 따라온 것은 놀랍지 않았다.

그날이 분명하지만, 어느 때인지 시간은 정확하지 않다. 그녀는 아마도 2시에 다른 모든 이들과 함께 가대로 갔던 것으로 보인다. 그런 다음 야간 성무 기도를 노래했고, 그다음 수녀들은 즉시 자신의 독방으로 가서 특별한 고행의 날을 위해 신발을 벗고 수행을 하였다. 잠시 후, 그들은 모두 집회실에 모여서 그날의 가장 엄한 수행을 지켰다. 바로 시편을 처음부터 끝까지 쉬지 않고 낭송하는 것이다. 꾸준히 안정된 속도로 낭송할 수 있다면 약 4시간 소요되는 일이다. 그것이 끝나면, 가장 강한 트라피스트라 할지라도 조금은 비틀거릴 수밖에 없다. 더구나 잠시 틈을 두었다가, 그 뒤에 또 한 번 맨발로 가대까지 가서 다시금 세 시간 동안 거의 끊임없이 노래해야 한다는 사실을 알고 있다면 어떻겠는가. 이 모든 것은 물론 완전히 공복 상태에서 진행되며, 정오 낮시간에도 빵과 물 밖에 먹을 것으로 주어지는 것이란 아무것도 없었다.

그렇다. 베르크만스 수녀는 이날의 육체적 어려움을 거들떠보지도 않았다. 성무일도와 시편과 모든 것이 냉혹하고 섬뜩할 만큼 급하게 고조되면서, 성 목요일에 남은 마지막 성체가 갑자기 "성 금요일의 예비 성체 미사"에 거양되고 영해지는 동안, 수녀들은 공허하고 기겁해서 아연 실색해진 마음으로 바라보았다. 이 모든 것은, 예수님을 위해 가능한 모든 고통을 받을 수 있다면 좋겠다고 여기는 바람을 그녀에게 불러일으켰다. 그것을 통해서 골고타에 계시는 그분과 가까이 있다는 사실을 믿을 수 있을 뿐만 아니라, 질겁하게 만드는 그 예식의 모든 움직임 안에서 어둡지만 강하고 뼈저리게 그 사실을 깨닫게 해 주었기 때문이다.

그날 그녀는 갈망을 품게 되었다. 기도할 때나 병실에 있을 때나 홀로 있었는데, 별안간 갑자기 뜨겁고 붉은 선혈이 숨 막힐 듯 목구멍을 통해 입으로 끓어올랐다. 그녀는 재빨리 그것을 막으려고 손수건을 가져다 대면서, 입 밖으로 쏟아냈다. 그러나 그러는 순간에 멈추고 잠잠해졌다. 그녀는 자신의 손수건을 쳐다보면서, 그 안에 담긴 뜻을 알아보았다.

그녀의 마음에는 기쁨이 있었다. 마음 깊은 데서 나오는 크고 엄청난 기쁨이었다. 그러나 우리는 그것이 마치 감미로움으로 그녀를 흘러넘치게 했던 기쁨인 것처럼 말해서는 안 된다. 어둡고 두려우며 이해할 수 없는 어떤 것이었다. 그러나 그것은 진실한 기쁨이었다. 죽음의 심연이 갑자기 그녀의 발치 앞에서 그 입을 벌렸다. 그녀의 육신에 불어 닥치는 공포감은 차가운 전율을 일으키면서, 그녀의 본성 뿌리까지 타격을 주지 않을 수 없었다. 그러나 그녀의 마음은 즉시 자신의 구원이 가까이 왔다는 생각에 힘입어, 의기양양하게 신앙 안에서 평화와 기쁨을 가지고 하느님께 도약하였다.

그 순간 이 일은 (작은 이들로 이루어진) 군단의 대장에게서 오는 "부르심"이라고 해석하였다. 그녀를 이끄는 작은 성녀 데레사에게서 오는 전갈이었다. 대장은 자신의 작은 지도자가 전투에 들어갈 태세를 갖추었다고 보면서, 전선으로 이동하라는 지시에 준비하라고 주의시켰던 것이다.

물론 그에 관해서 스콜라스티카 원장 수녀에게 이야기했을 것이며, 평상시보다 더 많은 보살핌을 받았을 것이다. 그 사건은 직접적인 죽음의 위험을 내포하고 있지는 않았다. 단순히 그녀의 상태가 정말로 심각하다는 것을 상기시켜 주었다. 이미 병실에서 자고 있었고 다른 소소한 면제를 받고 있었으며, 이 피흘림에 대해 의사는 특별히 어떤 중요성을 부여하지 않은 것 같았기에, 그녀는 자기 방에 박혀 있지는 않은 것 같았다. 계속해서 가대에 참여하였고 소리를 전혀 낼 수 없는 야간 기도는 어쩔 수 없었지만, 자신이 할 수 있는 한 최선을 다해서 목소리를 냈다. 잦은 기침으로 말이 끊어지고 온몸을 가눌 수 없이 휘청거렸음에도 불구하고, 계속해서 수련자들과 조수녀들을 지도하는데 자신의 모든 자유 시간과 남은 힘을 다해 희생하였다.

사실, 베르크만스 수녀 자신을 제외하고는 그 누구도 그녀가 분명히 결핵에 걸렸다는 것을 알아본 것 같지 않다. 그 사실에 대해 너무 평온하고 무관심하기까지 하였으므로, 의사의 공인된 낙관론을 기꺼이 수용하고자 하는 의지에는 거칠 것이 전혀 없었다. 의심할 것 없이 그녀의 마음은, 자기 일이 곧 이루어질 것을 알고 행복한 만족감으로 가득 차 있었다.

이를 비밀로 지키기 위해 최선을 다했지만, 최소한 두 번은 밖으로 새어 나갈 가능성이 있음을 인정해야 했다. 한 조수녀에게 그것에 관해 말한 적이 있었다. "누구에게도 말하지 마세요. 나는 성 금요일에 피를 토했답니다. 곧 있으면 천국으로 가게 될 것 같아요."

한 친구에게 쓴 편지에서, 보다 근본 원인으로 작용하고 있는 그 사건을 특별하게 진술하지는 않았지만, 매우 길게 자기 희망을 털어놓았다. 그녀는 이렇게 기록하였다. "나는 네게 작은 비밀을 말하려고 한다. 다만 그것을 비밀로 지켜 주었으면 해. 네가 천사의 성모 수도원을 방문했을 때, 네게 부탁했었지. 만일 좋으신 하느님께서 나보다 먼저 너를 그분께로 부르신다면, 어서 와서 내 마음에 큰 불을 지펴 주고 사랑의 집으로 나를 하루 빨리 데려가 달라고 말이야 …. 그런데 네가 이곳 지상에 뿌리를 내리려고 하는 것 같아서, 나는 나의 '작은 대장'에게 가서 부대의 기강이 잘 잡혀지면 곧바로 그녀의 작은 인도자를 불러 달라고 청하였지. 그래서 나의 '작은 대장'이 나를 부르고 있다고 믿고 있어. 다만 목소리가 너무 약하고 아득해서 좋으신 하느님도 그녀의 소리를 전혀 들으시지 못하는 것 같단다."

죽음에 대한 그녀의 희망이 실현되지 않고 있다는 내용으로 보아, 이 편지는 분명히 성 금요일의 사건이 일어난 지 몇 달 뒤에 작성되었을 것이다. 봄 날씨의 기후와 단식이 없어진 것 하며, 혹독한 겨울과 사순절이 지난 뒤 시토회 수도자들에게 휴식과 회복의 계절을 선사해 주는 부활 시기의 모든 요소는, 그녀에 대한 장상들의 어머니다운 특별한 염려와 함께 좋은 효과를 냈으며, 피 흘린 일이 일어난 뒤에도 어떤 심각한 증상을 보이지 않았다. 그래서 그녀는 이렇게 덧붙이고 있다. "좋으신 하느님은, 작은 데레사에게 귀기울이기는커녕 내가 자기 곁을 떠날까 두려워하는 경외하올 원장님이 내게 쏟아 주는 어머니다운 보살핌만을 보신다. 이 곤경에서 벗어나려면 어떻게 해야 할까?"

그렇다고 여름철이 고통 없는 휴가철을 의미하지 않았다. 그녀의 육체적 괴로움이 계속되었을 뿐만 아니라, 이 시기에 내적 시련들도 심해졌다.

5월 8일 그녀는 자기의 차가움과 영혼의 메마름을 한탄하고 있는 한 사제에게 편지를 썼다. 날이 갈수록 기도하기가 점점 더 어렵게 되었다. 자신의 순수한 영혼으로부터 수많은 사랑의 열렬한 행위들을 불러일으킬 수 있는 능력을 오랫동안 가지고 있었는데, 이제는 자기 안에 들어가도 쓸모없는 사막 외에는 아무것도 찾아볼 수 없으며 심지어 무서운 생각까지 들었다. 자신의 마음이 사랑하는 분에 의해 영원히 버려진 불모지로 저주받고, 그녀의 무력함을 조롱하도록 영적인 세계의 망령된 귀신들에게 버려진 것 같았다.

그녀는 이렇게 썼다. "작은 길의 가련한 전수자를 위해 기도해 주세요. 지금 저는 북극의 얼음 덩어리 가운데로 들어가고 있습니다. 얼마나 차갑고 매서운지 당신에게 말할 수 있다면. 내 마음은 빙하와 같습니다. 그러니 부디 예수님께 청해 주시기 바랍니다. 당신의 축복으로 따뜻한 빛을 비추시어, 이 빙하 덩어리가 사랑의 도가니로 탈바꿈할 수 있도록 말이지요. 그런데 이 작은 군인을 위해 바치는 당신의 그 모든 기도에도 불구하고, 좀 더 예수님을 사랑하지 않는 것은 왜입니까? 한 가지 저를 위로하는 것이 있습니다. 사실 사랑하고자 하는 갈망이 바로 사랑이라는 것. 그래서 제 마음이 온통 얼음 같다고 해도, 제 의지는 불타오르고 있습니다. 얼마나 자주 저는 예수님께 말씀드리는지 모릅니다. '당신이 원하신다면, 저를 태워 버릴 수 있으십니다!' 그러나 사랑 자체이신 그분은 아직 '나는 네가 불타오르기를 원한다!'고 대답하지 않으셨습니다. 그분이 실제로 "피앗(예)"이라고 말씀하신다면, 제 마음은 둑에서 봇물이 터져 나오듯 맹렬하게 영원한 사랑의 심연 속으로 뛰어들어 넋을 잃을 것 같습니다. 그러나 언제 그렇게 될까요? 그렇게 행복한 순간을 속히 앞당길 수 있는 것은, 예수님의 마음에 막강한 영향력을 가지고 있는 당신에게 달려 있습니다. 당분간은 거의 꺼져가는 작은 불길을 세차게 불어 주시기를!"

1912년도 막바지에 이르렀다. 그녀의 전 생애 동안 가장 활동적이고 희생을 가장 많이 바치고 있던 때였다. 매일같이 새롭게 영적으로나 육체적으로 자신을 희생하였다. 언제나 관대하면서도 자신과 자신의 고통에는 관심이 없었기 때문에, 장상들은 사실과 달리 그녀가 건강하다는 인상을 받은 것 같았다. 그래서 어쩔 수 없이 특별한 위기 상태를 알렸을 때, 그들은 그 사실을 알고 당황스러워했다.

우리는 이제까지 로베르 신부와 베르크만스 수녀 자신의 시선을 통해서, 천사의 성모 수도원의 작은 공동체를 보았다. 베르크만스 수녀의 시련과 투쟁, 유혹과 난관들을 비추어보았다. 이제 우리는 시련을 겪는 영혼이 어떤지를 알게 되었다. 하느님은 그러한 이에게 자기가 한 일의 좋은 결과나 당하는 고통의 밝은 면을 보여 주지 않으신다. 그분은 그녀 자신이 그분 나라를 위해 행하고 있는 엄청난 선행을 보게 하지 않으신다.

1913년에 이 작은 일본 수녀원의 정규 시찰이 있었다. 그 기록이 우리에게 전달됨에 따라, 좀 더 밝은 측면의 베일을 약간 들어 올릴 수 있게 될 것이다. 신대륙 최초의 대수도원, 미국 켄터키 겟세마니 성모 수도원의 대원장 동 에드몽 오브레가 총회로부터 임명을 받고, 그해 극동 지방을 다니면서 그곳에 있는 여러 수도원을 방문하고 있었다.

동 에드몽은 그 생애 동안 엄률 시토회의 가장 중요하고 영향력 있는 구성원 가운데 하나였다는 것은 의심할 여지가 없다. 무엇보다도 폭넓은 체험을 통해 필요성과 문제들에 대해 더 깊은 지식을 갖춘 그와 같은 아빠스는 본회에서 거의 찾아볼 수 없었다. 동 에드몽은 금세기 위대한 트라피스트 행정가들 가운데 동 장 밥티스트 쇼타르나 동 에르망 죠셉 스메 그리고 동 세바스티앙 위아르 같은 인물과 같은 반열에 들어 있었다. 그는 라 그랑 트라프, 즉 본회에서 가장 열렬하고 중요한 공동체에 속하는 곳에서 수도 생활을 시작하였다. 그곳은 오랫동안 우리 수도 가족의 명칭과 특성을 부여하기도 하였다. 나중에 그는 트레 퐁타네 수도원을 위한 대리인으로 로마에 갔다. 그곳의 병폐를 성공적으로 이겨냈으며, 마침내 그 수도승들이 정규적인 시토회 생활을 이끌어갈 수 있게 만들었다. 그 뒤 미국의 중요한 시토 대 수도원에 해당하는 곳에서 아빠스가 된 다음에도, 동 에드몽은 세상 모든 곳으로 널리 퍼져 나간 본 수도회를 위해 계속 봉사하였다. 그가 사망했을 때에는 방문하지 않은 수도원이 거의 없을 정도였다.

이렇게 힘차고 분명하며 실리적인 인물이 폭넓은 경험과 깊은 지식까지 겸비하고, 지금은 하꼬다테로 가는 도중에 있으며, 그 도시 인근에 자리한 두 개의 공동체에서 정규 시찰을 하게 되었다. 때는 1월이었다. 바다는 거칠었고, 굽힐 줄 모르는 솔직함으로 늘 유명했던 동 에드몽은 아오모리를 건너갈 때, 전혀 즐겁지 않다는 사실을 감추지 않았다.

그는 자신의 원장, 프레데릭 뒨 신부에게 이렇게 썼다. "나는 하느님의 뜻으로 이곳에 도착하였습니다. 완전히 지쳤습니다. 바다가 높이 치솟는 바람에 6시간 동안 기름통 속에 있었고, 두 시간은 두 발로 서 있었으며, 한 시간 반 동안은 소형 보트에 있었습니다. 다음에는 두 시간가량 눈 속에서 암말의 몸에 기대어 있었습니다. 그 시간이 지나갔을 때 모든 것이 시적으로 보였지만, 그동안은 아주 고통스러웠습니다. 내가 병나지 않았는지 알고 싶겠지요. 네, 사실 그랬지요. 게다가 그렇게 아픈 적은 없었던 것 같습니다. 작은 배는 물 위에서 코르크 마개처럼 이리저리 흔들거렸습니다. 고열이 나면서 감기 기운이 있었고, 3일 동안 위장 장애를 일으켰습니다. 지금 이 순간에는 강한 눈보라가 치고 있는데, 사실 지난 3일 동안 계속 눈이 내렸답니다."

작은 보트와 말을 타고 여행해서, 동 에드몽은 등대의 성모 수도원으로 가고 있었다. 그곳 수도승들이 아주 열심인 것을 보았지만, 일본인 청원자가 별로 없어서 침울해졌다. 그 당시에는 두 명밖에 없었는데, 동 에드몽은 문제가 달라지지 않는다면, 앞으로 살아남을 가능성은 거의 없다고 느꼈다. 그렇게 해서, 말을 다시 타고 작은 배 안으로 들어간 다음, 천사의 성모 수도원까지 타고 갈 썰매가 대기하고 있는 하꼬다테까지 갔을 때는 낙락한 기분이 아니었으며 더 이상 착각하지 않으리라 마음을 다잡고 있었다.

사실 그의 첫 번째 반응은, 수없이 "어떤 가능성(if)"과 "반대되는 상황(but)"의 성격을 드러내는 말이었고, 만족감은 다소 조심스레 표현되었다.

그는 이렇게 기록하였다. "경외하올 스콜라스티카 원장은 훌륭한 수녀로서 매우 호의적이며 자매들로부터 많은 사랑을 받고 있습니다. 그러나 안타깝게도 많은 일의 부담을 안고 있었습니다. 그녀의 건강은 그다지 좋은 것 같지 않은데, 그 짐을 덜어 주기 위해 어떤 강구책이 마련될 필요가 있다는 생각이 듭니다. 부원장 수녀도 마찬가지로 좋은 사람이지만, 한 가지 단점으로 일본 말을 하지 못한다는 것입니다. 조수녀들의 수련장(베르크만스 수녀를 뒤이은 레오니 수녀를 지칭)은 귀가 들리지 않지만 열렬하고 탁월하며 거룩한 수녀입니다. 가대 책임은 안젤리카 수녀가 맡고 있는데, 목소리들이 시원치 않지만(동 에드몽은 힘차고 강한 가대 소리를 좋아했다), 노래는 매우 경건하며 휴지부가 모두 잘 지켜졌습니다. 수련장 수녀인 베르크만스 수녀는 탁월하고 지적이며 아주 거룩한 수녀입니다만, 결핵을 앓고 있습니다."

그것은 시작에 불과했다. 시찰자인 그가 금역 안으로 들어갔을 때, 오점 하나 없는 청결함과, 큰 가난, 완전한 침묵, 평화, 잠심, 기쁨과 열정을 모든 이의 얼굴에서 발견하였다. 이곳은 참으로 하느님의 집이었다. 그러나 그에게 가장 인상 깊었던 것은 일본인 헌신자들이었다. 엄격한 시토회의 고독 안으로 들어오기 위해, 외지에서 처음으로 찾아왔던 지원자들의 가련하고도 불행한 모습과 당황스러워했던 면을 보고 베르크만스 수녀가 다소 낙담했던 슬픈 시기는 이미 지나갔다.

동 에드몽은 외쳤다. "얼마나 소중한 자녀들입니까! 하느님의 자녀가 아닌지요!" 그들의 기쁨과 겸손, 단순함과 완전한 순종을 보면 볼수록, 모든 것은 대부분 그들 수련장의 가르침과 모범에 기인하고 있음이 더 분명해졌다. 동 에드몽은 훨씬 더 큰 열정을 가지고 이렇게 덧붙였다. "베르크만스 수녀에 대해서는 뭐라고 말해야 할까요!"

그는 완전히 할 말을 잃어 버린 것은 아니었다. 리지외의 성녀 데레사를 찾는 가장 열정적인 이들 중 하나로서, 나중에 성녀가 하느님께 감미로운 희생 제사를 드렸던 곳인 가르멜의 친 자매들과 그 공동체의 가장 절친한 벗이 되었던 이 선한 아빠스는, 주저하지 않고 이렇게 기록하였다. "얼마나 선한 영혼들인지요!(천사의 성모 수도원에서) 여러분의 성스런 가르멜 회원과 동정녀 루카를 능가할 수는 없다 해도 동등한 수준을 이룹니다. 하느님의 뜻에 그토록 온전히 내맡기는 영혼들을 만난 적이 없습니다. 그 얼마나 큰 자기 포기와 겸손과 순종인지요! 그러한 영혼들은 사악한 세상에 하느님의 넘치는 축복과 은총을 가져올 수밖에 없습니다. 이렇게 길고 고통스러운 여행 동안 마지막으로 머무른 곳은 분명히 제 생애에서 가장 좋은 기념품 가운데 하나가 될 것입니다. 오, 이곳에서 제가 맛보았던 위로란! 저는 오직 칭찬할 것밖에 없었습니다. 일본 트라피스트 여자 수도원에서 지낸 이번 주간은 제게 있어서 한 주간의 피정처럼 훌륭했습니다." 또 다른 편지에서 그는 이렇게 기록하였다. "공경하올 원장님과 베르크만스 수녀 두 사람 모두 건강이 매우 좋지 않다는 것은 정말로 안타깝습니다. 저는 시찰서를 작성하였지만, 사실 고칠 것은 아무것도 없었습니다. 그러나 만일 이 두 수녀 가운데 한 명이라도 사라진다면, 그 공동체는 어떻게 될까요?" 그가 한 극찬은 모두 베르크만스 수녀에 대한 것이었다. 동 에드몽은 언제나 사람들과 사건들에 대해 생각한 바를 정확하게 말했으며, 다른 어떤 것에 대해서 그런 것처럼, 그녀에 관해서도 침묵하지 않았다. "공경하올 스콜라스티카 원장은 위대한 여성"이라고 인정하면서 계속 이렇게 덧붙였다. "수련장은 성인입니다. 그녀는 여러분 모두의 데레사나 젬마보다도 더한 인상을 제게 주었습니다!" 반복하건대, 동 에드몽은 실제적인 사람이며, 결코 몽상가라 할 수 없다. 그는 가시적인 열매로 판단하였다. 좋은 나무는 그 열매로 알아볼 수 있다고 믿었으며, 그는 이 나무의 열매들을 보앓다. 이 성스러운 작은 공동체 안에서 성령의 역사하심을 보았다. 무엇보다 그는 그녀의 영적 자녀들 안에 은총을 쏟아부으며, 단순함과 사랑을 지닌 천사들을 양성시키는 베르크만스 수녀의 관상적 희생적 영혼을 통해서 일하시는 하느님의 영을 깊이 보았다. "이곳의 일본인 헌신자들은 얼마나 작고 사랑스러우며 순수하고 거룩한 자녀들인가!"

자신이 인정했듯이 정말이지 이곳은, 베르크만스 수녀나 스콜라스티카 수녀가 죽지 않는 한, 미래에 대한 두려움은 없었다. 그러나 그는 한 가지 사실을 놓쳤다. 그것은 베르크만스 수녀의 마지막 번제, 즉 그녀의 최종적이고 온전한 자기 증여로서, 이것은 이미 시작되었던 그 작업에 성공의 봉인을 해 주고, 다가오는 앞날에 풍성한 열매들을 보장해 주는 것이었다.

17

(계속되는) "십자가의 길(VIA CRUCIS)"

동 에드몽은 베르크만스 수녀가 결핵 때문에 생명이 위태로운 상태로, 첫 출혈 이후 거의 1년이 경과된 때였다고 기록하였다! 그러나 1913년 동안, 그녀의 상태가 호전되기 시작했는데, 곧이어 건강한 모습을 되찾았다. 이 때문에 지난해에 받았던 고통을 잊을 수 있게 되었던 것 같다. 1913년 여름 어느 편지에 다음과 같은 내용을 쓸 수 있었다.

"제 건강 상태를 당신에게 감춘 것에 대해, 당신은 저를 나무라고 있습니다. 그것을 당신에게 알리지 않을 수 있게 해 주었던 그 영적 감각이 얼마나 훌륭합니까! 예수님께서는 제가 그분의 사랑을 위해 조금도 고통받을 수 없을 만큼 너무도 무가치하고 그럴 자격이 없다는 사실을 알아보지 못하셨습니다. 그렇지 않았더라면, 당신은 이러한 상태 그대로를 기뻐하기보다, 저의 회복을 위해 기도함으로써 무분별한 행동을 했을 것입니다. 그래도 저는 아직 천상으로 가기에는 무르익고 성숙하지 못했기에, 소화 데레사를 여러 번 되풀이해서 불렀지만, 착하신 우리의 공경하올 원장님은 실제로 저를 위해 아낌없는 배려를 해 주심으로써 승리를 거두셨습니다. 예수님은 어머니다운 이 모든 배려를 물리칠 수 없으셨으며, 저는 이곳에서 생명과 새로운 조약을 맺게 되었습니다. 저의 귀양살이(유배)가 지연될 것임을 알고 조금 슬펐지만, 사랑하는 분의 뜻을 기쁘게 이행하고 있습니다."

우리는 순진무구한 방식에 감동하고 즐거워지지 않을 수 없다. 천상으로 끌어들이려 하는 소화 데레사와 자신을 지상에 두고자 했던 스콜라스티카 원장 사이에서 사랑의 끌어당김과 같은 전쟁에 사로잡혀 있는 것으로 자신을 드러내고 있다. 그 속에서 우리가 알아볼 수 있는 것이 있다. 의사의 말을 듣고서도, 베르크만스 수녀가 확실히 결핵에 걸렸다는 사실을 원장 수녀가 인정하지 않았을지라도, 결국 그녀를 소홀히 하지 않았다는 사실이다. 비록 언제나 시토회 생활의 고행과 수행 안에서 살고 있었지만, 그녀를 위한 배려에서 전에 없이 예외적으로 가능한 모든 방도를 다 취했다.

물론 베르크만스 수녀 자신은 자기 몸을 애지중지하는 경향을 결코 지니고 있지 않았으며, 지금도 여전히 어느 것 하나라도 끼어들거나 길들이지 않도록 했다. 그녀는 과분하게 편리해 보이는 것들을 받았을 때, 단순히 웃으면서 그것들을 받아들이지 않았다. 예컨대 뜨겁게 달군 벽돌을 플란넬 천으로 감싸서 마치 보온병과 같은 모양으로 침대에 두는 것이다. 그러나 수련자가 앓고 있을 때는 그와 같이 작은 사치라도 누리도록 마음을 썼다.

타인을 위해 자신을 희생하는 문제가 있었을 때, 예컨대 다른 누군가의 욕망 때문에 곤경에 처했을 때, 그녀는 불평하거나 피하려고 하지 않았다. 생애 마지막 겨울철에도, 수련자 한 명이라도 지도받으러 올 것을 기다리는 동안, 주저하지 않고 난방되지 않은 수련실에서 추위로 몸을 떨며 아침나절 내내 그곳에 있었다. 나중에 그 수련자와 이야기하는 동안에도 춥기는 매한가지였다.

1914년에는 그녀의 부담이 훨씬 더 가중될 판이었다. 자매들은 수련장뿐만 아니라 내부 당가와 제의실을 그녀가 중임하는 데 대해 실망하였다. 그때 생긴 내적 고뇌의 원천이라 할 수 있었던 것은, 그녀의 고통을 증가시키는가 하면, 욕망과 증오로 미쳐가는 세상을 위해 자기 생명을 희생하고자 하는 갈망을 세차게 자극했다.

1차 세계 대전에 대한 소식이, 머나먼 일본에 있는 수녀원 금역에까지 그렇게 많이 들어오지는 않았지만, 전쟁 발발로 인해 베르크만스 수녀는 심한 타격을 받았다. 원장 수녀가 그 끔찍한 소식을 발표했을 때, 그날 아침 작은 집회실에 있는 수녀들의 마음은 얼마나 긴장감으로 팽배해 있었던가!

베르크만스 수녀는 특유의 여유로움을 가지고 응답했다. 생애 마지막 해는 전쟁이 시작되었던 그 첫 번째 해로써, 희생의 기회들이 매우 많이 있었기 때문에, 교전하는 나라들을 위한 희생물로서 그녀가 죽었다는 것은 아주 분명했다.

평화와 군인들의 영혼과 연합국의 승리를 위해서만 자기 희생을 바친 것은 아니었다. 그녀는 모든 수련자에게도 똑같이 행하도록 여러 차례 촉구하였다. 그러나 1914년 10월, 성녀 데레사의 새 책을 받았다고 알려 주면서 보낸 어느 편지에서 표현하고 있듯이, 전쟁에서 자기 역할이 무엇인지에 대한 그녀의 생각을 들을 수 있다.

"작은 데레사는 언제나 우리가 최고로 사랑하는 작은 성인이며, 금세기에 기적을 가져온 사람입니다. 우리는 바로 지금 특별한 방식으로, 사랑하는 우리나라를 위해 그녀에게 기도하고 있습니다. 그러므로 성녀 데레사가 군인들 무리 가운데 있으면서, 어떤 이들은 지탱해 주고, 다른 이들은 격려해 주며, 극도의 고통을 당하는 이들은 거룩하게 죽을 수 있도록 도와 주고, 특별히 그녀에게 맡겨진 모든 이들을 온갖 위험에서 보호하며, 그곳에 현존한다는 사실은 조금도 의심할 수 없습니다. 군대와 함께 파견되지 않은 것이 아쉽지 않습니까? (그녀가 누구에게 쓰고 있는지 우리는 잘 모른다. 아마 형부에게 보낸 것 같다.) 작은 길의 전수자인 그녀는 전선에서 멀리 떨어져 있을 수밖에 없는 여성으로서의 허약함을 바치면서, 자기 기도와 희생으로 달리 이룰 수 없는 것을 행하고자 하였습니다."

전쟁은 천사의 성모 수도 공동체의 삶에 소소한 부담을 증가시켰다. 프랑스 웁시 수녀원에서 온 몇 명의 수녀들과 조수녀들이 독일인이었기 때문에, 공동체의 유럽적 요소는 프랑스 수녀들과 독일인 수녀들 사이에서 똑같이 양분되는 것처럼 보였다. 그들 모두는 저마다 자기 나라의 승리를 열망했으며, 수도원까지 전달된 단편적인 전쟁 소식들에 조금 흥분하는 이들도 있었던 것 같다. 그러나 공동체의 초자연적 정신은 이 모든 것들을 지배하고 있을 정도로 지대하였으며, 전쟁은 그리스도의 사랑과 평화로운 시토회 가족 안에서 일치된 자매들 사이에 어떤 분열도 일으키지 못했다.

베르크만스 수녀는 이러한 점에서 모범이 되었다. 어떤 좋은 소식이 프랑스에서 왔지만, 독일인 수녀들에게는 나쁜 소식을 담고 있을 수 있었다. 그때 그녀는 결코 의기양양함이나 어떤 지나친 만족감을 드러내며 받아들이지 않았다. 그와 반대로 읍시에서 온 수녀가 독일군에 있는 친척에 관한 좋은 소식을 받았을 때는, 프랑스의 패배가 따를지라도, 베르크만스 수녀는 언제나 먼저 그녀와 함께 기쁨을 나누었다.

특별한 소식들은 좀처럼 천사의 성모 수도원까지 전달되지 않았으며, 전쟁의 영향은 전체적으로 영적인 수준에 머물러 있었는데, 관상 공동체 안에서는 그러한 질서를 따랐다. 한 나라만이 아니라 온 세상을 위해, 강력한 기도와 희생을 끊임없이 바칠 수 있는 시기였다.

하느님은 1914년에 베르크만스를 위한 또 하나의 큰 희생을 계획하고 계셨다. 그녀의 탄생과 초기 유년 시절 이야기를 완전히 알지 않고서는, 어머니에 대한 그녀의 애정이나, 자기 영적 삶 안에서 가족이 지니는 중요성의 깊이를 결코 짐작할 수 없을 것이다. 그녀의 따뜻한 마음은 언제나 자기 어머니와 자매, 특히 어머니에 대해서는 깊고도 초자연적인 애정으로 언제나 연결되어 있었다고 할 수 있다. 그래서 그녀의 기도는 자신을 세상에 데려오기 위해 그토록 고통받았던, 이 소중한 영혼을 위해, 하느님의 사랑 어린 보호와 온갖 은총을 애원할 때만큼, 열렬한 적은 없었다.

비극적인 1914년 초가을이 되었을 때, 베르크만스 수녀는 사랑하는 어머니가 회복 가망이 전혀 없이 병들어 있다는 소식을 듣게 되었다.

이 소식을 듣고, 라발에 있는 자기 영적 어머니에게 이렇게 편지를 썼다. "저의 마음은 이 순간 매우 충만해 있습니다. 예수님께서 저로부터 또 하나의 큰 희생을 요구하실 것으로 보이기 때문입니다. 그것은 저의 소중한 어머니입니다. 지난 주 저는 그분이 종부 성사를 받으셨다는 말을 들었습니다. 아마 지금쯤 그분은 영면하셨을 것입니다. 저는 그 생각

(계속되는) "십자가의 길(VIA CRUCIS)"

에 머물러 있을 수 없습니다. 너무 참담하니까요. 예수님께서 하고자 하시는 것이면, 무엇이나 그렇지요! 제가 수도 생활로 입문하였을 때부터 이미 그분께 어머니를 봉헌하였기 때문에, 어머니는 이중으로 그분께 속해 있습니다. 그러므로 그분은 원하시는 때, 언제라도 어머니를 데려가실 수 있습니다."

그 봉헌이 완성되었다는 말을 하기까지는 오래 걸리지 않았다. 11월 어느 날 어머니의 소식을 담은 또 하나의 편지가 날아 왔다. 모친이 오랜 시간 극도의 고통스러운 아픔을 8일간이나 겪은 다음, 10월 3일째 되는 날에 결국 사망하셨다는 것이다. 이 가엾은 자녀는 어떠한 고뇌를 느꼈을 것이며, 그러면서도 데레사 수녀가 사랑을 위한 희생자로 죽어서 천국으로 올라갔던 시간과 이 기간이 겹치지 않았다는 사실로, 얼마나 위로를 받았겠는가?

그렇다 해도, 이것은 이제까지 그녀를 덮쳤던 죽음 가운데 가장 강한 타격을 주었다. 예컨대, 폴리까르프 신부님이 몇 년 전에 이 세상을 하직했을 때는 전혀 다른 것이었다. 그렇다. 그가 떠났다는 사실을 알았을 때 고통스러웠지만, 수많은 세월 하느님께 대한 사랑의 봉사를 다 했기에, 그렇듯 선하고 거룩하며 관대한 영혼의 죽음은, 그 받을 보상의 막대한 크기만 생각해도, 깊은 평화와 기쁨을 주지 않을 수 없었다. 그러나 어머니는 가련하고 연약한 여성으로서, 오랜 세월 세상에서 고투하였으며, 영적 생활로 말하자면 분명히 알지 못하였고 또 그렇게 할 수도 없는 영혼이 지니는 온갖 고통과 혼돈을 빈번히 겪고 있었다. 아마 그녀는 자신을 위로해 주었어야 하는 것들로부터 가장 고통을 받았을 수 있다. 자기 딸이 트라피스트 수녀가 된다는 소리에 아픈 마음으로 흘린 눈물을 잊을 수 있었겠는가?

무엇보다도, 살과 피의 강한 연줄이 있었다. 벗들과 친척들에 대한 자연적인 사랑은, 베르크만스 수녀의 마음속에 너무도 깊이 뿌리내린 것이었기 때문에, 그것을 뽑아내는 것은 그녀의 생명 자체를 건드리는 것이었다.

될 수 있는 한 빨리, 그녀는 수련장으로서 가지고 있었던 작은 방으로 물러갔다. 자신의 가엾은 어머니의 영혼을 위해 줄곧 기도하면서, 그 편지를 다시 한번 재차 읽어 내려갈 때, 마음속 슬픔이 뜨거운 눈물로 흘러내렸다. 그러나 하느님은 이렇게 자연스러운 감정의 사치마저도 그녀에게 허락하지 않으셨다. 이내 문에서 노크 소리가 들리고, 작은 일본인 수련자가 수줍은 듯 들여다보았기 때문이다.

영적 지도를 받는 시간이었으므로, 베르크만스 수녀는 눈물을 훔치면서 들어오라고 말했다. 어린 자매는 몇 마디를 건넨 다음, 수련장의 마음속에 틀림없이 무언가 있다고 여기면서, 일어나 가겠다고 하며 그녀를 그냥 내버려 두고 나왔다. 그러나 친절한 의향은 전혀 소용이 없었다. 베르크만스 수녀는 그러한 말을 듣고자 하지 않았다. 그녀의 감정이 극복되고 그나마 더 나아졌다면, 그것은 자연스러웠을 것이고 하느님을 거스르지 않았을 것이다. 그러나 사실은 전혀 그렇지 않았다. 예수님께서 라자로의 무덤에서 울지 않으셨는가? 그러나 자기 어머니의 영혼을 위해 많은 일을 할 수 있고, 그분이 뜻하시는 일에 최선을 다해 주의를 기울이는 것만으로도 사랑하는 분의 성심을 기쁘게 해 드릴 수 있을 때, 이러한 감정을 만끽한다고 무슨 도움이 되겠는가.

그녀는 약간 미소 지으며 그 수련자에게 말했다. "오, 아니에요, 가지 마세요. 나는 오직 당신의 말을 듣기 위해 이곳에 있을 뿐이며, 그것이 그 어떤 것보다도 훨씬 더 중요합니다."

그러나 그 선한 자녀는 수련장 수녀의 너그러움에 대해 나름의 애덕으로 응답하면서, 자신에 대해서가 아니라 방금 도착한 슬픈 소식에 대해서만 말했다. 그렇게 되자 곧이어 베르크만스 수녀는 어쩔 수 없이 또다시 울게 되었고, 그 작은 일본 수련자도 함께 울었다.

그 후, 그 두 사람이 눈물에 젖어 있을 때, 자연스러운 감정을 희생함으로써 예수님께 대한 그녀의 사랑을 증거할 또 다른 순간이 찾아왔다. 갑자기 종이 울렸다. 끝기도 전 독서를 위한 집회에 갈 시간이 되었다. 베르크만스 수녀는 될 수 있는 대로 다시금 눈물을 훔치고서 충혈된 눈으로 그 자리를 떠나서, 제시간에 규칙이 정한 대로 집회실에 있는 자기 자리에 당도했다.

이 소식이 2~3년 전에 도착했다면, 분명 그녀는 편지를 간직해 두었다가, 여러 번 되풀이해서 읽었을 것이다. 사실, 이번에 그렇게 하였다 하더라도 놀랄만한 일은 아니다. 그러나 그러지 않았다. 이탈과 가난의 정신이 너무도 컸기 때문에, 그녀는 작업 중의 수련자들이나 수도원의 누군가에게 메모를 적어줄 때에도, 종이의 빈 면을 사용하였다. 사실 그들도 모두 그렇게 낡은 봉투나 종이 쪼가리를 사용하고 있었던 것을 보면, 그녀와 별반 다를 바가 없었던 것 같다. 어떤 사람들은 이렇게 성의 없어 보이는 면에 충격을 받을 수 있겠지만, 그것은 베르크만스 수녀가 실질적으로 내적인 자유에 수반되는 가치들에 대해, 참된 감각이 있음을 보여 주고 있다. 그렇지 않다면 하느님과 이웃에 대한 완전한 사랑은 존재할 수 없다. 자연적 감수성으로 인해 매우 고집스럽게, 그 자체로는 아무것도 아닌 그 편지에 매달렸다면, 어머니를 사랑하는 마음이 이러한 포기의 행위로 증명되는 것보다 더 못할 수 있다는 점을 수긍할 필요가 있다고 말할 수 있다.

중요한 것은 물리적인 표지나 기념품을 놓고 눈물을 흘리는 것이 아니라, 충실하고 신실한 기도로 어머니에 대한 참된 사랑을 행함으로써 하느님께로 향하는 것이다. 그래서 그녀는 주저하지 않고 자기 모원장인, 브리크베크의 대원장과 그의 공동체 모두에게 어머니를 위해 기도해 줄 것을 청하였다. 어떻게 동 비탈 르호디에게 편지를 쓰게 되었는가? 마지막 시기에 그녀는 자기 영혼의 상태를 그에게 자주 설명하면서, 영적인 문제에 관하여 그와 정규적으로 서신 왕래를 했던 것 같다. 이러한 과정 안에서 그는 매우 활기찬 관심을 보여 주었는데, 특히 지난 시찰 이후로 그러했다. 그런데 이는 그녀의 진보된 영성을 가장 분명하게 증거해 주는 하나의 실례가 되었다. 그래서 우리는 동 비탈이 의심할 것도 없이 그녀를 다분히 성인과 같은 영혼으로 간주했을 뿐만 아니라, 신비적 기도, 정확히 말하면 그것에 필수적으로 따라오는 수동적인 정화 안에 기틀이 잘 잡혀 있다고 믿었음을 볼 수 있다.

그러나 이제는 그에게 이런 편지를 썼다. "길고도 고통스러운 아픔의 시간이 거의 8일간이나 계속된 다음, 예수님께서는 저의 소중한 모친을 10월 3일 당신께로 부르셨습니다. 저는 완전히 신뢰하고 있습니다. 우리의 선하신 스승께서 어머니에게 자비를 베풀어 주실 것입니다. 사랑하는 어머니는 매우 좋으시고 경건하신 분이었습니다. 그러나 아직은 연옥에서 단련받고 계실 수도 있습니다. 그러므로 공경하고 친애하는 신부님, 저는 사랑하는 이 영혼을 위해 당신의 애덕을 청합니다."

1914년은 그녀에게 훨씬 더 중요한 소식이 있었다. 그녀와 관련되는 한, 이번에는 순수한 기쁨의 시간이 되었다. 그러나 공동체에서는 어느 한 사람도 그녀의 뜻에 전혀 동의하지 않았다. 그해 마지막 달, 그녀가 오랫동안 은밀히 기대하고 바랐던 것이 분명한 사실로 드러났다.

스콜라스티카 원장이 새로운 의사를 불렀다. 그는 세심한 주의를 기울여 베르크만스 수녀를 검진하였다. 어떤 의혹의 가능성 없이 자기 진단을 확고히 하기 위해, 그는 가래를 테스트하였다. 그런 다음 원죄 없이 잉태되신 성모 축일로부터 8일째 되는 날, 자신이 판단한 바를 말해 주었다. 베르크만스 수녀는 매우 심한 결핵에 걸려 있었다. 병이 훨씬 더 심해지고 그녀의 폐를 점유해 버렸기 때문에, 1년을 넘기지 못하고 폐가 완전히 망가질 수밖에 없다는 게 거의 확실했다. 가래가 온통 세균들로 가득했던 것을 보면, 그녀가 지난 몇 년간 일정한 간격을 두고 같은 병을 앓고 있었다는 것을 분명히 보여 주고 있었다. 어느 정도는 타고난 저항력으로 버텨냈다. 지금은 병이 그녀보다 절대적으로 우세한 상태였다.

그녀는 이 소식을 어떻게 받아들였을까! 로베르 신부는 그녀의 활기찬 만족감을 설명하기에 자신이 역부족이라고 표명했다. 그녀에게 주로 위로가 되었던 것은, 이러한 은총 안에서 감미로운 성모 마리아의 자애로운 영향을 너무도 분명히 볼 수 있다는 사실이었다. 이제 그녀는 자기 기도가 이루어졌음을 알았다. 그녀는 하느님을 위해 자기 생명을 내놓을 수 있을 것 같았다. 곧 그분 사랑의 희생 제물로 죽을 수 있게 될 것이다. 그녀의 희생 제사는 조만간 완성될 것이다. 이제 그녀는 자신의 사랑이 단지 말이나 감상의 문제가 아니었음을 증명할 것이다. 예수님께서는, 그녀가 생명 자체보다도 그분을 더 사랑했으며, 참으로 자신을 온전히 그분 손안에 맡기고, 모든 것을 달게 받고 있다는 사실을 알고 계실 것이다. 그래서 당신의 사랑을 위해, 죄를 보상하고 영혼들이 은총을 얻을 수 있도록, 그녀를 파견하신 것에 기뻐하셨다.

의사의 판단을 들은 다음, 그녀가 첫 번째 했던 일은 성당으로 급히 달려가서 무릎을 꿇고, 방금 들었던 것에 대해 감사드리며 생애 최고로 열정적인 마니피캇(성모의 노래)을 읊은 것이었다. 2년 동안 엄청난 고통과 투병 생활을 한 다음, 1914년 12월의 그날, 베르크만스 수녀는 더 큰 고통과 마침내 죽음까지도 바라보며 기대할 수 있음에, 하느님께 감사드리고 있었다. 중요한 때, 가장 은총받은 영혼들이 기적처럼! 죽을 병에서 구해 주신 그분께 감사드렸던 것보다, 더 큰 열의를 지니고 있었다.

자신의 기쁨을 일단 보내고 난 뒤에야 비로소 그녀는 그 소식이 스콜라스티카 원장 수녀와 공동체에 완전히 정반대의 영향을 주었다는 것을 깨달았다. 동 에드몽은 만일 그들이 베르크만스 수녀를 잃어 버린다면, 공동체에 어떤 일이 일어날지 두렵다는 말을 했다. 그리고 착한 원장 수녀는 사실 그것을 예상하고, 눈물 속에 잠겨 있었다. 모든 수녀가 눈에 눈물을 머금은 채 왜소한 수련장 수녀를 둘러쌌으며, 수련자들은 자신들이 들은 내용에 완전히 까무러칠 지경이었다. 그때, 자매들의 슬픔을 보고 흐느낌을 들으면서, 베르크만스 수녀는 그렇게 큰 기쁨을 보인데 대해 후회하기 시작했으며, 스콜라스티카 원장을 안심시키려고 둘러대기 시작했다. 의사들은 어쨌든 실수하지 않을 리 없고, 이 일도 실수로 드러날 것이라고 했다. 봄철은 곧 다시금 찾아올 것이며, 그녀는 십중팔구 다시 힘을 얻게 될 것이고, 마침내 완전히 회복하게 될 것이라고. 그러나 그녀의 말은 허황하게 들렸으며, 그 순간 그녀의 말을 좀처럼 믿을 수 없었다. 마침내 그녀는 그들을 위로하려던 시도를 포기하면서, 자신의 행운을 탄식하는 그들을 다소 책망하였다. "나는 하느님을 뵈러 가니까 매우 행복하답니다." 그녀는 그들에게 말하곤 했다. 그러면 한 자매가 불평하면서, 그녀는 자신들을 떠나 천상으로 가는 이야기를 너무 많이 한다고 했다. 그녀는 대답했다. "그러나 천상이 우리 집인걸요."

물론 지금 그녀는 병실에서 잠을 잘 뿐만 아니라 그곳에서 식사도 하고 있다. 사실 그곳은, 공동체의 규칙 수행을 항구하게 따르며, 성당에 가는 것만 제외하고 자신이 계속 머무는 곳으로 사용하고 있으므로, 우리는 곧 어떤 어려움이 있었는지 알게 될 것이다. 무엇보다도 그녀는 수련자들에게 규칙과 관례에 대한 지도를 해 주기 위해 내려왔고, 영적 가르침을 위해 찾아오는 이들을 받아 주었다.

로베르 신부는 말한다. 이렇게 해서 그녀는 자기 생애의 마지막이자 가장 완전한 시기로 들어갔다고. 그가 우리에게 들려 준 대로, 그녀의 사랑이 모든 한계를 초월하여 성장하였던 시기로서, 생애 마지막 병실에서 지낸 이 8개월 동안 그녀는 상당한 완덕에 도달해 있었다. 다만 자신이 애매하게 자초했던 단 하나의 불완전함만을 알아채지 못했음을 볼 수 있는데, 알다시피 로베르 신부는 그녀의 결함에 대해 결코 눈감아 주지 않았다. 그가 언급하고 있는 그 불완전이란, 그녀가 걸을 수조차 없었을 때, 영성체를 위해 성당으로 내려가는 것이 허용되지 않았기 때문에, 한 번은 약간 분개하였다. 그녀로 인해 주님의 몸이 언제나 병실까지 모셔져야만 했던 것은, 매우 분개할 만한 일이라고 여겼다. 분명 그다지 수치스러울 것은 없으며, 사실 어떤 이들에게는 덕의 표지로 간주될 수도 있었던 이 한 가지 잘못만 제외하고, 그녀의 다른 모든 행위는 거룩함에 있어서 훨씬 더 앞서간 형태였으며, 하느님과 일치하고 있었다.

그녀의 고통은 종전에 경험했던 모든 범위를 넘어서 증폭되고 있었으며, 그러한 사실이 곧 분명해지게 되었다. 병실에 완전히 갇혀 있게 된 이후, 며칠도 되지 않아서 그녀는 고통스럽고 굴욕적인 일을 겪게 되었다. 평상시 지니고 있었던 모성적 사랑으로, 자신보다 타인들의 필요에 더 많은 관심이 있었던 그녀는, 어느 추운 새벽 약 4시경, 병실에 있는 아픈 수련자의 방에 불을 피우느라고 여념 없이 부산스러웠다. 그때 밖으로 나오면서, 어둠 속 문밖 바로 맞닿아 있는 층계 꼭대기에서 발 디딜 곳을 헛디뎠다. 그리고 계단 아래까지 굴러 떨어진 것이다.

비록 뼈는 부러지지 않았지만, 그 뒤 며칠 동안 온몸이 쑤시고 아팠으며, 이 추락 사건은 의심할 여지 없이 망가진 그녀의 폐에 좋지 않은 영향을 주었다. 그런 와중에도, 누구 한 사람 곁에 없었기 때문에, 겨우 일어선 다음, 아주 고통스러웠지만 즉시 성당으로 향했으며, 평상시 천사의 성모상 앞에 있던 자기 자리에서 무릎을 꿇었다. 그때 미사가 거행되는 것을 보면서, 거룩한 성체를 영하였으며, 감사하는 마음으로 보통 때와 마찬가지로 긴 시간 머물러 있었다. 그 뒤 수련실로 갔는데, 한 수련자가 그녀와 이야기하고자 하였다. 미소 띤 얼굴과 사랑으로 영접받은 자매는, 자기 수련장 수녀에게 어떤 일이 있었는지 짐작도 하지 못했다. 그날 정오가 되기까지 그 사건에 대해 알리지 않았기 때문이다.

이 새로운 상황은 또한 몇 가지의 작은 망신거리들을 달고 왔는데, 비록 그것이 가벼운 것일지라도, 그녀와 같이 민감하고 사랑이 많은 성향에 감정을 일으키지 않을 수 없었다. 수련자들에게 너무 가까이 오지 말고, 지도를 받을 때 멀리 앉으라고 상기시켜야만 했던 것은, 그녀가 어느 정도 희생으로 감당해야 하는 부분임을 인정했다. 그런 다음 어느 날, 그녀가 생각 없이 수녀원 주방 문 근처에서 얼쩡거리고 있을 때, 누군가 몸짓으로 공동체 음식을 감염시키지 않도록 들어오지 말라고 정중한 주의를 주었다. 그러나 이 모든 것은 희생을 위한 더 많은 재료가

(계속되는) "십자가의 길(VIA CRUCIS)"

되었으며, 바로 그녀가 원했던 바였다.

　다음 몇 달간, 겨울 날씨로 인해 그녀의 병은 적잖게 악화되면서, 고열과 잦은 출혈 형태로 드러나는 것 같았다. 작은 수녀원에서도 그녀의 회복을 위해 많은 기도를 바치면서, 상당한 움직임을 보여 주고 있었다. 사실, 스콜라스티카 원장은 상황의 심각성을 깨닫고, 자신이 가장 소중하게 여기는 일꾼을 잃지 않으려고, 공동체를 움직여서 일련의 9일 기도를 열심히 바치게 했다. 처음에는 성녀 소화 데레사에게 두 가지 청원을 바침으로써 시작하게 되었다. 베르크만스 수녀는 자기 개인적인 바람과는 반대로, 자신의 회복을 위한 이 기도에 함께 참여하고 자매들과 함께 일치해서 9일 기도를 하라는 명을 받았다. 그녀는 미소 지으며 평온하게 따랐다.

　그녀는 한 자매에게 말했다. "나에 대한 하느님의 뜻은 무엇일까, 나는 분간할 수가 없습니다. 로베르 신부님은 내가 회복될 수 있도록 기도하기를 원하고 있기 때문에, 나는 그렇게 하고 있습니다. 그러나 이것으로 죽지 않으리라 확신할 수 없습니다. 게다가, 고통은 하느님으로부터 내게 주어지는 커다란 선물이기 때문에, 그분이 나를 위해 기적을 행하실 것이라고는 전혀 생각하지 않습니다. 세상에 있는 사람들을 위해서는 기적들이 필요합니다. 그러나 수도자에게는 그렇지 않습니다. 수도자가 얻고자 하는 보화는 천상에 대한 것들입니다."

　이러한 9일 기도나, 프랑스에 있는 모원장으로부터 속달로 전달된 특별한 의약품들도 회복에 대한 어떤 희망을 주지 못하는 것 같았다. 정반대로 그녀는 하느님이 지금 자신에게 주실 수 있는 가장 좋은 선물은, 그분이 보시기에 그녀의 가치를 배가시키는 고통이며, 이는 정확히 첫 번째 9일 기도 때에 소화 데레사께서 주셨던 응답이었다고 말했다.

베르크만스 수녀는 한 사제에게 이렇게 편지를 썼다. "저는 당신에게 전할 더 큰 소식이 있습니다. 공경하올 신부님께서 애덕으로 보내 주시는 온갖 좋은 치료제에도 불구하고, 예수님께서는 또 하나의 좀 더 긴급한 '요청'을 제게 하고 계십니다. 그래서 기적이 일어나기도 전에, 당신의 작은 자매, 비참(Misery)은 곧 천상으로 날아갈 것입니다. 그러나 이 기적은 공경하올 원장님이 어떠한 대가를 치르더라도 소화 데레사로부터 얻어내기로 작심하신 것 같습니다."

결과적으로 천사의 성모 수녀원의 착한 수녀들은, 곧 두 번째 9일 기도를 성녀 소화에게 바치기 시작했다. 이번에는 리지외의 온 가르멜 수도자들이 천상에 있는 자신들의 힘찬 후원자로부터 기적을 얻어낼 수 있도록 협력함으로써 지원할 것을 요청하였다. 불행하게도, 데레사의 자매인 셀린마저도 병자의 편을 드는 것 같았다. 그녀는 베르크만스 수녀에게 편지를 썼다. "당신의 자매들에게 기쁨을 주기 위해, 저는 당신이 좋아지기를 바랍니다. 그러나 마음속으로는 완전히 자유롭게 예수님의 뜻을 따르고 있습니다. 그래서 저는 당신의 기쁨이 지체되는 것을 원하지 않을 것입니다. 저로서도 충분히 잘 알고 있습니다. 지상에서 이루어지는 삶이 얼마나 많은 대가를 치르고 있습니까."

9일 기도는 역시 같은 결과를 가져왔다. 데레사는 당신의 작고 모범적인 전달자에게 가장 이득이 되는 것이 무엇인지 잘 알고 있었다. 9일간의 기도가 끝난 다음, 베르크만스 수녀는 다시금 눈에 띄게 악화되었다.

1월이 끝나가고 있었다. 루르드의 첫 발현을 기념하는 거룩한 계절이 다가오고 있었다. 천사의 성모 수녀원 수녀들은 공략 목표를 바꾸어서, 하느님의 자비로운 은총의 요새를 다른 방면에서 옮기려 하였다. 이번에는 아직 "성인"이라고 불리지 않던 벨라뎃따 수비루에게 9일 기도를 시작했다.

베르크만스 수녀는 말했다. "그녀의 응답은 소화 데레사의 것보다 훨씬 더 고통스러웠습니다. 9일 기도가 끝나던 날, 나는 완전히 지쳐서 기침조차 할 수 없었고, 의사는 앞으로 두 달을 버티지 못할 것이라고 단언했기 때문입니다."

그동안 지칠 줄 모르는 수녀들은 희망을 포기하지 않았으며, 2월 3월에도 변함 없이 또 한 번의 9일 기도가 시작되었다. 이번에는 루르드의 성모님께 드렸다. 그래서 이번만큼은 그들의 기도가 이루어졌던 것 같다.

그렇다. 이번에는 그들의 청이 이루어졌다. 아마도 그들이 갈망했던 기적일 수도 있다. 아니면 하느님이 자연의 정상적인 질서 과정을 통해서, 그들에게 응답하셨던 것일 수 있다. 어쨌든 9일 기도 후 첫 왕진에서, 의사는 주목할 만큼 호전된 것을 알고 놀랐다.

내심 절망했던 환자는 이렇게 기록하고 있다. "우리의 가장 소중한 성모님께서 당신의 선함과 부드러운 마음 때문에, 그렇게 많은 기도와 탄원 소리에 귀를 막고 계실 수 없었던 것 같다. 그래서 다음 왕진 때, 매우 놀랍게도 의사는 왼쪽 폐가 완전히 치유되었다는 것을 알았다. 오른쪽 폐는 며칠 안에 아무것도 남아 있지 않게 될 것이다. 그렇다고 별로 달라지는 것은 없다. 특히 그 폐가 복되신 동정녀에 의해 고쳐졌다면, 사람은 한쪽 폐로도 잘 살 수 있을 테니까."

불행히도 자신들의 기도가 성공한 것에 우쭐거리며 기적을 요구하기 시작했던 이들에게, 그녀의 왼쪽 폐가 전혀 치유되지 않았다는 사실이 드러났다. 의사는 단순히 베르크만스 수녀의 심한 피로감 때문에 그 상태를 정확히 판단할 수 없었는데, 폐를 진찰하는 순간부터 매우 곤혹스러워했다.

일단 이 사실이 공동체에 알려지자, 그래도 여전히 그녀를 구할 기적을 얻어내기 위해 열렬히 계속 기도하는 소수 몇 명의 사람들을 막을 수 없었고, 수녀들은 곧 사랑하는 베르크만스 수녀를 잃을 수밖에 없다는 사실에 다소 주춤거렸다. 환자 자신과 관련해서 보면, 하느님의 뜻에 대한 평화롭고도 기쁜 포기는, 이러한 우여곡절 속에서 한층 더 완전하고 순수하게 드러났다. 이 모든 것에 대한 그녀의 견해를 보면 다음과 같다. "이제 나는 먼 바다로 되돌아왔다. 그러나 좋으신 하느님이 나에게 40년을 더 허락해 주시고자 한다면, 나는 그저 그분이 뜻하시는 것을 원할 뿐이다."

이제 그녀는 깨달았으며, 한 자매에게 자신은 "고통의 나라, 즉 사랑의 나라"에 있다고 말했다. 사실 그 어느 때보다도, 가능한 모든 면에서 자기 자신과 자기 의지를 포기함으로써, 주님을 기쁘게 해드리는 법을 비로소 터득하게 되었다. 그래서 확실히 이제 그녀의 사랑이 가장 진실하게 시험될 수 있는 시기였다. 열렬하고도 희생적인 수 많은 수도자들이 질병이라는 시험에서 여러 가지로 낙제하는 것을 볼 수 있다. 그 문제 때문에 수사나 수녀는 다년간 규칙 생활과 열정을 드러냈음에도 결국 병실로 들어갈 것이며, 건강할 때 기쁘게 희생을 바쳤던 자신에게 곧잘 이루어졌던 인내와 자기 포기가, 이제 별안간 훨씬 더 어렵다는 것을 발견하게 된다. 그때는 모든 것이 힘들어지고 몸이 굽어지면서, 이미 정신의 융통성과 총명함을 상실해 버리고 만다. 열기는 상상의 자욱한 안개로 뇌를 가득 메우고, 신앙을 두 배로 어렵게 만든다.

베르크만스 수녀에게는 그렇지 않았다. 그녀의 겸손과 인내와 고행은, 점점 커지는 육체적 고통뿐 아니라 이와 함께 진행되었던 강한 내적 시련들에도 불구하고, 좀 더 완전한 것이 되었을 따름이다. 그녀의 생애

가운데, 이 시기나 다른 시기를 보여 주는 가장 중요한 문서 중 하나는, 1915년 3월 동 비탈 르호디에게 영혼 상태를 드러내면서 기록했던 편지이다.

그녀는 이렇게 기록하였다. "공경하올 신부님, 당신의 좋은 편지를 보면, 당신 자녀에게는 모든 것이 기쁨으로 가득 차 있으며, 그녀가 위로에 잠겨 헤엄치고 있다고 여기시는 것 같습니다." 그녀는 아마도 곧 천상으로 가리라 생각하며 흡족해하고 있다는 인상을 그에게 주었던 것 같다. "그러나 아닙니다. 그러한 경우와는 전혀 다릅니다. 마지막 몇 년 동안, 그 모든 일을 한 것은 저의 의지입니다. 믿고, 믿음 안에 항구하게 고수했던 것은 제 의지로 된 것입니다. 그러나 제 마음과 정신은 어디에 있을까요? 기도, 내적 생활은 제게 불가능하게 되었습니다. 제 안의 모든 것이 동물적인 수준으로 떨어진 것 같습니다. 예언자와 같이, 저는 말할 수 있습니다. '저는 당신 앞에서 짐을 지고 가는 짐승과도 같습니다.' 그리고 어렵사리 이렇게 덧붙이고 있다. '그래서 저는 언제나 당신과 함께 있을 것입니다.'" 그런 다음 그녀의 겸손에 대한 가장 아름다운 표현들 중 하나를 볼 수 있다.

"저는 감히 이것을 시험 상태라고 부르지 않습니다. 아닙니다. 저는 단지 저처럼 아둔한 영혼은 별로 없다고 믿고 있습니다. 그래서 저는 이러한 생각들 위로 제 자신을 일으키며 말합니다. '너무 안 되었지만! 저는 다만 예수님께 속하게 될 것입니다. 그분의 작고도 볼품없는 짐승과도 같이 말이지요!' 그리고 나서 저는 다시금 사랑을 찾아 나서기 시작했습니다. 그것은 저의 유일한 피난처입니다. 그곳에서만 저는 휴식을 찾으려고 합니다. 소화 데레사의 생애를 읽는 것이 제게 좋은 것은 바로 그러한 순간들입니다."

"경외하올 신부님, 방금 제가 얼마나 엉터리 같은 그림을 그렸는지요! 당신은 당신의 작은 딸이 얼마나 당신의 좋은 기도를 필요로 하는지, 그리고 우리가 가장 사랑하는 어머니께서 저를 천사로 만드시고자 하신다면, 그분이 얼마나 힘들게 일해야만 하는지를 아십니다. 그 좋으신 어머니께서는 어떤 것도 불가능하지 않으며, 이는 그분의 모성적인 성심을 얻을 만한 가치 있는 기적이 될 것입니다. 그래서 저의 모든 희망을 그분께 걸고 있으며, 저의 신뢰심은 한계가 없습니다."

이는 영혼의 지도자로서 브리크베크의 성스러운 아빠스의 탁월성에 간접적으로 기여하였다. 베르크만스 수녀의 영혼으로부터 그녀의 내적 상태에 대한 가장 아름답고도 분명하며 솔직 담백한 면모를 이끌어 주었던 이는 바로 그였다. 자신에 대한 그녀의 평가에 동의하기는커녕, 동 비탈은 그녀가 "영혼의 밤"의 어떤 면을 지닐 수도 있는, "감각의 밤"으로 알려진 수동적이고 신비적인 정화의 상태에서 좀 더 진보했다는 점을 명확하게 보았으며, 그러한 사실은 단번에 드러났다.

이것을 동 비탈의 의견으로 성립시키는 것은 어렵지 않다. 이 편지에 대한 답장에서 그는 그녀의 진술을 잘못 해석하였기 때문이다. 육적인 것의 유혹으로 포위되었다는 것을 뜻하는 "동물적인 차원"으로 그것을 치부하였다. 살펴보았듯이, 이것은 전혀 그러한 상황이 아니었다. 그녀는 자기 생애 전반에 걸쳐서 그러한 유혹은 어떤 것도 받은 적이 없었기에, 다음과 같은 말로 그에게 그렇다는 것을 전하기 위해 편지를 썼다.

"경외하올 신부님, 제 영혼에 관해 이야기했던 지난 번 편지에서 저는 분명히 아주 서투르게 저 자신을 표현하였습니다. 저는 내적 생활에서 만나는 어려움을 설명하고자 했습니다. 예수님과 일치하는 길로 나아가는 동안 기도하거나 잠심할 수 없을 때는, 선한 스승님 앞에 비천한 짐승처럼 저 자신을 두면서 오로지 신앙으로 기도하고 있습니다. 제 주변에 있는 모든 것이 어둡기 때문입니다. 저를 괴롭힌다고 여기신 그 유혹에 대해, 선하신 하느님께서 저의 약함에 동정심을 가지셨기 때문에, 비록 제가 저 천사와 같은 소화 데레사처럼 순결하지는 않지만 언제나 그러한 것들로부터 저를 지켜 주셨습니다. 그분은 악이 무엇인지 이해하지 못하고 있어도 이 삶을 거쳐 갈 은총을 제게 허락해 주셨습니다. 그래서 저는 기쁘게 저의 무지를 무덤까지 함께 데리고 가겠습니다. 저는 이 크신 은총을 복되신 동정녀께 돌려 드립니다. 저는 그분을 늘 대단히 사랑했으며 그분은 불쌍한 제 영혼을 열성적으로 돌보아 주셨습니다."

베르크만스 수녀는 여느 때처럼 신앙에서 나오는 사랑스럽고 평화로운 침착함, 참된 포기의 결실로 이 모든 육체적 도덕적 시험들을 대면하였다. 삼위일체의 엘리사벳의 저술에서 찾아낸 것을, 자기 영혼의 "거울"에 옮겨서 적어놓았던 문구보다 그녀의 태도를 더 잘 표현해 주는 것은 없다.

"언제나 사랑을 믿으십시오. 당신이 고통받아야 한다면, 그 이유는 당신이 그 어느 때보다 더 사랑받고 있다는 것입니다. 그러므로 사랑을 되돌려 주십시오. 언제나 감사드리며 노래하십시오."

자신이 죽어간다고 해서 어떠한 후회도 드러낸 적이 없었다. 단지 고통을 없애기 위해서나, 순수하게 자연적인 동기들로는 그 어떠한 치료도 받지 않았다. 그녀는 자신에게 주어진 것이면 어떤 것이나 수용하였으며, 순종으로 받아들였다. 자매들이 열기로 화끈거리는 그녀의 수족을 조금이나마 시원하게 안정시키려고 알콜을 문지르며 안마해 주겠다고 했을 때, 이렇게 말하며 그들을 만류했다. "이런 식으로 편안해진들 무슨 소용이 있습니까, 저는 죽게 될 텐데요? 내 다리를 그냥 내버려 두십시오, 나는 그것들을 천상으로 데려가지 않을 것입니다."

수련자들 가운데 한 명이 같은 이유로 그녀를 좀 더 편안하게 해 줄 요량으로, 그녀의 수족에 안마를 해 주겠다고 했다. 그녀는 다시 거절하며 말했다. "저를 내버려 두세요. 단지 벌레일 뿐인 것을 가지고 왜들 그렇게 고생을 사서 하지요!"

그러나 자신이 단련시켰던 한 영혼 안에, 신앙과 애덕의 정신을 위해서 값싸게 행동하지 않았다. 그 양선한 수련자는 상냥하게 말했다. "저는 당신께 이러한 봉사를 해 드리는 것이 아니라, 우리 주님께 해 드리는 것입니다." 이 말에 베르크만스 수녀는 굴복하였다.

그녀의 생각은 늘 머나먼 프랑스의 전장에서 죽어가는 군인들을 위한 희생으로 자기 고통을 올려드리는 것이었다. 그래서 어떤 자매들이 동정심으로 행하려 할 때면, 이렇게 말하곤 하였다. "그 모든 것은 천상을 위해 그리고 영혼을 구원하는데 유용합니다. 우리의 가엾은 군인들을 생각해 보십시오. 얼마나 많은 고통을 받고 있습니까! 덧붙이건대, 저를 많이 돌보아 준다 해도 소용없습니다. 저는 죽어가고 있습니다."

수련자들이 고열과 잦은 출혈로 중병을 앓고 있는 그녀를 둘러싸고 슬퍼하였다. 그녀는 그저 자신이 아직도 수련실로 내려가서 거듭해 주고 있는 말의 설명 사항으로 이러한 모든 것들을 사용하고 있었다.

그녀는 말했다. "이 병은 하느님으로부터 오는 크나큰 선물입니다. 제게 병이 없었다면, 아마 천상으로 갈 수 없을지도 모릅니다. 여러분이 옷가지 하나를 오랫동안 입게 된다면, 그것은 얼룩지고 더러워질 것입니다. 어찌 보면 그것은 다만 수도 생활을 오랫동안 해온 사람과도 같다고 할 수 있습니다. 그녀는 수많은 결함으로 흙먼지를 탈 수밖에 없을

(계속되는) "십자가의 길(VIA CRUCIS)"

것입니다."

그러나 이 마지막 인용문을 볼 때, 빨리 죽고자 하는 그녀의 갈망과 성인이 되기 위해서는, 수도 생활을 오래 할 필요가 없다는 그녀의 신념이 반영된 것만 제외하고는 그리 그녀답지 않다. 한 사람이 가지고 있는 결함의 양에 대해서라면, 하느님께 대한 순수한 사랑과 확고한 자기 포기로 모두 씻겨나갈 수 있다는 것이 그녀의 굳건한 신념이라는 것을 우리는 알고 있다. 죽음에 더 가까이 다가갈수록 연옥을 통과하지 못할 수 있다는 확신이 더 강해졌다. 하느님의 손에서 그녀에게 다가오는 것은 무엇이나, 그분의 자비로운 사랑에 점점 더 완전하게 자신을 투신함으로써 그분에 대한 자기 사랑을 증언할 기회가 아니겠는가?

어떤 편지에 이렇게 쓰여 있다. "예수님은 우리에게 필요한 것을 우리보다 더 잘 알고 계십니다. 그래서 논리적으로 따라오는 과정은 완전한 포기입니다. 아버지와 같은 그 성심에 의지하고 그분을 사랑하십시오. 언제나 사랑하십시오. 우리는 아주 작은 영혼들입니다. 내일을 걱정하지 맙시다. 천상에 계신 우리의 소화 데레사와 함께 이렇게 말하도록 합시다. '예, 나의 하느님, 나는 다만 오늘 하루의 시련과 고통을 원합니다.'" 고통 안에서 베르크만스 수녀의 포기는 정확히 말해서 그녀가 미래를 걱정하지 않았기 때문에 너무도 완벽했다. 분명히 이러한 확신은 그녀의 사랑에 대한 가장 큰 증거다. 어쨌든 이러한 확신은 그녀의 작은 결함들에서 오는 모든 흠집을 닦아 주는 자신의 연옥으로 활용되었던 것이다.

그녀는 말했다. "좋으신 하느님께서 저를 위해 무엇을 간직하고 계시는지 알지 못합니다. 그러나 저는 그분께 의지하며 조금도 두렵지 않습니다."

언제나 이러한 수동적 내어맡김은 희생에 대한 물릴 줄 모르는 갈망으로 표현된 것처럼, 영웅적일 만큼 폭넓고 적극적인 그녀의 사랑으로 힘을 받고 있었다. 한쪽 폐가 망가지고 다른 쪽 폐도 심각하게 진전된 상태에서, 호흡은 언제나 힘들기만 했다. 그러나 무엇보다도 주변을 걸어 다니면서 움직일 때 심했다. 늘 고열이 났고 위장이 아팠으며, 양다리와 발은 부풀어 오르고 아팠다. 이 모든 것에도 불구하고, 그녀는 대부분의 성무일도를 위해 수녀원 성당까지 규칙적으로 내려갔다. 그것은 엄청나게 힘들었기 때문에, 미사 중에는 병자석으로 가서 앉아 있으라는 말을 따랐다. 그때는 그녀의 하루가 새벽 4시에 시작되었다. 고통스럽게 병실의 어두운 층계 아래로 자기 몸을 끌고 갈 때는, 숨을 쉬기 위해 두세 발자국마다 멈추면서 나아갔고, 마침내 천사의 성모상 앞에 있는, 평소 자기 자리에 도착해서는 미사와 거룩한 영성체를 위해 준비하였다.

수련자들에 대한 그녀의 정규적인 지도는, 언제나 유쾌함과 생기가 두드러졌다. 그 어느 때보다도, 자신이 하는 말에 마음과 영혼을 불어넣었기에, 큰 긴장감과 희생이 따르지 않을 수 없었다. 자기 일을 끝마치고 병실로 되돌아가는 순간, 또 출혈을 일으키면서 피가 폐에서 입으로 끓어올라오는 일이 아주 빈번하게 있었기 때문이다.

그래도 늘 여유를 가지고 머무르며, 자신을 찾아와서 조언이나 도움을 청할 필요가 있는 수련자들에게 이렇게 말했다. "지금 제가 희생을 하지 않는다면 언제 하겠습니까?"

어느 날, 공경하올 스콜라스티카 원장이 작업 분배 시간에 오지 않았다. 베르크만스 수녀는 언제나 그곳에 와서 작은 일을 받고 있었다. 그날은 세탁일이었기 때문에, 베르크만스 수녀를 포함해서 모든 이가 세탁실로 갔다. 나중에 그녀가 설명했듯이, 누구도 그녀가 그렇게 하는 것을 막을 수 없었다.

나중에 어느 청원자가 말했다. "수녀님, 정말 피곤하시겠어요." 그녀는 말했다. "피곤하냐구요? 글쎄요, 다른 사람들도 그럴 거예요!" 그리고 이렇게 덧붙였다. "공동체와 함께 가서 일하는 것은 제게 큰 만족감을 줍니다. 서원한 다음에 당신도 고통 속에 존재하는 큰 기쁨을 이해할 수 있을 거예요."

이 시기에 그녀가 하는 일상적인 일은 우유 장부를 기록하는 것이었으나, 그것이 끝나면 수련자들을 위한 관례집의 일본어 번역본을 복사했다. 나중에 손가락이 너무 약해져서 장시간 이 일을 할 수 없을 때는, 수녀원에 온 우편 봉투에서 사용한 우표들을 떼서 분류하는 것으로 나머지 작업 시간을 사용하곤 하였다. 그런 다음 이것들은 프랑스로 송부되어, 아주 작은 양의 수입을 가져왔다. 수녀원은 가난해서, 가장 하찮은 수입원도 무시하고 지나갈 수 없었다.

그때는 그녀가 병실에서 자유로이 사용할 수 있는 시간이 더 많았으므로, 많은 책임 때문에 오랜 세월 동안 희생할 수밖에 없었던 개인적인 신심의 기회를 그냥 넘어가지 않으려고 하였다. 스콜라스티카 원장은 차가운 외풍을 염려하면서, 새 수녀원 회랑까지 가서 십자가의 길을 하는 것은 허락하지 않으려 하였다. 그래서 그녀는 주님 수난의 비통한 길을 따라가기 위해, 자기 고통을 그분의 것과 일치시키면서 병실 성당에 남아 있었다. 그리고 회랑으로 갈 수 없는 무능함을 보상하기 위해, 로베르 신부가 그렇게 하는 것을 금할 때까지, 십자가의 형태로 자기 팔을 펼치고 병실 성당에서 십자가의 길을 기도하였다.

자신이 선택한 것이 아니었기 때문에, 훨씬 더 가치 있는 희생의 소소한 기회가 많이 있었다. 예컨대, 음식을 책임지고 준비하는 이가 오랫동안 실수하는 일이 생겼다. 음식을 너무 짜게 만들어서 먹기가 매우 불편했다. 베르크만스 수녀는 불평 없이 이를 받아들였고, 하느님의 손에서 그녀에게 다가오는 희생의 또 다른 기회를 기꺼워 하였다. 자신에게 주어진 먹을 것을 가지고 결코 어떤 기호를 보이지 않았다. 건강할 때처럼 병중에도 모든 것을 조금씩 먹으려고 노력하였다. 어떤 맛이 그녀에게 좋은지 알 도리가 없었다. 그런 다음 병실로 그녀를 찾아가는 이들이, 마실 것이나 편하게 해 주는 것들이 필요하지 않은지 물었을 때, 그녀는 언제나 병실 담당 자매가 제 때에 돌보아 주고 있다고 대답했다.

약간 간과해 버림으로써, 자신이 필요로 하는 것들을 잊어 버리면, 더더욱 좋아했다. 결코 불평하지도, 순교자인 척 보이려 하지도 않았다. 고열과 그로 인한 타는 것 같은 갈증에도 불구하고, 결코 마실 것을 청하지 않았는데, 어쩌다 섭취하게 된 짠 음식으로 그 기갈이 심해졌을 때도 그랬다. 다만 병실 자매가 물어보면, 매우 목말랐다고 자백하는 것으로 만족했다.

병이 너무 심한 상태가 되어서, 영성체 전에 약간의 음료를 마실 수 있는 허락을 받았을 때도, 그러한 특혜를 활용하지 않았다. 그래서 자매들이 달콤한 차 한 잔을 내놓거나 과일 쥬스로 유인하려 하면, 이렇게 대답하였다. "아시다시피, 저는 좋으신 하느님이 신선한 물을 창조하셨을 때, 영원부터 저를 생각하고 계셨다고 믿습니다. 그것이 제게 가장 좋은 것이기 때문입니다." 고열이 있는 사람에게 냉수보다 더 적합한 다른 분량의 음료를 섭취하도록 명령을 받은 지 얼마 전의 일이었다. 그때에도 병실 담당은 이 평화롭고 고요한 환자가 무엇을 좋아하는지 결코 알 수 없었다. 베르크만스 수녀는 모든 것을 받아들였다. 그것이 좋으면, 하느님께 감사드렸다. 썩 좋지 않을 때 역시 하느님께 감사드렸다. 병실 담당 수녀가 때때로 음료를 바꾸어도 그만큼 더 좋았다. 그러나 언제나, 심지어 기갈로 정말 고통스러웠던 생애 마지막 며칠 동안에도, 그녀는 자주 침대 머리맡 책상에 준비되어 있던 음료를 약간 마시라는 재촉을 받아야 했다.

생애 마지막 해에 불면증이 가장 큰 십자가였다는 사실은 분명하다. 여름 몇 달 동안, 그 때문에 끔찍하게 고통스러웠다. 자주 기침 발작이 있었기 때문에, 몇 시간 동안 깨어 있어야 했고, 출혈과 구토로 악화되기 일쑤였다. 열 때문에 흘린 땀으로 온몸이 흠뻑 젖어 있었고, 겉옷과 스카풀라와 벨트는 물론, 잠자는 짚단 매트리스도 찌들어 있었다. 대단히 허약한 상태였으므로, 옷가지를 완전히 갈아입는 데만 45분이나 걸리는 적이 많았다. 적어도 하루에 2차례는 필요했던 일이었다.

그럼에도 불구하고, 그녀는 늘 아침에 일어나기를 열망했으며, 자신이 할 수 있는 한 최선을 다해서 성당까지 갔다. 묵상 시간이 되면, 병실 담당 수녀가 막간에라도 잠자지 못했던 것을 보충하는 것이 더 낫지 않겠느냐고 물었다. 베르크만스 수녀는 그 말을 듣지 않곤 했다. 병실 담당 수녀가 그러한 방식에 대한 논쟁을 늘어놓을라치면, 베르크만스 수녀는 베개에 몸을 누이는 순간 기침을 하기 시작하기 때문에, 자려고 애쓰는 것은 쓸데없는 일이라고 대답하였다. 그래서 평화롭게 묵상 기도를 할 수 있게 되었다. 이것이 의미하는 바를 살펴보면, 그녀는 단지, 하나의 시험을 다른 것으로 대체하는 것이다. 심한 기침으로 뒤틀리며 침대에 누워 있는 대신, 일관된 생각이나 마음에 미약한 기운도 없이 자신의 모든 무력함과 혼돈, 나약함과 기도할 수 없는 무능력을 존재의 깊은 곳에서 맹목적으로 하느님께 봉헌하면서, 말없이 그저 앉아 있었다. 그러나 이상하게도 그렇게 무력하고 무능력했던 거룩한 미사와 영성체, 이 모든 것이 그녀에게 기쁨이 되었다.

  그 해가 지나갈수록, 더 좋아지는 대신 베르크만스 수녀는 매일 눈에 띄게 악화되고 있었다. 5월에 들어서면서, 자신의 죽은 유해를 곧 받아 들이게 될 작은 묘지를 살아 있을 때 마지막으로 찾아가 보았다. 한 자매가 그녀의 팔을 잡아 주면서 동반했다. 그들이 돌아올 때, 아주 사려 깊은 그 자매는 베르크만스 수녀에게 수도원으로 가는 도중에, 루르드 동굴에서 쉬었다 갈 의향이 있는지를 분명하게 물었다.

  그녀는 몸짓으로 대답했다. "아닙니다. 일에 늦을 거예요." 그러나 그녀가 지쳐 있다는 게 분명해 보였다. 이제 의심할 여지 없이 드러난 대로, 그 날은 물론, 다른 날에도 공동체와 세탁 작업에 나갈 수 없게 되었다.

  결국 성무 일과를 위해 수도원 성당으로 내려가는 것이 금지되었을 때는 5월 중순이었다. 그녀는 극심하게 앓고 있었다. 이제는 작은 병실에 있어야 했으며, 가대에서 낭송하는 때와 같은 시간에 그곳에서 자신의 성무를 읊었다. 특히 제1시 기도를 대단한 주의와 열성을 가지고 바쳤는데, 그것이 담고 있는 아름다운 흠숭의 기도와 하느님 섭리에 대한 신뢰로 인해, 늘 신이 나서 특별히 몰두하게 되었다. 다른 곳에서와 마찬가지로, 여기에서도 그녀는 소소하게 희생할 기회들을 놓치지 않았다. 조용히 창문을 통해 들어오는 희미한 빛으로나마 책장에서 어떤 것을 알아보는 것이 완전히 불가능하게 되지 않는 한, 인공 조명을 쓰지 않는 방식으로 처신했던 것처럼, 아주 작은 일에 불과할지라도 그러했다.

  그렇게 할 필요가 결코 없었는데도, 늘 고백 성사를 위해 성당까지 내려가고자 했다. 이제 이것도 그녀에게 금지하였지만, 그 보상으로 죽을 때까지 매일 고행의 성사를 받음으로써 엄청난 만족감을 누렸다. 처음

(계속되는) "십자가의 길(VIA CRUCIS)"

만날 때부터 몇 년간 로베르 신부는 정말로 후하게 내어주었다! 그러나 이는 단지 서로에 대한 큰 존경과 사랑의 결실이었다. 고백 사제와 참회자는 이제 그들 두 사람 모두가 인격과 기질의 차이에도 불구하고, 얼마나 초자연적인 일치 안에 성장했는지를 깨달았다. 참으로 특별히 초자연적 깊이와 순수함을 지닌 우정을 지니고 있었는데, 이 모든 표면적인 작은 차이점에도 불구하고, 성장한 다음에는 마침내 그것들을 모두 함께 극복해 내었기 때문이다.

로베르 신부가 베르크만스 수녀는 성인이라고 여겼다면, 분명히 그에 대한 그녀의 존경심도 적지 않게 컸을 것이다. 그리고 한 사람으로서, 무엇보다 하느님의 사목자로서, 그에 대한 존경심을 드러내지 않았던 적은 한 번도 없었다. 자신의 고백 사제 안에 계신 그리스도께 대한 경외심이 너무 커서, 거의 걸을 수 없었는데도 불구하고, 고백이 끝난 후 그를 위해 일어나 가서, 문을 열어 주려고 할라치면, 그는 이를 말리며 자리에 앉아 있게 하였다. 한 번은 그렇게 하려고 하다가, 거의 쓰러질 지경이 되고 말았다.

역설적이지만 병실에 갇혀 있어서 그런지 수면 부족과 지친 몸에 작은 안정을 취하려 해도, 전보다 더 어려워질 뿐이었다. 밤에는 잠들 수 없으며, 낮에도 잠잘 수 없었다. 적어도 1시간 만이라도 편히 잠들 수 있었던 때는, 아침에 단 한 번뿐이었다. 그러나 이것도 정확히 말하면, 몇 명의 자매들이 애덕으로부터 나온 배려에서 일부러 그녀를 찾아오는 시간이었다. 그들은 언제나 기쁨 가득한 미소로 환영받았으며, 분별없이 아무리 오래 머물러 있어도, 자신들이 불편을 끼친다거나 베르크만스 수녀를 지치게 만든다는 것을 눈치챌 수 없었다. 이런 경우, 그녀는 보통 할 수 있는 대로 수화를 사용해서 대화했다.

또 다른 역설은, 그녀가 잠들고자 했을 때 그것이 불가능했다는 점이다. 깨어 있고자 할 때는, 거의 언제나 잠에 떨어지지 않도록 힘겹게 싸워야 했다. 성무 일과를 읊을 때 가장 심했다. 그녀에게 이것이 얼마나 큰 시련이 되었는지를 표현하기란 어려울 것이다. 기본적으로 그녀의 모든 기도 생활의 토대가 되었던 흠숭의 이 중심적인 자리에 어떠한 중요성을 부여했는지 알 필요가 있다. 그것과 함께 거룩한 희생은, 하느님과 자신의 합일 그리고 영혼들의 구원이 가장 의지하며 기대고 있었던 것이기 때문에, 이는 그녀의 전 생애라고 할 수 있었다. 그래서 지금은 온 힘을 다해, 자신의 망가진 육신이 갈구하고 있는 졸음에 저항하며 싸워야 하는 시간이었다. 그러나 그 잠은 침대에만 있으면 찾아오기를 거부하는 것이었다.

그러나 이 모든 고통 중에도, 한 가지 큰 위로가 되는 것이 있었다. 마침내 자기 영적 자녀들 가운데 4명, 그것도 일본인 수련자들이 서원을 준비하고 있었다는 사실이다. 그것은 그녀가 헌신했던 일의 영예요, 성공한 첫 번째 열매로서, 이 작은 수녀원이 길이 번창하리라는 약속이자, 트라피스트 수녀들이 일본에서 자리 잡을 수 있다는 것에 대한 약속이었다.

그래서 그날은 지상에서뿐만 아니라 천상에서도 기뻐하고 있었다. 그에 대한 의심은 조금도 있을 수 없었다. 성녀 데레사도 직접 찾아와서 자신의 헌신적인 친구들에게 이 사실에 대해 아주 분명한 표지를 주었던 것이다.

때는 5월 15일 오전 시간으로, 아름다운 아침이었다. 우리는 그렇게 믿고 있다. 수녀원은 고요했고, 모든 수녀가 수도원의 여러 일터와 농장에서 작업하고 있는 가운데, 수녀원 객실에서는 피정 중인 4명의 작은 수련자들이 로베르 신부가 해 주는 첫 번째 피정 강화를 들으면서, 독실하고 열렬하며 고대하는 마음으로 앉아 있었다.

가대에서 제의실 담당은 빗자루를 가지고 청소하느라 분주했다. 베르크만스 수녀는 병실에 있었다.

갑자기 제의실 수녀가 청소하는 것을 멈추었다. 달콤한 꽃향기를 맡은 것이다. 그녀는 고개를 들었다. 분명 그것들은 바이올렛(제비꽃)이었다! 그녀는 어떻게 제비꽃 향기를 맡을 수 있었을까? 그곳에는 아무도 없었고, 근처 어디를 보나 그 누구도 보이지 않았다! 그럼에도, 그 달콤한 향기는 더 강해지고 더 멀리 퍼져 나갔다. 급기야 온 성당을 가득 채웠다.

제의실 담당 수녀는 빗자루를 놓아둔 채, 스콜라스티카 원장을 데려오려고 급히 달려갔다. 원장은 즉시 성당으로 왔는데, 그와 같은 신비스러운 향기에 놀라 기뻐하였다. 그들의 마음은 기쁨으로 가득 찼다. 착한 두 수녀는 잠시 이것이 지니는 의미, 즉 누가 보내는 것인지를 생각하며 조금도 의심하지 않았다. 소화 데레사가 그들의 수도원 안에 함께 하고 있으며, 이 아름답고 위로가 되는 선물로 그들에 대한 그녀의 사랑을 보여 준 것이다.

이 은혜를 누렸던 이들은, 단지 원장 수녀와 제의실 수녀만이 아니었다. 5명의 다른 수녀들도 작업터에서 성당으로 이끌려 왔는데, 어떤 이들은 회랑까지 풍기는 천상 꽃 향기에 매료되었다.

기분을 흥겨워지게 하는 향기는 그들에게 남아 있었으며, 어떻게 해도 즉시 사라져 버리지 않았다. 15분, 30분이 지나도 여전히 그곳에 있었다. 10시를 알리는 시계 소리가 들렸을 때, 결코 감상주의자가 된다거나 환상에 빠지지 않는 로베르 신부가 성당 안으로 들어서자, 강하고 순한 꽃향기에 놀라워하였다. 어떤 꽃인가? 그는 확신할 수 없었다. 제비꽃 같은데, 어떻게 그 모든 것을 설명할 수 있을지? 마침내 그는 자매들처럼 그것은 초자연적인 것일 수밖에 없다고 동의하였다.

그동안 베르크만스 수녀는 병실 침대에 누워 있었는데, 한 수녀가 복도를 따라 부산스럽게 내려오는 소리를 들었다. 약간 애매모호한 표지밖에 없지만, 그래도 그 소식을 병실 담당에게 전하려는 것이었다. 그래서 병실 담당은 자신에게 전달된 진실을 확인하고 분명히 하기 위해 서둘러 나갔다. 곧 베르크만스 수녀도 그 은혜를 알게 되었다. 그러나 그녀는 병실을 떠날 수 없었다. 그때 수녀원에 실제로 있었던 모든 수녀 가운데 그녀만이 이 특별한 위로의 특혜를 누리지 못한 것 같다. 그녀는 그럴만한 가치가 있음에도 불구하고, 침대에 앉아서 코로 향기를 맡는 그림을 우리에게 남기고 있다. 그래도 그 초자연적인 제비꽃은 병실까지 그 향기를 보내지 않았다. 그때 그녀는 가장 특권을 누리고 있는 자신의 헌신자들과 함께, 소화 데레사의 길에 익숙해져 있던 상태였다.

그러나 거부할 수 없었던 한 가지 위로가 있었다. 서원 예식에서 4명의 수련자들을 보좌하는 기쁨을 부인할 수 없었던 것이다. 비록 그것이 자기 모든 힘을 소모하게 했고, 진행되는 일의 완전한 의미를 묵상하지 못하게 했을지라도 그렇다. 쓰러지지 않고 4명의 후보자들이 서원할 수 있도록 인도하고 보좌하느라, 온 신경을 다 쓰고 있었다. 그녀는 수많은 희생에 대한 이 보상으로부터 오는 충만한 위로를 맛볼 수 없었다. 그것은 분명 천상에 간직되어 있을 것이다. 거기에서 그녀는, 그분 자녀들의 영혼 안에 그리스도의 모상이 형성되도록 도와 주기 위해, 자신을 투신함에서 오는 큰 기쁨을 매우 순수하고 굳센 모습으로, 마침내 알게 될 것이다. 그녀의 모든 희생이 바야흐로 지금 막 열매 맺기 시작한 것이다. 이미 그녀는 자신이 그분께 해 드렸던 것에 대해, 주님께서 얼마나 무량하고 관대하게 보답해 주려 하시는지 이해하기 시작했으며, 그것은 천상에 도달하기를 좀 더 열망하도록 만들었다. 모든 것이 끝났을 때, 그녀는 이렇게 말할 것이다. "이제는 내 딸들이 몇 명이라도 그리스도의 정배가 되었으니, '주여, 말씀하신 대로 이제는 주의 종을 평안히 떠나가게 하소서.'를 부를 수 있겠구나."

그러나 그날이 되기 전에, 베르크만스 수녀는 그 모든 것을 위해 큰 대가를 지불했다.

서원을 발하려고 하는 수련자들에게 그녀가 자주 했던 훈화 중 하나로, 베르크만스 수녀는 그들이 서원하는 날 무엇을 하든, 그녀의 회복을 위해서는 별로 기도하지 말라고 간청했다. 그녀는 이렇게 말했다. "제가 하느님의 은총 속에 놓이는 순간, 제가 잘 되었다고 여기면 그것을 잃어버릴 것입니다. 그러니 제가 회복되도록 기도하지 마십시오. 그분을 실망시켜 드리기 전에, 매일 좋으신 하느님께 저를 데려가 달라고 간청합니다."

수련자들은 피정하는 동안 수련장 수녀의 건강이 회복되도록, 성녀 소화에게 간청하는데 많은 시간을 할애하였다. 그 응답은 평상시와 같은 것이었다. 그들이 서원하기 전날 밤, 베르크만스 수녀는 보통 때보다 더 심한 고통과 잦은 기침, 기력 상실로 인해 큰 아픔을 겪으면서, 잠들지 못한 채 누워 있었다. 내적으로 그녀는 자신 안에서 계속해서 반복적으로 이렇게 말했다. "좋아. 나는 그것을 기뻐하고 있다. 그것은 내 딸들에게 작은 행복을 선사할 것이다. 나는 기꺼이 고통받겠다." 그리고 그녀는 끊임없이 감사와 찬미와 완전한 사랑 안에서, 하느님께 자기 마음을 바쳐 드렸다. 반면 그녀의 몸은 계속 갈라지고 찢기는 듯한 기침으로 흔들리면서 땀을 흘리고 있었다.

그럼에도, 5월 아침인 그날 그녀가 새 수녀원 성당의 밝은 가대로 들어서서, 쇠창살 앞에 있는 테이블에, 그리스도의 이 작은 일본인 정배들이 서원한 후 그날 착용할 4개의 흰색 가운과 검은 베일과 스카풀라와, 화사한 화관을 보았을 때, 그녀의 마음은 얼마나 기뻐 뛰었던가? 오, 그 광경의 의미심장함이란! 이 가련하고 나약한 피조물들을 통해서 일하시는 하느님의 무한한 자비여! 고국에서 멀리 떠나온 소수 몇 명의 여성들이, 단 몇 년 만에 비참하게 버려진 고아원을 넉넉한 새 수녀원으로 변모시켰다. 수련실은 헌신자들과 수련자들로 가득 찼다. 조수녀들의 갈색 망토를 지망하는 일본인 지원자들은 자그마치 19명 정도나 되었다. 가대를 지원한 다른 많은 이들 가운데 4명이 지금 서원을 발하게 된 것이다. 이들이 일본에서 서원한 시토회 최초의 가대 수녀들이었다. 쇠창살 앞에서 엎드리며 자신들의 마음과 영혼과 삶의 봉헌을 받아 주시도록, 하느님께 청하는 4명의 영혼은 순수하고 무고하며, 열정과 열렬한 단순성으로 충만해 있었다. 그들의 얼굴은 신앙과 사랑과 관대함으로 그 얼마나 순수하게 빛을 발하고 있었던가!

관례에 규정되어 있는 대로, 쇠창살까지 그들을 인도해서 그들과 함께 인사할 때는 어지럽고 힘이 없었지만, 예식 안에서 다음에 할 일을 기다리는 동안, 베르크만스 수녀의 마음은 깊은 평화와 만족감과 기쁨으로 넘쳐흐르는 것을 느끼지 않을 수 없었다. 지금 자기 눈 앞에서 하느님은 당신 피조물들의 영혼 안에서 일하고 계셨다. 지금 여기에서 그녀가 지켜보는 가운데, 참으로 그녀의 현존만으로 은총의 힘차고 은밀하며 표현할 수 없는 작용에 일조하는 매 순간이, 그 자체로 하나의 기도요 희생이었으며, 하느님은 4명의 영혼을 당신의 은밀한 사랑의 왕국의 형언할 수 없는 높이까지 올리셨다. 그리고 그 영혼들로부터 힘찬 은총의 파도가 전 공동체와 바깥 온 세상 위로 쏟아져 내리고 있었다. 이 순간 그리스도께서 그분의 표현할 길 없는 부드러운 자비 안에서, 이 영혼들과 온 교회에 열어 주시지 않은 보고가 있겠는가?

이제 한 사람 한 사람씩 작고 선명한 일본인의 목소리로, 낯선 라틴어를 통해 자신들의 서원 양식을 노래하였으며, 그것을 다시금 더듬거리는 불어로 하였다. 교회의 고대어에 익숙치 못한 입시울을 통해서, 이 작은 일본 여성들의 순결하고 어린아이와 같은 목소리로 나오는 말을 들었을 때, 그녀의 마음은 자신 안에서 얼마나 뛰었을 것이며 얼마나 불타올랐겠는가! 여기에 한 제국을 전복시킨 전투보다 더 큰 그리스도를 위한 승리와 정복이 있었다.

그날 수녀들의 눈에는 기쁨과 위로의 눈물이 듬뿍 넘쳐났다. 4명의 수녀가 한 사람씩 가대를 내려갈 때는, 각자 앞에 무릎을 꿇고 예식상의 포옹을 받기 위해 위를 바라보며, r 발음이 l 발음으로 잘못 소리 난 경우가 있기는 했지만, 이렇게 불어로 말했다. "수녀님, 저를 위해 기도해 주세요." 줄을 따라 내려가도 이런 발음으로 속삭이는 소리를 들을 수 있었다.

그들을 위해 기도해 주기를! 베르크만스 수녀는 참으로 기도했다. 그녀는 다가올 일을 예견했고, 그날 생명이요 모든 영혼의 영광인 하느님께 신앙의 은밀함 속에 혼인한 자기 자녀 4명을 위해, 병실에서 그날 밤의 괴로움을 봉헌했다. 그래서인지 그날 밤은 지난밤보다 더 심하게 악화되었다.

18

골고타(CALVARY)

여름철이 시작되자, 마지막 때가 다가오고 있다는 것이 분명해졌다. 베르크만스 수녀의 폐가 이제는 거의 몽땅 망가져 더욱 악화되었으며, 그녀를 망가뜨린 그 악성 질병은 장기간 그녀의 내장을 엄습해 오고 있었다. 이 모든 것들이 이제는 이 영웅적인 수녀의 육체에 치명타를 가함으로써 그 목적을 이루어가기 시작했다. 그녀는 자기 질병이 진행되어 가는 과정을 평상시처럼 밝은 마음으로 묘사하였다. 그녀가 쓴 어느 편지에 이렇게 기록되어 있다. "나의 작은 병원균들이 폐에서 자신들이 사용할만한 것들은 아무것도 남겨 놓지 않았기 때문에, 이제는 그들의 친절한 봉사로 모든 내장을 확보하게 되었답니다."

그때는 엄청나게 허약해진 상태였으므로, 어느 헌신자 수녀가 임명되어, 그녀가 하루에 두세 차례 축축해진 옷을 힘들여 갈아입는 일을 도와주게 되었다. 그럼에도, 계속 스스로 옷 갈아입기를 대단히 선호하였는데, 다른 누군가에게 개인적 봉사를 받는데 대한 거부감을 가지고 있었기 때문이 아니라, 자신을 보조하는 이에게 그렇게까지 힘들고 달갑지 않은 일의 부담을 덜어 주기 위해서였다. 그러나 그녀는 순종으로 이 첫 번째 작은 십자가를 받아들였으며, 두 번째는 그 겸손한 일본인 헌신자의 가벼운 명령에 온전히 유순하게 따름으로써, 순종과 형제적 애덕의 많은 수행을 위한 원천으로 만들었다. 말하자면 자신에게 봉사하도록 임명된 이의 종이 되었다. 간호하는 병실 담당에게도 마찬가지였다. 병실 담당 수녀가 베르크만스 수녀를 더 염려했는지, 아니면 베르크만스 수녀가 그 수녀를 더 걱정했는지 말하기는 어려울 것이다.

죽어가는 수녀가 이렇게 말하곤 하였다. "수녀님, 너무 지쳐 보이네요. 잠을 잘 자지 못했나요?" 혹은 "식사 시간이에요, 식당으로 내려가지 그래요?" 아니면 "주무시러 가세요, 저는 걱정하지 말고. 괜찮아요."라고 …….

영성체를 위해 수녀원 작은 성당까지 힘들게 내려가는 것도 할 수 없었으므로, 이제는 병실 경당에서 성체를 영해야 했다. 사실 무릎을 꿇을 수 없을 만큼 약해졌을 때, 의자에 앉아서 주님을 모실 수밖에 없는 상태가 종종 있었다. 그러나 여전히 매일 벽에 몸을 기대면서, 어떻게 해서든 십자가의 길만큼은 하려고 하였다. 그리고 좀 더 힘이 날 때면, 각 처마다 무릎을 꿇기까지 하였다.

그동안 슬프지만, 나름대로 기쁨이 될 수 있는 소식이 라발에서 왔다. 지난 몇 달간 마리 안젤라 수녀가 중병을 앓고 있었다는 것이다. 가엾은 마리 안젤라 수녀님, 매우 사랑했던 분인데! 그때 그녀가 할 수 있었던 유일한 일인, 사용한 우표 분류 작업을 하면서 병실에 앉아 있었는데, 베르크만스 수녀는 수련자로 있던 시절, 라발 수도원의 정원이 햇빛으로 빛나던 나날들을 생각했다. 그 시간은 너무 아득했지만 아주 가깝게 있는 것 같았다. 어쨌든 오래되지 않은 듯 여겨졌다. 실제로 자신의 수도 생활에 있어서 봄철과 같은 시기에 해당했던 수련기 이후, 너무 많은 세월, 그것도 16년의 시간!이 흘렀다는 사실에 놀라워하고 있었다. 기억 속에서, 그녀는 쇠창살 근처의 가대 중앙에 계신 복되신 성모상 주변이, 꽃들로 한껏 장식된 가운데, 프랑스 수녀원의 깨끗하고 하얀 가대에서 수녀들의 찬미 소리를 들었다. 정원에 있는 루르드 동굴 돌 위에는, 나뭇잎들이 움직이는 그림자가 간간이 얼룩져 보였다. 그녀와 같이 수련실에 있었던 이들이 홀로 나무 아래를 거닐며, 묵주 기도를 바치거나 손에 책을 들고 있는 것을 보았다. 그녀는 마리 안젤라 수녀의 미소 띤 얼굴이, 베일의 그늘 속에서 온전히 순결하고 담백하며 단순하고 성스러운 모습으로 내다보는 것을 보았다. 그런데 지금은 이들 두 사람 모두 죽어가고 있었다.

베르크만스 수녀가 이 모든 것을 보았을 때, 눈물을 머금었다고 생각할 수 있다. 그러나 아니다. 라발에 대한 그녀의 기억은, 그녀의 향수병이 만들어놓았던 유토피아적 지상 낙원과도 같은, 낯설지만 늘 따라다녔던 그 아름다움을 상실했다. 이제 그녀는 참으로 거룩함과 애덕과 평화가 가득한 아름다운 하느님의 집으로서 그곳을 기억하게 되었다. 그러나 그분에게서 멀어지게 했던 것으로, 순수하게 인간적인 그 모든 애정, 단순히 자연적인 모든 기쁨과 애착에서 벗어나도록, 그곳에서 그녀를 데려온 하느님께 더 많이 감사드렸다.

죽음의 침상에 누워 있는 마리 안젤라 수녀를 생각할 때, 그녀의 마음이 조금이나마 괴롭지 않았겠는가? 왜 그래야만 하는가? 오히려 그녀는 깊고 고요한 평화 속에서, 그녀의 소중한 자매가 자신보다도 먼저 엄청난 상급을 받으려 하는 찰나에 있음을 확신하면서 기뻐하였다. 그 상급은 그들이 함께 시토회 수도복을 입던 날에는 생각조차 못한 일이었다.

그러나 그녀는 마리 안젤라 수녀의 마지막 순간에 대해 라발에서 전달된 소식 때문에, 민감하고 애정 어린 마음의 가장 깊은 곳까지 감동되었다. 그 작은 수녀는 베르크만스 수녀가 더 오래 살 수 있도록 자신 안에 남아 있는 생명을 바쳤다. 그러자, 곧이어 그 순수한 영혼은 자기 육신을 벗어나 천상으로 갔다. 단순하고 숨겨진 그녀의 삶은 마침내 순수한 애덕 행위 안에서 불타올랐으며, 그것은 그보다 더 완전한 것이 없을 만큼의 그러한 사랑의 마지막 움직임이었다. 벗을 위해 생명을 내어놓는 사랑이었다.

물론, 안젤라 수녀가 지향하고 있었던 것은 자기 자매의 생명을 연장하는 것뿐만 아니라 자신도 회복되는 것이었다. 그러나 하느님은 당신의 자비하신 섭리의 지혜로운 경영 안에서 그 요청의 절반만 들어 주시고, 나머지는 채워지지 않은 상태로 두는 것이 적합하다고 보셨다. 베르크만스 수녀는 사실 더 오래 살게 되었지만, 고통만 더 겪을 뿐이었다.

천사의 성모 수도원의 어느 한 수녀가 병문안 왔을 때, 환자의 상태를 알아보고 슬퍼했지만 부드럽게 역설적으로 언급하였다. "안젤라 수녀가 분명히 당신에게 좋은 선물을 해 준 것이 틀림없습니다!"

베르크만스 수녀는 외쳤다. "오, 마리 안젤라 수녀가 천상에서 어떤 것을 부러워할 수 있다면, 그건 분명히 제 고통에 대한 것일 거예요!"

이제 그녀가 정말로 고통을 사랑하게 되었다는 사실을 의심할 수 없다. 위로받을 수 있어서 그랬던 것이 아니라, 정확히 말하면 그녀의 고통이 감지할 수 있는 내적 기쁨과 섞여 있지 않았기 때문에 그것을 사랑했다는 것이다. 그녀의 모든 기쁨은 의지 안에 존재했으며, 고통과 기진맥진한 상태가 그녀의 육신을 깊이 파고 들어올 때는, 자기 십자가에 입을 맞추었다. 하얀 얼굴에서 미소 짓고 있는 주체는, 감각적인 기쁨이 아닌 의지였다. 불평이라고는 전혀 없이 그렇듯 자신을 극복하였기 때문에, 가장 미미한 무의식적 불평까지도 그녀를 피해갔다. 그러나 그녀는 이 사실로 만족하지 않았다.

그녀는 말했다. "그것은 결코 나 자신의 힘 때문이 아니라, 우리 주님이 해 주신 덕분입니다." 그리고 "사실 고통이 큰 은총입니다." 라고 덧붙이면서, 은총이라는 말의 의미를 얼마나 깊고도 완전하게 이해하고 있는지를 가리키면서 이 말을 하였다. 은총은 우리에게 주어지는 것으로서, 받을만한 자격을 지니기에도 우리 힘으로는 할 수 없는 엄청난 가치를 지닌 것들이다. 그녀로서는 인내할 수 있는 은총을 얻도록 기도해 줄 것을 끊임없이 청하고 있었다.

그러나 이 고통의 은총에 감사드렸던 만큼, 자신이 정말로 갈망했던 목표 지점에 가까이 이르렀음에도 불구하고, 하루 이틀 지나면서 그 완성이 지연되었기 때문에, 그것은 그녀의 영혼에 끊임없이 심한 가책을 주었다. 그녀는 자기 삶에서 지배적인 역할을 하였던 날인 성심 대축일에 죽을 수 있는 은총을 희망하였지만, 그 축일은 그냥 왔다가 지나가 버림에 따라, 여전히 무한정 장기간 고투할 것을 약속하고 있었다.

물론 스콜라스티카 원장과 공동체는 하느님에게서 오는 어떤 기적에 의해, 결국 회복하리라는 희망을 완전히 포기하지 않고 있었다. 그들이 이것을 위해 너무 골몰했던 나머지, 같은 시기에 병실에서 죽어가고 있던 다른 자매와 공모하였는데, 그녀는 천상에 이르는 순간, 곧바로 하느님의 옥좌 앞에서 성장해야 할 수녀원에 절실히 필요한 재능과 덕을 갖춘 수련장 수녀를 치유해 주시도록, 그분께 간청해보기로 동의하였다고 한다!

베르크만스 수녀는 그 구상을 듣고 창백한 미소를 지으며 말했다.

"예, 그래요. 예수님의 뜻이 어떻든지, 80세까지도 아주 기꺼이 살겠습니다. 그러나 맙소사, 하느님의 뜻은 어떨까요."

성심 성월 막바지에 이르렀다. 그 어떤 일이 일어나도, 베르크만스 수녀가 80세까지 살지 못한다는 것은 명백하였다. 그녀는 다가오는 주간을 넘기지 못할 수도 있다. 여전히 강인했지만, 그 질병이 내장을 못 쓰게 만들어서, 실제로 숨을 쉴 수 있을 만큼, 폐가 제대로 남아나지 않았다는 사실을 생각하면, 어느 순간이라도 갑작스러운 위기 상황이 벌어져서, 그녀를 데려갈 수 있었다. 그래서 병자 성사를 주는 것으로 결정되었다.

7월 첫째 날 어느 사제에게 편지를 썼다.

"우리의 가장 사랑하는 어머니의 축일이며, 게다가 그달의 첫째 금요일인 내일, 저는 병자 성사를 받는 행복을 누리게 됩니다. 저는 감사의 찬미 노래(Magnificat)를 부르며, 마리아를 통해 저의 온 생애에 보여 주셨던 온갖 은총들에 대해 예수님께 감사드릴 것입니다. 공경하올 원장님은 정말 친절하게도, 내일 저를 위한 지향으로 미사를 봉헌하게 하셨습니다. 사실 저는 은총에 잠겨 있습니다. 저는 좋으신 예수님의 응석받이 자녀입니다. 당신도 쉽게 동의하시겠지만, 수없이 많이 기도할 때만 죽음이 감미로워지고, 봉헌은 두렵지 않게 되기 때문입니다."

"내일 병자 성사를 받는다고 해서, 심한 상태에 있다는 의미는 아닙니다. 그래요, 그것은 단지 신중함에 대한 문제입니다. 심장이 간혹 저를 속인다는 사실 때문이지요."

베르크만스 수녀는 성모 방문 축일 저녁 기도 후에, 병실이 아니라 아래 수녀원 성당에서 병자 성사를 받게 되었다.

이는 대단한 은총이었다. 그녀가 받았던 다른 모든 은총처럼, 그것은 더구나 이 마지막 몇 달간 특별한 준비를 하도록 요구하고 있었다. 그녀는 5월 네 명의 첫 수련자들이 서원하기 전날 밤에 앓았던 적이 있다. 그녀의 고통이 훨씬 더 악화되어, 7월 첫째 날과 둘째 날 사이의 밤은 정말이지 그녀에게는 방문의 밤 기도였다.

이번에는 단지 기침과 구토, 불면증과 타는 갈증, 땀과 지옥불과 같은 내장 기관의 열기에 대한 문제만은 아니었다. 기도조차 할 수 없었다. 과거 몇 년 동안, 잠 못 이루는 밤에도 하느님께 마음을 바쳐드림으로써 충분히 보완했는데, 지금은 그때처럼 하느님께 마음을 드려도 돌로 된 벽에 부딪히는 것 같았다. 지금까지는 적어도 소리 내어 말하면서 기도를 되풀이할 수 있었다. 이날 밤에는 격렬한 기침이 다잡고 있는 바람에, 즉시 모든 기도가 불가능하게 됨에 따라, 기도를 시작조차 할 수 없었다. 한 번이 아니라, 두 차례, 아니 여러 차례 있었다. 베르크만스 수녀는 그 끔찍스러운 밤이 지나는 동안, 성모님의 마니피캇(성모 찬가)을 시작해놓고 끝낼 수 없었는데, 적어도 백 번은 되리라 짐작했다.

그러나 그 얼마나 힘차고 꺼뜨릴 수 없는 사랑의 불이 마음 안에서 타오르고 있었는가! 그날 밤 정신의 어두운 심연 속에서, 힘없이 길을 잃고 육신의 고통으로 온통 으스러져 있었을지라도, 갈망과 감사의 강한 열정 안에서, 마리아의 감사와 사랑의 찬미 노래로 사랑하는 분과 떨어져 있게 하는 어둠의 장벽을 통과할 수 있도록, 반복적으로 노력하면서 거듭거듭 또다시 도약했다.

성모 방문 축일의 전례는 그녀의 갈망에 대한 하느님의 보답이었다. 그녀의 마음이 열망했던 하느님은 그녀가 오래 기다리지 않게 하셨다. "보라, 그분이 오신다. 언덕을 넘어 뛰어오신다." 그렇다. 그분은 가까이 계셨으며, 그분의 시간이 임박하였다. "보라, 그분이 창문을 통해, 격자를 통해 바라보시며, 벽 뒤에 서 계신다. 그분은 곧 마지막 성유의 성사로 그녀의 감각이라는 문도 두드리시게 될 것이다. 그녀에게 밖으로 나와 지친 육신의 거처를 남겨두고, 천상의 푸른 언덕까지 그분을 따르라 부르시면서 말이다."

가대에서 저녁 기도가 시작되고 있었을 무렵, 오후 늦게 베르크만스 수녀는 어떤 사람의 도움도 받지 않고, 병실 계단을 천천히 내려왔다. 평화롭고 잔잔한 운율의 소 성무 기도가 들리는 가운데, 그녀와 그녀의 동료는 수녀원 성당에 들어서서, 가대 중앙에 준비된 안락 의자로 갔다. 먼저 잠시 감실에 계신 구세주께 흠숭드리기 위해 무릎을 꿇었다. 그곳에서 그분은 그녀가 오기를 기다리셨다. 그녀는 자리를 잡고, 지금 시작된 법적 시간경 기도를 따라 했다. 고음의 깨끗한 목소리로 한 수녀가 "하느님, 어서 오사 저를 도우소서."를 영창하였다. 교회 신비체의 심장으로부터 나오는 것처럼, 평화로운 탄원으로 솟구치는 길고도 달콤한 외침이다. 그것은 햇빛이 드는 벽과 둥근 천정을 타고 흘러나갔다. 반대편 가대 수녀들은 두 개의 흰색 파장처럼 영광송에서 책상쪽을 향하여 깊숙이 절하였다. 또 다른 목소리 하나가 햇빛이 드는 가대에서 고독하게 흘러나왔다. Exsurgens Maria …… 라고 응송을 읊조리면서, 마리아의 애덕의 승리와 깨끗한 기쁨을 몇 개의 선율로 선포하고 있었다. 그때의 시편은 "주님께서 내 주군께 하신 말씀, 네가 내 오른편에 앉아 있으라. ……" 라는 것이다.

그러나 그 아름다운 성무 기도의 일과 안에서, 칸톨장의 힘차고 순수한 목소리로 성모의 노래(Magnificat)를 영창할 때보다, 더 장엄하고 감동적인 순간은 없었다. 그래서 마침내 의심의 여지 없이, 베르크만스 수녀는 전날 밤 그분께 헛되이 백 번이나 바치고자 했던 감사의 찬미가를 드릴 수 있었다. 별안간 그들 위에서 수녀원의 큰 종소리도 울렸다. 그것이 울리고 있음을 알고 그 이유를 자문해 보았을 때, 별안간 그것이 자신을 위해, 자신의 병자 성사를 위해 울리고 있다는 것을 깨닫게 되자, 흥겨움과 환희의 낯설고도 깊은 감동을 체험했던 것 같다.

그렇다. 그것은 종부 성사를 위한 종이었다. 지금은 짧게 멈추었다가, 돌연히 그 울리는 소리가 여러 번 되풀이되고 있었다. 터져 나오는 듯한 두 번의 울림 사이에서, 휘감아 도는 침묵의 그 짧은 순간에 전달되는 것은, 정말이지 굉장히 긴급한 분위기를 띠는데, 모든 시토 회원의 귀는 이에 너무도 잘 조율되어 있었다. 그녀가 사랑하는 분께서 그녀 자신뿐 아니라, 수녀원 전체와 들판과 헛간에도 말씀하고 계셨다. 그곳에서는 아마 조수녀들 몇 명이 아직도 몇 가지 필요한 일을 하고 있었을 것이다. 죽어가는 베르크만스 수녀에게 당장 종부 성사가 주어질 것이기 때문에, 그들 모두에게 어서들 들어오라고 말이다. 이 모든 것은 가대 수녀들이 조화롭게 부르는 노래와 어우러져 있어서 그런지, 열 배나 더 장엄한 모습이었다.

로베르 신부가 곧 등장하여, 성유를 든 제의실 담당과 함께 쇠창살 문으로 다가오고 있었다. "보셔요, 그이가 우리 집 담장 앞에 서서 창틈으로 기웃거리고 창살 틈으로 들여다본답니다." 이제 수녀들은 그녀를 위해 다시 시편을 노래하였다. 제의실 담당은 그녀 옆에 있는 탁자 위에 성유를 놓아두었다. 로베르 신부는 흰색 장백의 위에 보라색 영대를 걸치고 그녀 앞에 서 있었다. 시편이 끝나자 이윽고 그는 준비한 간단한 강론을 감동적으로 시작하였다.

그것은 자매들과 함께 들을 수 있었던 마지막 강론이었다. 그녀가 성당에서 공동체 일원으로 그들과 함께 있었던 것으로는, 그때가 마지막이었다. 그녀의 마음은 그녀의 영적 아버지의 말씀에 활짝 열려 있었다. 그녀의 맥박이 뛸 때마다, 그 모든 움직임은 그리스도의 은밀한 소리에 "피앗(예)"이라고 응답했다. 이 모든 예식을 통해, 그분은 점점 더 크게 그녀에게 계속 말씀하셨지만, 단지 자기 마음속에서 울려나오는 소리였다.

아파서 맥없는 목소리여도, Confiteor(고백하오니)를 단호하고 신중한 소리로 낭송했다. 그에 앞서 로베르 신부는, 그녀가 진지한 마음으로 그에게 의탁하면서, 지난 13년간 공동체에 끼쳤던 자신의 모든 허물과 모범적이지 못했던 모든 점에 대해 그들의 용서를 청했던 그대로 전해 주었다.

간단히 말하면, 베르크만스 수녀는 모두가 예상했던 대로 성인다운 모든 소양을 지니고 종부 성사를 받았다. 평화로운 신뢰와 기쁨이 그녀의 모든 움직임과 창백하고 가냘픈 얼굴의 모든 윤곽에서, 무엇보다도 성스러운 사랑으로 불타오르는 깊은 시선에서 더욱 빛을 발하고 있었다. 모든 것이 끝났을 때, 의자에서 일어나 천사의 성모상으로 돌아서서, 마지막 감사를 드리기 위해 그곳에 무릎을 꿇었다.

이 순간 베르크만스 수녀의 마음은 어떠했을까? 그녀는 그곳에서 무릎을 꿇은 채 오래 있지 않고 가대를 떠나, 부축도 받지 않고, 스스로 왔던 것처럼 병실까지 되돌아갔다. 자기 생애에 이번처럼 저녁 묵상을 해 본 적은 없었다!

이제는 정말, 말하는 사람은 더 이상 그녀가 아니었다. 그녀에게 말했던 이는 사랑하는 분이었다. 그분의 현존에 대한 막연하고 개연적인 확신에 늘 맴돌면서 너무 많은 세월 동안 그랬던 것처럼, 그녀는 그분께

귀 기울이지도 않았다. 신비적 기도의 초기 단계에 속한다고 할 수 있는 혼란스럽고도 어두우며 막연한 현존, 그 안에 사랑하는 분이 계시며, 영혼은 그분 현존의 사랑으로 불타오르게 된다. 그분께 더 가까이 가려고 할 때마다, 좀 더 친밀하고 분명하게 그분을 붙들고자 할 때마다, 매번 그분은 외치신다. "나를 만지지 마라." 그러면서 멀어지시고, 심지어 갑자기 까닭 모르게 찾아오셨던 그늘 속으로 완전히 사라져 버리기까지 하신다.

이제는 더 그렇지 않았다! 베르크만스 수녀가 병실까지 걸어서 되돌아갈 수 있었다는 사실은 놀라운 일이었다. 그녀의 병 때문이 아니라, 감각과 수족을 사용할 수 없다는 것만 빼고, 그녀의 모든 것을 완전히 점유하고 있던 기쁨과 생생한 빛의 깊이와 강렬함 때문이다. 그렇다고 그녀가 황홀경에 있었던 것은 결코 아니었다. 그녀는 환희로 인해 외적 내적 힘을 빼앗기지 않았다. 오히려 그녀는 자기 기능을 조절할 능력을 상실하지 않고, 될 수 있는 대로 그러한 상태에 근접해 있었음에 틀림없다.

그녀는 그날 저녁 고해소에 가서, 로베르 신부가 자신을 위해 베풀어 준 모든 것에 대해 감사드리려고, 성당으로 다시 내려갈 수 있었다. 그는 그녀의 영혼 안의 놀라운 변화를 언급하면서, 그것에 대해 그녀에게 물었다. 그런 다음 차후 며칠 동안 좀 더 그녀를 지켜보고서, 이렇게 결론을 내릴 수밖에 없었다. 그녀는 온전히 신비적인 합일의 은총을 받고 있었던 것이다.

우선 하느님은 다른 어떤 것도 아닌, 그녀의 신체적 고통 가운데 한 가지를 덜어 주셨다. 그럼으로써 끊임없이 그분께 전념할 수 있게 하셨다. 그분은 그녀를 계속 못살게 했던 끔찍스러운 두통에서 구해 주셨다. 이제야 겨우 한꺼번에 며칠 동안 가장 깊고도 평화로우며 단순한 평정 상태에 젖어들 수 있었다. 가장 일상적인 모든 행동의 흐름 안에서 늘 가까이 현존하셨던 하느님께, 자신이 이제껏 상상할 수 있었던 것보다도 더 생생하게 몰입하고 있었다. 지상은 그녀의 발아래 저 멀리 떨어져 버린 것 같았다. 그녀는 또 다른 분위기 속에 머물러 있었다. 세상과 인간적인 욕구에서 나오는 소음, 걱정과 고통이 그녀에게는 공중에 떠다니는 연기나 벽의 그림자보다도 훨씬 더 못했다. 심지어 자신의 육체적 고통까지도, 어떻게 하든 절대로 사랑하는 분의 현존에서 벗어나게 하거나, 그분께 대한 섬김을 항구하고 평화로우며 감미롭지 못한 상태로 강등시켜 버릴 수 없었다.

이것은 현재 그녀의 상태에서 천상을 미리 맛볼 수 있게 해 주는 것이었다. 모든 혼란은 사라졌다. 어떤 것도 그녀의 정신을 하느님으로부터 떼어낼 수 없을 것 같았다. 자기 주변에서 일어나고 있는 모든 일에 대해 병적으로 냉담한 상태에 빠진 것이 아니라, 좀 더 활기차고 사랑스럽게 그 어느 때보다도 더 자기 자매들에게 주의를 기울이고 있었다. 참된 신비가라는 표지로서, 그러한 자유의 헤아릴 수 없는 은총을 부여받고 있었던 것이다. 오고 가는 자유로, 하느님으로부터 피조물에게 건너갔다가, 다시금 되돌아와 그분의 뜻을 행하면서, 결코 그분의 현존을 놓치지 않음과 동시에, 비정상적인 어떤 조심성이나 과묵함으로 타인들의 마음을 결코 상하게 하지 않았다. 참으로 그녀는 천사보다 못할 것이 전혀 없었으며, 그들처럼 언제나 천상 아버지의 면전에 있었다. 그러나 늘 그분의 뜻이 있을 때는, 그분의 피조물들에게 갈 수 있었다.

이 거룩한 자유, 아버지께 대한 평화롭고도 끊임없는 몰아적 이끌림, 그분과의 이 아름다운 합일은 형용할 수 없는 기쁨으로 가득 차 올랐고, 종종 그분의 즐거움 속으로 너무 깊숙이 흡수되는 상태로 빠졌기 때문에, 그녀는 또다시 세상과 자신에게서 완전히 동떨어지게 되었고, 이 모든 것은 그녀가 쉼과 안식을 누린다고 그것에 만족할 수 없게 만들었다. 마치 더 이상 바라는 것이 아무것도 없는 듯이 보였다. 이러한 친밀함이 커질수록 그녀를 만족시키기는커녕, 천상에 대한, 정말이지 물릴 줄 모르는 열망으로 치닫게 할 만큼, 갈망의 불꽃을 더 불러일으키기만 하였다. 이전에 그분을 어둡게만 알아보았을 때도, 그분 나라에서 그분과 함께 있기를 열망했지만, 지금은 아직 어둠 속에 있을지언정 좀 더 친밀하게 바라봄으로써, 그분을 잃을까 하는 두려움 없이, 그분과 정말 온전히 함께 있고자 하는 그녀의 강한 갈망 때문에, 그때 그곳에서 남김없이 몽땅 죽지 않았던 것은 거의 기적에 가까웠다.

그녀의 영혼 안에서 이 갈망의 강렬함과 동등하게 비길 수 있는 단 한 가지가 있다면, 지금 그녀가 그분을 온전히 섬기고 자기 자신을 온통 희생하고자 하며 느꼈던 열정과 갈망이었다. 자신의 병실에 자기를 찾아온 이들과의 어울림을 피하려고 유별난 어떤 공격적 경향을 보이지는 않았을지라도, 그녀는 점점 더 침묵과 고독을 찾았다. 그런데 여기에서도 눈에 띄는 노력이나, 전심을 기울이면서 고투할 필요성은 없었다. 단지 자연스럽게 온전한 침묵과 묵상 안에 잠겨 있는 것 같았다. 그러한 상태로부터 나와서 타인들과 접촉할 필요가 있을 때는, 무리 없이 가장 경제적 방식으로 그렇게 할 수 있었다. 가장 명료하고 분명한 수화나, 말하기를 피할 수 없을 때는 한두 마디 말을 했다. 그렇지 않을 때는 단순한 모습으로, 눈에 띄지 않게, 하느님 안에 잠겨 있었다.

한 수녀에게 보내는 메모의 한 문장은, 생애에서 가장 중요했던 이 시기에, 자기 손으로 직접 쓴 몇 개의 문서 가운데 하나로 전달된 것이다. 그녀는 이렇게 기록하였다. "저를 위해 기도해 주세요. 저는 더 이상 이 세상에 있지도 않고, 그렇다고 아직 천상에 이르지도 못했어요. 저의 갈망만 제외하고 말이지요. 제 영혼은 말하자면 그 중간 사이에 매달려 있습니다."

지상과 천상 사이에 매달려 있는 것이라니! 그녀의 영혼에 대한 참모습을 그대로 보여 주는 사진이다! 그래서 그녀가 사랑하는 분의 현존에서 오는 기쁨을 맛보며, 말하자면 이미 낙원의 빛이 새어 나오는 문을 통해, 천사들과 성인들이 영원한 축제를 즐기면서, 그녀에게 와서 함께 하라는 손짓을 바라보면서도, 이 큰 기쁨이 그녀에게는 엄청난 슬픔과 고통을 주는 것이었다. 이제는 정말 매우 진지하게 기도하며 얻어내고자 했던, 주입된 사랑의 완성된 효과를 맛보기 시작했다. 생애의 마지막 세 달이 이제까지 겪었던 가장 강렬한 정화의 시기가 된 것은 이 사랑 때문이었다. 이 마지막 세 달간, 그녀는 작은 길을 따라서 막연히 희미하게 예시하며 늘 가능하다고 가르쳤던 대로, 천상에 대한 갈망으로 정화될 운명이었기에, 그때는 지상에서부터 그녀를 단련할 연옥 역할을 담당해 주었다.

정해진 전례적 주기의 과정 안에서 다가왔던 새로운 축일마다, 그녀를 괴롭게 했던 갈망의 불꽃에 연료를 더해 주었다. 7월에서 8월로 접어들게 되자, 그녀는 성모 승천 대축일을 고대했다. 아마도 그녀의 사랑하는 어머니가 그날 오셔서 자신을 천상으로 데려갈지도 모르는 일이다. 이제 성심 축일이 지나갔으므로, 베르크만스 수녀는 하느님의 어머니 축일에 죽을 수도 있다고 강하게 확신하고 있었음을 우리는 알아보아야 한다. 그러나 승천 축일 독서 기도 때, 죽어가는 수녀의 정신을 이제는 잘 알고 있었던 스콜라스티카 원장이 그녀를 찾아와서, 단정적으로 그날 죽어서는 안 된다고 명령하였다.

그녀가 죽지 않도록 온 공동체가 미친 듯이 기도하고 있다고, 베르크만스 수녀에게 주의시킨 다음, 원장 수녀는 덧붙였다. "내일은 우리 수도회와 수도원을 보호해 주시는 분의 축일입니다. 그래서 세 명의 헌신자들이 수련 착복을 하게 되는데, 부디 이 축일에 죽지 않으리라는 사실을 믿고 따라 주세요!"

그래서 베르크만스 수녀는 쾌활하게 원장 수녀님께 순종하면서, 공동체의 기도에 따라 자신도 기도했다. 그래서인지 남은 8월 기간은 무사히 지나갔지만, 그녀는 서서히 악화되어가고 있었다. 낮 시간은 길었고 밤 시간은 더욱더 길었다. 어느 날 아침 그녀는 새날을 맞이하면서 외쳤다. "나의 하느님, 여기에서는 하루가 천년 같습니다. 그래서 그 시간이 사랑의 한 세기가 되게 해 주십시오!"

그러나 지금도 베르크만스 수녀는 결코 온종일 침대에서 지내는 법이 없었다. 그와 반대로 여전히 아침 네 시나 다섯 시, 혹은 여섯 시에 침대에서 내려오려고 애썼으며, 늘 그러했듯이 바닥에 입을 맞추면서 하루를 시작했다. 그녀는 대체로 미사에 참석할 수 있었다. 심지어 어떻게 해서든지, 하루가 지나는 동안 십자가의 길 기도를 바치려고 하였다. 언제나 우표를 분류하거나, 꼬인 실 매듭을 풀면서라도 작은 일을 하였다. 그녀에게는 금지된 일들이 많이 있었다. 창문을 열려고 팔을 올리는 순간 출혈을 하곤 했기 때문에, 자신을 위해 그러한 봉사도 할 수 없었다. 비록 자신에게는 훨씬 더 불편했음에도 불구하고, 하루 대부분을 침대에 누워 있는 대신, 의자에 앉아서 지냈다. 이 사실을 누구에게도 말하지 않았으나, 왜 그런지 모르지만, 생명이 다하기 전에 그 사실이 결국 새어나가게 되었다. 이 모든 시간에, 소소한 기회가 생길 때마다, 하느님의 사랑을 위해 좀 더 자신을 십자가에 못 박게 함으로써, 영혼들을 위한 은총을 얻어냈다.

　아마도 고통을 위한 그녀의 힘과 수용력이, 하느님과의 친밀한 합일에서 오는 위로감으로 대단히 커졌던 것 같다. "수녀님, 성녀 데레사가 그랬던 것처럼, 그렇게 고통받고 계십니까?"라고 한 수련자가 그녀에게 물었을 때, "오, 아닙니다! 사실 나는 육체적으로는 고통받고 있지만, 내적으로는 아닙니다!"라고 대답했다. 그러나 그 육체적 고통의 강도가 꿈에도 생각할 수 없을 만큼 날마다 가중되면서, 이제는 그녀까지도 놀라게 만들었다. "하지만 나는 그것을 기뻐하고 있습니다. 좋으신 하느님께서 모든 것을 셈해 두고 계시기 때문이지요."라고 덧붙였다. 자신이 많이 고통받고 있다는 것을 부인하려고 하지 않았지만, 그것은 언제나 하느님에게서 오는 은총의 깨달음으로 인도해 주었음을 보여 주곤 하였다. 한 번은 "예, 그래요, 나는 정말 지쳤답니다. 그러나 하느님은 선하십니다. 그분이 이 고통을 주시는 것은 그분의 자비하심 때문이지요! 오 얼마나 자비하신지!"라고 말했다.

　밤에 백 번이나 그녀를 흔들었던 격렬한 기침도, 매번 죄인의 회개를 위해 모두 봉헌되었다. 극도로 탈진된 상태에서, 마지막 성유를 받기 전 어느 날, 하느님의 뜻으로 자신이 회복되는 경우가 행여 생긴다면, 정오에 단 한 번이라도 숙면할 수 있는 은총을 성녀 데레사에게 청했다. 그 기도에 대한 응답은 사실 매우 분명했다. 그날 정오에는 전에 없이 훨씬 더 괴로운 상태였다. 줄곧 맹위를 떨치는 열기와 땀, 기침의 발작과 구토가 계속되었다. 이제는 천상 하늘이 시야에 들어왔기에, 그녀는 더 그런 청을 하지 않았다.

　하루 하루가 지나갈수록, 활활 타오르는 불길이라도 한 모금 삼킨 듯이, 자신을 말라비틀어지게 하는 위장은 고사하고, 타는 것 같은 목마름을 식혀 주기 위해 작은 물 한 모금도 마실 수 없었다. 그래도 "좋으신 하느님은 이렇게 고통스러운 만큼, 동시에 인내할 은총도 주시기 때문에, 정말이지 나에게는 큰 유익이 됩니다!" 라고 말했다.

그녀는 "지금 나는 대단히 고통받고 있습니다. 내일은 더 많은 고통이 있을까요? 잘 모르겠네요. 그러나 고통받을 때마다 선하신 하느님께서 내게 필요한 힘을 주시기에, 어떻게 될까 걱정하지 않습니다." 라고 말했다. 그러면서 "내가 이미 겪은 것보다 더한 어떤 고통을 일부러 청하지 않습니다. 나는 그저 닥쳐오는 것들을 용감히 참아 받을 수 있도록 기도할 뿐입니다." 라고 덧붙였다.

하루 하루 지나가면서, 비록 그녀의 마음이 열렬한 갈망으로 점점 더 천상을 향해 고양되었을지라도, 여전히 미래에 대한 걱정도 없고, 과거를 되돌아보지도 않으면서, 자신이 시들어가는 지상의 삶에 매여 있는 한, 더욱더 현재의 순간을 살았다. 말 없는 탄원으로 늘 그분께 자기 시선을 들어 올리고, 벙어리처럼 어찌할 수 없는 무력한 인내심으로 하느님을 사랑하고 흠숭하면서, 그 순간 견뎌야 할 고통이 있는 것만으로도, 그녀를 분주하게 만들기에 충분했다. 정말이지 말이 없었다. 그녀는 묵주 기도조차 할 수 없었다. 그 대신, 그저 말없이 자기 몸과 영혼을 마리아께 봉헌하고자 하였다. 그러면 천상의 여왕께서, 아드님이신 하느님의 거룩한 이름을 찬양하기 위해, 당신의 기도와 은덕 안에 함께 일치시킴으로써, 그것을 그분께 그대로 내어드리실 것이다.

그동안 모든 자매는 개인적으로 그녀를 찾아가 볼 수 없었지만, 메모 쪽지를 통해서 그녀가 천상에서 그들을 위해 수행하게 될 심부름에 대해, 마지막 전갈을 전해 주고 있었다. 떨리는 손으로 기록된, 그녀의 마지막 편지들 가운데 하나를 가지고 있는데, 이들이 쓴 "천상 낙원을 향한 의탁"들 가운데 하나에 대한 응답이다.

"사랑하는 나의 작은 수녀님. 글 쓰는 것이 어렵지만, 당신이 보내 주신 훌륭한 편지를 받고, 제가 죽을 때까지 그 답장을 기다리게 하고 싶지 않았습니다. 당신이 저에 관해 말씀해 주신 모든 좋은 것들에 대해 진심으로 감사드립니다. 그러나 당신이 그분의 가련하고 볼품없는 정배에게서 보고 있는 분은 예수님이라는 사실을 알고 있기에, 저는 그분의 영광을 위해, 모든 것을 우리가 사랑하는 분께 말씀드리고 있습니다. 그렇습니다. 사랑하는 수녀님, 보장합니다. 천상에 이르게 되면, 당신은 더 진실한 친구 한 명을 그곳에 두게 될 것입니다. 그러니 걱정하지 마세요. 당신에게 고통의 시간이 닥치더라도, 분명히 홀로 있게 되지는 않을 것입니다. 당신의 작은 자매가 천상에서 그 고통을 덜어 주기 위해, 당신을 보호해 줄 테니까요. 그러나 무엇보다도, 우리의 거룩한 정배이신 예수님께서 당신과 함께 계실 것이며, 그분과 함께 있을 때는, 피조물들이 얼마나 무의미해지는지요!"

"안녕, 사랑하는 나의 작은 수녀님. 예수님께서 더욱더 소중한 당신 영혼의 모든 것이 되시기를."

8월이 끝났고, 티 없이 깨끗하신 성모 성심 축일을 기념했던 일요일도 지나갔다. 그래서 베르크만스 수녀는 아직도 지상에서의 삶이 연장되는 것을 탄식하듯 "이 내 삶이 길어지오니, 저를 불쌍히 여기소서."를 노래하고 있었다. 전례력상으로 9월 첫 주간 끝에 오는 성모 탄신 축일이 다음으로 오는 축일이었다. 과연 그날이 될까?

누군가 그녀에게 말했다. "좋으신 하느님께서 결국 당신을 치유하신다면 어떻게 될까요?" 그녀는 외쳤다. "오! 선하신 하느님께서 그러한 희생까지 제게서 요청하실까요?"

9월 15일경, 의사가 진찰하러 왔을 때, 자신이 얼마나 더 오래 살아야 하는지 솔직히 말해 달라고 부탁했다. 이 선량한 사람은 창백하게 여윈 얼굴에서 진지하게 불타고 있는 검은 눈동자를 바라보면서 잠시 머뭇거렸다.

"거리낌 없이 사실 그대로 말해 주세요. 저는 두렵지 않습니다." 라고 베르크만스 수녀는 말했다. 의사는 어깨를 으쓱거리며 조용히 일렀다. "오, 그 시간은 한 주간 정도인 것 같습니다!"

정식으로, 자신이 죽을 날이 며칠밖에 안 남았다는 소리를 듣고는, 너무 기쁘고 만족한 나머지, 그녀의 상태가 곧 눈에 띄게 호전되었으며 며칠간 계속되었다. 그러나 그것은 다만 일시적인 현상이었다. 말 그대로 그녀의 육신은 결핵이 집어 삼켜 버려서, 단순히 생명을 더 지탱할 수 없었다.

그 소식에 몹시 슬퍼하는 자매들에게 그녀는 말했다. "눈물을 흘리지 마세요. 저의 행복을 두고 울지 마세요. 저는 천상으로 갈 것입니다." 그러면서 기쁨으로 얼굴이 환해지더니 이렇게 덧붙였다. "조금만 더 있으면, 제가 사랑하는 예수님을 가서 뵐 것입니다. 그러나 저는 좀처럼 죽지 않을 것이 분명해요! 천상으로 가고 싶어 참을 수가 없습니다."

성녀 데레사의 사진에 입을 맞춘 직후 위를 올려다보았을 때, 그녀의 얼굴은 그와 같이 빛나는 기쁨으로 가득 차 있었으며 이렇게 외쳤다. "오, 이제 나는 그녀를 곧 보게 될 거예요!"

이 모든 것 안에서, 자신이 곧바로 천상으로 직행할 것이라는 사실을 확고히 믿고 있기 때문에, 공포나 의심의 그림자라고는 찾아볼 수 없었다. 자신이 연옥을 피할 수 있도록 기도해 주기를 결코 청하지 않았으며, 자신이 죽은 뒤 불구덩이 속으로 떨어질 경우라도 그것을 바라지 않았다. 그녀는 주님께서 자신의 무(無)를 불쌍히 여기시어, 당신 자신의 영광을 위해 몸을 굽히시고, 당신의 자애로우신 팔로 그녀를 거두어들이시어, 지체치 않고 당신께로 데려가시리라 믿으며, 단순하고 행복한 마음으로 쉬었다. 그녀의 자신감은 흠 없이 완전했다. 그 이유는 자신의 어떤 장점이나 과거에 행한 어떤 성취, 자신 안에서 특히 덕스럽다고 여겨질 수 있는 어떤 것들이 아니라, 그와 반대로 좀 더 자기 나약함과 불완전함, 그리고 예수님께서 이제는 당신의 자비하신 사랑으로 그녀의 영혼에서 그 모든 것을 깨끗이 닦아내어 주시기를 요청하는 만큼, 그분께서 약속해 주신 대로 즉시 그렇게 해 주시리라는 흔들림 없는 확신에 기대고 있었기 때문이다. 그녀는 청했으며, 이제는 자신이 받게 되리라는 희망 속에서 평화로이 쉬고 있었다. 문을 두드렸으며, 이제는 그분을 붙들며 그 말씀을 간직할 것이다. 그녀는 천상의 문이 자신에게 열릴 것을 알았다. 그리스도의 약속에 전적으로 의지하였고, 그것이 전부였기 때문이다.

　자기 필요를 위해, 어떤 특별한 기도를 하고 있거나 특별한 수행을 따르고 있는지 물었을 때, 그녀가 한 대답은 절대적으로 신뢰할 만한 어떤 기도나 "보장된" 신심 행위에 의지하는 것과는 전혀 달랐다. 죽는 순간에 영혼들은 쉽사리 과거사가 자주 떠오르는 경향이 있다는 사실을 잘 알고 있지만, 매우 빠르게 다가오는 죽음이나, 작지만 수 없이 결점 투성이였던 과거사에 대해 특별히 어떤 생각을 하지도 않았다. 지난 7~8년간, 언제나 해왔던 것을 했다. 단순히 하느님을 사랑했으며, 그분과 함께 있기를 갈망했다. 자신 안에서 그분의 뜻이 이루어지고, 무조건 그분을 신뢰하며 자신을 그분의 손에 완전히 내맡김으로써, 그분의 일이 완성되기를 열망하였다.

그녀는 말했다. "나는 늘 해왔던 일을 하고 있으며, 평상시처럼 저의 작은 길을 따르면서, 삶도 죽음도 생각하지 않습니다."

악마나 혹은 자기 안에 잠재된 어떤 나약함이 풀어져서, 비통한 최후의 투쟁 때에, 그녀의 영혼을 거스르게 될까 두렵지 않았을까? 그녀는 말했다. "아닙니다. 좋으신 하느님께서 나를 위해 마련해 두신 것은 알지 못하지만, 그분께 의지하고 있기에 두렵지 않습니다."

그럼에도 불구하고, 방 안에서 누군가 늘 자기 곁에 있기를 원했으며, 말없이 그녀에게 베풀어지는 모든 보살핌을 받아들였다는 점에서, 그녀의 태도에 약간의 변화가 있었다. 평화의 성사를 베풀어 주기 위해, 고해 사제가 매일 방문하는 것에 대해 점점 더 감사하고 있었으며, 지금도 그녀는 그의 배려로부터 유익을 얻고자 열망하였기 때문에, 그는 기회가 되는대로 하루에도 두세 차례 병실에 들러서, 좋은 생각을 권유하며 아버지의 축복을 베풀어 주었다. 달리 말하면, 그녀는 자신감으로 인해서, 자신에게 주어진 은총의 일상적 수단을 무시하는 것과는 전혀 다르게, 열정적으로 감사하며 그것들을 받아들였으며, 그것은 오직 완전한 평화와 이탈 상태에서 이루어졌다. 늘 의지한 것은, 그 자체 안에 있는 방편들이 아니라 예수님께 있었으며, 그분의 은총은 그것을 통해 그녀에게 왔다. 참으로 이 모든 것들은 그녀의 신뢰심이 커지도록 도움을 주었다. 그렇지 않았겠는가? 매일같이 고백 성사 안에서, 시간마다 그녀의 열망과 영적 친교, 자매들의 기도와 고해 사제의 축복 및 반복되는 사죄를 통해서, 예수님은 당신의 사랑을 그녀의 영혼 안으로 쏟고 계셨다. 그분 나라의 영광 속에서 그분께로 비상해야 할 최후의 시간을 위해 준비하도록, 그분은 끊임없이 그 영혼을 더욱더 정화하셨다.

로베르 신부가 고해 때 자신에게 이미 해 주었던 사죄를 너무 자주 갱신한다는 사실을 생각하며, 병실 담당 수녀에게 말했다. "하느님은 얼마나 선하시고 자비하신지! 천상에 계신 우리 아버지가 이 지상의 삶에서도 제게 그토록 잘해 주셨다면, 저세상에서는 그분이 어떻게 하시겠어요? 그분의 선하심은 이루 말로 표현할 수 없을 것입니다."

9월 18일 토요일이었다. 비록 죽어가는 수녀는 농담하는 것에 지나지 않았지만, 그날 밤은 거의 그녀의 최후라고 할 수 있을 정도였다. 저녁이 가까워지면서 극도로 쇠약해지는 그녀를 보고, 병실 담당 수녀는 고통이 언제든지 다시 시작될 수 있다며, 스콜라스티카 원장에게 주의를 주었다. 베르크만스 수녀는 누가 봐도 잘 알 수 있었다. 그날 밤 자신이 죽지는 않을 것이라고 모든 이들에게 장담하였다.

그녀의 말대로 되었다. 지난 시간 동안 그랬던 것보다 한결 더 나은 밤을 보냈지만, 다음 날 아침인 19일 주일 7시에 말했다. "매우 좋은 밤이었어요. 그러나 조금 나아진 것은, 다만 죽음이 바로 코앞에 있다는 표시이겠지요. 오, 그렇습니다. 모두 끝났습니다. 나는 더 버텨낼 수 없을 것입니다."

그럼에도 그녀는 평상시에 하던 습관대로 버둥거리며 침대에서 내려와 바닥에 입을 맞추고, 마리아의 은총을 호소하면서 그날을 시작했다. 사실 십자가의 길 기도를 결국 포기해야 했던 날은 4~5일밖에 되지 않았다. 지금으로서는 그러한 행동에 대해서 문제가 없었던 것 같다. 너무 쇠약한 상태에 있었기 때문에, 식사 시간이 되면 병실 담당 수녀는 그녀가 받을 수 있을 만큼, 몇 숟가락의 음식이라도 먹을 수 있도록 도와 주어야 한다고 생각했다. 그러나 베르크만스 수녀는 그 말을 들으려 하지 않았다.

그녀는 말했다. "보세요, 정규적인 공동체 행사가 진행되는 시간 동안, 당신이 여기에 있는 것을 원하지 않습니다." 그날 밤과 그밖에 다른 시간에도 병실 담당은 수없이 그녀 곁에 머무르고자 했으나, 베르크만스 수녀는 말했다. "가서 주무세요. 묘지에 가게 되면, 나는 충분히 쉴 시간을 벌게 될 거예요."

20일 월요일, 여전히 침대에서 나와, 바닥에 입을 맞추기까지 할 수 있었다. 그러나 이제는 일어나서 우표를 분류하는 작은 일조차 할 수 없게 되었다. 단순히 대부분 시간을 말없이 힘없게 바치는 기도로 보냈다. 말을 꺼낼 힘도 없었고 격식을 갖춘 어떤 애정을 끌어낼 수조차 없었기 때문에, 손에 십자고상이나 하느님 어머니의 작은 상을 붙잡고서, 고통과 더불어 가득한 신뢰의 마음으로 기도하였다.

지금도 짚단 깔개 매트리스를 털어 주면서 돌보는 이들의 배려를 받아들이려 하지 않았다. 사실 그녀의 상태에서는, 병자에게 더 부드러운 깔개와 용수철이 달린 정상적인 침대까지도 허용하는, 특별 허가를 오래 전에 활용할 수 있었을 것이다. 그러나 베르크만스 수녀는 아직도 짚과 널빤지 위에 누워 있었다.

9월 21일 화요일이 되자, 온종일 잠자리를 그대로 둘 수밖에 없었다. 더는 일어날 수 없는 상태였다. 그녀는 바닥에 입 맞추는 것을 좋아했지만, 이제는 멀리 나갈 수 없는 상태였다.

힘없이 지쳐있을지언정, 마지막 애덕 행위를 하지 못하게 가로막지는 않았다. 새벽 두 시까지 마지막 시간을 좀 더 편안하게 해 주려고, 자정이 되기 전 베르크만스 수녀에게 마실 것을 가져다 주면서, 병실 담당 수녀는 이 즈음에 10시까지 간호하고 있었다. 불행하게도 고단한 하루 일과를 마친 다음이라, 자주 잠으로 곯아떨어졌기 때문에, 아픈 수녀들을 위해 또 다른 이가 책임을 지고 깨어 있다가 필요할 때면 그녀를 깨웠다. 이러한 모든 것들은 베르크만스 수녀에게 큰 고통을 주었기 때문에, 이날은 극도로 지친 상태로 인해 전혀 알아볼 수 없는 필적으로나마, 이 소임 상황을 개선해보려고 스콜라스티카 원장에게 메모하였다.

그녀는 이렇게 말했다. "이 음료 때문에 저녁 8시에서 새벽 2시까지 기다린다고 해서, 무분별한 행동은 아니라고 믿습니다. 어쨌든 저는 당신이 결정하신 대로 하겠습니다. 공경하올 원장님, 사랑하는 예수님의 성심과 함께, 당신이 제게 베풀어 주신 배려에 감사드립니다. 천국으로 가게 되면, 당신께 대한 깊은 감사의 말을 빠뜨리지 않고 전해 드릴 테니 안심하세요. 영원으로 가는 길의 순례자."

그날 역시 모든 수련자가 베르크만스 수녀를 병문안하러 와서, 큰 기쁨과 위로로 가득 채웠다. 분명 거기에는 적지 않은 눈물이 있었을 것이며, 모두 천국에서 자신들을 위해 그녀의 기도를 청할 뿐만 아니라, 그녀의 지상 생활에서 나온 몇 가지 작은 유물을 얻어내려고 열성을 부렸을 것이다. 그 전날 새로 서원한 네 명 가운데 한 자매가 그녀를 거룩히 기념할 수 있는 카드를 청했을 때 탁자 위에 둔 성무 일도를 위한 기도서 안에서 한 번 찾아보라는 말을 들었다. 그녀는 책을 펼치고서 정확히 세 가지를 찾아냈다. 그것은 시간 기도의 위치를 표시하는 것으로는 충분했으며, 더 이상의 것은 원하지 않았다.

지금 누워서 죽어가고 있는 마당에도, 베르크만스 수녀는 어떤 상황이든 수련장으로서의 자기 의무를 결코 태만하게 하지 않았다. 젊은 서원자 한 명이 다른 수련자들과 함께 그곳으로 올 수 없었기 때문에, 저녁 묵상을 한 다음 식사 시간에 위로 올라가도 된다는 허락을 받았다.

그런데 그 젊은 일본인 수녀는 자신의 타고난 통찰력을 발휘하여 현명하게 따져보아, 그 시간에는 병실 담당 수녀가 있을 것 같기에 안으로 들어갈 수 없다고 생각했다. 그래서 그녀는 묵상 시간이 끝나기 몇 분 전에 가대를 떠났다. 그녀는 크게 실망할 수밖에 없었다. 문을 열어서 인사하는 말을 들었을 때, 그 목소리는 수련장 수녀의 것이었다. "이 시간에 여기에서 무얼 하고 있나요? 묵상해야 할 시간이니, 어서 가대로 돌아가세요."

죽음이 다가와도 베르크만스 수녀를 약하게 만들지 못했다. 자녀들이나 자신의 영적 축복과 순종에 저촉될 소지가 있는 것이라면, 약간의 자연스러운 위로까지도 받지 않았다.

23일 목요일 모든 수련자가 한 번 더 왔다. 이번에는 이별의 인사말을 하기 위한 것이었다. 그들은 모두 그것을 깨닫고 있었다. 베르크만스 수녀는 그들이 방 안에 있는 동안은 늘 그랬던 것처럼 명랑한 모습을 보여 주었지만, 그들이 전부 눈물을 머금은 채 문을 닫고 떠나간 다음, 얼굴을 벽 쪽으로 돌리면 창백한 뺨으로 눈물이 홍수처럼 흘러내렸다. 그러다가도 어느새 그쳤다. 죽음에 처했어도, 그녀는 자신의 모든 감정을 다 스릴 줄 아는 주인이었다.

지금은 마지막이 다가왔음을 확실히 알고 있는 것 같았다. 거룩한 로사리오의 축일이 될 때까지, 10일을 더 살리라 예측하는 사람도 있었다. 그러나 하느님은 그러한 희생을 자신에게 요구하지 않으실 것이라고 손짓하였다. 이번 목요일은 복되신 동정녀의 작은 축일[44] 전날이었다.

---

44) 속량의 성모 마리아 축일(9월 24일). 13세기 스페인이 터키 이슬람군의 점령하에 잡혀간 많은 그리스도인을 구출하기 위해, 성모 마리아의 성현성(聖顯聖)을 받고 성 베드로 놀라스꼬, 성 라이몬도, 아라곤 국의 야고보 등이 협력하여 포로 석방을 위한 회를 만들었으며, 교황 그레

이날은 이교도의 땅에 억류된 그리스도인들과 노예들의 몸값을 위해 헌신한 수도회의 수호자께 봉헌된 날이었다. 바로 "자비의 성모님께 바쳐진 날로, 무어족들의 어두운 감옥이나 노예선에서 시달리며 이슬람 구치소의 쇠시렁과 벌레들 속에서 생명과 신앙마저 서서히 잃어가고 있는 그리스도인들을 찾아내기까지, 어머니의 자애로우신 사랑의 마음은 가닿고 있었다. 이날 드디어 하느님의 거룩하신 어머니께서 오시어, 당신 아드님의 영광을 위해, 낯선 나라로 그토록 오랫동안 귀양 갔던 작고 사랑스러운 포로들에게 몸값을 대는 것은, 매우 지당한 일이었다. 그렇다. 이날은 바로 그녀의 귀양살이가 영광 속에 끝나는 날이 되었다.

그러나 이때는 속량의 성모님께서 오시어, 갇힌 문을 열고 그녀를 고향 땅으로 데려가는 날이기도 하지만, 성녀 데레사의 생애 안에서 중요한 기념일에 해당하기도 한다. 게다가 그날은 금요일이었고, 금요일은 언제나 성심께 봉헌되었다.

그날 저녁 베르크만스 수녀는 말했다. "내일은 금요일입니다. 그리고 속량의 성모님 축일입니다. 게다가 성녀 데레사께서 베일을 받은 기념일이기도 하지요. 내일 그분이 오시어 저를 데려가실 거예요!"

그날 저녁에도 젊은 서원자 한 명이 청해서, 베르크만스 수녀의 축복을 받았다. 스콜라스티카 원장 수녀도 무릎을 꿇고서 같은 은총을 청했지만 거절당했다가, 결국에는 그녀가 환자를 축복하면서, 또다시 강하게 요구하자, 마침내 죽어가는 수녀로부터 축복을 받게 되었다. 베르크만스 수녀는 자신이 소중히 여기는 작은 성모상을 들고서, 조심스럽게 원장 수녀의 머리에 십자표를 그었다. 그때 그녀는 한숨을 쉬면서, 침대 뒤로 풀썩 쓰러졌다. "오늘 밤이 될 것입니다."

고리오 9세(1227~1241)가 이를 기념해 축일로 정했다.

극심한 고통의 밤을 보낸 다음 새벽 4시 15분에, 베르크만스 수녀는 방에 고요히 누워 있었다. 간호 담당 수녀가 그녀의 옷을 갈아 입혀 주기 위해 들어왔다. 그때 베르크만스 수녀의 약한 몸이 발작을 일으켰기 때문에, 그들은 그렇게 할 엄두도 내지 못했다. 그녀는 외쳤다. "저의 하느님, 저는 당신을 사랑합니다. 저의 모든 것은 당신의 것입니다." 그리고 최후의 고통으로 들어갔다.

로베르 신부를 부르자, 즉시 당도해서 사죄 기도를 해 준 다음, 통고를 위한 기도를 읊기 시작했다.

그러자 고통이 얼마간 질질 끌면서 계속되는 것이 분명해 보였다. 베르크만스 수녀는 자기 기능을 온전히 보유하고 있었으므로, 조금은 말할 수 있었다. 그래서 그녀가 성체를 영해야 한다고 어느 수녀가 제안하였다. 로베르 신부는 일단 반대하였다. 마지막 고통 중에 있는 이에게 성체 배령은 위험한 일이었다. 그러나 그러한 문제에 상당한 경험이 있는 수녀의 조언을 들었을 때는, 그렇게 결심하고, 가서 성체를 모셔왔다.

베르크만스 수녀는 탄성을 발하였다. "오, 저는 기쁩니다!"

영성체로 헤아릴 수 없을 만큼 힘을 얻은 그녀는, 온 마음으로 그토록 오랫동안 기도했던, 최후 마지막 시간의 이 영광스러운 투쟁 안으로 들어갈 수 있었다. 그녀는 백번이고 이것을 붙들려고 하였으며, 실제로 일부분에 지나지 않는 상징적인 죽음이나 희생 안에서는 더욱더 그러했다. 그러나 이제는 그 모든 것들이 완성에 도달하였다. 지금 그녀는 자기의 모든 약속을 지킬 수 있었다. 그녀는 자기 삶을 여러 번 봉헌하였으며, 마침내 이제 받아들여졌다.

고통이 새롭게 다가올 때마다, 의식적이며 자유롭게, 열렬하며 완전한 사랑으로 이를 수용하는 한에 있어서, 그녀는 사랑으로 죽어가고 있었다. 그녀의 정배는 그녀의 덕과 그분의 영광이 백배로 늘어날 수 있도록, 그 모든 것을 통해서 완전한 정신의 투명함을 그녀를 위한 은총으로 간직해 두셨다. 이는 최대한 넉넉하게 활용할 수 있는 은총이었다.

이는 참으로 특별한 은혜였지만, 알다시피 그녀가 무상으로 받은 은총이라는 의미에서, 어떤 비범한 은총을 받았다는 뜻은 아니다. 어떤 때 자매들은 그녀가 거의 그렇다고 생각했었다. 그녀가 이렇게 외쳤기 때문이다. "오, 가장 복되신 동정녀이신 그분은 얼마나 아름다운가!"

누군가 재빨리 물었다. "그래, 그때 당신은 그분을 뵈었나요?"

죽어가는 수녀는 미약한 소리로 약간 놀란 기색을 띠며 단순하게 말했다. "오, 아니에요. 나는 그분을 뵙지 못했습니다!"

그녀는 육안으로 그분을 보지 못했다. 그러나 신앙의 눈으로는, 그것이 지금보다 더 열려 있을 리는 없었겠지만, 강렬하게 응시함으로써 자기 곁에 계시며 늘 보호해 주시는 어머니, 거룩한 하느님의 어머니를 어렵지 않게 볼 수 있었다. 그렇다. 그녀는 그렇게 외쳤을 때, 성모님의 아름다움을 최상으로 알아볼 수 있었다. 게다가 예수님도, 순식간에 투명해지면서 곧장 완전히 사라져 버리는 베일 뒤에서 그녀를 기다리고 계심을 알았다.

그러나 고통은 오래 끌고 있었다. 로베르 신부가 늘 그곳에 있었다. 그녀는 간간이 그 진지한 목소리를 들었다. 그녀가 듣고 이해하며 자기 것으로 소화할 수 있도록, 가까운 곳에서 근엄하고 분명하게 화살 기도를 되풀이하고 있었다.

"아버지, 제 영혼을 당신 손에 맡깁니다. 보소서, 주님의 여종을. 당신의 말씀대로 제게 이루어지소서. 제 뜻이 아니라 당신 뜻이 이루어지소서."

이따금, 그녀는 그를 향해 시선을 들었다. 자기 삶 안에서 전에는 결코 해본 적이 없는 일이었다. 그러나 지금의 이 행동은 그들 서로 간에 동의가 이루어졌다는 신호였으며, 매번 그녀가 그렇게 할 때마다, 그는 다시금 죄사함을 베풀어 주었다. 그 시간 동안 그녀의 영혼은, 얼마나 많이 그리스도의 가장 귀한 성혈로 가장 작은 흠까지도 닦여졌는지 모른다!

그래서 로베르 신부의 목소리는, 잠시 멈추는 것을 반복하는 사이에, 고요하고 진지하게 계속되었다. "예수, 마리아, 요셉." "예수, 마리아, 요셉." "아버지, 당신 손에 ……"

갑자기 비수처럼 찌르는 고통이 그 몸에서 영혼을 거의 비틀어 빼내는 것 같았을 때도, 그녀는 어떤 도움도 받지 않고 자기 입술에 십자가를 대거나, 팔에 안고 있던 작은 마리아상에 입 맞출 수 있었다. 그때 로베르 신부는 말하곤 했다. "그분은 모든 일을 잘 하셨습니다." "그분은 모든 일을 잘 끝내셨습니다." "당신의 뜻이 제게 이루어지소서."

그가 성경에서 따온 외마디 외침은, 최후 마지막 시간에 그녀가 더 좋아했던 것 같다. 바로 열왕기 하권에 나오는 다윗의 말이다. "직접 어떤 대가를 치르지 않고서는, 주군이신 나의 하느님께 제물을 바치지 않겠습니다."

아침 10시경, 베르크만스 수녀가 주먹 쥔 손으로 자기 가슴을 가볍게 두드리는 것처럼 보여서, 원장 수녀는 고백 성사를 더 보고 싶어 한다고 여기며 작은 방을 깨끗이 치우고, 고해 사제하고만 있을 수 있도록 죽어가는 수녀를 떠나려 하였다. 그러나 베르크만스 수녀는 단지 머리를 흔들면서 미소 지었다. 이제 그녀는 어떤 것도 두려워하지 않았다. 그녀의 정신은 완전한 평화 속에 있었다. 혹여 잠깐 의심이 드는 사람이 있다

해도, 그녀가 조용하고 핼쑥한 얼굴에 미소 짓는 모습만으로도 이를 증명하기에 충분하다. 사실상 그녀가 했던 모든 것은, 성심께 대한 봉헌을 갱신하는 것이었다. 그녀는 자기 가슴에 달고 있던 갑 속에 이것을 지니고 다녔던 것이다.

이제 그녀는 언어 구사력을 상실했으며, 오랜 고통이 더 계속될 수 없는 상황이라는 게 분명했다. 로베르 신부는 미사를 드리는 것만 제외하고, 오전 내내 그녀 곁을 떠나지 않았다. 수련자들이 많은 시간을 그녀와 함께 있었지만, 아침이 다가오는 이 시간에도 그녀 곁에 있었다. 오전 작업 끝나는 종이 울렸으니, 곧이어 9시경을 노래하는 시간이 될 것이다. 11시경, 수련자들이 가대로 가기 위해 물러갔다. 그들이 일어나서 한 명씩 밖으로 줄지어 나올 때, 베르크만스 수녀는 문으로 다가가는 그들 쪽으로 얼굴을 돌리고, 마지막으로 사랑스러운 이별의 인사로, 저마다 한 사람씩 쫓아가듯 눈여겨 보았다.

지금 로베르 신부도 좋지 못한 상태였기 때문에, 수녀들의 성화에 못 이겨, 단식을 그만두고 나가서 무어라도 먹겠다고 했다. 그가 떠난 다음, 얼마 되지 않아 베르크만스 수녀는 원장 수녀에게 말하고 싶은 의향을 드러냈지만, 전혀 전달할 수 없었다. 스콜라스티카 원장은 그녀가 마실 것을 찾고 있다고 여기며, 숟가락을 들고 부드럽게 그녀의 입술에 대었지만, 약간 미소 짓는 것밖에 다른 반응은 없었다.

거의 알아들을 수 없는 중얼거림으로, 베르크만스 수녀의 지친 입술에서 나온 마지막 말은 "나는 죽어가고 있습니다." 라는 것이었다.

로베르 신부를 부르자, 죽어가는 참회자에게 마지막으로 죄사함을 베풀기 위해, 제 때에 도착하려고 급하게 들어섰다. 그러자 잠시 후, 투쟁도 소리도 말도 움직임도 없이, 베르크만스 수녀는 평화롭게 눈을 감았

으며, 그 육신은 깊고 깊은 죽음의 잠속으로 떨어졌다.

그녀의 시신을 고이 안장하게 될 시토회의 아름다운 마지막 예식을 굳이 설명할 필요는 없을 것 같다. 공동체가 즉시 와서 "성인들이여 임하사 도우소서."(Subvenite연도)를 불렀다. 베르크만스 수녀의 시신은 흰 쿠쿨라와 검은 베일에 화관을 씌워서 수녀원 성당으로 옮겨졌다. 다음날 오후 2시, 땅에 그녀를 묻을 때까지, 자매들은 밤낮 그녀 곁에서 시편을 낭송했다. 관을 나르는 네 명의 수녀들이 그렇게 부담스럽지 않은 짐을 들어 올렸을 때, 다시 한번 아름다운 시편 113(주님을 찬양하라 ……)이 낭송되었다. 그러자 묘지까지 행렬이 시작되었다. 혹여 13년 전, 프랑스에서 자원한 이 작은 무리가 낡은 목조 성당 안 쇠창살 밖에서 처음으로 서 있었을 때, 누군가 그 작디작은 가대 안에서 이와 똑같은 말씀을 읊었던 그 첫날을 기억하는 이가 있었을까?

"이스라엘이 이집트에서 나올 때

야곱 집안이 이상한 말을 하는 민족을 떠나올 때

유다는 그분의 성소가 되고

이스라엘은 그분의 왕국이 되었네.

바다가 보고 달아났으며

요르단이 뒤로 돌아섰네. ……"(시편 114).

그리하여 베르크만스 수녀의 유배는 영광, 천상의 커다란 영광으로 마감되었으며, 지상에서는 풍요로운 열매로 드러났다. 이 힘찬 시편은, 이미 그녀로부터 금욕적 관상 생활로 양성받은 네 명의 수녀들을 포함해서, 다른 많은 일본인 수련자들의 목소리로 커지지 않을 수 없었기 때문이다.

가련하고 연약한 시신이 무덤 속으로 내려진 다음, 담당 수녀들이 손에 든 삽으로 조심스럽게 첫 번째 흙을 그녀의 발치에 떨어뜨리자, 가대가 "지극히 온유하신 ……"의 후렴으로 아름답고도 진지한 탄원의 소리를 냈다. 그녀의 수련자들은 행렬의 정점에서 눈물을 가득 머금은 채, 검은 아몬드와 같은 눈을 들어 올리며 사랑하는 수련장 수녀의 시신을 내려다보았다.

그러나 전 공동체가 풀밭에 무릎을 꿇고 깊이 절한 다음 마지막으로 "주님, 이 죄인에게 자비를 베푸소서."라는 말씀을 삼중창으로 노래하였을 때, 제르트루드 수녀는 깊은 내적 기쁨으로 독백하였다. "선하신 예수님, 만일 당신이 이 사람과 같은 죄인들만 용서하셔야 했다면, 당신은 정말 행복하셨을 거예요!"

맺음말

　세월이 흘렀다. 하꼬다테 외곽 언덕 편에 서 있는 조그마한 수녀원이, 이제는 벽돌 건물로 새롭게 단장하고 소나무 숲 가운데 우뚝 서서, 반짝이는 바다를 향하고 있다. 이곳에서는 베르크만스 수녀를 결코 잊을 수 없었다.

　마지막 몇 달간 병실에서 그녀를 지켜보았던 이라면 그 누구도, 그녀의 거룩한 성성을 의심하지 않았다. 스콜라스티카 원장 수녀는 라발로 편지를 쓸 때, 그녀에 관해서 이렇게 말했다. "일어난 정황을 살펴보면, 고통스럽게 죽어가는 예수님의 상본을 보신 것이나 다를 바 없습니다. 그래요, 우리의 작은 성인이 겪었던 고통도 그와 같은 것이었답니다."

　그러나 로베르 신부는 그 모든 것에 대해 지극히 실제적이었다. 그는 이미 이 작은 참회자의 전기를 책으로 만들기 위해, 분주하게 자료를 수집하고 있었다. 수녀원 곳곳에서 수녀들은 물론 조수녀들이나 수련자들도 저마다 베르크만스 수녀에 관한 인상과 기억을 기록하느라 여념이 없었으며, 벌써 그녀의 초기 수도 생활이나 세속 생활에 대한 정보를 알아보기 위해, 프랑스 라발 수녀원이나 리옹의 구속 수녀원으로 편지를 전달한 상태였다.

그들이 그녀에게 은혜를 구하기 시작했으며, 필요할 때 그녀에게 기도하였다는 사실은 놀랄 만한 일이 아니다. 그에 대한 응답도 없지 않았다.

베르크만스 수녀는 열렬하고 지극한 사랑은 물론이며, 참으로 그녀의 것이라 할 수 있는, 강하고도 이상적인 인격을 갖춘 사람으로 인상 깊게 남아 있다.

그러나 우리는 가톨릭 성인 연보나 그와 관련된 전례의 모든 역사 안에서, 하느님은 성인들의 전구를 통해서, 당신 자녀들이 물질적으로 가장 필요로 하는 것까지도 업신여기지 않고 돌보아 주셨다는 사실을 알고 있다. 우리가 그들의 도움을 의당 구해야 한다는 것이 교회의 정신이다. 그래서 베르크만스 수녀가 천사의 성모 수도원에서 공동체의 중추적 버팀목이었던 낙농장 재정을 관리하면서 대부분의 시간을 보냈기 때문에, 그녀의 전구를 통해서 첫 번째 은총이 확연하게 수여된 곳은 바로 소집(牛舍)이다. 그것도 그리 놀라운 일은 아니다.

소들이 병에 걸렸는데, 암소 한 마리가 송아지를 낳고 있는 와중에 마비되어 버렸다. 수의사를 불렀는데, 그는 그 암소가 회복될 가망이 별로 보이지 않는다고 말했다. 이는 스콜라스티카 원장 수녀가 가볍게 받아들일 수 없는 일이었다. 그녀는 암소들을 잃어도 괜찮은 형편이 못되었다. 그녀는 직관적으로 소화 데레사에게 의지했다. 그러나 성녀 데레사는 그 기도를 들어 주지 않았다. 그때 스콜라스티카 원장에게 하나의 생각이 떠올랐다. 그녀는 바로 그러한 긴급 상황을 위해, 따로 간직해 두었던 베르크만스 수녀의 머리카락을 가지고 헛간으로 나갔다. 머리를 그녀의 손바닥에 감추고서 병들어 있는 그 짐승에게로 다가가면서, 속으로는 "작은 베르크만스 수녀님, 당신은 나의 모든 걱정을 함께 나누어 주었기에, 이제는 당신의 사랑과 고통을 기억하며 청하오니 당신의 힘을 보여 주세요." 라고 말하며 그 짐승의 등을 쓰다듬기 시작했다.

2분이 지나갔다. 그때 그 암소가 움직이기 시작하면서 발버둥쳤다. 수의사는 옆에 서 있었다. 스콜라스티카 원장은 만족스러운 표정으로 그를 돌아보았으나, 그는 어깨를 으쓱거리며 이렇게 말할 뿐이었다. "잠시 후에 다시 쓰러질 걸요."

그러나 그 암소는 쓰러지지 않았다. 정말로 치유되었던 것이다.

스콜라스티카 원장은 혼자 미소 지으며 수녀원으로 돌아가서, 산등성이 꼭대기에 있는 소나무들을 돌아다보았다. 그녀의 마음은, 작은 묘지의 문 입구 바로 안쪽으로 들어가다 보면, 왼편에 놓여 있는 흰색 십자가를 향하고 있었다.

그것은 1916년 일본에서 일어났던 일이다.

1922년, 당시 라 쿠르 페트랄이라는 이름으로 통했던 곳으로, 그때 이후는 장소를 변경했지만, 희망의 성모 수도원이라 불리는 트라피스트 수녀원에서, 마가렛이라고 하는 수녀가 관절염에 걸려 중병을 앓고 있었다. 그녀는 자주 심한 마비 상태에 빠졌으며, 담즙이 혈액으로 들어가서 뇌에 혼란을 일으켰지만, 더 진행되지 않고 지나갔다. 그래도 마비 상태는 점점 더 빈번히 발생하고 있었다. 1922년 새해가 시작되면서, 수녀원은 새로운 의사를 불렀다. 이전의 내과의는 효험이 없었지만, 다음에 온 사람은 좋은 의미에서 성가신 존재였다. 그는 그 가엾은 수녀를 즉시 굶어 죽을 만큼 다이어트하게 하였는데, 그녀는 몇 시간마다 비시 광천수와 마데이라 포도주와 우유를 섞은 것을 한 컵씩 마시는 것 말고는, 다른 어떤 영양도 섭취하지 않았다. 이러한 요법으로 그녀는 곧 마르고 시들어서, 살아 있는 해골처럼 되어 버렸다. 약간의 위장병 같은 것을 앓고 있었던 그녀의 대원장 수녀도 가차 없이 똑같은 치료를 받게 되었다. 몇 주가 지난 뒤, 동 비탈 르호디가 그 수녀원을 우연히 방문하게 되었는데, 불쌍한 그 두 수녀에게 동정심을 가지고 이 심한 다이어트를 포기하라고 조언하였다. 하나의 대안으로 그는 베르크만스 수녀의 성성에 관한 자기 의견을 그들에게 들려 주면서, 그 거룩한 수녀의 몇 가지 작은 유물을 남기고 갔다.

그에 관해 어떤 것도 더 말하지 않고 동 비탈이 떠난 후, 라 쿠르 페트랄의 대원장 수녀는 "수녀원에 앓고 있는 이면 누구나" 회복을 청하기 위해 베르크만스 수녀에게 9일 기도를 하기 시작했고, 선택은 베르크만스 수녀에게 맡겼다. 며칠이 지난 다음, 9일 기도에 대해 아무것도 알지 못하고, 함께 하지 못했던 마가렛 수녀가 별안간 상당히 완쾌되었다는 것을 느끼고, 원장 수녀에게 가서 그 사실을 꼭 알려야 한다고 생각할 정도가 되었다.

그녀는 알렸다. "공경하올 원장님, 제가 너무 좋아져서 정말로 치유되었다고 생각해요."

대원장 수녀는 놀란 기색을 보였다.

"아무렴, 당연하지 않겠어요!" 라고 그녀는 외쳤다. "9일 기도 7일째 되는 날이라는 것을 아시잖아요?"

마가렛 수녀는 외쳤다. "무슨 9일 기도를 말씀하세요?" 그러자 모든 것이 드러났다.

정말로 그녀가 치유된 것으로 나타났던 것이다. 마비 증상이 완전히 없어져서, 그녀는 빠르게 힘을 되찾고 정상적인 체중을 회복하였다. 그 해가 지난 다음, 그녀는 천사의 성모 수도원으로 편지를 써서, 관절염이 조금도 재발하지 않았다는 사실을 알렸다.

1926년 베르크만스 수녀는 신세계의 전구자로서 자기 모습을 드러냈다. 그해 2월 8일, 브라질의 노보 프리부르고에 잠정적으로 창립한 시토 수녀원 수녀들이, 젖소가 죽는 것을 두려워하여, 무릎을 꿇고 이 비극이 일어나지 않도록 베르크만스 수녀에게 간청하면서, 그녀에게 경의를 표하고 성모송을 읊었다. 그러자 매우 다행스럽게도, 그들이 다음 날 일어나 보니, 그 짐승은 완전히 나아 있었다. 시토회 낙농장 일을 두 번째 중재함으로써, 베르크만스 수녀는 또 다른 시토 회원, 12세기 올프의 아빠스 성 궤랭의 영역으로 들어갈 의향을 결정적으로 드러냈던 것 같다. 해마다 그의 성지는 프랑스 알프스 농부들이 자기들의 소를 데려가서 강복을 받는 곳이다.

베르크만스 수녀는 오래지 않아 북미 대륙에서 자기 힘을 보여 주었다. 그곳에서 그녀는 켄터키 겟세마니 시토 수도승들의 아빠스인 동 에드몽 오브레를 열렬한 신봉자로 두고 있었다. 공동체에서 가장 수완 있는 한 수도승의 맹장이 파열되어 병원으로 급히 실려 갔다. 수술받은 뒤에도 그의 상태가 너무 심각했기 때문에, 의사들은 그가 살 수 있을지 의심하였다.

사실 그들 가운데 한 명이 어느 날 저녁 대수도원으로 전화하면서, 그 신부가 살 수 있는 가망은 거의 없다는 말을 꺼냈다. 그는 단언하였다. "밤 동안 열이 떨어지지 않는다면, 안타깝지만 그는 살아날 수 없을 것입니다."

동 에드몽은 즉시 베르크만스 수녀에게 의지하고 지극히 열렬하게 기도하며, 영적인 아들의 생명을 지켜 달라고 그녀에게 간구하였다. 다음 날이 되자 훨씬 더 좋은 소식이 병원에서 전달되었는데, 그 환자가 곧 좋은 상태로 회복되고 있다는 것이었다. 동 에드몽은 이를 전적으로 천상에 있는 작은 시토회 수녀의 전구 덕으로 돌렸다.

다른 많은 이들도 그녀의 기도를 통해 은총을 받았다는 주장을 하고 있다. 일본 제물포에 있는 성 바오로 수도회의 한 수녀가 자기 수녀원에 믿을 만한 급수를 제공하기 위해 몹시도 돈이 필요한 상태였기 때문에, 개신교 미국인 사업가로부터 자신이 필요한 돈을 어떻게 해서든 얻어내려고 하였다. 그러나 그는 교회에 그다지 호의적이지 않았다. 그녀는 자신이 문전 박대를 당하지 않고 좋은 대접을 받았던 단 한 가지 이유는, 구걸하는 고충 가운데에서도 베르크만스 수녀의 사진을 지니고 여행하며 그 "작은 성인"에게 기도했기 때문이라고 확신했다.

겟세마니의 성모 수도원의 젊은 트라피스트 수도승이 복통을 일으키면서, 밤중부터 이른 새벽까지 구토할 정도로 앓고 있었다. 그는 가대로 갔으나 소 시간경 중에는 그대로 있을 수 없었으며, 묵상 시간에 또다시 그러한 상태가 되었다. 성당으로 되돌아갈 때, 그는 자신을 도와 달라고 베르크만스 수녀에게 기도하였다. 그랬더니 그날 아침에는 거룩한 성체를 영할 만큼 좋아졌다. 10~15분이 지난 다음에는, 훨씬 더 호전되었으며, 한 시간 가량 지난 뒤 법적 시간경이 끝난 다음에 미사를 드리러 갔을 때는, 완전히 정상적인 상태가 되어서 성체를 영하였다.

겟세마니에서는 영적인 은총도 그녀의 전구 덕으로 돌리고 있다. 한 수도승이 일 년간에 걸쳐 매달 최고의 묵상 날을 정한 다음, 그녀의 보호 아래 두고서, 안정을 찾지 못하는 자신의 어떤 내적 정신성을 극복할 수 있게 도와 달라고 그녀에게 청하였다. 그랬더니 눈에 띄게 진보하면서 참으로 평화로운 상태에 도달하였기 때문에, 그의 영적 지도자가 몇 달 후 그에 관해 언급할 정도였다.

그러나 이것들은 단지 세부 사항들일 뿐이다. 분명히 베르크만스 수녀가 천상에서 행한 일로 가장 강력한 영향을 준 것은, 지상에 있는 그녀의 수녀원에 대한 인도와 보호에 있었다. 1930년대에 천사의 성모 수도원은 창립이 가능할 만큼 성장하게 되었다. 그래서 나가사키 인근으로 인원을 파견하고, 그곳에 루르드의 성모 수도원을 세웠다. 그 창립은 베르크만스 수녀를 알고 있는 이들과 그녀에게서 양성을 받았던 벨라뎃다 수녀에 의해 이루어졌기 때문에, 시작부터 그녀의 고유한 기쁨과 열정적인 정신이 전체적으로 감돌고 있는 분위기였다. 자매들은 라발 수도원에서 나온 이들의 특징이라 할 수 있는 그 모든 기세를 가지고, 자신들의 가난함을 받아 안았다. 성 토요일 아침 처음으로 새 종을 울렸을 때, 그 지방 소방서가 급히 도착해서 "불"을 확인하려 한 나머지, 정문을 거의 부수어 박살낼 뻔했다.

수련장으로서 베르크만스 수녀가 한 일은, 그녀의 사후 거의 20년간 매우 준엄한 시험을 받게 되었다. 2차 세계 대전 중, 일본 정부는 천사의 성모 수도원에서 모든 유럽인 수녀들을 강제로 추방하였는데, 베르크만스 수녀가 도착하기 전부터 그곳에 있었던 연로한 레오니 수녀만 제외되었다. 그녀의 건강이 너무 좋지 않았기 때문에, 그녀의 도움으로 지어졌던 수도원에서 머물 수 있도록 허락했던 것이다. 이제 바야흐로 1913, 1914, 1915년에 최초로 서원한 일본인 수녀들을 양성시켰던 수련장이, 실제로 견고한 창립의 초석을 어떻게 놓았는지, 그것을 알아볼 수 있는 때가 되었다. 그 공동체가 살아 남아서 홀로서기를 할 수 있을까? 그 대답은 의문의 여지 없이, 그렇다는 것이다. 수녀원 성당이 신비스러운 꽃향기로 가득 찼던 순간인 1915년 5월 당일에 피정으로 들어갔으며, 여드레가 지난 뒤에 검은 베일을 썼던 두 수녀는 바로 세실리아 수녀와 아녜스 수녀였다. 오늘날 그들은 각기 번창하는 천사의 성모 수녀원의 대원장과 부원장이 되었으며, 번영하는 이 일본 수녀원은 자기 공동체와 자원을 부양할 뿐만 아니라, 일본을 깨우치고 있었다. 그러나 그보다 훨씬 더 중요한 것은 일본 천사의 성모 공동체의 수가 이제는 백 명을 넘었으며, 세계에서 가장 큰 트라피스트 수녀원이 되었다는 사실이다.

그밖에도, 하꼬다테에 주둔하고 있던 미군들과 군종 사제들이 이 공동체에서 발견하였던 것은, 수도 생활의 깊이를 새롭게 바라볼 수 있는 눈을 뜨게 해 주었다는 것이다. 그들 대부분은 관상 공동체와 같은 것을 전에는 본 적이 없었으며, 천사의 성모 수도원 가대에서 트라피스트 수녀들의 찬미 노래를 들으면서 "생애 최고로 행복했던 날들"을 보냈다고 말하는 이도 있었다. 이러한 열정이 나올 수 있었던 이유는, 장상인 세실리아 원장 수녀와 아녜스 수녀의 거룩한 성성과 의심할 수 없는 능력에서 찾아볼 수 있을 것이다. 그들의 마음속에는 35년 전 수련장 직책을 너무도 두려워했던 수녀에 의해 일어난 바람으로, 화사하고 밝은 사랑의 위대한 불꽃이 타오르고 있었다.

미국 내 첫 번째 트라피스트 수녀원에 대한 기획을 비로소 듣기 시작하고 있는 이때, 베르크만스 수녀가 이 시점에서 가장 큰 도움을 주고 있다는 사실을 어렵지 않게 분명히 알아볼 수 있다. 그러한 기획들이 모든 면에서 존재할 수 있는 것은, 일부분 그녀로부터 기인한 것이다. 1년이나 2년 전 미국 트라피스트 수녀원을 생각하는 것만도 "논의의 여지가 없는 것"으로 생각되었다. 그러나 베르크만스 수녀에게 드리는 기도는 그때 이후로 상황을 다소 변화시켰으며, 이미 땅도 구해 놓은 상태였다. 아마도 이 책이 미국 가톨릭 독자들에게 읽히게 될 즈음이면, 아일랜드에서 온 사람들이 이 땅 해변에 정착하게 될지 모른다.

그들이 올 때는, 자기들이 혼자가 아니라는 사실을 확신하도록 하자. 그들 편에서 일해 주는 이들이 많을 것이다. 이들은 짐을 가볍게 해 주고 장애물을 치우며, 어둡게 가려진 십자가들을 지고 갈 수 있도록 은총을 구해 줄 것이다. 수백 명의 이름 모를 성인들이 그곳에서 함께 할 것이다. 관상 수도승과 수녀들, 남성과 여성들, 미처 알기도 전에 세상을 떠났으며, 삶이 헛됨과 사악함으로 물들기 전에 세상에 대해 차라리 죽기를 선택했던 어린 소년 소녀들이 있다. 그리스도의 힘이 그 안에 머물고 그분이 영광받을 수 있도록, 위대한 사도 바오로와 함께 자신들이 아무것도 아니라는 것을 두려워하지 않고 다만 그것을 귀하게 여기고, 그 안에서 기쁨을 누렸던 영혼들, 바로 "작은" 영혼들로서 숨겨진 영혼들이다.

이 모든 정신의 소유자들 가운데 베르크만스 수녀보다 더 기쁘고 열정적이며 감미로운 애덕으로 도움을 줄 수 있는 이는 별로 없을 것이다. 지금은 그녀의 타국 생활도 끝난 지 오래 되었고, 가없는 영광에 그 자리를 내어주고 있다.

베르크만스 수녀의 생애
유배, 영광으로 끝나다
Exile, Ends in Glory

글쓴이	토마스 머튼(Thomas Merton)
번역	박현정(요나탄) 수녀
일러스트	노성자(쥬리아나) 수녀
펴낸이	김리아
펴낸곳	불휘미디어
	경남 창원시 마산합포구 오동동 10길 87
	대표전화 (055) 244-2067
	e-mail : 2442067@hanmail.net
ISBN	978-89-97649-74-4 03230

값 20,000원

- 잘못된 책은 바꾸어 드립니다.
- 이 책의 내용과 삽화의 전부 또는 일부를 사용하려면 반드시 저작권자의 동의를 얻어야 합니다.